Staat – Souveränität – Nation

Beiträge zur aktuellen Staatsdiskussion

Reihe herausgegeben von
R. Voigt, Netphen, Deutschland
S. Salzborn, Berlin, Deutschland

D1672367

Zu einem modernen Staat gehören Staatsgebiet, Staatsgewalt und Staatsvolk (Georg Jellinek). In Gestalt des Nationalstaates gibt sich das Staatsvolk auf einem bestimmten Territorium eine institutionelle Form, die sich über die Jahrhunderte bewährt hat. Seit seiner Etablierung im Gefolge der Französischen Revolution hat der Nationalstaat Differenzen in der Gesellschaft auszugleichen vermocht, die andere Herrschaftsverbände gesprengt haben. Herzstück des Staates ist die Souveränität (Jean Bodin), ein nicht souveräner Herrschaftsverband ist kein echter Staat (Hermann Heller). Umgekehrt ist der Weg von der eingeschränkten Souveränität bis zum Scheitern eines Staates nicht weit. Nur der Staat ist jedoch Garant für Sicherheit, Freiheit und Wohlstand der Menschen. Keine internationale Organisation konnte diese Garantie in ähnlicher Weise übernehmen.

Bis vor wenigen Jahren schien das Ende des herkömmlichen souveränen Nationalstaates gekommen zu sein. An seine Stelle sollten supranationale Institutionen wie die Europäische Union und – auf längere Sicht – der kosmopolitische Weltstaat treten. Die Zustimmung der Bürgerinnen und Bürger zu weiterer Integration schwindet jedoch, während gleichzeitig die Eurokratie immer mehr Macht anzuhäufen versucht. Die demokratische Legitimation politischer Entscheidungen ist zweifelhaft geworden. Das Vertrauen in die Politik nimmt ab.

Wichtige Orientierungspunkte (NATO, EU, USA) haben ihre Bedeutung für die Gestaltung der Politik verloren. In dieser Situation ist der souveräne Nationalstaat, jenes „Glanzstück occidentalen Rationalismus" (Carl Schmitt), der letzte Anker, an dem sich die Nationen festhalten (können). Dabei spielt die Frage nur eine untergeordnete Rolle, ob die Nation „gemacht" (Benedict Anderson) worden oder ursprünglich bereits vorhanden ist, denn es geht nicht um eine ethnisch definierte Nation, sondern um das, was Cicero das „Vaterland des Rechts" genannt hat.

Die „Staatsabstinenz" scheint sich auch in der Politikwissenschaft ihrem Ende zu nähern. Und wie soll der Staat der Zukunft gestaltet sein? Dieser Thematik will sich die interdisziplinäre Reihe Staat – Souveränität – Nation widmen, die Monografien und Sammelbände von Forschern und Forscherinnen aus unterschiedlichen Disziplinen einem interessierten Publikum vorstellen will. Das besondere Anliegen der Herausgeber der Reihe ist es, einer neuen Generation von politisch interessierten Studierenden den Staat in allen seinen Facetten vorzustellen.

Rüdiger Voigt
Samuel Salzborn

Weitere Bände in der Reihe http://www.springer.com/series/12756

Jens Puschke · Tobias Singelnstein
(Hrsg.)

Der Staat und die Sicherheitsgesellschaft

Springer VS

Herausgeber
Jens Puschke
Marburg, Deutschland

Tobias Singelnstein
Bochum, Deutschland

Staat – Souveränität – Nation
ISBN 978-3-658-19300-3   ISBN 978-3-658-19301-0   (eBook)
https://doi.org/10.1007/978-3-658-19301-0

Die Deutsche Nationalbibliothek verzeichnet diese Publikation in der Deutschen National-
bibliografie; detaillierte bibliografische Daten sind im Internet über http://dnb.d-nb.de abrufbar.

Springer VS
© Springer Fachmedien Wiesbaden GmbH 2018

Gedruckt auf säurefreiem und chlorfrei gebleichtem Papier

Springer VS ist Teil von Springer Nature
Die eingetragene Gesellschaft ist Springer Fachmedien Wiesbaden GmbH
Die Anschrift der Gesellschaft ist: Abraham-Lincoln-Str. 46, 65189 Wiesbaden, Germany

Inhaltsverzeichnis

Strafrecht und Kriminalisierung im Besonderen

Vorwort

Jens Puschke und Tobias Singelnstein

Die Rolle des Staates in der Sicherheitsgesellschaft ist eine widersprüchliche. Staatliche Instanzen sind in der jüngeren Vergangenheit einerseits stark an der Herstellung zunehmender Sicherheitsbedürfnisse und somit dem massiven Bedeutungszuwachs individueller, bürgerlicher Sicherheit beteiligt. Die starke Betonung von Sicherheitsbedürfnissen und -notwendigkeiten, symbolische Gesetzgebung und die Selbstpräsentation des Staates im Feld der Sicherheitsproduktion führen ebenso wie eine zunehmende soziale Prekarisierung dazu, dass individuelle Sicherheit vor ganz verschiedenen Bedrohungen eine steigende Bedeutung erfährt. Andererseits ist der Staat eine wesentliche Instanz, die diese Bedürfnisse befriedigen kann, will bzw. soll (Singelnstein und Stolle 2012, S. 34ff.). Diese Aufgabe wird sowohl von der Gesellschaft an ihn herangetragen, als auch von ihm selbst für sich reklamiert. Zugleich werden die Fähigkeit des Staates zur Lösung dieser Aufgaben und die in der Bevölkerung wahrgenommene Legitimität des Staates und seiner Instanzen mit dem Ausmaß des Auftretens abweichenden Verhaltens in Verbindung gebracht (Nivette 2014, S. 93ff.).

Dementsprechend ergibt auch die Betrachtung, wie der Staat die Rolle als Sicherheitsproduzent in der jüngeren Vergangenheit ausfüllt, ein widersprüchliches Bild. Die Analysen reichen von einem Rückzug des Staates aus der Sicherheitsproduktion und Tendenzen der Privatisierung (Briken und Eick 2011, S. 34ff.) über Veränderungen der Formen – etwa hin zu einem Regieren aus der Distanz (Bourdieu 1998, S. 99f.) – bis hin zu der Feststellung, dass die Produktion von Sicherheit vor Kriminalität und anderen Bedrohungen und Gefahren eines der wenigen Politikfelder darstellt, auf denen der Staat noch Handlungsfähigkeit de-

monstrieren kann und das demnach besondere Bedeutung hat – in der Kriminologie wird dies etwa unter dem Topos „governing through crime" diskutiert (Simon
2007). Angesichts dessen stehen scheinbar gegensätzliche Entwicklungen nebeneinander, wie zum Beispiel der massive Ausbau von Befugnissen und Ressourcen
der Nachrichtendienste einerseits und die Verlagerung wirtschaftsstrafrechtlicher
Sozialkontrolle vom Staat hin zu den Unternehmen in Form der Compliance andererseits. Schließlich stellt auch der Staat selbst keinen einheitlichen Block dar,
sondern ist eine Institution bzw. ein Feld, innerhalb dessen sehr unterschiedliche
Interessen bestehen und Akteure in einem ständigen Prozess agieren (Singelnstein
und Stolle 2012, S. 45ff.).

Der Sammelband beleuchtet verschiedene Facetten dieses Verhältnisses von
Staat und Sicherheitsgesellschaft anhand von Veränderungen in den zurückliegenden zwei bis drei Jahrzehnten. Ziel dessen ist es, die skizzierte Widersprüchlich-
keit nicht zu übertünchen, sondern sie sichtbar zu machen und zu analysieren.
Manche Beiträge wählen hierfür eine grundlegende Herangehensweise und ar-
beiten bestimmte grundsätzliche Entwicklungen oder Veränderungen der Sicherheitsproduktion heraus. Dies erfolgt teilweise in einer theoretisch-analytischen
Perspektive, in weiteren Beiträgen empirisch. Andere Beiträge nehmen einzelne
Entwicklungen oder Aspekte staatlicher Sicherheitsproduktion detailliert in den
Blick und ordnen sie in die Gesamtentwicklung ein. Zusammenfassend können die
Beiträge in drei Gruppen eingeteilt werden. Die erste Gruppe verfolgt eine grundlegende analytische Perspektive und stellt die Frage nach der Rolle des Staates
angesichts der jüngeren Veränderungen im Bereich der Sicherheitsproduktion.
Hieran schließt eine zweite Gruppe von Beiträgen an, die konkrete Aspekte dieser
Entwicklungen in den Blick nimmt. Die dritte Gruppe von Beiträgen schließlich
befasst sich mit Strafrecht und Kriminalisierung als einem spezifischen Teil-
bereich staatlicher Sicherheitsproduktion.

Der Band eröffnet mit zwei grundlegenden Beiträgen, die das Feld Staat und
Sicherheitsgesellschaft abstecken. Reinhard Kreissl fragt, was der Staat in der
Sicherheitsgesellschaft verloren habe und nimmt Verbindungen und Trennendes
zwischen Staat, Politik und gesellschaftlichen Prozessen in den Blick. Er zeichnet
die grundlegenden Veränderungen der zurückliegenden Jahrzehnte nach und zeigt
die vielfältigen Herausforderungen auf, vor denen sich Staat und Politik sehen und
wie sie hierauf reagieren.

Pile und Fisahn richten den Fokus demgegenüber auf verschiedene Entwicklungen in Europa in den zurückliegenden Jahren – Rechtspopulismus, Wirtschaftspolitik und Krise, Demokratieabbau. Sie zeichnen nach, auf welche unterschiedlichen Weisen Rechtsstaat, Demokratie und Grundrechte in der EU und anderen
europäischen Ländern unter Druck geraten und ausgehöhlt werden. Vor diesem

Hintergrund wagen sie sich an eine begriffliche Annäherung und stellen die Frage, was eigentlich einen Sicherheitsstaat konkret ausmache, welche Gesichter er haben und in welcher Form er auftreten könne. Hierfür analysieren sie die Situation in verschiedenen europäischen Ländern.

Der Beitrag von Benno Zabel beschäftigt sich mit grundlegenden Fragen zum Verhältnis von Prävention, Sicherheit und Freiheit. Ausgangpunkt ist, dass der demokratische Rechtsstaat auf die Selbstverwirklichungsinteressen von Individuum und Gesellschaft mit einer funktionalen Kopplung von Freiheit, Sicherheit und Prävention reagiere. Der Aspekt des Schutzes vor „lebensweltlichen Verunsicherungen" erfolge danach durch ein umfassendes Sicherheitsmanagement als zentrales Element moderner Rechtesicherung und beruhe auf der sozialen Grammatik oder Logik der Prävention. Das Paradox der Prävention besteht nach Zabel darin, dass die Sicherheitserwartungen gerade dadurch stabilisiert werden (sollen), dass das immer mögliche Gefahren- und Verlustszenario mobilisiert, gleichzeitig aber dessen Einhegung oder sogar Abwehr in Aussicht gestellt werde.

An diese drei grundlegenden Beiträge schließt die zweite Gruppe von Abhandlungen an, die sich mit konkreten Aspekten der beschriebenen Entwicklung auseinandersetzt. Der empirisch geprägte Beitrag von Sylvia Kühne und Christina Schlepper zeigt am Beispiel der Biometrie, wie staatliche Sicherheitsversprechen an technologische Verfahren geknüpft werden. Hierzu wurde das biometrische „Diskursfeld" von staatlichen und privaten Akteuren mit dem Ziel untersucht, den Prozess zu rekonstruieren, in dem Visionen der Technologie nicht nur konstruiert, sondern das mittlerweile heterogene Feld der Biometrie immer wieder neu ausgelotet und vorangetrieben wird. Entscheidend für die Durchsetzungsfähigkeit technologischer Verfahren seien danach Visionen, was eine Technologie zu leisten im Stande sei. Die Biometrie habe zunächst auf dem Versprechen der „Annehmlichkeit" und seit 2001 auf dem der „Sicherheit" basiert. Seit 2007 integriere der Diskurs sowohl Annehmlichkeits- als auch Sicherheitsaspekte. Obwohl die Passgenauigkeit der Biometrie als Schlüsseltechnologie dem Bereich der Inneren Sicherheit nicht innewohne, führe die interpretative Flexibilität zur Normalisierung vormals „außergewöhnlicher" Kontrolle.

Der Beitrag von Lars Ostermeier behandelt Prognosetechnologien zur Vorhersage von Straftaten, Rückfallwahrscheinlichkeiten und gefährlichen Ereignissen. Dabei wird eine soziotechnische Perspektive eingenommen, durch die die Trennung zwischen Technologien und Gesellschaft aufgehoben werden soll. So könne rekonstruiert werden, wie der Eindruck, dass Technologien wünschenswerte Effekte erzeugen, gesellschaftlich hergestellt werde. Mit den Begriffen der Wissenschafts- und Technikforschung könnten die Beziehungen vom Staat zur Sicherheitsgesellschaft als eine Frage nach der wechselseitigen Konstitution von technologischen und sozialen Ordnungen präzisiert werden. Die Folgen der Einführung von Prognosetechnologien werden als ein Bestandteil des Netzwerkes der Technologien und Akteure verstanden, die den Kontext der prognostischen Sicherheitsgesellschaft bilden.

Fabien Jobard betrachtet mit dem Ausnahmezustand einen besonderen Modus, mit dem der Staat zu Zwecken der Sicherheitsproduktion agiert. Er untersucht detailliert den seit 2015 in Frankreich geltenden Notstand sowohl hinsichtlich der verschiedenen rechtlichen Regelungen als auch deren rechtstatsächlicher Umsetzung. Dabei legt er zunächst einen Schwerpunkt auf die Frage, wie die besonderen Befugnisse in der Praxis angewendet worden sind und wie die Gesellschaft darauf reagiert hat. Im weiteren Verlauf untersucht er dann, inwiefern die Situation in Frankreich tatsächlich als Ausnahmezustand im Sinne der verschiedenen theoretischen Ansätze gesehen werden kann.

Hartmut Aden nimmt in seiner rechts-, politik- und verwaltungswissenschaftlichen Analyse den Staatsschutz als zentrale Aufgabe staatlicher Sicherheitsproduktion in den Blick. Er untersucht die Staatszentriertheit dieser Aufgabenstellung und zeichnet detailliert deren Folgen im Strafrecht, im Polizeirecht und im Verfassungsschutzrecht nach wie auch die Probleme, die damit verbunden sind. Hiervon ausgehend plädiert er für einen Paradigmenwechsel vom Staatsschutz zum Menschenwürdeschutz, auch um den aktuellen Anforderungen an die Produktion von Sicherheit gerecht zu werden, wie er am Beispiel Rechtsextremismus und NSU-Ermittlungen zeigt.

Im Anschluss hieran folgt die dritte Gruppe von Beiträgen, die aus unterschiedlichen Perspektiven auf das Strafrecht als einer besonderen Form staatlicher Sicherheitsproduktion schaut. Bernd Belina beginnt mit einer Analyse der Strafrechtspraxis vom Beginn der Bundesrepublik bis heute vor dem Hintergrund gesellschaftlicher Veränderungen. In einer marxistisch geprägten Herangehensweise analysiert er Strafrecht und Kriminalisierung als Möglichkeit der Durchsetzung spezifischer Interessen und zur Herstellung von Hegemonie. Ausgehend davon macht er in dem betrachteten Zeitraum verschiedene Perioden der Kriminalisierung aus, die zu gesellschaftlichen Veränderungsprozessen ins Verhältnis gesetzt werden.

Mit dem materiellen Strafrecht als einem Bereich, in dem Präventions- und Sicherheitsbestrebungen umgesetzt werden, beschäftigt sich auch der Beitrag von Beatrice Brunhöber, die an die Überlegungen von Belina anschließt. Laut Brunhöber führe die Sicherheitsgesellschaft ebenfalls zu einem Funktionswandel im Strafrecht, dessen Beschreibung und Folgen noch weitgehend ungeklärt seien. Entscheidend sei, dass sich die Veränderungen auf der Ebene der Verhaltensvorschrift ergeben, also primär die Frage beträfen, was verboten werde. Die Verbote setzten nunmehr vermehrt im Vorfeld einer Schädigung an. Dies beschreibt Brunhöber mit dem Begriff des Risikostrafrechts. Hintergrund dieser Entwicklung sei ein veränderter Umgang mit Bedrohung in modernen Gesellschaften, der ein erhöhtes Bedürfnis nach Beherrschung und Steuerungsmöglichkeiten voraussetze und zudem zu einer veränderten Risikoallokation führe, bei der dem Individuum Verantwortlichkeit auch für strukturelle Risiken zugeschrieben werde.

Bernd Dollinger, Dirk Lampe und Henning Schmidt-Semisch legen einen empirischen Beitrag zum Jugendstrafrecht und zur Jugendkriminalpolitik vor. Dabei greifen sie die im ersten Teil dieses Bandes und auch von Brunhöber verfolgte Perspektive von einem grundlegenden Wandel staatlicher Sicherheitsproduktion wieder auf und gehen ihr empirisch am Beispiel des Jugendstrafrechts nach. Anhand von parlamentarischen Debatten untersuchen sie diskursanalytisch, inwiefern sich im Umgang mit Jugendkriminalität tatsächlich Elemente einer „Sicherheitsgesellschaft" finden lassen, sich also ein Wandel hin zu einer härteren, punitiveren oder stärker kontrollierenden Kriminalpolitik zeigt.

Eine weitere Zuspitzung der Thematik Strafrecht und Sicherheit erfolgt abschließend im Beitrag von Jens Puschke und Jannik Rienhoff. Dabei wird das Terrorismusstrafrecht in den Blick genommen, das als kriminalpolitisches Projekt verstanden wird. Dieses Projekt, das anhand neuerer Straftatbestände (§§ 89a, b, c und 91 StGB) untersucht wird, sei begründet in der Zusammenführung zweier Diskurse und dem Bestreben um hegemoniale Vormachtstellung. Das Strafrecht und der Sicherheitsdiskurs, die sich als Hegemonie etabliert hätten, verstärkten sich gegenseitig durch die Erweiterung von Strafvorschriften zur Bekämpfung des Terrorismus. Der Analyse liegt ein kritisch-materialistisches Verständnis von Staat und Recht zu Grunde, nach dem der Staat Ausdruck gesellschaftlicher Kräfteverhältnisse sei. Entsprechend müsse die gesellschaftliche Ordnung mittels eines Konsenses in der Zivilgesellschaft durch Hegemonie hergestellt und aufrechterhalten werden.

Literatur

Bourdieu, P., 1998: *Gegenfeuer. Wortmeldungen im Dienste des Widerstands gegen die neoliberale Invasion*. Konstanz: Universitätsverlag Konstanz.

Briken, K./Eick, V., 2011: Recht und billig? Wachschutz zwischen Niedriglohn und Ein-Euro-Jobs. *Kritische Justiz 44*, S. 34-42.

Nivette, A., 2014: Legitimacy and crime: Theorizing the role of the state in cross-national criminological theory. *Theoretical Criminology 18*, S. 93-111.

Simon, J., 2007: *Governing through Crime. How the War on Crime Transformed American Democracy and Created a Culture of Fear*. New York: Oxford University Press.

Singelnstein, T./Stolle, P., 2012: *Die Sicherheitsgesellschaft. Soziale Kontrolle im 21. Jahrhundert*. 3. Aufl. Wiesbaden: VS Verlag für Sozialwissenschaften.

Grundlegende Perspektiven

Bringing the State back in

Oder: Was hat der Staat in der Sicherheitsgesellschaft verloren?

Reinhard Kreissl

Zusammenfassung

Der Beitrag untersucht mögliche Schnittstellen und Zusammenhänge zwischen staatlicher Politik, gesellschaftlichen Prozessen und dem epochalen Trend zu einem sicherheitsgesellschaftlichen Kontrollregime. Die Beziehungen zwischen Staat und Sicherheit werden vor dem Hintergrund unterschiedlicher staatlicher Arrangements und Politikstrategien diskutiert.

Schlüsselwörter

Staat, Sicherheit, Politik, Diskurs, Praxis, Kriminalpolitik

1   Bringing the State back in

In einem Beitrag mit dem bezeichnenden Titel „Bringing the State Back in: Strategies of Analysis in Current Research" hat Theda Skocpol vor 30 Jahren anhand einer Reihe von Studien gezeigt, wie die analytische Kategorie des Staates in den Sozialwissenschaften wieder an Bedeutung gewinnt (Skocpol 1985). Gegen die besonders im angelsächsischen Raum durch den soziologischen Strukturfunktionalismus vorangetriebene Auflösung des Staates in seine gesellschaftlichen Bestandteile diagnostizierte sie ein gestiegenes Interesse an Analysen, die dem Staat als Akteur eine theoretisch bedeutsame Rolle zusprechen. Bestimmte historisch beobachtbare Entwicklungen ließen sich besser erklären, wenn man mit Rückgriff auf die kontinentaleuropäische Staatsdiskussion in der Tradition von Weber und Hintze ein Verständnis des Staats heranzieht, das die spezifischen Wirkmöglichkeiten staatlicher Institutionen berücksichtigt und mit der Idee eines spezifischen Eigeninteresses des Staats an sich selbst operiert. Auch sollte man berücksichtigen, dass staatliche Strukturen die gesellschaftlichen Bedingungen prägen, in denen sich politisch aktive soziale Gruppen entfalten.

In ihrer Kritik an der Soziologisierung des Staates wendet sich Skocpol zugleich gegen eine bestimmte methodische Strategie der Generalisierung. Der soziologische Strukturfunktionalismus suche nach einem Typ von Gesetzmäßigkeiten, die über konkrete empirisch vorfindbare historische Konstellationen hinweg auf allgemeine Funktionen des Regierens zielten (Skocpol 1985, S. 4). Diese Idee ahistorisch universalisierbarer Entwicklungspfade und allgemein gültiger funktionaler Arrangements sozialer Differenzierung verliert jedoch in der Konfrontation mit der Empirie schnell an Charme. Zwar sind es zweifelsohne immer gesellschaftliche Kräfte und bestimmte Akteure, die soziale Veränderungen vorantreiben, Klassen, die ihre Interessen verfolgen, Unternehmen, die auf Märkten agieren, soziale Bewegungen, die öffentlich für ihre Anliegen werben. Aber in den mit Hilfe dieses Werkzeugkastens von Akteuren und Prozessen skizzierten Szenarien, so die Beobachtung von Skocpol, blieb einerseits die Rolle des Staates (und ggf. seiner „Diener") als wirksamer Faktor analytisch lange Zeit unterbelichtet und zum anderen zeige sich, dass sich in konkreten Gesellschaften die Dinge ganz unterschiedlich entwickeln können: kontinentaleuropäische Staaten unterscheiden sich in wichtigen Aspekten von angelsächsischen, nordeuropäische von südeuropäischen, asiatische von europäischen. Staatlichkeit findet sich überall, aber nicht in der gleichen Form und Ausprägung. Daher sollte man sich hüten, bei der Analyse von sozialen Prozessen von Staat und Gesellschaft auf der Ebene des typisierenden Singulars zu bleiben.

Das von Skocpol diagnostizierte Interesse am Staat als Akteur ging seinerzeit einher mit einem Wachstum des staatlichen Sektors, das in etwa in der Phase, in der sie ihre Ausführungen zu Papier brachte, einen Höhepunkt erreichte. Mit dem interventionistischen Wohlfahrtstaat, der damals auch in den USA stark und intensiv in diversen gesellschaftlichen Bereichen aktiv wurde, gewannen Fragen nach dem Verhältnis von Staat, Gesellschaft und Ökonomie wieder an Bedeutung. Zugleich zeigte sich in den aufstrebenden post-kolonialen Gesellschaften, dass die Grand Theories der soziologischen Modernisierungsforschung zu kurz griffen. Staatliche, bürokratisch organisierte Eliten erwiesen sich dort oft als zentrale Agenten des sozialen Wandels und prägten einige dieser Gesellschaften in einer „revolution from above" (Skocpol 1985, S. 11) – oft gegen die Interessen etablierter mächtiger sozialer Gruppen.

Skocpols Forderung, den Staat wieder in die sozialwissenschaftliche Diskussion einzuführen, die Autonomie des Staates als prägender Akteur der Politik anzuerkennen, hat 30 Jahre nach dem Erscheinen ihres Aufsatzes nach wie vor Gültigkeit, sollte allerdings – ganz im Sinne der Autorin – vor dem Hintergrund aktueller Entwicklungen neu gefasst werden. Staatlichkeit findet ihren Niederschlag auf vielen Ebenen, von der Formulierung politischer Programme und Produktion von Gesetzen bis hin zu deren Umsetzung auf der Ebene der street-level bureaucrats, um die bekannte Formulierung von Michael Lipsky (1969) aufzunehmen. Nach dem Durchgang durch eine Vielzahl von Studien kommt Skocpol zu dem Befund: „We do not need a new or refurbished grand theory of ‚The State'. Rather we need solidly grounded and analytically sharp understandings of the causal relations that underlie the histories of states, social structures, and transnational relations in the modern world" (1985, S. 28).

2   Staatlich begrenzte Aufgaben und Entgrenzung der Sicherheit

Diese Warnung, voreilige Synthesen zu vermeiden und stattdessen anhand empirisch untermauerter Untersuchungen konkrete Konstellationen zu betrachten, ist im Angesicht mancher Beiträge zum „Staat in der Sicherheitsgesellschaft" alles andere als voreilig. Nutzt man das theoretische Passepartout Sicherheitsgesellschaft (Singelnstein und Stolle 2011) zur Analyse und fragt nach der Rolle des Staates, zeigt sich zunächst, dass Sicherheit als politische, für staatliches Handeln bedeutsame und durch dieses Handeln geprägte Kategorie einen signifikanten Bedeutungswandel durchlaufen hat. Sicherheit als staatliche Aufgabe war bis vor nicht allzu langer Zeit primär als äußere, militärisch zu garantierende Sicherheit vor anderen Staaten und erst in zweiter Linie und politisch weniger bedeutsam als interne Pazifizierung gedacht. Akademisch war für die Belange der äußeren Sicherheit die Politikwissenschaft Abt. Internationale Beziehungen zuständig. Innere Sicherheit wurde in europäischen Gesellschaften primär als soziale Sicherheit gefasst und zur Aufgabe des Wohlfahrtsstaats. Dieser wiederum nahm unterschiedliche Ausprägungen an (Esping-Andersen 1996). Die staatliche Politik der äußeren Sicherheit hat verschiedene Formen des militärisch-industriellen Komplexes hervorgebracht (Mills 2000).[1] Die staatlich organisierte Politik der sozialen Sicherheit produzierte ein Netz der fürsorglichen Überwachung durch wohlfahrtsstaatliche Leistungen verwaltende Staatsbürokratien – von der Sozialfürsorge bis zur Polizei (Castel 1979). Auch diese nahmen, je nach staatlicher Tradition (etwa in Frankreich, England, Amerika oder Deutschland) eigene, unterscheidbare Formen an (Ginsburg 1992).

Sicherheit war allerdings bei allen Unterschieden der individuellen staatlichen Organisation klar umrissenen Politikfeldern zugeordnet. Die Rede von der Sicherheitsgesellschaft als eigenem Typus gewinnt im politischen und akademischen Diskurs Momentum, wenn diese Beschränkung auf mehr oder weniger klar umgrenzte Politikfelder mit entsprechend mehr oder weniger klar definierten Akteuren, Institutionen und Konstellationen von Innen und Außen sich aufzulösen beginnt.

Ein ebenso viel diskutiertes wie instruktives Beispiel für eine solche Entgrenzung von Sicherheit liefern die Vereinigten Staaten nach 9/11. Die Differenz zwischen innerer und äußerer Sicherheit verschwimmt. Der als Reaktion auf dieses traumatisierende Ereignis gestartete Angriff auf Afghanistan war eine in Bezug auf staatliches Handeln schlecht begründbare Hybridaktion, kein erklärter Krieg, eher eine polizeiliche Maßnahme aber mit militärischen Mitteln und außerhalb des staatlichen Territoriums (Nabers 2007).

Entgrenzungen oder Hybridisierungen anderer Art lassen sich in England in der eigentümlichen Vermischung von repressiver Polizeistrategie und gemeindeorientierter Sozialarbeit studieren (Coleman 2004). Hier entwickelte sich Sicherheit unter dem Regime von New Labour zum ideologischen Alleskleber quer über eine Vielzahl von Administrationen und Politikfelder. Frankreich, dessen Regierung sich selbst in einen „Krieg gegen den Terrorismus" hinein definiert und damit

---

1   In der Sicherheitsgesellschaft wandelt sich dieser militärisch-industrielle Komplex zum „security-industrial complex" (Hayes 2012). Auch hier spielt die Art, wie Staaten agieren, eine große Rolle für die Entwicklung der Sicherheitsgesellschaft. Das zeigt sich etwa, wenn man die staatliche amerikanische Technologieförderungspolitik und das Sicherheitsforschungsprogramm DARPA im Vergleich mit europäischen Initiativen betrachtet (Delanghe et al. 2011).

einen immer wieder verlängerten Ausnahmezustand im Inneren deklariert, liefert mit dieser Kriegsmetaphorik Anschauungsmaterial für eine Auflösung gewohnter rechtlicher, politischer und kultureller Grenzen des Politikfelds Sicherheit. Auch in der in letzter Zeit in mehreren Ländern mit gewisser Erregung diskutierten Frage, wie auf die Bedrohung durch sogenannte Cyber-Angriffe zu reagieren ist und wo die Verteidigung gegen diese Angriffe resortieren sollte – im Innen- oder im Verteidigungsresort – zeigt sich, dass die hier zwischen innerer und äußerer Sicherheit nicht ohne weiteres unterschieden werden kann. Last but not least wäre hier exemplarisch die derzeit in mehreren europäischen Nationalstaaten als akut betrachtete und gleichzeitig die Handlungsfähigkeit dieser Staaten überfordernde Sicherheitsbedrohung durch Migrationsströme aus dem globalen Süden nach Europa zu nennen (Wendekamm 2014).

Alle diese Beispiele segeln politisch unter der Flagge der Bedrohung einer Sicherheit, bei der die Grenzen zwischen den Sphären des Inneren und Äußeren, zwischen Repression und Prävention, Polizei und Justiz, Schuld und Verdacht verwischen. Die Versicherheitlichung (Buzan et al. 1998) von Migration verweist zudem auf einen wichtigen Aspekt, der für das Verhältnis von Staat und Gesellschaft in der Sicherheitsgesellschaft von zentraler Bedeutung ist. Wesentliches Element von Staaten als Garanten von Sicherheit ist die Souveränität in und Hoheit über ein Territorium. Die sehr heterogenen, teils unkoordinierten und wirkungslosen Reaktionen der Mitgliedsstaaten der EU auf die derzeitigen Migrationsbewegungen zeigen die Grenzen nationalstaatlich-territorial definierter Souveränität auf (Guild et al. 2016). Zugleich lässt sich hier demonstrieren, dass innerstaatlich sich manifestierende Probleme ihren Ursprung außerhalb des staatlichen Hoheitsgebits haben und dementsprechend eine – auch für das staatliche Handlungsrepertoire wichtige – Unterscheidung zwischen innerer und äußerer Sicherheit nur schwer aufrechtzuerhalten ist.[2] Dem politischen Konstrukt Europa fehlen wesentliche Merkmale von Staatlichkeit (primär Fähigkeit und Ressourcen zur Durchsetzung kollektiv bindender Entscheidungen) und dementsprechend sind europäische Initiativen mangels Durchsetzungsmöglichkeit auf Sicht weitgehend wirkungslos und als aktuelle Problemlösung zum Scheitern verurteilt.

---

[2]   Diese Entgrenzung auf den Punkt brachte der damalige deutsche Verteidigungsminister Peter Struck, der sich im Bundestag bei der Diskussion über den Einsatz der Bundeswehr in Afghanistan im Dezember 2002 zu der Formulierung hinreißen ließ, dass die freiheitliche demokratische Grundordnung der Bundesrepublik auch am Hindukusch verteidigt werden müsse. Als Versuch einer transstaatlichen Erweiterung staatsanaloger Formate s. Teubner (2011).

3   Die (Sicherheits-)Gesellschaft als Herausforderung für den Staat

Staaten als politischer Herrschaftsverband verfügen ihrem Selbstverständnis nach in einem umgrenzten Territorium über die physischen, organisatorischen, fiskalischen und rechtlichen Mittel zur weitgehend autonomen Ausübung politischer Herrschaft und wirken damit auf die Gesellschaft ein. Unter den traditionellen Staatsaufgaben nahm Sicherheit im Hobbes'schen Sinne der Befriedigung nach innen und der Sicherung nach außen eine zentrale Rolle ein. Nun lässt sich hier eine Entwicklungslinie vom bürgerlichen über den Rechtsstaat zum demokratischen Rechts- und Wohlfahrtsstaat als epochaler Prozess der (rechtlichen) Zähmung naturwüchsiger gesellschaftlicher Gewaltverhältnisse durch den sich entwickelnden Staat rekonstruieren. In diesem Prozess wandelt sich der gegenüber dem Leviathan rechtlose Untertan allmählich zum mit allgemeinen Rechten ausgestatteten Staatsbürger, der Leviathan wird zur sich selbst durch das Recht programmierenden parlamentarischen Demokratie (Habermas 1981, 1992). In grober Stilisierung finden hier zwei gegenläufige Entwicklungen statt, die für den Staat neue Herausforderungen produzieren: auf der einen Seite lässt sich mit der kontinuierlichen Zunahme der Staatsaufgaben eine Art Verstaatlichung der Gesellschaft beobachten, auf der anderen Seite fördert die Demokratisierung politischer Herrschaft eine Vergesellschaftung des Staates.

Dabei kommt das institutionelle Arrangement des modernen demokratischen Rechtsstaats kontinentaler Prägung an seine Grenzen (Kreissl 1987). Die zentralen Medien Recht und Geld verlieren in den Händen des Staates an Steuerungskraft (O'Connor 1975; Kübler 1985) und damit gerät der Nationalstaat unter Druck, da er die ihm historisch zugewachsenen Aufgaben nicht mehr angemessen erfüllen kann. Hinzu kommt, dass territoriale Souveränität als wesentliches Merkmal des Staates durch gesellschaftliche Entwicklungen und wachsende Mobilität (Lash und Urry 1993; Urry 2007) zunehmend erodiert. Die Globalisierung ökonomischer Prozesse, die dadurch verursachten Probleme, oder die Folgen der Ausbreitung neuer Kommunikationsmedien lassen sich nicht mehr innerhalb territorial umgrenzter, nationalstaatlicher Herrschaftsgrenzen steuern. Als Folge globaler Mobilität und Migration nehmen vormals ethnisch und kulturell weitgehend homogene Gesellschaften multiethnische, multikulturelle Züge an. Fragen der Zugehörigkeit müssen unter diesen Bedingungen neu verhandelt werden. Zeitdiagnostisch auf den Punkt gebracht hat diese Entwicklungen Ulrich Beck mit seinem Begriff der Weltrisikogesellschaft (2007). Territorial definierte Staaten mit einer kulturell homogenen Bevölkerung stoßen als politische Akteure an Grenzen (in jeder Bedeutung des Wortes) beim Versuch gesellschaftliche Dynamiken zu zähmen, die sie selbst befördert haben. Die Rede ist dann von Staatsversagen (Jänicke 1986), Unregierbarkeit (Offe 1979) oder Postdemokratie (Crouch 2012). Der Staat kapituliert oder überlebt als Hülle. Scheitert der Staat also – Ironie der Geschichte – letztlich wie der Zauberlehrling dank seines eigenen evolutionären Erfolgs als gesellschaftliche Organisationsform politischer Herrschaft an der Komplexität, die er ermöglicht hat aber nicht mehr zähmen kann? (Willke 1992). Sollte man Skocpols Titel also umformulieren: Taking the State out again?

Es mangelt nicht an dystopischen Abgesängen auf „den" Staat und „die" Politik im Angesicht einer entfesselten gesellschaftlichen Dynamik und die medial aufbereitete Empire vor der Haustüre scheint die Evidenz dafür zu liefern. Meldungen über Umwelt-, Finanz- und Wirtschaftskrisen, denen individuelle Staaten und die internationale Staatengemeinschaft machtlos gegenüberstehen, konkurrieren um das knappe Gut öffentlicher Aufmerksamkeit und parallel dazu scheint die für moderne demokratisch verfasste Staatskonstruktionen wichtige kulturelle Ressource von Legitimität und Massenloyalität nicht zuletzt aufgrund steigender ökonomischer Ungleichheit innerhalb und zwischen Gesellschaften zu versiegen. Einerseits wächst im Angesicht scheinbar sinkender staatlicher Handlungskompetenz und Leistungsfähigkeit die Politikverdrossenheit (Maier 2013). Andererseits findet in vielen Gesellschaften in der Anrufung des Nationalstaates durch populistische Parteien und Politiker sowie entsprechende soziale Bewegungen eine neue Form der Politisierung statt.[3] Es ertönt der Ruf nach dem starken Staat, man fordert Bestandsgarantien für ethnisch-religiös homogene Gesellschaften oder fantasiert gar den großen Führer herbei. Diese wilde Politisierung, die sich gemäß der konventionellen politischen Topologie von rechts unten auszubreiten scheint, stellt das institutionelle Arrangement der auf Parteienkonkurrenz basierenden staatlich verfassten Demokratie auf die Probe.

Eine solche Politisierung auf der Basis von „Identitätspolitik" (Meyer 2002) konterkariert zugleich eine der zentralen Prämissen des modernen demokratischen Rechtsstaats durch die Wiedereinführung einer politisch-semantisch aufgeladenen Unterscheidung zwischen denen, die zu uns gehören und jenen, die in einem pejorativ konnotierten Sinn anders sind. Die damit einhergehende Verweigerung

---

3   Dieser Trend zu einer Politik, die in populistisch-agitierender Manier auf der Basis einer Idee vom ethnisch homogenen, territorial autonomen und souveränen Staatswesen das nationale Eigeninteresse in den Vordergrund stellt, findet sich derzeit in den unterschiedlichsten Gesellschaften, nicht nur in Westeuropa, wo entsprechende politische Bewegungen seit Jahren im Aufwind sind, auch in den USA, in osteuropäischen Ländern und in anderen außereuropäischen Regionen. Hier konvergiert ein Politikmodell und Politikverständnis, die ihren Ausgang von völlig unterschiedlichen gesellschaftlichen Bedingungen nehmen.

von Anerkennung befördert sozialen Ausschluss und gesellschaftliche Fragmentierung. Dabei spielen neben religiös-ethnischen und kulturellen auch soziale und ökonomische Kriterien eine Rolle, da gesellschaftliche Teilhabe für eine wachsende Gruppe von Menschen zusehends schwieriger wird. Befeuert wird diese sozial desintegrative Entwicklung durch die Konkurrenz um knappe (auch staatliche) Güter und soziale Positionen, die wiederum zur Triebfeder sozialer Abstiegsängste werden kann.

Auf diesem Humus vermeintlicher und/oder realer Prekarität artikuliert sich auf diversen Foren im öffentlichen Diskurs ein diffuses Bedürfnis nach Sicherheit, das als Forderung an staatliche Politik auftritt. Dabei vermischen sich Bedrohungsphantasien und Angst vor dem kulturell Andersartigen mit risikobasierten Sorgen um das eigene Fortkommen und die eigene Zukunft zu einer oft brisanten Mischung.

Nun kann man solche Verwerfungen auch anders interpretieren und statt von einer Krise gesellschaftlicher Integration und staatlicher Steuerungsfähigkeit von einer Ungleichzeitigkeit kulturell politischer Modernisierung ausgehen, wie etwa Habermas (2008) in seinen Überlegungen zu post-säkularen Gesellschaften. Er sieht im aktuellen Streit um Anerkennung oder Ausschluss ethnisch-religiöser Gruppen eine Reaktion auf die soziokulturellen Zumutungen eines eurozentrisch verengten Universalismus in modernen, multikulturell gewordenen Gesellschaften, die Religion in die Privatsphäre verbannten und sie damit als kollektiv wirksame Sinn- und Identitätsressource austrocknen ließen. Der anspruchsvolle Ausweg aus dieser Sinnkrise wäre, so die These, eine Versöhnung von universellem Staatsbürgertum und kultureller Identität/Diversität. Die aber setzt nicht nur die von Habermas geforderten (und erhofften) gesellschaftlichen Lernprozesse, sondern ein diese Prozesse unterstützendes institutionelles Arrangement – also eine funktionierende staatliche Ordnung – voraus.

Lässt sich in diesem Szenario von Fragmentierung, Ungleichheit, Ungleichzeitigkeit, fiskalischer Krise, Ausgrenzung und populistisch verstärkten Ängsten, die den Ruf nach Sicherheit befeuern eine genuin staatliche Rationalität, eine spezifische Rolle des Staates herausfiltern? Betrachtet man das normative Pflichtenheft, auf das sich der demokratische Rechtsstaat im Rahmen seiner Entwicklung eingeschworen hat, so ergeben sich jenseits des Hobbes'schen Sicherheitsversprechens zentrale Staatsaufgaben wie bestmögliche Bedingungen für soziale Gleichheit zu schaffen, allen Bürgern die Teilhabe am gesellschaftlichen Prozess zu ermöglichen, die Folgen ökonomisch bedingter Ungleichheit zu mildern, Rechtssicherheit zu garantieren und damit die materiellen und symbolischen Bedingungen der gesellschaftlichen Reproduktion und der individuellen und kollektiven Entfaltung zu sichern. Diese wiederum sind wichtige Voraussetzung für die Reproduktion

des demokratisch verfassten Gemeinwesens. Die Tatsache, dass diese Liste gesellschaftlichen Grundbedingungen in den neuen Security Studies unter dem Begriff
der gesellschaftlichen Sicherheit (sociatal oder human security) gefasst wird (Burgess und Mouhleb 2007, Burgess 2008), zeigt, dass sie nicht mehr als selbstverständlich angesehen werden.[4]

Staatliche Interventionen in der Tradition des fordistischen Sozialstaats in der
zweiten Hälfte des 20. Jahrhunderts, wie die Great Society Programme in den
USA oder die diversen wohlfahrtsstaatlich geprägten Reformen in europäischen
Ländern hatten sich die politische Abarbeitung dieses Pflichtenhefts auf die Fah-
nen geschrieben. Der Kampf gegen soziale Missstände, gegen Armut, Kriminalität
und Ungleichheit lieferte die Orientierung und legitime Begründung für politische
Programme und Maßnahmen.[5] Diese Reformen prägten die staatliche Politik west-
licher Gesellschaften der Nachkriegsära noch bis in die frühen Achtziger Jahre.
Der Begriff Sicherheit tauchte dabei bestenfalls in Verbindungen wie Arbeitsplatz-
sicherheit als social oder Job security auf. Als dann von neokonservativer Seite
Kritik an diesen Programmen einsetzte, entzündete sich diese zunächst nicht an
den hehren Zielen, sondern an der vermeintlichen Wirkungslosigkeit der Methoden, den überzogenen Kosten und den Nebenfolgen wohlfahrtsstaatlich inspirier-
ter Sozialprogramme (Fraser und Gordon 1994). Wohlfahrtsprogramme förderten
angeblich eine culture of poverty, in der die welfare mothers die nächste Generation von Sozialhilfeempfängern heranzögen (Ortiz und Briggs 2003).

Als politische Wasserscheide, die das Ende dieser Phase markiert und eine
Politik des Klassenkampfs von oben in den nach dem Zweiten Weltkrieg generell wohlfahrtsstaatlich ausgerichteten Gesellschaften salonfähig machte, gilt der
Amtsantritt von Ronald Reagan in den USA und Margret Thatcher in Großbritannien. Aus dem war on poverty wurden der war on crime and drugs und die wurden
mit anderen politischen Mitteln geführt.

Die damals eingeleitete massive wohlfahrtstaatliche Gegenreformation, die in
Großbritannien zu fast bürgerkriegsähnlichen Verhältnissen in der Auseinander-

---

4   Versteht man akademische Diskurse im Bereich der Geistes- und Sozialwissenschaften als eine Form der gesellschaftlichen Selbstthematisierung, könnte man die
Tatsache, dass der Sicherheitsbegriff hier derart ausgeweitet wird und praktisch alle
Bedingungen gesellschaftlicher Reproduktion unter „societal security" gefasst werden, selbst als Beleg für eine tiefgreifende gesellschaftliche Verunsicherung deuten.

5   Allerdings sollte man dabei immer bedenken, dass solche Reformprogramme etwa im
Bildungssektor auch das Ergebnis sozialer Kämpfe unter Bedingungen politisch halb-
wegs mächtiger Gewerkschaften sowie eine Reaktion auf den nach dem sog. „Sputnik-
schock" durchaus plausibel erscheinenden Vorsprung der kommunistischen Welt im
Bereich von Forschung und Technologie waren.

setzung mit der Gewerkschaft der Bergarbeiter führte, sowie die Deregulierung von Wirtschaft und Bankenwesen, die der Entstehung des globalen Finanzkapitalismus Vorschub leistete (Khoury 1990) wie auch die durch Steuerpolitik eingeleitete Umverteilung von unten nach oben, durch die sich die fiskalische Krise der Staaten verschärfte, haben jene gesellschaftlichen Bedingungen erzeugt, die einen sicherheitsgesellschaftlich aufgerüsteten Staat als Lösung des Problems erscheinen lassen.

Die Intensität, mit der die Abkehr von fordistisch wohlfahrtsstaatlicher Politik von statten ging und Voraussetzungen für das Regime eines Sicherheitsstaats entstanden, variiert je nach staatlich-politisch-kultureller Konstellation. Im angelsächsischen Bereich, und hier besonders in den USA noch schneller als in Großbritannien, vollzog sich dieser Wechsel schneller als in kontinentaleuropäischen Staaten. War in England der massive Einsatz staatlicher Gewalt erforderlich, um den Widerstand der Gewerkschaften zu brechen, so gab es in den USA keinen nennenswerten Widerstand. Zum einen waren dort wohlfahrtsstaatliche Strukturen im Vergleich zu Europa auf der Ebene des Nationalstaates ohnehin wenig entwickelt und zum anderen wurden die abzuschaffenden Programme durch eine kurzfristig nach politischen Opportunitäten widerrufbare finanzielle Förderung bundesstaatlicher oder lokaler Initiativen durch die nationale Regierung gesteuert. Die Wirkungen des Rückbaus wohlfahrtsstaatlicher Politik setzten dabei mit einer gewissen Zeitverzögerung ein. Unmittelbare Effekte dieses politischen Paradigmenwechsels ergaben sich allerdings im Bereich der Steuerpolitik, höhere Einkommen wurden entlastet sowie im Bankensektor, wo ein durch Deregulierung entfesselter Finanzmarkt in den USA geradewegs zur sogenannten Savings and Loan Krise führte (Curry und Shibut 2000).[6]

In den kontinentaleuropäischen Nationalstaaten begannen diese Prozesse später und entwickelten nicht die Intensität wie in den angelsächsischen Ländern. In Deutschland, Frankreich oder Italien ist staatliche Politik in je unterschiedliche Verhandlungssysteme mit zivilgesellschaftlichen Organisationen wie Gewerkschaften eingebunden und diese Länder verfügen über ein im Vergleich zu den USA stärker ausgebautes System wohlfahrtsstaatlicher Leistungen, die darüber hinaus gesetzlich verankert und staatlich oder quasistaatlich organisiert sind. Nichtsdestotrotz nahm auch hier der Wandel zu post-wohlfahrtsstaatlicher Politik an Fahrt auf (Lutz 2009).

Im Hinblick auf diesen Wandel, der den Weg in ein sicherheitsgesellschaftliches Regime bereitete, waren Gesellschaften mit „schwachen" Staaten effektiver

---

6   Diese Krise war übrigens auch eine im Hinblick auf die Entwicklung neuer Felder des white-collar crime bemerkenswerte Episode (Calavita und Pontell 1990).

in der Umsetzung als die kontinentaleuropäischen Gesellschaften, die aufgrund ihrer anderen Geschichte nicht nur eine andere politische Kultur entwickelt haben, sondern über einen größeren, ausgebauten und bei der Durchsetzung eigener Interessen besser positionierten bürokratischen Staatsapparat verfügen. Die dort kultivierten Haltungen entfalteten eine Art Sperrwirkung gegen postwohlfahrtsstaatliche Reformen, nicht zuletzt auch aus wohlverstandenem Eigeninteresse an der Aufrechterhaltung der staatlich organisierten sozialpolitischen Programme. Allerdings erfasste der mit dem gesellschaftlichen Paradigmenwechsel zur „Flüchtigen Moderne" (Bauman 2003) einhergehende politisch-ideologische Diskurs über gesellschaftliche Anpassungs-, Handlungs- und Wandlungsfähigkeit auch diese „starken Staaten" und setzte sie unter Effektivitäts- und Kostendruck. Mit Ansätzen wie dem sogenannten New Public Management (Naschold und Bogumil 2013) wurde und wird versucht, markt- und kostenorientiertes Denken in den Bereich der Staatsverwaltung einzuführen.[7]

Gemäß der derzeit in Europa von konservativen Leitmedien verbreiteten Deutung wird der Staat in seinen Handlungsmöglichkeiten allerdings nicht nur von seiner unflexiblen und noch nicht ausreichend durch externe Unternehmensberater verschlankten Bürokratie eingeschränkt. Die oben kurz skizzierten Strukturprobleme werden in eingängige Bilder des von zwei Seiten in seiner Handlungsfähigkeit beschnittenen Staates übersetzt: Teile seiner Souveränität sind auf die supranationale Ebene zur Europäischen Gemeinschaft abgewandert und im Angesicht einer innerhalb der Grenzen seines Territoriums agierenden, aber zunehmend nicht mehr durch diese Grenzen gebundenen globalisierten Ökonomie, sind die Möglichkeiten zur Steuerung (und Besteuerung!) ökonomischer Prozesse ebenfalls eingeschränkt. Aus dieser Deutung gewinnen Populisten unterschiedlichster Couleur ihre wohlfeile Kritik an den „Konzernen" und an „Brüssel" und treten für eine – im Angesicht der real existierenden Verflechtung und Globalisierung unrealistische – Wiederbelebung nationalstaatlicher Souveränität ein. Hier amalgamieren dann sehr heterogene popkulturell-politische Interpretationen des Staates: eingezwängt, handlungsgelähmt; gleichzeitig auch Projektionsfläche für Forderungen und Hoffnungen auf eine dynamisch-modern-ordnungsstiftende aber auch irgendwie repressive und nationalistisch regressive Politik. Staatsbilder und Staatskonzepte schwanken zwischen einem Nozick'schen minimal state des Li-

---

7   Im Bereich der Inneren Sicherheit schlägt sich dies nieder in diversen Privatisierungsinitiativen sowie in einer Verlagerung von gesetzlich definierten Kontrollaufgaben in das zivilgesellschaftliche Vorfeld, etwa im Bereich der Geldwäsche auf die Finanzunternehmen (De Koker 2006) mit allen rechtsstaatlichen Problemen.

beralismus und dem von rechtsstaatlichen Fesseln befreiten starken repressiven
Interventionsstaat der Sicherheitsgesellschaft.

Die im Angesicht dieser etwas verworrenen und populistisch aufgeheizten Konstellation optimistische Forderung nach der Stärkung einer europäischen öffentlichen Sphäre (Koopmans und Erbe 2004) und neuen Fokussierung der politischen
Debatten auf Fragen von Gerechtigkeit und Gleichheit, in der Hoffnung dadurch
vielleicht auch das hybride sozusagen staatoide Konstrukt Europa demokratisch zu
stärken, greift vermutlich zu kurz. Zwar ist die dahinterstehende Überlegung, dass
demokratische Rechtsstaaten über institutionelle Mechanismen in eine lebendige
demokratische Kultur eingebettet und auf einen vielstimmigen gesellschaftlichen
Diskurs angewiesen sind, im Prinzip richtig. Aber ob und wie ein solcher Prozess
nachhaltig in Gang gesetzt werden kann, ist fraglich.

Staatliche Politik muss an demokratische Meinungs- und Willensbildungs-
prozesse und mehrheitsfähige Deutungen des herrschenden gesellschaftlichen
Zustands zumindest locker angebunden sein. Sicherheit gewinnt als Thema in
diesen Prozessen politisches Gewicht zumeist dann, wenn sie bedroht erscheint.
Damit solche Bedrohungen in einer breiten Öffentlichkeit wahrgenommen, dort
diskutiert und dann politisch folgenreich für entsprechende Initiativen genutzt
werden können, bedarf es geeigneter Anlässe. Meist sind es spektakuläre, medial aufbereitete Ereignisse, die eine solche Diskussion befeuern. So ebnete etwa
in den 1980er Jahren die Entführung und Ermordung des kleinen James Bulgar
in England politisch den Weg zur flächendeckenden Einführung von CCTV im
öffentlichen Raum. Da Sicherheit als politisches Thema nur über den Umweg
ihrer Bedrohung auf die Tagesordnung gelangt, findet eine kontinuierliche Auseinandersetzung darüber praktisch nicht statt. Außerhalb der Zeiten populärer
Erregung sind politisch folgenreiche Sicherheitsdiskurse daher auf überschaubare
Expertenrunden beschränkt und in welche Richtung sich diese entwickeln, hängt
von der gesellschaftlichen Großwetterlage ab. Sicherheit kann entweder als ein
Problem präventiv ausgerichteter staatlicher Sozialpolitik oder als Problem eines
ins Vorfeld zivilgesellschaftlicher Normalität auszubauenden Kontroll- und Über-
wachungsregimes ausbuchstabiert werden. Welche Lesart dominiert und welches
Mischungsverhältnis sich durchsetzt ist im Einzelfall jeweils zu untersuchen.

Die Änderung dieser Großwetterlage im Bereich der Rechts-, Sicherheits- und
Kriminalpolitik hat sich als Wechsel vom penal welfarism zur neuen Punitivität
und managerialism (Garland 2002) in den USA innerhalb kurzer Zeit nachhaltig
in der Praxis des Kriminaljustizsystems bemerkbar gemacht. In europäischen Gesellschaften vollzog sich dieser Wandel weniger dramatisch. Zwar lässt sich auch
in Europa in der öffentlichen Diskussion über Kriminalität ein Wechsel zu eher
punitiven und repressiven Haltungen beobachten, aber Protest und Widerstand von

unmittelbar Betroffenen oder organisierten Interessenvertretern hat in den meisten Ländern das bruchlose Durchschlagen bestimmter Reformansätze auf der Ebene der Politik und Praxis gemildert. So scheiterte etwa der Versuch, das in den USA populäre Modell des Zero Tolerance Policing in deutschen Polizeibehörden als Managementstrategie einzuführen nicht zuletzt am massiven Widerstand der Personalvertretung (Feltes 2008).

Welche Reaktion sich einstellt, hängt nicht zuletzt auch von der staatlichen Organisation im Bereich der Sicherheitspolitik ab. Vergleicht man etwa die Entwicklung der Gefängnispopulationen in den USA und in Europa so zeigt sich, dass die Welle der Einsperrung und die rapide steigende Zahl der Inhaftierten in den USA (Austin und Irwin 2012) durch die Privatisierung der Gefängnisse befördert wurde, ebenso wie die Finanzierung des Gefängniswesens als staatliche Einrichtung und ein stärker an parlamentarische Prozesse gebundenes Strafrecht einen vergleichbar starken Anstieg in Europa verhindert hat.[8] Innerhalb Europas hielt entgegen der in der US-amerikanischen Literatur von Garland (2002) diagnostizierten Trendwende zur Punitivität eine wohlfahrtstaatliche, auf Strafvermeidung, Resozialisierung und Prävention zielende staatliche Politik länger vor.

Diverse Strafrechtsreformen, unterstützt von zivilgesellschaftlichen Akteuren, haben hier beispielsweise die Entwicklung von Sanktionsformen begünstigt, die mit der Doppelbegründung kostengünstig und human politisch durchsetzbar waren. Dank gezielter professionspolitischer Strategien sind Sozialarbeiter etwa im Bereich des Jugendstrafrechts nach wie vor wichtige Akteure, während die punitive Politik von Three Strikes and you're out in den USA eine ganze Kohorte von schwarzen Jugendlichen hinter Gitter brachte (Austin und Irwin 2012).

Allerdings zeigen sich innerhalb Europas ebenfalls Unterschiede, die mit der staatlichen Organisation der Rechts-, Kriminal- und Sicherheitspolitik zusammenhängen (Hammel 2014). Prozesse der Privatisierung staatlicher Leistungen oder Innovationen im Sinne einer punitiven Wende der Sicherheits- und Kriminalpolitik waren in Großbritannien leichter durchzusetzen als etwa in Deutschland oder Österreich (Newburn und Sparks 2004). Reformfähigkeit – nicht nur im engeren Bereich der Sicherheitspolitik – variiert mit der je spezifischen politischen Kultur und Organisation staatlicher Politik. Unter den Bedingungen einer Konsensdemokratie gestalten sich Innovationen anders als in Systemen, in denen politische Entscheidungen auf strikter Anwendung von Mehrheitsregelungen i.S. einer Wett-

---

8   Als Beleg für diese Differenz und anekdotische Anmerkung: nach der Bekanntgabe des Wahlsiegs von Donald Trump in den USA stiegen die Aktien der privaten Gefängnisindustrie sofort sprunghaft an. http://www.bloomberg.com/news/articles/2016-11-09/private-prison-stocks-are-surging-after-trump-s-win.

bewerbsdemokratie basieren (Holtmann und Voelzkow 2000). Ein Land wie Österreich etwa, in dem der Staat und seine Verwaltung seit Jahrzehnten von zwei dominierenden Parteien (der bürgerlichen ÖVP und der sozialdemokratischen SPÖ) als Pfründe in Geiselhaft gehalten werden und politische Entscheidungen durch ein föderales System vermittelt und durch eine neokorporatistische Struktur gebrochen sind, zeigt eine hohe Resistenz gegenüber politischen Veränderungen. Die Hauptakteure blockieren sich gegenseitig und verhindern nennenswerte Innovation im existierenden System, um den Status quo ihrer jeweiligen klientelistischen Einflusssphären zu sichern. Das hat dann paradoxerweise zur Folge, dass sich einige wohlfahrtsstaatliche Reformen in der Kriminalpolitik, die dort zu Zeiten einer sozialdemokratischen Alleinregierung durchgesetzt wurden, länger halten (und zum Teil sogar noch ausgebaut werden) als in anderen Ländern, während postwohlfahrtsstaatliche Modernisierungsimpulse im Dickicht korporatistischer Interessenspolitik stecken bleiben. Die – in den existierenden Verwaltungsstrukturen verankerte – Widerständigkeit gegen Veränderungen führt zu einer Situation, in der auf der Bühne der tagespolitischen Rhetorik zu verschiedenen Themen der Sicherheitspolitik Positionen bezogen und Forderungen aufgestellt werden können, die über den Status der Ankündigung allerdings nicht hinauskommen. Verschiedene Bedrohungen der Sicherheit werden in schöner Regelmäßigkeit von den politischen Akteuren beschworen, Lösungen werden gefordert und angekündigt, nennenswerte Veränderungen aber bleiben aus. Während auf der Vorderbühne also politischer Theaterdonner erschallt, geht die Arbeit der gegen Veränderungen allergischen Verwaltungsapparate auf der Hinterbühne ungestört weiter. Inkrementale Verschiebungen finden dennoch statt, allerdings werden deren Effekte nur sichtbar, wenn man längere Zeiträume und mehrere Politikfelder parallel betrachtet.

4   Sicherheitsgesellschaft als Fakt und Fiktion

Durch die ausschließliche Fokussierung auf die politische Vorderbühne und die dort politisch-medial verbreitete Rhetorik neigen einige Diagnosen über die Entwicklung der Sicherheitsgesellschaft zur Stilisierung und ziehen historische Bruchlinien ein, die einer genaueren Betrachtung nicht Stand halten.[9] Von methodischen

---

9   Eine ähnliche Situation findet sich im Bereich der sog. „Surveillance Studies", deren
       Anhänger mit Überwachung als gesellschaftsdiagnostischem Schlüsselbegriff operieren und dementsprechend zu ähnlichen Zuspitzungen und Verkürzungen neigen.
       (s. etwa Lyon 1994, 2003). Die gesellschaftstheoretischen Defizite dieses Ansatzes
       treten geradezu lehrbuchhaft in dem Gespräch zwischen David Lyon und Zygmunt
       Bauman hervor (Bauman und Lyon 2013).

und theoretischen Verpflichtungen zu empirischen Belegen und begrifflicher Klarheit unbehelligt, werden Prozesse und Phänomene, die für die Sicherheitsgesellschaft kennzeichnend sind, unvermittelt in historisch-theoretisch-interpretative Zusammenhänge gestellt, um Szenarien zu entfalten, in denen Gesellschaften einem eher hypostasierten als theoretisch und empirisch ausgewiesenen Regime des „Neoliberalismus" zum Opfer fallen.

So stilisiert etwa Langley (2013) in einem von historischen und ökonomischen Bezügen weitgehend befreiten Beitrag über die Finanzkrise als Sicherheitsproblem das von der US Treasury im Jahr 2008 aufgelegte TARP Programm zur Rettung fauler Kredite zum Beleg für eine historisch neue Strategie „to govern .... the biopolitical security of the US population" (Langley 2013, S. 111). Anderson (2010) stellt in einem Aufsatz über Preemption, Precaution und Prepardness die aus seiner Sicht radikal neue These auf, dass die Zukunft zum Gegenstand gouvernmentalen (politischen) Handelns werden kann – aber natürlich erst im Neoliberalismus. Walker und Cooper (2011) setzen sich mit dem neuerdings populären Begriff der Resilienz auseinander und führen dessen politische Konjunktur zurück auf „its intuitive ideological fit with a neoliberal philosophy of complex adaptive systems, which we trace in turn to the under-acknowledged legacy of Friedrich Hayek" (Walker und Cooper 2011, S. 144).

Problematisch an dieser modischen Art des post-Foucaultschen Räsonierens über zentrale Probleme der Sicherheitsgesellschaft ist die Verwechslung von Diskurs und Rhetorik und die selektive Bezugnahme auf einzelne Phänomene oder Ereignisse, die nicht aus ihrem genealogischen Zusammenhang rekonstruiert, sondern in ein neues übergreifendes Interpretationsschema eingeordnet und als Beleg für meist verfallstheoretisch gefärbte Entwicklungen präsentiert werden. Vom Makel der Beliebigkeit befreit man sich durch zitierenden Verweis auf Gleichgesinnte, die sich in ihrer literarischen Produktion ähnlicher Überlegungen befleißigen.[10]

Alarmistisch gefärbte Interpretationen finden sich nicht nur in manchen Beiträgen der akademischen Diskussion zur Sicherheitsgesellschaft. Die Tendenz zur strategischen Stilisierung ist auch ein wesentliches Element im öffentlichen medial-politischen Diskurs. Sicherheitspolitiker diagnostizieren in der Öffentlichkeit eine neue Bedrohung für die sie die passende Lösung (Verschärfung von

---

10 Genuin künstlerische, literarische und cineastische Zugänge zu Fragen der Sicherheitsgesellschaft von Franz Kafka über George Orwell bis Ridley Scott haben hingegen oft ein gutes Sensorium und prognostisch erstaunliche Klarheit gezeigt, sind aber natürlich von den Verpflichtungen methodisch-theoretischer Redlichkeit wissenschaftlicher Arbeit befreit. Sieht man sich heute etwa Truffauts Verfilmung von Ray Bradburys Roman Fahrenheit 451 an, der im Jahr 1953 erschien, wirkt die seinerzeit düstere Dystopie fast wie ein die Gegenwart abbildender Dokumentarfilm.

Gesetzen, Ausdehnung von Kontrollmaßnahmen) gleich mitliefern, um sich selbst als fürsorgliche und vorausschauende Hüter der gesellschaftlichen Ordnung zu präsentieren. Das dazugehörige Politikmodell des governing through crime ist in der Literatur ausführlich beschrieben worden (Cohen 2002; Beckett 1999; Simon 2007). Ebenso ist die Rolle klassischer Medien als Verstärker für dieses Politik-modell hinreichend erforscht (Barak 1995). Mit der Verbreitung der neuen sozia-len Medien haben sich die in der News Making Criminology analysierten Prozesse stark differenziert. Hier wurden neue öffentliche Foren geschaffen, die gezielt von unterschiedlichen Akteuren genutzt werden können, um ihre Botschaften und Agenden zur Sicherheit und den passenden Bedrohungen an ein breites Publikum zu vermitteln.[11]

Die sicherheitsgesellschaftliche Politik mit der Angst (Furedi 2005) wirkt dabei in mehreren Richtungen. Auf der einen Seite erzeugt sie politisch nützliche Belege für Bedrohungen, mit denen populistische Bewegungen arbeiten, die für soziale Exklusion und einen Ausbau staatlicher Repression, Überwachung und Kontrolle eintreten. Auf der anderen Seite aber neigen auch die Kritiker dieser Entwicklung möglicherweise zu einer spiegelbildlichen Überschätzung nicht nur der politischen Stärke dieser Bewegungen, sondern auch zu einer Überschätzung der politisch-programmatischen Kohärenz und der Möglichkeiten des sicherheitsgesellschaftli-chen staatlichen Handlungsrepertoires.

Will man dieser präventiven Paranoia vorbeugen, sollte man die Dynamik der Sicherheitsgesellschaft und ihre Ausprägung unter verschiedenen Bedingungen staatlicher Politik jenseits dystopischer Szenarien genauer rekonstruieren. Kriti-sche Analysen des sich herausbildenden Typs der Sicherheitsgesellschaft haben den Blick auf eine Reihe von Merkmalen gelenkt, die diesen Gesellschaftstyp auszeichnen: Prozesse der Privatisierung sozialer Kontrolle, wachsende Normali-tätskontrolle im Bereich der sog. Prädelinquenz, Abbau von Rechtsschutzgaran-tien und Ausdehnung der Überwachungsbefugnisse staatlicher, hybrider oder pri-vatisierter Organisationen. Für diese Entwicklungen lassen sich auf der Ebene der Rechtsentwicklung und des Ausbaus der staatlichen Überwachungs- und Kontroll-befugnisse in europäischen Gesellschaften eine Reihe von empirischen Belegen beibringen (Singelnstein und Stolle 2012).

---

11   So hat etwa der Vorsitzende der rechtspopulistischen österreichischen FPÖ mehrere hunderttausend „Follower" auf seinem Facebook Account und erreicht damit, wenn man Multiplikatoreffekte der Weiterverbreitung einbezieht, eine national flächen-deckende Reichweite und ein Lesepublikum, das dem mancher Tageszeitungen ent-spricht.

Spektakuläre Dramatisierungen im öffentlich-medialen Diskurs erzeugen politischen Rückenwind für rechts- und kriminalpolitische Initiativen, die für solche sicherheitsgesellschaftlichen Reformen werben. Terrorismus, Migration, organisiertes Verbrechen und angeblich allgemein steigende Kriminalität amalgamieren in Bedrohungsszenarien, die einen Ausbau von Überwachung, Kontrolle und Strafmaßnahmen als legitime und notwendige staatliche Reaktion erscheinen lassen und ihre Umsetzung in entsprechende gesetzliche Regelungen erleichtern.[12]

Politiker können sich hier unter Bedingungen beschränkter staatlicher Handlungsmöglichkeiten als Hüter einer als gefährdet stilisierten staatlichen Ordnung profilieren und mit Forderungen nach mehr Kontrolle, schärferen Gesetzen und Steigerung der Ausgaben für die Sicherheitsapparate an die Öffentlichkeit treten.

Auf der Ebene staatlicher Politik zeitigt eine solche Rhetorik auch reale und nachhaltige Wirkungen. Es ändern sich etwa Verhandlungspositionen einzelner Ressorts bei der Zuweisung von Haushaltmitteln. Eine Aufstockung des Personals im Bereich der staatlichen Sicherheitsapparate ist in Budgetverhandlungen leichter durchsetzbar als die Schaffung neuer Stellen im Bildungssystem. Stellen für Sozialarbeiter werden genehmigt, wenn sie als Beitrag zur Kriminalitätsbekämpfung oder aktuell zur „Deradikalisierung" begründet werden. Öffentliche Investitionen in Überwachungs- und Sicherheitstechnik haben mehr Chancen als Forderungen nach Steigerung der Ausgaben für wissenschaftliche Grundlagenforschung.

Zwischen öffentlich-medialem Diskurs und institutionalisierter staatlicher Politik entwickelt sich eine Art positive Rückkopplung. Die öffentlich-mediale Erregung befeuert tendenziell eine Radikalisierung der politischen Rhetorik (mit praktischen politischen, rechtlichen, fiskalischen Folgen). Der eigentümliche politisch-psychologische Charakter von Sicherheit als individuellem und kollektivem Zustand sowie die risikoaverse Logik der Politik, die ihre Maßnahmen und Forderungen an unwahrscheinlichen worst-case Szenarien ausrichtet, wirken in dieser Rückkopplung vermutlich verstärkend.[13]

---

12 Ergänzt werden die Darstellungen der Bedrohung in den Medien durch eine Art „Leseanweisung", d.h. durch den wiederholten dramatisierend aufbereiteten Hinweis auf die auch real vorhandene Angst der Bürger, die sich subjektiv durch diese apokalyptischen Reiter der Spätmoderne bedroht fühlten. Man könnte hier in Anlehnung an Michael Billgs banal nationalism (Billig 1995) von einer Strategie des niedrigschwelligen populär-kulturellen „flagging security daily" sprechen.

13 Von einer sozusagen demokratisch legitimen Kausalität i.S. politischer Reaktionen auf zivilgesellschaftliche Forderungen im Angesicht aktueller Bedrohungen sollte man hier nicht ausgehen. Beckett (1999) hat am Beispiel der Drogen- und Kriminalpolitik der USA gezeigt, dass diese „democracy-at-work" These empirisch nicht haltbar ist.

Auf den Bildschirmen der externen Beobachter der Sicherheitsgesellschaft in den einschlägigen wissenschaftlichen Disziplinen erscheint dieser Teufelskreis als Beleg für einen weiteren Schritt in Richtung dieses gesellschaftlichen Arrangements: Gesellschaftliche Forderungen nach Sicherheit befördern eine entsprechende Politik und so schreitet der Abbau rechtsstaatlicher Strukturen und der Ausbau des Sicherheitsstaats voran. Ein wichtiger Treiber dieser Dynamik ist neben der in einer Spirale der Aufmerksamkeitsökonomie verbundenen Koalition von Medien und politischen Akteuren der sicherheitsindustriell-politische Komplex, für den das Feld der staatlichen Sicherheitspolitik ein lukratives Investitionsfeld darstellt (Mueller und Stewart 2015) und der an den zentralen Stellen massive Lobbyarbeit betreibt.

Allerdings verläuft dieser Prozess in Richtung eines Ausbaus eines sicherheitsgesellschaftlichen Kontrollregimes nicht bruchlos und führt man weitere Differenzierungen ein, werden komplexere Zusammenhänge sichtbar. So ist zum einen der Output des politischen Systems nicht identisch mit dessen Impact, zum anderen lassen sich die in der kurzgeschlossenen Medienöffentlichkeit zirkulierenden Diagnosen über das Ausmaß der Bedrohung gesellschaftlicher Sicherheit und die subjektiv empfundene Unsicherheit der Bevölkerung durch andere Formen der Empirie und Analyse ergänzen, differenzieren und relativieren.

5 Die Sicherheitsgesellschaft als praktisches staatliches Handeln

Verfolgt man den Weg der als sicherheitsgesellschaftlich deklarierten Politikinitiativen von der Ebene des parlamentarischen Gesetzgebers auf die Ebene operativer Tätigkeiten der betroffenen Sicherheitsbehörden, wo sie ihre praktische Wirkung entfalten sollen, so zeigt sich, dass durch die je spezifischen Bedingungen der staatlichen Verwaltungsstrukturen und in verschiedenen Ländern unterschiedlich ausgeprägten bürokratischen Kulturen diese Initiativen übersetzt, angepasst, uminterpretiert und in etablierte organisationskulturelle Strukturen eingebaut werden. Ein Verständnis dieser gleichsam durch die staatliche Verwaltung gebrochenen Interpretation des Konzepts Sicherheitsgesellschaft kann für ein besseres Verständnis der Rolle des Staates in der konkreten Ausformung dieses Gesellschaftstyps von Nutzen sein.

Man hat es hier mit einer komplexen Konstellation von unterschiedlichen Akteuren zu tun. Die Figuren auf der parlamentarischen Bühne hängen – in unterschiedlichen Staaten in unterschiedlichem Ausmaß – kognitiv zum einen am Tropf des Expertenwissens, das in den jeweiligen Verwaltungsapparaten angesammelt ist, zum anderen werden sie von den einschlägig interessierten Vertretern des sicherheitsindustriellen Komplexes einschlägig beraten. Das faktische und fachliche Wissen über die verschiedenen sicherheitsgesellschaftlich bedeutsamen Handlungsbereiche und Problemfelder ist beim parlamentarischen Personal in der Regel eher gering. Gleichzeitig sind die gewählten Volksvertreter auf öffentliche Wahrnehmung und Aufmerksamkeit angewiesen. Dementsprechend entwickeln sie eine hohe Empfindsamkeit für die im öffentlich-medialen Diskurs verhandelten Themen und Problemwahrnehmungen im Bereich Sicherheit. Aus diesen Wahrnehmungen entstehen dann die politischen Initiativen, die den Input des policy cycles (May und Wildavsky 1979) abgeben und, von Fachbeamten der zuständigen Ministerialverwaltungen in Gesetzesentwürfe übersetzt, im parlamentarischen Prozess über Anhörungen mit Stakeholdern und Ausschüsse gefiltert und adaptiert, letztlich als geschriebenes Recht den parlamentarischen Output staatlichen Handelns abgeben. Recht steuert das Handeln der staatlichen Verwaltung und definiert damit die Grenzen der Zugriffsmöglichkeiten des Staates in die Sphären der Zivilgesellschaft. In der Sicherheitsgesellschaft – so die von den Kritikern vertretene These – werden diese Grenzen verschoben und zusehends brüchig. Die Verwaltung wird zusehends von der Leine des Gesetzes gelassen.

Allerdings ist diese These zu linear und bedarf der Differenzierung. Trifft das geschriebene Recht auf die Routinen einer staatlichen Bürokratie, werden dort zunächst eingeübte Praktiken und Abläufe irritiert und – je nach Art der neuen Regelung – können sich diese Praktiken und Abläufe ändern (oder auch nicht).[14] Hier treffen unterschiedliche Zeithorizonte aufeinander. Die praktische Umsetzung einer neuen gesetzlich gefassten Regelung kann den sehr langwierigen und aufwändigen Erwerb neuer Kompetenzen oder Technologien erforderlich machen, sie kann verwaltungsinterne Umstrukturierungen und Veränderungen von eingespielten Prozessen und gegen Innovationen resistenten Routinen nach sich ziehen. Solche Veränderungen dauern in der Regel länger als die Aufmerksamkeitszyklen medial politischer Erregungen über die aufeinanderfolgenden, die Gesetzgebungsmaschinerie fütternden akuten Bedrohungen und Feindbilder.[15] Auf verschiedenen Hierarchieebenen der Verwaltung können bei der Umsetzung sicherheitsgesell-

---

14 In entwickelten Systemen staatlicher Verwaltung wird dieser Implementationsprozess, der immer auch ein Element von Organisationsentwicklung enthält, im Rahmen eines Monitorings begleitet und nach einer bestimmten – oft in den jeweiligen Regelungen durch eine sog. sunset clause festgelegten – Periode evaluiert.

15 In Phasen sicherheitsstaatlicher politischer Hysterie werden neue gesetzliche Verschärfungen manchmal im Wochenrhythmus verabschiedet. Zwar kommen die entsprechenden Regelungen oft nicht zur Anwendung, aber es entsteht dadurch über die Zeit ein „Polizeistaat in der Schublade".

schaftlich motivierter Politik unterschiedliche, teils gegenläufige Arten der Reaktion beobachtet werden und manche dieser Politikinitiativen springen sozusagen
als parlamentarischer Tiger, um letztlich als Bettvorleger in der administrativen
Praxis vor Ort zu landen. Den Blick für solche Prozesse der Politikumsetzung
und praktischen Anwendung im Bereich der Sicherheitsbehörden haben Autoren
wie Scheingold (1992), Cicourel (1995) oder Edelman (1985) in ihren empirischen
Analysen politisch-administrativer Praktiken geschärft. Formen des Widerstands
gegen Innovationen administrativ-organisatorischer wie technologischer Art sind
auch am unteren Ende der sogenannten field operatives ausführlich beschrieben
worden (Rappert 2001).

Stellt man diese Prozesse des Widerstands, der Umdeutung und Übersetzung
oder inkrementalen Anpassung an politische Vorgaben in Rechnung, so kann das
Bild der Sicherheitsgesellschaft nicht nur an empirischer Dichte, sondern auch
an analytischer Tiefe gewinnen. Zugleich eröffnet eine solche, den Prozess der
praktischen Umsetzung und Anwendung nachzeichnende Analyse den Blick für
ein Phänomen, das in der Diskussion über die Sicherheitsgesellschaft bisher kaum
beleuchtet wurde und das man als den in der professionellen Kultur der Administration verwurzelten praktischen Sinn für Angemessenheit bezeichnen könnte.
Neu entstehende Entscheidungs- und Handlungsspielräume „on street level" können, wie etwa die oben zitierten Untersuchungen zeigen, unterschiedlich genutzt
werden, sodass politische und rechtliche Änderungen durch die Übersetzung in
praktisches Verwaltungshandeln komplexe und manchmal paradoxe Effekte zeitigen. Gerade in jenen Bereichen, die den Trend zur Sicherheitsgesellschaft befördern, kann je nach Art der Nutzung gesetzlicher Spielräume in unterschiedlich
geprägten Verwaltungskulturen das Ergebnis mehr oder weniger problematisch
ausfallen. Ein in der jeweiligen Verwaltungspraxis vorhandenes rechtsstaatliches
Augenmaß, ein auf Beamtenebene geteiltes Verständnis für demokratische Angemessenheit hilft gegen sicherheitsgesellschaftliche Praktiken mindestens ebenso viel wie gesetzlich verankerte Limitierungen und Sperrvorschriften.

Staatlichkeit als gleichsam intervenierende Variable in der Entwicklung der Sicherheitsgesellschaft lässt sich also zusätzlich über eine Ethnographie des Staates
differenziert erschließen.[16] Dabei geht es nicht um die mikrologische Auflösung
des Staates in der und für die Sicherheitsgesellschaft, sondern um eine kritische

---

16 Dieser Ansatz lässt sich nicht nur auf Staatlichkeit in außereuropäischen Kulturen
    anwenden (s. hierzu die Beiträge in Political and Legal Anthropology Review, Vol 34,
    Mai 2011) oder auf postkoloniale Transferprozesse europäischer Staatlichkeit (Ostermeier 2017), sondern auch auf die Empirie vor der europäischen Haustüre (Latour
    2010).

empirische Analyse seiner Arbeitsweise und um die Identifizierung jener Unterschiede, die bedeutsam sind. Die an vielen sicherheitsgesellschaftlich motivierten rechtlichen Regelungen kritisierte generalklauselhafte Unbestimmtheit, die breite exekutivische Entscheidungsspielräume eröffnet und damit das Prinzip der Gesetzesbindung der Verwaltung konterkariert, lässt sich in ihren Wirkungen besser verstehen, wenn die empirischen Prozesse der Rechtsanwendung durch die Angehörigen der staatlichen Verwaltung genauer analysiert werden.[17]

6 Die Krise des staatlichen Realitätsprinzips in der Sicherheitsgesellschaft

Betrachtet man im Hinblick auf die Rolle des Staates in der Sicherheitsgesellschaft die Schnittstelle zwischen öffentlichem Diskurs und parlamentarischer Politik, so werden eine Reihe weiterer, gesellschaftstheoretisch und zeitdiagnostisch ebenso interessanter wie problematischer Phänomene sichtbar. Der Staat verfügt der Theorie nach nicht nur über das Monopol der Gewalt und Rechtssetzung, sondern auch über eine Art ihm gesellschaftlich zugeschriebenes, hegemonial durchgesetztes und politisch bedeutsames Deutungs- und Realitätsmonopol. Die staatliche Verwaltung definiert traditionell in wichtigen Bereichen den verbindlichen Status quo der Gesellschaft. Das beginnt bei dem Recht, die Staatsbürgerschaft zu verleihen oder Volkszählungen durchzuführen, das Rentenalter oder die Strafmündigkeit festzulegen, Straftatbestände zu definieren, Steuern einzutreiben, Wirtschaftsprognosen zu erstellen und all das in Zahlenwerken der Staatsverwaltung zu dokumentieren. Zu diesen gesellschaftlich bedeutsamen staatlichen Zahlenwerken zählen auch die regelmäßig publizierten Statistiken der Justiz und Sicherheitsbehörden. Der Status solcher staatlich verlautbarten Diagnosen als verbindliche Interpretation und Basis öffentlicher Debatten wird unter den derzeit sich rapide wandelnden, für die politische Willensbildung relevanten Kommunikationsbedingungen zunehmend infrage gestellt. Die lange, auch und gerade in der sozialwissenschaftlich informierten Diskussion geübte Kritik am Realitätsgehalt institutionell produzierter Zahlenwerke scheint populäre Anerkennung zu finden – allerdings nicht mit der von dieser Kritik erhofften Folge eines aufgeklärten, ideologiekritischen gesellschaftlichen Zugangs zu Fragen der Inneren Sicherheit (Cremer-Schäfer und Steinert 1997).

---

17 Diesbezügliche Kontroversen, etwa zwischen Ingeborg Maus und Jürgen Habermas bleiben empirisch unentscheidbar und theoretisch unbefriedigend, wenn diese Prozesse nicht systematisch erforscht und verstanden werden.

Quasi-öffentliche Debatten über die Sicherheit der Gesellschaft und ihre Bedrohung finden zusehends in einer Sphäre statt, die sich von staatlich produzierter
Information und dem hegemonialen Diskurs traditioneller Massenmedien abkop-
pelt. Diese Sphäre entfaltet ihre eigene, teils ökonomisch, teils politisch getriebene
Dynamik und der Ursprung der dort zum Thema Sicherheit verbreiteten Erzählungen, Behauptungen und Vermutungen ist oft unklar. Die davon in ihrer Glaubwürdigkeit als lizensierte Agenturen zur Verbreitung geprüfter Informationen
von öffentlichem Interesse betroffenen traditionellen Massenmedien berichten in
der Folge kritisch über einen neuen Trend zur „postfaktischen Politik" und einer
Erosion des gesellschaftlichen Realitätsprinzips.[18] Paradoxerweise verstärkt diese
Kritik die Verbreitung der teils gezielt lancierten urban legends (Heath u.a. 2001)
zu Sicherheitsthemen. Erfundene Erzählungen oder crime stories funktionieren
nach der Logik der sogenannten Memes als „contagious patterns of 'cultural information' that get passed from mind to mind and directly generate and shape the
mindsets and significant forms of behavior and actions of a social group" (Knobel
und Lankshear 2007, S. 199).

Die inflationäre Zunahme und Verbreitung divergierender Deutungen gesellschaftlicher Wirklichkeit entwertet tendenziell die vormals exklusiven staatlich
vermittelten Interpretationen. Dies erschwert eine evidenzbasierte, öffentliche
politische Auseinandersetzung über Fragen von Sicherheit, ihrer Bedrohung und
der angemessenen staatlichen Reaktion. Behördliche Verlautbarungen werden, so
wiederum die über traditionelle Medien verbreitete Information, in der unkon-
trolliert wuchernden Diskussion über die Bedrohung der Sicherheit, die sich im
Netz entfaltet, als unwahr, manipuliert oder geschönt abgetan und anlassbezogen
erstellte Lagebilder geraten unter Verdacht der gezielten staatlichen Manipulation.
Befreit von limitierenden Realitätszumutungen verbreiten die als „Prosumenten"[19]
aktivierten und von Staats- zu Wutbürgern mutierten Nutzer in krypto-öffent-
lichen Prozessen real und virtuell ihre Warnungen vor vermeintlichen Sicherheits-
gefahren, die im Extremfall Auslöser für aggressive „zivilgesellschaftliche" Übergriffe werden können.

---

18   Popularisiert im Begriff der „post-truth" politics (Keyes 2004) hat die Debatte über
     die erodierende Differenz von wahr/falsch, etwa in der Auseinandersetzung über die
     sog. „Lügenpresse" im medialen Diskurs in letzter Zeit an Momentum gewonnen.
     Theoretische Linien lassen sich hier ziehen zu Baudrillards (1994) Ideen des Simula-
     krums und der Hyperrealität oder Lyotards (1984) bekannten Ausführungen zur Post-
     moderne.

19   Mit dem aus Konsument und Produzent zusammengesetzten Kunstwort „Prosumer"
     wird die doppelte Rolle der Akteure, die Inhalte sowohl liefern als auch rezipieren, in
     der virtuellen Sphäre bezeichnet (Ritzer und Jurgenson 2010).

Diese neue Form eines vigilanten Aktivbürgertums kollidiert mit dem für demokratische Gesellschaften konstitutiven Gebot der Friedlichkeit und stellt nicht nur das staatliche Gewaltmonopol, sondern auch das staatliche Definitionsmonopol infrage. Von traditionellen Formen zivilen Widerstands unterscheiden sich solche Aktionen durch das Fehlen einer symbolischen Komponente. Wutbürgerliche Staatsanmaßungen im Sinne einer Art zivilgesellschaftlicher Ersatzvornahme sind nicht als robuste symbolische Kritik staatlicher Politik gedacht, sondern verstehen sich als instrumenteller Eingriff in die Sphäre staatlich hoheitlichen Handelns im Angesicht einer vermeintlichen Krise gesellschaftlicher Sicherheit, die staatliche Instanzen nicht wahrnehmen oder auf die sie nicht reagieren.

Betrachtet man die jenseits der Blasen sozialer Medien und der Schlagzeilen, die deren Diskurs verstärkend aufnehmen, verfügbare empirische Evidenz so scheint das nach traditionellen Kriterien erhobene Sicherheitsempfinden in den Gesellschaften Europas weitgehend stabil zu sein. Die entsprechenden Daten des Eurobarometers, des European Social Survey sowie andere Untersuchungen weisen im Verlauf der letzten Jahre keine nennenswerte Veränderung auf.[20] Eine deutliche Mehrheit von mehr als 80 Prozent der in repräsentativen Stichproben Befragten fühlt sich sicher oder sehr sicher. Hier wird eine Differenz zwischen medial behaupteter, auf bestimmte Themen zugespitzter Sicherheitsbedenken und empirisch gemessenem, allgemeinem Sicherheitsempfinden sichtbar.

Analysiert man alltägliche Vorstellungen von Sicherheit jedoch nicht nur über die akkumulierten Reaktionen auf vorgegebene Stimuli oder über ein Ranking einer ebenfalls vorgegebenen Auswahl von als aktuell betrachteten Sicherheitsbedrohungen, sondern nutzt eine breitere, qualitativ angelegte Form der Datenerhebung im Rahmen von ausführlichen Interviews zur persönlichen Lebenslage, so ändert sich das Bild nochmals. Sicherheit in der subjektiven Wahrnehmung im Alltag scheint grundsätzlich weniger von Bedrohungen (z.B. durch steigende Kriminalität) als von Risiken (z.B. den Unwägbarkeiten des Arbeits-, Wohnungs- oder Beziehungsmarkts) abhängig[21] und weniger durch Kriminalitätsfurcht geprägt als an Erwartungen traditioneller sozialer Sicherheit geknüpft. Das durch vielfache mediale Verdichtung produzierte und auch für den Ausbau der Sicherheitsgesellschaft politisch wirkmächtige Bild einer von Kriminalitätsfurcht umgetriebenen Gesellschaft, erfasst die auf der Alltagsebene handlungswirksamen Sicherheits-

---

20 Siehe hierzu und zu den folgenden Ausführungen die Befunde des Annual Societal Security Report des SOURCE Projekts (Kreissl u.a. 2016).

21 In der Forschung zur Kriminalitätsfurcht ist der Zusammenhang zwischen allgemeiner kriminalitätsunabhängiger Verunsicherung und Kriminalitätsfurcht unabhängig von persönlichen Opfererfahrungen oft belegt worden.

bedenken also nur bedingt. Diese wurzeln eher in einer Art „ontologischen Unsicherheit".[22]

Nun steigt mit dem Verlust ontologischer Sicherheit vermutlich auch die Anfälligkeit für kulturelle und politische Deutungsangebote, die eine für die Einzelnen unlesbare, unberechenbare und unübersichtlich gewordene Welt durch simplifizierende Unterscheidungen wieder verständlich und handhabbar machen. Diffus erfahrenen subjektiven Ängsten werden scheinbar greifbare Ursachen zugeordnet. Dieser Mechanismus suggeriert, dass subjektiv wahrgenommene Bedrohungen, Verluste oder Benachteiligungen durch den Ausschluss, die Kontrolle oder Überwachung bestimmter, zu Sündenböcken deklarierter Personen bearbeitet werden können. Die darin auch enthaltene Kritik an der staatlichen Leistungsfähigkeit im Sinne mangelnder Sicherheitsgarantien greift subjektiv reale Erfahrungen mit einem sich aus der Daseinsvorsorge zurückziehenden Wohlfahrstaat und einer sich rapide wandelnden Ökonomie auf, bringt diese aber mit falschen Ursachen in Verbindung. Populistische Politik, die subjektiv erfahrenes Leiden aufnimmt, stellt oft die richtigen Fragen, aber gibt immer die falschen Antworten.

Welche langfristigen Folgen die wachsende Diskrepanz zwischen objektiv erfassbarer gesellschaftlicher Wirklichkeit und simplifizierenden, aber kulturell und politisch mächtigen Deutungen des gesellschaftlichen Status quo hat und welche Dynamik sich daraus entwickelt, ist eine offene Frage. Auf der Mikroebene hat man es dann mit zunehmender ontologischer Unsicherheit und auf der Makroebene mit einer Krise des staatlichen Realitätsprinzips zu tun.

Staatlich verfasste Gesellschaften, denen es nicht mehr gelingt, eine minimale, kollektiv verbindliche Definition der gesellschaftlichen Situation (also eine Art minimalen Gesellschaftsvertrags) soweit auf der Ebene kultureller Deutungen abzusichern, dass widerstreitende Interessen, die zu kontroversen Positionen führen, in einem gemeinsamen Koordinatensystem verortet und einer politischen Bearbeitung zugänglich gemacht werden können, laufen Gefahr politische Extremismen zu produzieren. Solche Extremismen, die vigilante Aktionen befördern können, lassen sich vermutlich nicht mehr angemessen in der Bildlogik von Rand und Mitte erfassen. Spätmoderne Gesellschaften neigen dazu, ein Patchwork von Minderheiten auszudifferenzieren, in denen man in unterschiedlichen Welten unter seinesgleichen leben kann oder muss. Eine fragmentierte mediale Öffentlichkeit, in der das staatliche Deutungsmonopol erodiert, stabilisiert derartige explosive

---

22 Den Begriff ontologische Sicherheit verwendet Giddens (1991) um auf der sozialen Mikroebene das Gefühl existenzieller Sicherheit oder präreflexiver Gewissheit über den Zustand der Welt in der unmittelbaren Reichweite zu analysieren, die für das Alltagshandeln konstitutiv sind.

Gemeinschaften. Der Prozess sozialer Fragmentierung und Differenzierung hat
in der Sozialwissenschaft zu einer Inflation von sog. Bindestrichgesellschaften
geführt (Pongs 2000). Die Rede ist dann nicht mehr von Klassen- sondern von
Netzwerk-, Risiko- oder eben auch Sicherheits- und Überwachungsgesellschaften.
Inwieweit solche Bindestrich-Gesellschaften, die jeweils zeitdiagnostisch zentrale
Aspekte abbilden, ihre Einheit in einem dazu passenden Staat finden können oder
welche Form von staatlicher Ordnung sie hervorbringen, ist eine offene Frage. Eine
Entwicklung, die in allen diesen Gesellschaftskonzepten als zentral anerkannt
wird, ist die Zunahme multipler sozialer und ökonomischer Ungleichheiten. Einigkeit herrscht zudem darüber, dass solche Ungleichheiten den sozialen Zusammen-
halt der Gesellschaft gefährden (Stiglitz 2012) und politische Extremismen befördern – übrigens am oberen wie am unteren Ende der ökonomischen Skala. Damit
taucht eine neue Art von Sicherheitsgefährdungen auf, die auf den Bildschirmen
der gesellschaftlichen Selbstreflexion so nicht wahrgenommen wird und vor allen
Dingen mit den Mitteln sicherheitsgesellschaftlicher Politik nicht mehr bearbeitet
werden kann. Der staatlich zu sichernde Bestand gesellschaftlicher Ordnung wird
nicht mehr von irgendwie im Äußeren zu verortenden Feinden oder Bedrohungen
dieser gemeinsamen geteilten gesellschaftlichen Ordnung gefährdet. Möglicherweise bestandsbedrohliche Gefahren erwachsen vielmehr aus der „Mitte der Gesellschaft" selbst, da ein im Hintergrund waltendes Grundverständnis dessen, was
eine solche, staatlich garantierte gesellschaftliche Ordnung ausmacht, schwindet.
Die in der medial-politischen Diskussion als wachsende Unzufriedenheit themati-
sierten zentrifugalen Tendenzen der sozialen und ökonomischen Differenzierung
sind nicht mehr durch die Beschwörung einer unitären staatlich begründeten und
durchzusetzenden substanziellen Ordnungsvorstellung zu bändigen.

Stellt man diejenigen Dimensionen des gesellschaftlichen Sicherheitsempfin-
dens in Rechnung, die nicht auf Bedrohungen, sondern auf die subjektive Verarbeitung von und Reaktion auf Risiken der gesellschaftlichen Existenz und individuellen Reproduktion verweisen, dann lässt sich Sicherheit als ontologische
Sicherheit auch als Funktion einer Art sozialstaatlicher Infrastruktursicherung im
weiteren Sinne interpretieren. Geht man davon aus, dass die Anfälligkeit für kulturelle Deutungen, die sich in sicherheitsgesellschaftliche Initiativen auf der politischen Ebene übersetzen lassen mit dem Verlust ontologischer Sicherheit steigt
und dass der Verlust ontologischer Sicherheit letztlich von der steigenden Sorge
um die eigene gesellschaftliche Existenz und Anerkennung herrührt, so ergibt sich
im Hinblick auf die Rolle und Funktion des Staates als Garant von Sicherheit eine
einfache, an bekannte Postulate anschließende Überlegung. Wenn Prozesse gesellschaftlicher Ausdifferenzierung irreversibel sind, soziokulturelle und ökonomische Globalisierung einen Grad erreichen, der den Rückweg zu nationalstaatlicher

Politik abgeschnitten hat, sind Ansätze, die auf eine Ausdehnung staatlicher Kontrolle und Überwachung als Lösung vermeintlicher Sicherheitsprobleme abzielen, zum Scheitern verurteilt. Der Staat der Sicherheitsgesellschaft, so er sich gemäß der eigenen Programmatik entwickeln würde (was er, wie hier gezeigt, nicht tut) käme nicht nur mit der Eigensinnigkeit epochaler gesellschaftsevolutionärer Entwicklungen in Konflikt. Er scheiterte vermutlich auch an seinem vordergründigen Erfolg der Ausgrenzung vermeintlich sicherheitsgefährdender Individuen und Gruppen, denn deren Anzahl nimmt unter Bedingungen sozialer, kultureller, ökonomischer und ethnischer Differenzierung inflationär zu. Orientiert man sich hingegen an einem Modell das nicht auf Einheit sondern auf Differenz und friedliche Koexistenz zielt und d.h., auf eine Gesellschaft, in der staatliche Politik die sozialen und ökonomischen Existenzbedingungen der Einzelnen unter Bedingungen rapide sich wandelnder gesellschaftlicher Verhältnisse sichert, dann könnte ein daraus (wieder) erwachsendes Vertrauen in die institutionelle Ordnung des Staates nicht nur einen positiven Effekt auf die Sicherheit, sondern auch auf das Sicherheitsempfinden haben. Zum einen wirken sozialpolitische Maßnahmen direkt auf die Entwicklung der Kriminalitätsraten im Bereich der Alltags- und Massenkriminalität – bekanntlich ist die beste Kriminalpolitik eine gute Sozialpolitik. Auch sind Gesellschaften mit geringer sozialer Spreizung, d.h. wenig sozialer und ökonomischer Ungleichheit in vielen, auch sicherheitsrelevanten Dimensionen empirisch nachweisbar besser dran als jene, die hohe Werte für Ungleichheit aufweisen (Wilkinson 2002). Vor allen Dingen aber kann eine staatliche Politik der Sicherung gegen die Risiken der Lohnarbeitsexistenz, der Bereitstellung von Chancen und Kompensation von Defiziten verhindern, dass aus der Konkurrenz um knappe Güter und Positionen im Schatten staatlicher Ordnung ein Vernichtungskampf der Exklusion wird, in dem signifikante Teile der Gesellschaft sich gegenseitig das Recht auf ökonomische Teilhabe und soziale Anerkennung absprechen und sich nur mehr als Objekt von Überwachung und Kontrolle wahrnehmen. Der unter diesen Bedingungen florierende Staat der Sicherheitsgesellschaft speist sich aus einer kulturell-politischen Vorstellung der Gesellschaft als gefährdetes und dementsprechend nur durch auf Kontrolle und Ausschluss zielende staatliche Interventionen zu erhaltendes soziales Gebilde. Dem entgegenzusetzen wäre ein Bild staatlich vermittelter, gesellschaftlicher Ordnung, das von Einheit auf kulturelle Vielfältigkeit umschaltet, Koexistenz statt Exklusion fördert und den Möglichkeitsraum der Entwicklung neuer Formen gesellschaftlicher Reproduktion sichert. Dieser Staat schöpfte seine legitimationssichernde Stärke dann eher aus seiner Fähigkeit zur Zähmung der ökonomischen Entwicklung als aus dem Versprechen einer Disziplinierung seiner Bürger, deren Lebenswelt zum Ausfallgebiet der Folgen eben dieser Entwicklung geworden ist.

Literatur

Anderson, B., 2010: Preemption, precaution, preparedness: Anticipatory action and future geographies. In: *Progress in Human Geography* 34 (6), S. 777-798.

Austin, J./Irwin, J., 2012: *It's about time: America's imprisonment binge*. Boston.

Barak, G. (Ed.), 1995: *Media, process, and the social construction of crime: Studies in newsmaking criminology*. London.

Bauman, Z., 2003: *Flüchtige Moderne*. Frankfurt a.M.

Bauman, Z./Lyon, D., 2013: *Liquid surveillance: A conversation*. New Jersey.

Baudrillard, J., 1994: *Simulacra and simulation*. Michigan.

Beck, U., 2007: *Weltrisikogesellschaft. Auf der Suche nach der verlorenen Sicherheit*. Frankfurt a.M.

Beckett, K., 1999: *Making crime pay: Law and order in contemporary American politics*. Oxford.

Billig, M., 1995: *Banal nationalism*. Los Angeles et al.

Burgess, J. P., 2008: Non-military security challenges. In: *Contemporary security and strategy*, S. 60-78.

Burgess, J. P./Mouhleb, N., 2007: Societal Security. Definitions and Scope for the Norwegian Setting. *PRIO Policy Brief*, (2), S. 202-07.

Buzan, B./Wæver, O./De Wilde, J., 1998: *Security: a new framework for analysis*. Boulder.

Castel, R., 1979: *Die psychiatrische Ordnung. Das goldene Zeitalter des Irrenwesens*. Frankfurt a.M.

Calavita, K./Pontell, H. N., 1990: "Heads I Win, Tails You Lose": Deregulation, Crime, and Crisis in the Savings and Loan Industry. In: *Crime & Delinquency*, 36(3), S. 309-341.

Cicourel, A. V., 1995: *The social organization of juvenile justice*. New Jersey.

Cohen, S., 2002: *Folk devils and moral panics: The creation of the mods and rockers*. London.

Coleman, R., 2004: Images from a neoliberal city: the state, surveillance and social control. In: *Critical Criminology*, 12(1), S. 21-42.

Cremer-Schäfer, H./Steinert, H., 1997: Die Institution "Verbrechen & Strafe". Über die sozialstrukturellen Bedingungen von sozialer Kontrolle und sozialer Ausschließung. In: *Kriminologisches Journal*, 29(4), S. 243-255.

Crouch, C., 2012: *Postdemokratie*. Frankfurt a.M.

Curry, T./Shibut, L., 2000: The cost of the savings and loan crisis: truth and consequences. *FDIC Banking Review*, 13(2), S. 26-35.

De Koker, L., 2006: Money laundering control and suppression of financing of terrorism: Some thoughts on the impact of customer due diligence measures on financial exclusion. In: *Journal of Financial Crime*, 13(1), S. 26-50.

Delanghe, H./Muldur, U./Soete, L. (Eds.), 2011: *European science and technology policy: towards integration or fragmentation?* Cheltenham.

Edelman, M. J., 1985: *The symbolic uses of politics*. University of Illinois Press.

Esping-Andersen, G., (Ed.), 1996: *Welfare states in transition: National adaptations in global economies*. Los Angeles et al.

Feltes, T., 2008: Null-Toleranz. In: Lange, H.-J. (Hrsg.), *Kriminalpolitik*. Wiesbaden, S. 231-250.

Fraser, N./Gordon, L., 1994: A genealogy of dependency: Tracing a keyword of the US welfare state. In: *Signs*, 19(2), S. 309-336.

Furedi, F., 2005: *Politics of fear*. London.

Garland, D., 2002: *The culture of control. Crime and social order in contemporary society*. Oxford.

Giddens, Anthony, 1991: *Modernity and self-identity: Self and society in the late modern age*. Stanford.

Ginsburg, N., 1992: *Divisions of welfare: A critical introduction to comparative social policy*. Los Angeles et al.

Guild, E. et al, 2016: An Analysis of the Schengen Area in the Wake of Recent Developments. 30 June 2016. *CEPS researchers' work published externally*.

Habermas, J., 1981: *Theorie des kommunikativen Handelns*, Bd 2. Frankfurt a.M.

Habermas, J., 1992: *Faktizität und Geltung. Beiträge zur Diskurstheorie des Rechts und des demokratischen Rechtsstaates*. Frankfurt a.M.

Habermas, J., 2008: Notes on post-secular society. In: *New perspectives quarterly*, 25(4), S. 17-29.

Hammel, A., 2014: Wer schreibt das Strafrecht? Akteure, Werte und Institutionen der Strafrechtsgesetzgebung. In: *Zeitschrift für Rechtssoziologie* 34, Doppelheft 1/2, S. 91-124.

Hayes, B., 2012: The surveillance-industrial complex. In: Lyon, D./Ball, K./Haggerty, K. D. (Eds.), *Routledge handbook of surveillance studies*. London, S. 167-176.

Heath, C./Bell, C./Sternberg, E., 2001: Emotional selection in memes: the case of urban legends. In: *Journal of personality and social psychology*, 81(6), S. 1028.

Holtmann, E./Voelzkov, H. (Hrsg.), 2000: *Zwischen Wettbewerbs- und Vethandlungsdemokratie*. Heidelberg.

Jänicke, M., 1986: *Staatsversagen: die Ohnmacht der Politik in der Industriegesellschaft*. München.

Keyes, R., 2011: *The Post-Truth Era*. New York.

Khoury, S. J., 1990: *The deregulation of the world financial markets: myths, realities, and impact*. Westport.

Knobel, M./Lankshear, C., 2007: Online memes, affinities, and cultural production. In: dies. et al. (Eds.), *A new literacies sampler*. Bern, S. 199-227.

Koopmans, R./Erbe, J., 2004: Towards a European public sphere? Vertical and horizontal dimensions of Europeanized political communication. In: *Innovation: The European Journal of Social Science Research*, 17(2), S. 97-118.

Kreissl, R., 1987: Die Krise der Theorie des Wohlfahrtsstaates-Konsequenzen für die Verrechtlichungsdebatte. In: *Kritische Vierteljahresschrift für Gesetzgebung und Rechtswissenschaft (KritV)*, 2, S. 89-111.

Kreissl, R., 2016: *Annual Societal Security Report 2* (SOURCE Project Deliverable). Unter: http://societalsecurity.net/sites/default/files/imce/d3.5_annual_societal_security_report_2.pdf, Download am 10.11.2016.

Kübler, F. (Hrsg.), 1985: *Verrechtlichung von Wirtschaft, Arbeit und sozialer Solidarität: vergleichende Analysen*. Frankfurt a.M.

Langley, P., 2013: Toxic assts, turbulence and biopolitical security: Governing the crisis of global financial circulation. In: *Security Dialogue* 44(2), S. 111-126.

Lash, S./Urry, J., 1993: *Economies of signs and space*. Los Angeles et al.

Latour, B., 2010: *The making of law: an ethnography of the Conseil d'État*. New Jersey.

Lipsky, M., 1969: *Toward a theory of street-level bureaucracy.* Wisconsin.

Lutz, T., 2009: *Soziale Arbeit im Kontrolldiskurs: Jugendhilfe und ihre Akteure in post-wohlfahrtstaatlichen Gesellschaften.* Heidelberg.

Lyon, D., 1994: *The electronic eye: The rise of surveillance society.* Minnesota.

Lyon, D., 2003: *Surveillance as social sorting: Privacy, risk, and digital discrimination.* London.

Lyotard, J.-F., 1984: *The postmodern condition: A report on knowledge.* Minnesota.

Maier, J., 2013: *Politikverdrossenheit in der Bundesrepublik Deutschland: Dimensionen – Determinanten – Konsequenzen.* Heidelberg.

May, J. V./Wildavsky, A. B. (Eds.), 1979: *The policy cycle.* Los Angeles et al.

Meyer, T., 2002: *Identitätspolitik: vom Missbrauch kultureller Unterschiede.* Frankfurt a.M.

Mills, C. W., 2000: *The power elite.* Oxford.

Mueller, J. E./Stewart, M. G., 2015: *Chasing ghosts: The policing of terrorism.* Oxford.

Nabers, D., 2007: Amerikanische Konstruktionen des Krieges und der Selbstverteidigung nach dem 11. September 2001. In: *ZPol Zeitschrift für Politikwissenschaft,* 17(2), S. 357-378.

Naschold, F./Bogumil, J., 2013: *Modernisierung des Staates: new public management in deutscher und internationaler Perspektive.* Heidelberg.

Newburn, T./Sparks, R. (Eds.), 2004: *Criminal Justice and Political Cultures: National and international dimensions of crime control.* London.

O'Connor, J., 1975: *Die fiskalische Krise des Staates.* Frankfurt a.M.

Offe, C., 1979: Unregierbarkeit. Zur Renaissance konservativer Krisentheorien. In: *Stichworte zur geistigen Situation der Zeit,* 1, Suhrkamp Frankfurt a.M., S. 294-318.

Ortiz, A. T./Briggs, L., 2003: The Culture of Poverty, Crack Babies, and Welfare Cheats: The Making of the "Healthy White Baby Crisis". In: *Social Text,* 21(3), S. 39-57.

Ostermeier, L., 2017: *Imaginationen rechtsstaatlicher und demokratischer Polizei. Deutsche Polizeiprojekte in Afghanistan von 1957 bis 2010.* Weinheim.

Pongs, A. (Hrsg.), 2000: *In welcher Gesellschaft leben wir eigentlich? Gesellschaftskonzepte im Vergleich.* München.

Rappert, B., 2001: The distribution and resolution of the ambiguities of technology, or why Bobby can't spray. In: *Social Studies of Science,* 31(4), S. 557-591.

Ritzer, G./Jurgenson, N., 2010: Production, Consumption, Prosumption The nature of capitalism in the age of the digital 'prosumer'. In: *Journal of consumer culture,* 10(1), S. 13-36.

Scheingold, S., 1992: *The politics of street crime: Criminal process and cultural obsession.* Philadelphia.

Simon, J., 2007: *Governing through crime: How the war on crime transformed American democracy and created a culture of fear.* Oxford.

Singelnstein, T./Stolle, P., 2012: *Die Sicherheitsgesellschaft: soziale Kontrolle im 21. Jahrhundert.* 3. Aufl., Wiesbaden.

Skocpol, T., 1985: Bringing the State Back in: Strategies of Analysis in Current Research. In: Skocpol, T./Evans, P./Rueschemeyer, D. (Eds.), *Bringing the State Back In,* Cambridge, S. 3-37.

Stiglitz, J. E., 2012: *The price of inequality: How today's divided society endangers our future.* New York.

Teubner, G., 2011: Das Projekt der Verfassungssoziologie: Irritationen des nationalstaatlichen Konstitutionalismus. In: *Zeitschrift für Rechtssoziologie* 32 (2), S. 189-204.

Urry, J. 2007: *Mobilities*. New Jersey.

Walker, J./Cooper, M., 2011: Geneaolgies of resilience: From systems ecology to the political economy of crisis adaptation. In: *Security Dialogue* 42(2), S. 143-160.

Wendekamm, M., 2014: *Die Wahrnehmung von Migration als Bedrohung: Zur Verzahnung der Politikfelder Innere Sicherheit und Migrationspolitik*. Heidelberg.

Wilkinson, R. G., 2002: *Unhealthy societies: the afflictions of inequality*. London.

Willke, H., 1992: *Ironie des Staates. Grundlinien einer Staatstheorie polyzentrischer Gesellschaft*. Frankfurt a.M.

Sicherheitsstaat und neue Formen des Autoritären (Staates) in Europa?

Ein Versuch begrifflicher Annäherung

Kadriye Pile und Andreas Fisahn

Zusammenfassung

Was ist eigentlich ein „Sicherheitsstaat", durch welche Merkmale unterscheidet er sich vom Rechtsstaat oder der Demokratie? Oder handelt es sich um einen autoritären Staat? Der Beitrag versucht, Abgrenzungen und Begriffsbestimmungen vorzunehmen. Ausgangspunkt ist dabei der Sicherheitsstaat, der in Beziehung gesetzt wird zum Rechtsstaat und zur Demokratie. Verschiedene Formen der Herrschaft werden dazu gegeneinander abgegrenzt: autoritärer Staat, Faschismus, libertärer Rechtsstaat, plurale Demokratie, gelenkte und exkludierende Demokratie. Im Ergebnis ist der Sicherheitsstaat keine eigenständige Kategorie, sondern mehr oder weniger stark ausgeprägter Bestandteil dieser Herrschaftsformen.

Schlüsselwörter

autoritärer Staat, Marktgerechtigkeit, soziale Gerechtigkeit, regressive Modernisierung, exkludierende Demokratie, autoritäre Wirtschaftsregierung, libertärer Rechtsstaat

Beim Blick auf den Zustand der Europäischen Union oder allgemeiner der europäischen Staaten insgesamt reibt sich der interessierte Beobachter verwundert die Augen. Die selbst reklamierte Hochburg der Liberalität, Rechtsstaatlichkeit und Demokratie wird von verschiedenen Seiten angegriffen, gerät unter Druck oder wird still und leise verabschiedet. Das auffälligste Phänomen ist der Siegeszug rechtspopulistischer Parteien in fast allen Mitgliedstaaten der EU. Dabei hat sich der Begriff „rechtspopulistisch" eingebürgert, obwohl oder weil (?) er unscharf und wenig aussagekräftig ist, so dass die unterschiedlichsten Ausprägungen unter ihm versammelt werden können – sowohl nationalistisch-wirtschaftsliberale wie nationalistisch-autoritäre Ideologiestücke. So wäre es notwendig, den Begriff zu schärfen oder zu differenzieren (ausführlich Birsl 2016), was hier aber nicht geschehen soll. Wegen der verbreiteten Vorrangstellung der „eigenen" Nation, wird hier von national-chauvinistischen Strömungen gesprochen. Sie gehören in Frankreich, Österreich und Dänemark inzwischen zu den „etablierten" Parteien oder wahlarithmetisch zu den stärkeren Kräften auf der politischen Bühne. Anderswo, etwa in Deutschland, erzielen sie Erfolge, ohne dass der Konstituierungsprozess schon abgeschlossen wäre. In einem spezifisch nationalistischen oder rassistischen Sinn haben sich die meisten dieser Parteien auch einer „Law and Order"-Politik oder dem Ausbau des Sicherheitsstaates verschrieben. Nach den Anschlägen und Attentaten in Frankreich und Belgien haben beide Staaten zum Zwecke der Herstellung von Sicherheit den Ausnahmezustand verhängt und damit Grundrechte außer Kraft gesetzt. In Polen und Ungarn haben national-chauvinistische Kräfte die Regierung übernommen und bauen Staat und Gesellschaft sukzessive um. Ähnliches gilt in anderer Form für die Türkei. Die Europäische Union schließlich hat sich als Gesamtgebilde nicht gerade mit demokratischem Ruhm bekleckert, als sie nach 2012 die griechische Regierungen in unterschiedlichen Konstellationen mehrfach in die Knie zwang und dabei sogar Referenden mit großen Mehrheiten als irrelevant behandelte. Demokratie und Grundrechte geraten so in Europa in unterschiedlicher Form unter Druck oder werden ihrer Substanz beraubt. Damit stellt sich die Frage, wie diese Entwicklungen zu verstehen und begrifflich zu fassen sind.

1   Unklarheiten und Annäherungen

1.1   Sicherheitsstaat

In der Diskussion befinden sich verschiedene Angebote, von denen nur Ausgewählte erörtert werden sollen. Der Sicherheitsstaat liegt gleichsam quer zu einer übergreifenden Charakterisierung der Herrschaftsform etwa als autoritärer Staat oder als Rechtsstaat oder Demokratie. Die Aneinanderreihung dieser Begriffe macht deutlich, dass eine genauere Klärung erforderlich ist. Meist wird der Sicherheitsstaat in einen Gegensatz zum Rechtsstaat gebracht. So betitelt etwa Braml einen Aufsatz „Vom Rechtsstaat zum Sicherheitsstaat". Den Sicherheitsstaat markiert er durch drei Elemente: die Stärkung der Exekutive, Umstellung von der Gefahrenabwehr zur Prävention durch Vorverlagerung von Eingriffsbefugnissen und durch „exzessive Eingriffe in Bürgerrechte" (Braml 2004, S. 10). Stärkung der Exekutive meint in der Regel, dass die Bedeutung des Parlaments geschwächt wird und allenfalls in zweiter Linie die der Justiz. Das heißt aber, er setzt auch Demokratie und Sicherheitsstaat in einen Gegensatz. Die beiden anderen Elemente beziehen sich auf die Grundrechte, die im Sicherheitsstaat eingeschränkt werden. Der Sicherheitsstaat scheint von unterschiedlichen Blickwinkeln eine unterschiedliche Zuschreibung bekommen zu können. So formuliert Haffke: „Wenn von Sicherheitsstaat mit Blick auf das Strafrecht gesprochen wird, dann ist jedenfalls genau diese Funktionalisierung der Strafrechtspflege für die Zwecke der inneren Sicherheit gemeint." (Haffke 2005). Die „Strafrechtspflege" kritisiert aus ihrer Perspektive – in Übereinstimmung mit der obigen Definition – die Vorverlagerung der Strafbarkeit oder den Bedeutungsgewinn der Prävention im Strafrecht. Diese stehe grundsätzlich unter der „Herrschaft des präventiven, des prospektiven Sicherheitsparadigmas", gerade das mache es „so anfällig für die Übernahme der Logik des Sicherheitsdenkens" (Haffke 2005). Der Einzug der Prävention im Strafrecht gerät in einen Widerspruch zu Prinzipien, die dem Rechtsstaat zugerechnet werden: wie das Schuldprinzip und das Bestimmtheitsgebot im Strafrecht.

Agamben fragt in der Überschrift, ob sich die staatliche Verfasstheit der Gesellschaft vom Rechtsstaat zum Sicherheitsstaat entwickelt. Dabei charakterisiert er den Sicherheitsstaat durch drei Grundzüge: durch die Aufrechterhaltung eines verallgemeinerten Angstzustands, die Entpolitisierung der Bürger und durch den Verzicht auf jede Rechtsbestimmtheit. Mit Letzterem bezieht sich Agamben wieder auf oben schon diskutierte Phänomene der Aushöhlung des Rechtsstaates. Seine beiden anderen Charakteristika unterscheiden sich davon, weil sie eher in den Bereich des Politikmanagements oder der politischen Kommunikation als in den Bereich staatlicher Strukturen und Herrschaftsformen gehören. Agamben verbindet den Sicherheitsstaat mit „seinem" Thema, dem Ausnahmezustand, wenn er feststellt, dass „der Ausnahmezustand heute Teil eines Prozesses ist, der dabei ist, die westlichen Demokratien in etwas zu verändern, das man bereits als Sicherheitsstaat oder security state bezeichnen muss. ... Eine Analyse dieser neuen Regierungsform steht jedoch noch aus." (Agamben 2016). Er bringt an dieser Stelle den Sicherheitsstaat in Gegensatz zur Demokratie, nicht zum Rechtsstaat, die sich zwar ergänzen (können und sollten), aber keineswegs ineinander übergehen. Er

weist gleichzeitig auf die Unzulänglichkeit der Begriffsbildung hin. Den Ausnahmezustand begreift Agamben einerseits als Aufhebung der Gewaltenteilung und
anderseits über das Phänomen, „dass die Gesetzeskraft aus dem Gesetz heraus-
gelöst wird. Der Ausnahmezustand definiert einen Zustand des Gesetzes, in dem
die Norm zwar gilt, aber nicht angewandt wird (weil sie keine Kraft hat), und
auf der anderen Seite Handlungen, die nicht den Stellenwert von Gesetzen haben,
deren ‚Kraft' gewinnen." (Agamben 2004, S. 49). Die Gewaltenteilung wird in der
herrschenden Lehre als eigenständiges Staatsstrukturprinzip neben Demokratie
und Rechtsstaat gestellt. Richtigerweise muss man aber sagen, dass sie sich notwendig aus der Allgemeinheit des Gesetzes ergibt, da dieses – administrativ – für
den Einzelfall konkretisiert werden muss, was dann – justiziell – zu kontrollieren
ist. Die Allgemeinheit des Gesetzes ist ihrerseits als formale Seite des Rechtsstaates zu verstehen, neben den die Grundrechte als materiale Seite treten.

Habermas vergleicht den Sicherheitsstaat mit dem absoluten Staat, dem Leviathan, bei Hobbes: „Angesichts einer Globalisierung, die sich über entgrenzte
Märkte durchsetzt, erhofften sich viele von uns eine Rückkehr des Politischen in
anderer Gestalt – nicht in der Hobbistischen Ursprungsgestalt des globalisierten
Sicherheitsstaates, also in den Dimensionen von Polizei, Geheimdienst und Militär,
sondern als weltweit zivilisierende Gestaltungsmacht." (2001, S. 10). Hier gerät sowohl Demokratie als auch der Rechtsstaat in Widerspruch zum Sicherheitsstaat,
der als absoluter oder autoritärer Staat beides negiert. Habermas Anknüpfungspunkt ist der historisch nahe liegende. Hobbes konzipiert den Staat bekanntlich
ausschließlich zum Zwecke der Herstellung von individueller Sicherheit und rechtfertigt damit die Negation individueller Rechte und erst recht den Anspruch auf
demokratische Teilhabe. Der „perfekte" Sicherheitsstaat ist also der absolute Staat.
In der gegenwärtigen Diskussion hat der absolute Staat allerdings abgedankt. Der
Begriff wird vornehmlich für eine bestimmte geschichtliche Epoche verwendet,
eben den Absolutismus, aber selten für zeitgenössische Herrschaftsformen. Da
spricht man eher von autoritären Staaten oder Regimes. Der absolute Staat hat
abgedankt, weil sich die Einsicht durchgesetzt hat, dass auch in autoritären Staaten
schwerlich von Souveränität nach innen gesprochen werden kann. Herrschaft ist
formal oder informal auch in autoritären Staaten verteilt, beschränkt, liegt eher bei
Institutionen, als dass sie personell zentralisiert ist.

Bei den zitierten Annäherungen an den Begriff Sicherheitsstaat ist ein zentrales Element, das die Diskussion bestimmt hat, nicht angesprochen worden. Der
moderne Sicherheitsstaat wird regelmäßig als ein umfassendes Überwachungs-
und Kontrollsystem charakterisiert (Wirtschaftslexikon 2015). Anders formuliert:
Der Ausbau der Kontroll- und Überwachungssysteme und -methoden veranlass-
te zu der vielstimmigen Warnung, dass die Gesellschaft sich auf dem Weg vom

Rechts- in den Sicherheitsstaat befände, weil staatliche – seltener wird die private thematisiert – Überwachung Grundrechte einschränke und potenziell geeignet sei, den Gebrauch, die Durchsetzung der Grundrechte zu erschweren. Im Vordergrund stehen die informationellen Grundrechte mit indirekter Wirkung auf andere Grundrechte, insbesondere solche, die für eine demokratische Teilhabe unabdingbar sind wie Meinungs-, Presse-, oder Versammlungsfreiheit.

Resümiert man die schlaglichtartige Betrachtung der Diskussionen um den Sicherheitsstaat bleibt, dass er durch Ein- oder Beschränkungen von Rechtsstaat und Demokratie charakterisiert wird. Nur Habermas stellt die Verbindung zum autoritären Staat bzw. absoluten Staat her, ohne sie aber intensiver zu beleuchten. Offenbar besteht jedoch eine Scheu, den gegenwärtigen Abbau von Bürgerrechten, der vor allem mit dem Ausbau von Kontroll- und Überwachungssystemen verbunden ist, als Weg in den autoritären Staat zu bezeichnen – und zwar zu Recht, weil Unterschiede bestehen. Vorgeschlagen wird hier deshalb, den Sicherheitsstaat erstens als ein Minus zum autoritären Staat zu verstehen. Bürgerrechte werden zwar eingeschränkt, aber dies bleibt unterhalb der Schwelle des autoritären Staates, der Bürgerrechte und Demokratie weitgehend außer Kraft setzt. Der Sicherheitsstaat hat zweitens eine Diskursstrategie und ein Legitimationsbedürfnis, was ihn ebenfalls vom autoritären Staat unterscheidet. Im Zentrum steht die Sicherheit aller Bürger, außen stehen nur kleine Gruppen, welche die Sicherheit bedrohen, also Kriminelle, Terroristen usw., nicht aber die gesamte Opposition, alle politisch Andersdenkenden.

1.2 Wiedergeburt des autoritären Staates?

Die Antworten auf die oder die Entwicklung in der EU seit der Krise 2008 lässt sich nicht mit dem Paradigma des Sicherheitsstaates erfassen – der Diskurs, der mit den Entwicklungen verbunden war, drehte sich nur am Rande um die innere oder äußere Sicherheit. Mit Pakt für den Euro (Plus), Fiskalpakt, six pack und two pack, ESM und den Austeritätsprogrammen der Troika wurde – so die Diagnose – das Gewicht der Exekutive in der EU gestärkt und es wurde an den demokratischen Institutionen vorbei oder sogar gegen deren Willen eine auf Austerität fixierte Wirtschaftspolitik durchgesetzt und für die Zukunft – gegen demokratische Wechsel – festgeschrieben und gesichert. In Konflikt mit der Demokratie gerät dies aus prozeduralen wie materialen Gründen. Prozedural, weil durch intergouvernementale Vereinbarungen die Beteiligung der Parlamente umgangen oder auf Zustimmung reduziert wird; material, weil die an Austerität orientierte Wirtschaftspolitik festgeschrieben und gegen einen Wechsel der Mehrheit immunisiert wird. In den Analysen wird deshalb zunächst unspezifisch von einer „autoritären Wende" (Deppe 2013, S. 156) gesprochen. Diese wird jedoch begrifflich unterschiedlich gefasst. Auch hier sollen nur einzelne Analysen exemplarisch zu Wort kommen, um die Gemeinsamkeit und die Unterschiede der Analysen aufzuzeigen.

Oberndorfer meint, die neuere Entwicklung lasse sich nicht mehr mit Crouchs Begriff der Postdemokratie fassen. Nach Crouch ist charakteristisch für die Postdemokratie, dass die demokratischen Institutionen und Verfahren intakt bleiben und prozessiert werden, aber ihres Inhaltes beraubt sind, weil Entscheidungen informal, jenseits der demokratischen Institutionen getroffen werden. Demokratie werde als Spektakel inszeniert, bleibe aber in der Postdemokratie ohne Substanz. (Crouch 2008, passim) Oberndorfer meint, dass in der autoritären Wende der EU auch die demokratischen Spielregeln gebrochen wurden, womit Demokratie nicht mal mehr als leere Form intakt bleibe. Er schreibt: „Während mit der Neoliberalisierung aller Gesellschafts- und Lebensbereiche ab Anfang der 1980er Jahre eine schleichende Erosion der erkämpften Momente substantieller Demokratie einherging – von Colin Crouch auch als Postdemokratie bezeichnet – verdichtet sich dieser Prozess in der EU-Krisenbearbeitung zu einer autoritären Wende, die auch mit Elementen formaler Demokratie bricht. Dies artikuliert sich nicht zuletzt darin, dass zentrale Bausteine zur radikalisierten Fortsetzung des ‚Weiter wie bisher', wie die sogenannte Economic Governance oder der Fiskalpakt, keine Rechtsgrundlage in der ‚europäischen Verfassung' finden und nur durch Umgehung des ordentlichen Vertragsänderungsverfahren (Art. 48 EUV) errichtet werden konnten." Oberndorfer spricht deshalb von einer „autoritäre(n) Konstitutionalisierung" (2013, S. 77f.), mit der die Vormacht der Exekutive konstitutionell festgeschrieben werde. Die autoritäre unterscheidet er von der „neuen Konstitutionalisierung", ein Begriff den Gill eingeführt hat, womit die Festschreibung der neoliberalen Wirtschaftsordnung in den europäischen Verträgen gemeint ist, so dass sie dem demokratischen Prozess entzogen sind (Gill 2000, S. 44). Oberndorfer grenzt sich ab: „Die im Entstehen begriffenen ‚klaren Regeln' zur 'Rettung Europas' sind daher nicht mehr mit der Begrifflichkeit des 'neuen Konstitutionalismus' zu fassen, mit der Stephen Gill die europarechtskonforme und zumindest von passivem Konsens getragene auf Dauerstellung neoliberaler Dogmen in den Verträgen beschrieben hat. Angesichts zunehmend durch die Exekutive geprägter, punktueller 'Rechtssetzung', die ohne 'verfassungsrechtliche' Grundlage erfolgt, muss die Begrifflichkeit radikalisiert werden – vor dem Hintergrund des wegbrechenden Konsenses scheint sich ein autoritärer Konstitutionalismus zu entfalten." (2012, S. 62). Der „autoritäre Konstitutionalismus" wird hier – anders als im Diskurs zum Sicherheitsstaat – bezogen auf die Demokratie. Demokratische Regeln werden außer Kraft gesetzt und die Exekutive faktisch zur Rechtsetzung ermächtigt, was an Agambens Definition des Ausnahmezustandes (s.o.) erinnert.

Bieling geht vom gleichen Phänomen aus, beschreibt dieses aber nicht als autoritären, sondern als Krisenkonstitutionalismus: „Im Kern verstärkt der Krisenkonstitutionalismus formal und institutionell nämlich die ohnehin bereits sehr ausgeprägte Exekutivlastigkeit des europäischen Wirtschaftsregierens. Die erweiterten Kompetenzen der EZB, der Europäischen Kommission, vor allem aber des Europäischen Rates lassen sich in diesem Sinne als eine Profilierung ‚postdemokratischer' Herrschafts- und Politikformen interpretieren. Unter Krisenbedingungen sind die europäischen Entscheidungsträger vielfach bereit, intransparente und ‚rechtlich formlose Vereinbarungen' auszuhandeln, um die ‚Imperative der Märkte an die nationalen Haushalte' weiterzuleiten. Hierdurch werden nicht nur die finanzmarktpolitischen Disziplinierungszwänge exekutiert, d.h. die arbeits- und sozialpolitischen Gestaltungsoptionen von Regierungen und Gewerkschaften signifikant beschnitten und die nationalen Parlamente entmachtet." (2013, S. 42). Dennoch erkennt er durchaus autoritäre Tendenzen, wenn er feststellt, die „EU transformiert sich im Zuge des europäischen Krisenkonstitutionalismus von einem liberalen in ein zunehmend autoritäres Imperium, das den angestauten sozialen und zwischenstaatlichen Sprengstoff weder entweichen lassen noch wirklich entschärfen kann." (2013, S. 43). Dabei bleibt aber offen, auf welche Phänomene sich das „zunehmend autoritär" bezieht, scheint es doch eine Antwort auf den sozialen und zwischenstaatlichen Sprengstoff darzustellen.

Kannankulam knüpft in seiner Analyse an Poulantzas Theorem des „autoritären Etatismus" (Poulantzas 2002, S. 231ff.) an, mit dem dieser die Konzentration der Macht bei der Administration unter de Gaulle beschrieben hatte. Kannankulam überträgt dies folgendermaßen auf die EU: „Hierin liegt allerdings eine ähnliche Gefahr, die schon Nicos Poulantzas in einem anderen Kontext Ende der 1970er Jahre hinsichtlich des Aufkommens eines ‚autoritären Etatismus' beschrieb. Paradoxerweise – so die Argumentation, die auch für die derzeitige Situation in Anschlag gebracht werden kann – führt die in der Krise durchgesetzte relative Verselbstständigung der Exekutive und die Verlagerung von Entscheidungsbildungsprozessen auf die (europäische) Verwaltung und Bürokratie dazu, dass die zur Krisenlösung vorgenommenen Verschiebungen und Verlagerungen von Entscheiden inklusive deren Maßnahmen spezifische Kapitalfraktionen bevorteilen und andere benachteiligen – mitsamt den entsprechenden Auswirkungen auf breite Teile der europäischen Bevölkerungen…" (2015, S. 39). Auch hier geht es also um Entdemokratisierung durch Erweiterung der exekutivischen Kompetenzen und faktischen Macht.

Deppe verallgemeinert die Diskussion und bezieht die Tendenz zum Autoritären nicht auf die EU, sondern auf die Entwicklung „des" Kapitalismus nach der Krise 2008 allgemeiner. Der Titel seines Buches heißt denn auch „Autoritärer Kapitalismus", dem in verschiedenen Facetten nachgespürt wird. Dabei greift Deppe die zitierten Positionen von Oberndorfer (Deppe 2013, S. 153) und Kannankulam (Deppe 2013, S. 154) auf und referiert sie in einer Weise, welche die Übernahme der Position signalisiert, obgleich sie sich nicht nur begrifflich unterscheiden. Bei Oberndorfer scheint das Autoritäre im Konstitutionalismus selbst zu liegen, den intergouvernementalen Vereinbarungen, während Kannankulam eher die Usurpation von Macht innerhalb des vorhandenen Gefüges im Blick zu haben scheint. Deppe verbindet allerdings die Machtverschiebungen – wobei er auch die Relation Nationalstaat oder nationale Parlamente und EU im Blick hat –, also das demokratische Problem, mit dem Ausbau der Sicherheitsapparate, also dem rechtsstaatlichen Problem als Charakteristikum des autoritären Staates: „Das Neue ist, dass sich mit der Krise seit 2008 und dem Übergang zur Austeritätspolitik – in der EU, aber in Übereinstimmung mit dem IWF und den USA – ein Krisenmanagement durchgesetzt hat, dass die Fiskalpolitik (damit auch andere Politikbereiche) weitgehend der nationalen und demokratischen Kontrolle entzogen hat. Gleichzeitig erfordern die innen- und sozialpolitischen Konsequenzen dieser Politik einen Ausbau (und zunehmenden Einsatz) der nationalstaatlichen Sicherheits- und Exekutivorgane." (2013, S. 164).

Demirovic schließlich weicht von der bisher diskutierten Begriffsverwendung ab und bezieht sich nicht auf „das Autoritäre", sondern auf die Funktion des Staates, ein Allgemeines in einer pluralen oder antagonistischen Gesellschaft zu bilden. Dabei sei die Geschichte dadurch gekennzeichnet, dass es unterschiedlichen Partikularinteressen immer mal wieder gelungen ist, sich die Definitionsmacht des Allgemeinen anzueignen und andere auszuschließen. Ähnliches beobachtet er gegenwärtig, wobei er nicht nur die EU auf der europäischen Ebene, sondern auch die Entwicklung in den Mitgliedstaaten im Auge hat. Im Ergebnis spricht er von einem usurpatorischen Konstitutionalismus, usurpiert wird die Definitionshoheit über das Allgemeine. „Es gibt Bemühungen darum, ... die Macht zur Definition des allgemeinen Willens zu usurpieren: durch den Staat, große Koalitionen, die Machtverteilung zugunsten einer einzigen Partei, die Marginalisierung der parlamentarischen Opposition und von Alternativen, die politische Passivierung relevanter Teile der Bevölkerung, die Ignoranz gegenüber Forderungen aus dem ‚Volk'. Das geschieht nicht dadurch, dass die demokratischen Spielregeln außer Kraft gesetzt werden oder dass diese nur noch eine Fassade wären, sondern in und durch diese Spielregeln wird eine bestimmte Art von Allgemeinheit behauptet. Neben eine teilweise drastische Verschlechterung der Bürgerrechte unter der öffentlichen Willensbildung treten allerdings gleichzeitig auch offiziell vermittelte Ansprüche, die demokratischen Spielregeln durch eine tolerante politische Kultur oder durch vielfältige Formen der Bürgerbeteiligung zu vertiefen. Vielleicht wäre es deswegen auch besser, anstatt von autoritären von einem usurpatorischen Konstitutionalismus zu sprechen, da der Begriff des autoritären die Aufmerksamkeit zu stark auf autoritär maßnahmestaatliche Politikmuster lenkt, in deren Zentrum Justiz, Polizei oder Militär stehen." (Demirovic 2016, S. 296).

Mit dem abschließenden Hinweis trifft Demirovic ins Schwarze und zeigt die Schwäche der Begriffsbildung, wenn auf den Begriff des Autoritären abgestellt wird, ohne diesen mindestens zu brechen. Es ließe sich argumentieren, dass autoritär in Abgrenzung zu sicherheitsstaatlich zu gebrauchen sei – ersteres beziehe sich auf den Abbau von Demokratie, letzteres auf den Verlust an Bürgerrechten. Demirovic macht mit seinem Hinweis aber deutlich, dass der Begriff des autoritären Staates auf eine Tradition in der Begriffverwendung verweist, die beides umfasste, den Verlust an Demokratie und an Bürgerrechten. Allerdings lässt sein Gegenvorschlag, usurpatorischen Konstitutionalismus, offen, wer da mit welchen Methoden usurpiert. Aber Demirovic formuliert vorsichtig und macht damit genauso wie Deppe, der in der Begriffverwendung uneinheitlich ist und allgemeiner von einem „neuen Typus des autoritären Kapitalismus" (2013, S. 11) spricht, deutlich, dass sich die Diskussion auf der Suche befindet, die neuen Formen der Herrschaft durch und in der EU empirisch und begrifflich zu fassen. Hier sollen einige Annäherungen in Abgrenzung zu einer vergleichsweise festen Begriffsbestimmung für bekannte, „alte" Formen, repressiver und undemokratischer Herrschaft versucht werden, was als Teil des Suchprozesses zu verstehen ist.

2   Charakteristika autoritärer Herrschaft

2.1   Autoritärer Staat

Wesentliche Beiträge zur Bestimmung des Begriffs „autoritärer Staat" stammen aus der Frankfurter Schule, hier seien Max Horkheimer und Franz Neumann diskutiert. Beide – Neumann und Horkheimer – verwenden den Begriff „autoritärer Staat" (Neumann 1967, S. 67) für das nationalsozialistische Regime.[1] Horkheimer benutzt ihn darüber hinaus auch für die stalinistische Sowjetunion, die er in Ab-

---

1   Nationalsozialismus und Stalinismus sind für Horkheimer Spielarten des Staatskapitalismus, der sich aber für ihn allgemein etabliert hat. Der Begriff bezeichnet gleichsam die ökonomische Grundlage des autoritären Staates.

grenzung zum Faschismus „integralen Etatismus" bezeichnet und er bescheinigt diesem, die effektivere Art des autoritären Staates darzustellen: „Die konsequenteste Art des autoritären Staats, die aus jeder Abhängigkeit vom privaten Kapital sich befreit hat, ist der integrale Etatismus oder Staatssozialismus. Er steigert die Produktion wie nur der Übergang von der merkantilistischen Periode in die liberalistische. Die faschistischen Länder bilden eine Mischform. Auch hier wird der Mehrwert zwar unter staatlicher Kontrolle gewonnen und verteilt, er fließt jedoch unter dem alten Titel des Profits in großen Mengen weiter an die Industriemagnaten und Grundbesitzer. Durch ihren Einfluss wird die Organisation gestört und abgelenkt. Im integralen Etatismus ist die Vergesellschaftung dekretiert. Die privaten Kapitalisten sind abgeschafft." (1972, S. 19). Horkheimer beschreibt den autoritären Staat eher beiläufig. Jedenfalls: „In allen seinen Varianten ist der autoritäre Staat repressiv." (1972, S. 20). Horkheimer bescheinigt ihm eine „Identität mit dem Terrorismus" (1972, S. 22) und Herrschaft der Bürokratie (1972, S. 27).

Neumann ist in seiner Beschreibung der Herrschaftsmethoden im faschistischen Deutschland erheblich präziser. Die NS-Herrschaft sei dadurch zu charakterisieren, dass selbst das Minimum an rechtlicher Sicherheit, das durch die Allgemeinheit des Gesetzes, die spezifische Form des Gesetzes in der bürgerlichen Gesellschaft, gewährleistet sei, aufgehoben werde zugunsten individueller Befehle und willkürlicher Herrschaft. Das Recht verschwindet und wird willkürlicher Befehl. Neumann resümiert: „Ist das generelle Gesetz die Grundform des Rechts, ist Gesetz nicht nur voluntas, sondern auch ratio, dann können wir nicht davon sprechen, dass im faschistischen Staat ein Recht existiert. Recht als vom politischen Befehl des Souveräns geschiedenes Phänomen ist nur dann denkbar, wenn das Recht sich in allgemeinen Gesetzen manifestiert." (1977, S. 522). Das nationalsozialistische Rechtssystem ist für Neumann nichts anderes als eine „Technik der Manipulation der Massen durch Terror." Das System sei deshalb als „Unstaat"[2] zu bezeichnen, weil es einen „Zustand vollkommener Gesetzlosigkeit" darstelle (Neumann 1977, S. 530). Von Demokratie muss angesichts dieses Befundes nicht gesprochen werden.

Neumann charakterisiert die NS-Herrschaft durch fünf zentrale Elemente: Erstens die Atomisierung des Individuums, d.h. Gruppenverbände werden bewusst zerschlagen. Zweitens werde das pluralistische Prinzip durch eine monistische, totale und autoritäre Organisation ersetzt. Drittens wird Differenzierung und Elitebildung betrieben. Viertens werde Kultur in Propaganda, in kurzlebige Parolen verwandelt, die – wenn nicht ausreichend – fünftens durch Terror und Gewalt

---

2   Was gewissermaßen im Widerspruch zur Bezeichnung „autoritärer Staat" steht – der Widerspruch findet sich bei Neumann und kann nicht geglättet werden.

ergänzt werden (Neumann 1977, S. 467). Arendts Analyse ist hier durchaus anschlussfähig, sie vergleicht die NS- und die stalinistische Herrschaftsorganisation mit Blick auf die Methoden der Aus- und Gleichschaltung des Individuums, ihrer totalen Erfassung und Eingliederung in eine hypostasierte Gemeinschaft. Aber sie unterscheidet die totalitäre Herrschaft ebenso von poststalinistischen Herrschaftsformen in den osteuropäischen Staaten wie von reaktionären Diktaturen (Arendt 1986, S. 478) – anders als die Totalitarismustheorien, die sich später auf sie beriefen.

Damit stellt sich aber eine Abgrenzungsfrage. Die Beseitigung bürgerlicher Freiheitsrechte und die Ersetzung der Demokratie durch eine Diktatur sind nicht die einzigen, aber doch zentrale Merkmale des autoritären Staates im umfassenden Sinne, wie der Begriff von Horkheimer und Neumann verstanden wurde. Dies vorausgesetzt, unterscheidet sich dann die NS-Herrschaft von anderen Formen des autoritären Staates, von denen es vor und nach dem Faschismus in Hülle und Fülle gab, und wenn ja, wie? Manchmal ist es sinnvoll, sich der herrschenden, gängigen oder vielleicht hegemonialen Begriffsbestimmung zu vergewissern. Der Brockhaus zählt – richtigerweise – zu den autoritären Staaten: Polen unter Pilsudski (1926-39), Griechenland unter Metaxa (1936-40), Spanien unter Franco (1939-75), Griechenland unter den Obristen (1967-74). (Brockhaus 2006) Zu nennen sind außerdem: Chile unter Pinochet (1973-1990) als pars pro toto für unterschiedliche lateinamerikanische Diktaturen, die Türkei nach den Militärputschen von 1960, 1971 und 1980, Thailand nach mehreren Militärputschen, der letzte 2014.

2.2 Faschismus

Was also unterscheidet diese Formen autoritären Regierens vom Faschismus. Der deutsche Faschismus ist sicher durch die Singularität des Holocaust von den genannten autoritären Regimes zu unterscheiden. Durch die systematische Vernichtung der Opposition und ganzer Bevölkerungsteile schlägt die Quantität der Missachtung von Menschenrechten und Rechtsstaat in eine andere Qualität der Herrschaft um. Beim italienischen Faschismus sieht das aber schon anders aus; ob das Ausmaß der Repression höher war als etwa in Chile oder Spanien ist schwer zu bemessen und umstritten. So argumentiert Feldbauer, dass die „Konzentrationslager Mussolinis nicht mit den Massenvernichtungslagern des Hitlerfaschismus verglichen werden" können, die Verbrechen Mussolinis wurden nach seiner Darstellung in Afrika begangen, wo die indigene Bevölkerung versklavt und in Arbeitslager gesperrt worden sei, was zu einem „Massensterben durch unerträgliche Haftbedingungen" geführt habe (2010). Aber es wäre unangemessen, die Anzahl

der Ermordeten zu vergleichen, der Unterschied zum NS-Faschismus ergibt sich
aus der systematischen Vernichtung um ihrer selbst Willen im NS-Regime. Die
Quantität scheidet als Unterscheidungsmerkmal aus.

Faschistische Regime unterscheiden sich von anderen autoritären Regimen dadurch, dass sie sich auf eine Massenbewegung stützen können.[3] Um die Unterstützung der Massen zu gewinnen, um diese zu mobilisieren und systematisch
organisieren zu können, bedarf es einer ideologischen Absicherung, die in anderen
autoritären Staaten nicht in Form einer Massenideologie anzutreffen ist, auch
wenn die nationalistische Karte, die Anrufung der nationalen Identität meist eine
Rolle spielt. Die Diktaturen in Chile und Spanien oder die verschiedenen Mi-
litärregierungen haben sich nicht auf eine Massenbewegung gestützt und haben
keine spezifische Massenideologie produziert. Sie blieben Herrschaft von Cliquen,
besonderer Gruppen oder Eliten, die sich nicht auf Massenbewegungen stützten,
sondern vornehmlich auf Repression.

Der „autoritäre Staat" ist der Oberbegriff, besondere Ausprägungen sind
Faschismus und Stalinismus. Diese unterscheiden sich wiederum grundlegend
in ihrer Ideologie – im Faschismus herrscht eine Ideologie der Ungleichheit insbesondere mit Blick auf „Rasse" und Nation, die im Stalinismus so nicht vorkommt. Deshalb unterscheidet sich die Herrschaft Stalins vom Hitlerfaschismus
auch hinsichtlich der Qualität der Vernichtung – es ging eben nicht um die Aus-
rottung einer „Rasse" oder eines Volkes, was die bestialische Verfolgung der Opposition – oder was Stalin dafür hielt – nicht besser macht.

Der autoritäre Staat beseitigt oder beschränkt Grund- und Menschenrechte
sowie andere rechtsstaatliche Garantien weitgehend. Demokratische Verfahren
werden ebenso abgeschafft, d.h. auch der „formale", institutionalisierte Wechsel
der Herrschaft ist nicht vorgesehen. Die Herrschaft von Eliten oder Cliquen wird
quer dazu als Diktatur bezeichnet, die als Antonym von Demokratie auftritt. Da
Cliquen- oder Einzelherrschaft in der Gegenwart nicht (mehr) als rechtsstaatlich

---

3   Diese Unterscheidung ist – natürlich – umstritten. Wo die Person Hitler, das Dämo-
    nische des charismatischen Führers in den Vordergrund gestellt wird, bleibt die
    Massenverankerung unterbelichtet. Das geschieht nicht zuletzt, um personelle Kon-
    tinuitäten zu legitimieren. Haffner geht davon aus, dass „auf dem Höherpunkt der
    allgemeinen Führergläubigkeit wohl sicher mehr als neunzig Prozent aller Deutschen"
    das NS-Regime unterstützten. (Haffner 1978, S. 46) Neumanns Untersuchungen der
    Machtstrukturen im NS Regime gehen davon aus, dass „die Bewegung" einen eigen-
    ständigen Machtfaktor darstellte, während zu Beginn der NS-Herrschaft „Totalitärer
    Staat" und „Staat der Bewegung" nebeneinander standen, sei im Laufe der Ent-
    wicklung die Macht zugunsten der Bewegung verschoben worden (Neumann 1977,
    S. 360ff.).

abgesicherte Monarchien auftreten, die ebenfalls ein Antonym zur demokratischen Republik bezeichnen, lassen sich Diktatur und autoritärer Staat synonym verwenden, wobei der autoritäre Staat mit einer weitergehenden Konnotation verbunden ist.

3 Demokratischer Kapitalismus/Fordismus – Maßstab der Verschiebung

In diesem Sinne sind weder Europäische Union noch einzelne Mitgliedstaaten autoritär, wenngleich sich Teile autoritärer Muster wiederfinden, also demokratische Regeln ausgehebelt werden oder in einzelnen Mitgliedstaaten rechtsstaatliche Grundsätze verletzt werden. Diese spezifische Situation lässt sich aber für die Union schwerlich mit einer Erweiterung des Begriffes autoritär durch einen der oben diskutierten Vorschläge auffangen. Ebenso schwer fällt es, die Situation in Polen unter der PIS Herrschaft oder Ungarn unter Orbán begrifflich zu fassen; weder wird diese Situation mit dem Begriff Sicherheitsstaat erfasst, noch mit dem Begriff autoritärer Staat. Blickt man zunächst auf Polen und Ungarn lassen sich autoritäre Tendenzen erkennen, die aber noch nicht die Form eines autoritären Staates angenommen haben. Die Entwicklung ist in Abgrenzung zum Modell des „demokratischen Kapitalismus" einerseits und zum autoritären Staat andrerseits zu ergründen.

„Der demokratische Kapitalismus der Nachkriegszeit", so Streeck, „zeichnet sich dadurch aus, dass in seiner politischen Ökonomie zwei konkurrierende Verteilungsprinzipien zugleich institutionalisiert waren, die ich als Marktgerechtigkeit und soziale Gerechtigkeit bezeichnen möchte." (2013, S. 91). Die Phase des demokratischen Kapitalismus beginnt in ganz Westeuropa nach dem Zweiten Weltkrieg. Die staatliche Herrschaftsform wurde in der Selbsteinschätzung als demokratischer Rechtsstaat oder pluralistische Demokratie charakterisiert. Diese ungebrochen positive Selbsterklärung muss mit Blick auf die Bundesrepublik mit einigen Einschränkungen versehen werden. Demokratie wurde von den gesellschaftlichen Eliten weiterhin misstrauisch beäugt. Die Volksgesetzgebung wurde im Grundgesetz aus diesem Grunde nicht verankert, das Verfassungsrecht orientierte sich in Theorie und Praxis am Rechtsstaat, die Demokratie blieb Stiefkind. Es war ein Paradigmenwechsel in der zivilgesellschaftlichen Diskussion als Brand in der Regierungserklärung formulierte: „Wir wollen mehr Demokratie wagen." Die Durchsetzung rechtsstaatlicher Garantien galt zunächst einer rechtsstaatlich organisierten Normalität oder der normierten Gesellschaft. In den 1950er Jahren wäre das Bundesverfassungsgericht keinesfalls auf den Gedanken gekom-

men, dass die Strafbarkeit von Homosexualität zwischen erwachsenen Männern
(!) (§ 175 StGB – eine Vorschrift, die als eine der wenigen den Volksmund prägte)
gegen Handlungsfreiheit und Geschlechtergleichheit verstoßen könnte oder die
Gleichstellung von homosexuellen Partnerschaften grundrechtlich geboten sei. In
anderer Form gehörten organisierte Kommunisten ebenso wenig zur gesellschaftlichen Normalität, die KPD wurde verboten und eine politische Justiz begann, die
sich gegen bekennende Kommunisten richtete. Die Demonstrationen der 1968er
wurden keineswegs als Ausübung eines Grundrechtes bewertet, es ging nur deshalb oft weniger martialisch zu als heute, weil die Polizei auf die neuen Protestformen nicht wirklich eingestellt war. Innerhalb der Normalität funktionierte der
Rechtsstaat allerdings weitgehend. Die Demokratie war ein durch asymmetrische
Kooperation der Klassen gekennzeichneter Pluralismus, der mittels sozialen Aus-
gleichs für Zustimmung sorgte. Die Wahlbeteiligung war hoch und Parteien und
Gewerkschaften hatten viele Mitglieder, die aber insofern passiv blieben als sie
die Stellvertreterpolitik vollständig akzeptierten. Die Mehrheit fühlte sich im parlamentarischen System repräsentiert, Minderheiten allerdings blieben außen vor.
Asymmetrisch verlief die Kooperation außerhalb des Parlamentarismus, weil in
vielfältigen pluralistischen Gremien, in denen Stellvertreter agierten, das Prinzip
der gleichen Repräsentation durchbrochen war. Grundlage war ein fordistisches
Produktionsregime mit Massenproduktion und -konsum, das diese Form der Kooperation und sozialen Integration ermöglichte.

4   Neue Erscheinungsformen von Elementen „autoritärer" Herrschaft?

4.1   Autoritär halbierter Rechtsstaat

Das Spezifikum der Situation in Polen und Ungarn liegt darin, dass die Rechte
der Opposition ausgeschaltet werden, indem sich die Regierung wichtige Macht-
instrumente aneignet. Dazu gehört die Entmachtung und Neubesetzung des Ver-
fassungsgerichtes, die Behinderung, Schließung und Ersetzung von Presseorganen
und die Einschränkung sonstiger für den demokratischen Prozess konstitutiver
Rechte wie der Meinungsfreiheit. Gleichzeitig gibt es in Ungarn eine weitgehende Politik der Diskriminierung der Roma-Bevölkerung, die mit rechtsstaatlichen
Prinzipien nicht zu vereinbaren ist (Harpprecht 2015). Human Rights berichtet
von einer zunehmenden Zahl von Menschenrechtsverletzung durch Diskriminierung von Flüchtlingen, Homosexuellen und Minderheiten in Polen (Human Rights
2016). Diese Form der Diskriminierung von ethnisch abgegrenzten Minderheiten

unterscheidet die Beschränkungen des Rechtsstaats von der oben angesprochenen Beschränkung des Rechtsstaates auf die normierte Gesellschaft. Ich schlage vor, dies halbierten Rechtsstaat zu nennen, denn Grundrechte und rechtsstaatliche Prinzipien sind trotz dieser Entwicklungen nicht generell außer Kraft gesetzt. Insbesondere ist darauf hinzuweisen, dass die Opposition zwar in ihrer Arbeit behindert wird, aber nicht um ihr Leben fürchten muss.

Diese Politik wird zwar von einer mobilisierbaren Mehrheit gestützt, dennoch lässt sich nicht von einer Massenbewegung sprechen. Weil aber insbesondere Rechte der Opposition und demokratische Grundrechte eingeschränkt wurden, lässt sich auch nicht mehr von einer funktionierenden Demokratie sprechen. Wo die Opposition wegen Usurpation der Macht und Öffentlichkeit chancenlos ist, funktionieren die demokratischen Institutionen und Verfahren unzureichend, weil mit absehbaren, weil gelenkten Ergebnissen. Die Massenverankerung wird über Anrufungen und Mobilisierungen von nationalistischen und in Polen durch die katholische Identität erzeugt. Entscheidend für den Unterschied zum demokratischen Kapitalismus ist dabei, dass die Opposition sich nicht gleichsam außerhalb der Normalität befindet, sondern einen großen Teil der Gesellschaft umfasst, dessen Chancen Mehrheit zu werden, systematisch verbaut werden. So schlage ich vor dies in Anlehnung an den eingebürgerter Sprachgebrauch für Russland unter Putin von einer gelenkten Demokratie zu bezeichnen. Beide Länder scheinen sich – mit Unterschieden – zumindest auf dem Weg in einen halbierten Rechtsstaat und eine gelenkte Demokratie zu befinden.

Diese Form der Beschränkung von Bürgerrechten unterscheidet sich von Formen des Sicherheitsstaates, weil sie sich gezielt gegen die legale Opposition und kulturell definierte Minderheiten richtet. Die Einschränkung der Bürgerrechte im Sicherheitsstaat wird – im Unterschied dazu – damit gerechtfertigt, dass sie zum Zwecke der Aufrechterhaltung der Legalität notwendig ist.

Die Türkei unter Erdogan hat nach dem Putsch 2016 diese Form des autoritär halbierten Rechtsstaates weiter entwickelt, indem die gesamte intellektuelle Elite von Regierungsgegnern gesäubert wurde und mehr oder weniger Krieg auch gegen die legale kurdische Opposition geführt wird. Ob die Türkei damit die Grenze des Rechtsstaates überschreiten und zum autoritären Staat mutieren wird, war beim Verfassen dieses Aufsatzes noch nicht ausgemacht. Unterstützt wird Erdogan durch eine Massenbewegung, die zumindest auch faschistoide Züge hat, an deren Seite Schlägertrupps ungestraft agieren dürfen.

Anders ist der Ausnahmezustand in Frankreich und Belgien zu beurteilen. Er kennzeichnet die repressive Variante des Sicherheitsstaates. Die Überwachung und Kontrolle wird ergänzt durch martialischen Einsatz von Polizei und Militär und die Außerkraftsetzung von Bürgerrechten. Damit besteht zwar die Gefahr, dass rechtsstaatliche Sicherungen verloren gehen, und die Staaten autoritäre Züge annehmen. Vorerst ist aber davon auszugehen, dass es sich um vorübergehende Ausnahmen handelt und es ist bisher nicht ersichtlich, dass – anders als in Ungarn – das Instrument genutzt wird, um die Macht einer Gruppierung oder Partei zu sichern.

Die Entwicklung in den genannten Staaten ist deshalb von besonderem Interesse, weil sich mit den national-chauvinistischen Strömungen in fast allen Staaten der EU Kräfte formiert haben, die wahrscheinlich in eine ähnliche Richtung tendieren und in einigen Staaten schon an der Macht beteiligt sind oder nicht weit davon entfernt sind.

4.2   Libertärer Rechtsstaat und marktkonforme Demokratie

Die Herrschaftsform, die Praxis von Demokratie und Rechtsstaat, hat sich – in fast allen Mitgliedstaaten der EU, die Referenz ist aus nahe liegenden Gründen Deutschland – verändert und zwar in einer Weise, die mit dem Begriff des Sicherheitsstaates nicht erfasst wird. Gleichzeitig hat sich mit der Europäischen Union ein eigenständiger Herrschaftsverband mit eigener Form konstituiert, der gesondert zu betrachten ist. Der Rechtsstaat ist in Deutschland im Vergleich mit der Periode des demokratischen Kapitalismus liberaler geworden. Das wird an der größeren Toleranz gegenüber Minderheiten, ob kulturellen oder politischen deutlich. Die oben zitierten Beschränkungen der Grundrechte und des Rechtsstaates am Anfang der Geschichte der Bundesrepublik, die inzwischen überwunden sind, machen das deutlich. Ich schlage vor dies libertären Rechtsstaat zu nennen, weil die politische Liberalität auf einer europäischen Wirtschaftsliberalität aufbaut, deren hervorragende Errungenschaft die Antidiskriminierung ist. Diese ist Voraussetzung für den gemeinsamen Binnenmarkt und strahlt als wirtschaftsrechtlicher Grundsatz in den kulturellen und politischen Bereich aus.

Anders sieht die Entwicklung im Bereich der Demokratie aus: Deliberieren lässt sich über alles, die Alternativen sind ebenso begrenzt wie die Teilhabe exklusiv geworden ist. Die Alternativen sind begrenzt, weil sich die Staaten über die Integration in den europäischen Binnenmarkt, der eine bestimmte Form der Wirtschaftspolitik, die neoliberale, konstitutionell festgeschrieben hat, ihrer wirtschaftspolitischen Kompetenz begeben haben. Das nimmt dem demokratischen Prozess die Substanz. Mit dem Verlust über die richtige oder angemessene Wirtschaftspolitik demokratisch entscheiden zu können, ist notwendigerweise der Verlust sozialpolitischer Kompetenzen verbunden, was durch einen über den europäischen Wettbewerb strukturell initiierten Dumpingwettbewerb um niedrige

Unternehmensbeiträge noch gesteigert wird. Demokratie ist insofern exklusiv geworden, als wichtige Bereiche der demokratischen Auseinandersetzung entzogen sind. Weil das so ist, wird die Theatralik des politischen Betriebes gelegentlich überdeutlich, insofern trifft Crouchs Analyse der Postdemokratie.

Die Verbindung von Marktgerechtigkeit und soziale Gerechtigkeit wurde aufgegeben, der soziale Ausgleich durch sozialstaatliche Sicherungen wurde erheblich zurückgefahren. Die sozialen Sicherungen hatten eine Umverteilung nach unten zur Folge, die im europäischen Wettbewerb nicht mehr opportun erschien. Die Politik passt sich an: der zweite Baustein der marktkonformen Demokratie. Ein Teil der Gesellschaft befindet sich im sozialen Abstieg oder fürchtet diesen. Nachtwey beschreibt diese Entwicklung „mit der paradoxen Formel der regressiven Modernisierung." Ein Begriff, der „die internen Widersprüche und gegenläufigen Entwicklungen betont. Das Adjektiv „regressiv" bezieht sich auf den Umstand, dass Gegenwartsgesellschaften hinter das in der sozialen Moderne erreichte Niveau an Integration zurückfallen. Modernisierung impliziert, dass wir nicht Zeugen eines eindeutigen Rückschritts hinter das in vermeintlich besseren Zeiten Erreichte werden. Die Gegenmodernisierung (die zum Beispiel in der Zunahme der materiellen Ungleichheit zum Ausdruck kommt) geht auf anderen Ebenen durchaus mit einer emanzipatorischen Modernisierung einher (etwa einer Abnahme der Diskriminierung einzelner Gruppen)." (Nachtwey 2016, S. 75).

Die soziale Ausgrenzung oder der Abstieg ist verbunden mit einem Ausstieg aus der Repräsentationslogik – die Repräsentation gerät in eine Krise, weil Teile der Gesellschaft exkludiert sind, oder dies meinen und sich deshalb vom politischen Betrieb nicht mehr vertreten fühlen. Gleichzeitig kann man eine Formalisierung informaler Entscheidungsstrukturen (ausführlich Fisahn und Viotto 2006) feststellen – etwa bei business improvement districts –, womit auch institutionell eine Exklusion in Form einer Übertragung von Entscheidungen auf elitäre Gruppen verbunden ist.

Schließlich entspricht dem libertären Rechtsstaat gleichsam als spiegelbildlicher „Sicherheitsgurt" der Ausbau von Überwachungs- und Kontrollinstrumenten, welche angesichts von Liberalisierung und Verzicht auf Repression für einen ruhigen Schlaf sorgen und im Zweifel zur Verfügung stehen, um gezielt repressiv vorgehen zu können. Der Sicherheitsstaat gehört so zum libertären Rechtsstaat, aber eben nicht zum autoritären Staat. Insgesamt, so mein Vorschlag, lässt sich die Herrschaftskonstellation als libertärer Rechtsstaat mit exkludierender Demokratie bezeichnen.

Das ist zunächst auch das Grundmuster in der Europäischen Union. Die europäischen Verträge lassen nur die Exekution der dort festgeschriebenen wirtschaftspolitischen Vorstellungen und keine demokratische Auseinandersetzung um die richtige Wirtschaftspolitik zu. Einer der wesentlichen Bereiche demokratischer Gestaltung wurde durch konstitutionelle Festlegungen dem demokratischen Prozess entzogen. Das rechtfertigt es dann, von einem Konstitutionalismus sprechen, der in seinem Kern undemokratisch ist, was durch die nachgeordnete Rolle des Europäischen Parlaments gegenüber Kommission und Rat verstärkt wird.

Als autoritär wird diese Konstellation – wie gesehen – erst mit der Antikrisenpolitik nach 2008 bezeichnet. Gegenüber den Schuldnerländern, insbesondere Griechenland ist dieser autoritäre Zug auch offensichtlich. Demokratische Regierungen, das Parlament und auch ausdrückliche Bekundungen des demokratischen Souveräns wurden ignoriert und missachtet. Das ging so weit, dass die EU die gewählten Regierungen in Griechenland und Italien zum Rücktritt zwang, um sie durch genehmere Expertenregierungen zu ersetzen. Allgemein wird daran gearbeitet die Budgethoheit der nationalen Parlamente durch europäische Vorgaben und Kontrollen zu beschränken. Instrumente dazu sind etwa das europäische Semester und weitergehende Vorschläge für eine Budgetkontrolle etwa im Bericht der fünf Präsidenten. (Juncker et al. 2015) Damit verliert der demokratische Prozess an Substanz.

Diese Entwicklung hat autoritäre Dimensionen, die sich aber ausschließlich auf die Wirtschaftspolitik beziehen, die (weiter) entdemokratisiert wird, nicht aber auf den Rechtsstaat. So erscheint es nicht sinnvoll, die EU insgesamt mit dem Adjektiv zu belegen. Sinnvoll scheint es aber, die Entwicklung der Wirtschaftsregierung als autoritär zu bezeichnen. Man hätte es also bei der EU mit einem libertären Rechtsstaat mit exkludierender Demokratie und autoritärer Wirtschaftsregierung zu tun – ohne Zweifel eine komplizierte Kombination, aber die Realität ist wohl so komplex.

	Alte Formen	Alte Formen		Neue Form	Neue Form
	Faschismus	Autoritärer Staat	Demokratischer Kapitalismus/ Fordismus	Autoritär halbierter Rechtsstaat	Libertärer Rechtsstaat und marktkonforme Demokratie
Grundrechte/ Rechtsstaat	Weitgehende bis totalitäre Beseitigung	Weitgehende Beseitigung	Rechtsstaat in der Normalität + sozialer Ausgleich	Starke Einschränkung	Wirtschafts-liberalismus und starke Grundrechte
Gesellschaftliche Verankerung	Massenbewegung	Elitenherrschaft	passive Zustimmung und gelungene Repräsentation	Oft Massenverankerung	Passive Zustimmung bei Repräsentationsdefiziten
Demokratie	Diktatur, Faschismus	Diktatur, autoritärer staat	Plurale Demokratie mit asymmetrischer Kooperation	Gelenkte Demokratie	Exklusdierende Demokratie Besonderheit: autoritäre Wirtschaftsregierung
Beispiele	Nazi-Deutschland Mussolini Italien	Pinochet-Chile Franke- Spanien DDR	Westeuropäische Staaten bis 1980	Ggw. Polen, Ungarn, Russland	EU BRD nach 1980
Nationalismus/Ideologie	D: extremer Rassismus I: Nationalismus R: egalitäre Maske	Autoritär, nicht zwingend nationalistisch DDR: egalitär	Pluralismus	Tendenziell nationalistisch	Eher offen Antidiskriminierung

Schaubild   Herrschaftsformen

Literatur

Agamben, G., 2004: *Ausnahmezustand*. Frankfurt/M.
Agamben, G., 2016: Vom Rechtsstaat zum Sicherheitsstaat. In: *Luxemburg* 1/ 2016, http://www.zeitschrift-luxemburg.de/vom-rechtsstaat-zum-sicherheitsstaat/.
Arendt, H., 1986: *Elemente und Ursprünge totaler Herrschaft*. München.
Bieling H.-J., 2013: Die krisenkonstitutionalistische Transformation des EU-Imperiums: zwischen autoritärer Neugründung und innerem Zerfall. In: *Das Argument 2013*, S. 34-46.
Birsl, U., 2016: Rechtsextremismusforschung *reloaded* – neue Erkenntnisse, neue Forschungsfelder und alte Forschungsdesiderate. In: *Neue Politische Literatur (NPL)*, Heft 2/2016, S. 251-276.
Braml, J., 2004: *Vom Rechtsstaat zum Sicherheitsstaat. Aus Politik und Zeitgeschehen*, 1.11.2004, S. 6-15.
Brockhaus, 2006: *Stichwort autoritärer Staat*. Mannheim.
Crouch, C., 2008: *Postdemokratie*. Frankfurt/M.
Demirovic, A., 2016: Demokratie – zwischen autoritären Tendenzen und gesellschaftlicher Transformatiomn. Zur Kritik der politischen Demokratie. In: ders. (Hrsg.), *Transformation der Demokratie*, Münster 2016, S. 278-302.
Deppe, F., 2013: Autoritärer Staat. Hamburg.
Feldbauer, G., 2010: Brutale Herrenmenschen – Im Juni 1930 ließ Mussolini in Libyen Konzentrationslager errichten. In: *Junge Welt*, 12.6.2010, (abrufbar 12.8.2016): http://www.ag-friedensforschung.de/regionen/Italien/afrika.html.
Fisahn, A./Viotto R., 2006: Formalisierung des informalen Rechtsstaats. In: *Kritische Justiz* 2006, S. 12-26.
Gill, S., 2000: Theoretische Grundlagen einer neogramscianischen Analyse der europäischen Integration. In: H. J. Bieling/J. Steinhilber: *Die Konfiguration Europas*, Münster, S. 23-50.
Habermas, J., 2001: *Dankesrede für den Friedenspreis des Deutschen Buchhandels – Glauben und Wissen*. Frankfurt/M., S. 9-16.
Haffke, B., 2005: *Vom Rechtsstaat zum Sicherheitsstaat? Eröffnungsvortrag des 29. Strafverteidigertages*. Aachen 2005, (abrufbar 12.8.2016) http://www.strafverteidigervereinigungen.org/Strafverteidigertage/Ergebnisse/29_Eroeffnung_ Haffke_prn.html.
Hafner, S., 1978: *Anmerkungen zu Hitler*. München.
Harpprecht, K., 2015: Die EU muss endlich gegen das Orbán-Regime einschreiten, *zeitonline* 30. Mai 2015, (abrufbar 12.8.2016) http://www.zeit.de/politik/ausland/2015-05/ungarn-orban-roma-menschenrechte-europa.
Hirsch, J., 1980: *Der Sicherheitsstaat. Das „Modell Deutschland", seine Krise und die neuen sozialen Bewegungen*. Frankfurt/M.
Horkheimer, M., 1972: Autoritärer Staat. In: ders., *Gesellschaft im Übergang*, Frankfurt/M., S. 13-35,
Human Rights, 2016: *Länderinformation: Menschenrechte in Polen*, (abrufbar 12.8.2016) http://www.humanrights.ch/de/service/laenderinfos/polen/.
Juncker, J.-C./Tusk, D. F./Dijsselbloem, J. R. V. A./Draghi, M./Schulz, M., 2015: *Die Wirtschafts- und Währungsunion Europas vollenden*, (abrufbar 12.8.2016) https://ec.europa.eu/priorities/sites/beta-political/files/5-presidents-report_de_0.pdf.

Kannankulam, J., 2015: Neoliberalismus und Staat: Rückzug oder autoritäre Transformation? In: *Denknetz Jahrbuch 2015*, S. 31-41.

Nachtwey, O., 2016: *Die Abstiegsgesellschaft – Über das Aufbegehren in der regressiven Moderne*. Frankfurt/M.

Neumann, F., 1967: Der Funktionswandel des Gesetzes im Recht der bürgerlichen Gesellschaft. In: ders., *Demokratischer und autoritärer Staat*, Frankfurt/M. 1967, S.31-81 (Original: Zeitschrift für Sozialforschung, Jg. 6/ Paris 1937, S. 542-596).

Neumann, F., 1977: *Behemoth*. Frankfurt/M.

Oberndorfer, L., 2012: Vom neuen zum autoritären Konstitutionalismus – Soziale Bewegungen, Recht und Demokratie in der europäischen Krise. In: *Kurswechsel* 2 /2012, S. 62-67.

Oberndorfer, L., 2013: Vom neuen, über den autoritären, zum progressiven Konstitutionalismus? Pakt(e) für Wettbewerbsfähigkeit und die europäische Demokratie. In: *Juridikum* 2013, S. 76-86.

Poulantzas, N., 2002: *Staatstheorie*. Hamburg.

Streeck, W., 2013: *Gekaufte Zeit – Die vertagte Krise des demokratischen Kapitalismus*. Frankfurt/M.

Wirtschaftslexikon, 2015: (abrufbar 12.8.2016) http://www.wirtschaftslexikon.co/d/sicherheitsstaat/sicherheitsstaat.htm.

Das Paradox der Prävention

Über ein Versprechen des Rechts und seine Folgen

Benno Zabel

Zusammenfassung

Die Idee der Prävention ist allgegenwärtig. Der Staat reagiert damit auf die Freiheitsinteressen des Individuums. Freiheitsinteressen und Prävention verschmelzen im Rechtssicherheitsparadigma. Danach garantiert die gewalthabende Autorität die Verwirklichung subjektiver Rechte. Im Gegenzug kann sie vom Einzelnen – und der Gesellschaft – allgemeine Anerkennung verlangen. Die Garantiefunktion des Rechtssicherheitsparadigmas artikuliert die doppelte Schutzperspektive: Schutz vor staatlicher Macht und Schutz vor „lebensweltlichen Verunsicherungen". Allerdings basiert dieses Projekt auf einem Paradox, auf dem Paradox der Prävention. Das Paradox besteht darin, dass Freiheitsinteressen und Rechtsstatus gerade dadurch stabilisiert werden sollen, dass das immer mögliche Gefahren- und Verunsicherungsszenario im Bewusstsein gehalten, gleichzeitig aber dessen Beherrschbarkeit in Aussicht gestellt wird. Staat und Staatsgewalten werden so fortlaufend mit neuen Gewährleistungskompetenzen ausgestattet. Der durch die liberale Moderne annoncierte Autonomiegewinn des Individuums wird so aber auf der Rückseite mit erheblichen Machterweiterungen des Staates verknüpft, deren Effekte wir unter dem Titel der „Kontroll- und Überwachungskultur" diskutieren.

Schlüsselwörter

Freiheit, Sicherheit, Rechtssicherheit, Paradox der Prävention, Kontroll- und Überwachungskultur

1   Annäherungen

Freiheit braucht Sicherheit und Sicherheit braucht Prävention. Dieser Programm-
satz ist in Staat und Gesellschaft, besonders aber in der kriminalpolitischen Debatte allgegenwärtig und unangefochten. Man denke nur an die Wahrnehmung und
den Umgang mit diversen Bedrohungslagen oder Ungewissheiten. Aber haben wir
deshalb die Bedeutung dieser „Evidenzformel" schon verstanden? Was sagt die
Verschränkung von Freiheits-, Sicherheits- und Präventionsdenken über das demokratische Gemeinwesen aus? Welche Rechtskultur und welche Interessen sind mit
ihm verknüpft? Eine Antwort auf diese Fragen erhalten wir nur dann, wenn wir
die Legitimationsgrundlagen von Gesellschaft und Staat nicht völlig aus den Augen verlieren. Legitimationsgrundlagen reflektieren bekanntermaßen auf die Organisation und Rechtfertigung politischer Herrschaft, d.h. der „wertesichernden"
Institutionen und Prozeduren (dazu nur Möllers 2008a). Diese Organisation und
Rechtfertigung politischer Herrschaft konzentriert sich im „Staat der Moderne" –
so jedenfalls die übliche Deutung – auf das Individuum als zentralen normativen
Bezugspunkt (Einzelheiten bei Pfordten 2011; außerdem Brocker 1995). Am Grad
der Entfaltungsmöglichkeiten des Individuums bemisst sich der freiheitliche Zustand jeder staatlichen Verfassung (Dreier 2010, S. 2867-2875; Schmitt Glaeser
2008; genealogisch Böckenförde 2007). Dass diese Entfaltungsmöglichkeiten des
Individuums ohne ein konkretes Sicherheits- und Präventionskonzept von Staat
und Gesellschaft nicht zu haben sind, wird heute weder in der öffentlichen Diskussion noch in der rechts- und politikwissenschaftlichen Forschung bestritten
(Bröckling 2008, S. 38ff.; Ewald 1993; Krasmann 2014; Luhmann 1991; Verf.
2014, S. 219ff.).

Schaut man allerdings etwas genauer hin, wird deutlich, dass die program-
matische Engführung von Freiheit, Sicherheit und Prävention Kräfte mobilisiert,
die immer wieder zu einer Reihe von Zielkonflikten und normativen Korrekturen
führen. Die Rede ist dann von „riskanten Ordnungen", von „präventiven Demokratien" usw. (Barber 2003; Dreier 2010, S. 11ff.)[1]. Was uns vorliegend aber besonders interessiert, ist die Dynamik, die mit diesem „Kräftespiel" einherzugehen
scheint. Diese Dynamik, so die näher zu betrachtende These, besteht darin, *dass
der durch die liberale Moderne annoncierte Autonomiegewinn des Individuums
„auf der Rückseite" erhebliche Macht- und Funktionserweiterungen des Staates
begründet.* Bezeichnet ist damit eine Art „notwendige" Wechselwirkung, die in
der herkömmlichen Rechtsstaats- und Grundrechtesemantik nur selten zur Spra-

---

[1]   Zu dieser Debatte vgl. auch Depenheuer 2007; Huster und Rudolph 2008; pointiert
       bereits Isensee 1983.

che kommt. Nun ist das damit angesprochene Problemfeld äußerst vielschichtig und in einem solchen Beitrag nicht erschöpfend zu bewältigen. Wir wollen uns hier darauf beschränken, unter dem Titel „Das Paradox der Prävention" ein Strukturelement der angesprochenen Dynamik zu beleuchten. Zu diesem Zweck erörtern wir zunächst die theoriegeschichtlichen Koordinaten liberaler Rechtesicherung. Im Anschluss daran werden wir uns mit der „sozialen Grammatik", dem daraus erwachsenden Paradox der Prävention und dessen Bezug zum Recht beschäftigen. Das wird uns am Ende der Überlegungen zum Verhältnis von Würde und Prävention führen.

2 Das Grundanliegen liberaler Rechtesicherung

2.1 Freiheit und Sicherheit

Das Grundanliegen liberaler Rechtesicherung – so wie es jedenfalls die westlichen Demokratien kennen – kristallisiert in einem emanzipatorischen Versprechen.[2] Dieses Versprechen besagt, dass der Einzelne eine Forderung gegen die bestehende Ordnung auf Absicherung seiner Subsistenz und seines Subjektstatus geltend machen kann (prominent Nussbaum 2010). Das Emanzipationsversprechen wird damit zum Kennzeichen – wir können auch sagen zum Leitprinzip – eines aufgeklärten, seine Macht begrenzenden Staates.[3] Das betrifft die Berücksichtigung individueller Interessen, Bedürfnisse, Fähigkeiten, aber auch die Einhegung diverser Ängste, Verunsicherungen etc. Wenngleich nach heutigem Demokratieverständnis erst die gesellschaftliche und politisch-prozedurale Verständigung darüber entscheidet, was als *geschützte* Befugnisse und Berechtigungen ausgewiesen werden kann oder sogar muss.[4] Die zentrale Bedeutung der modernen Rechtesicherung bestehe aber letztlich darin, so Dworkin, „dass ein Individuum einen Anspruch auf Schutz gegenüber der Mehrheit selbst auf Kosten des allgemeinen Interesses hat". Insofern biete sie – die individuelle Anspruchs- und Rechtegarantie – „einen Trumpf über allgemeine utilitaristische Rechtfertigungen" (Dworkin 1984, S. 247, 582). In der Anerkennung *subjektiver Rechte* oder Grundrechte artikuliere

---

2 In diesem Sinne schon Rawls 1971; mit anderer Schwerpunktsetzung Sen 2010; zuletzt und mit dezidiert republikanischer Begründung etwa Pettit 2015 und Skinner 2009.

3 Klassisch die Position Humboldts 1792/1851.

4 Vgl. hierzu auch die elaborierte Konzeption eines „normativen Individualismus" bei Pfordten 2011, insbes. S. 461ff.; zur diskurstheoretischen Begründung Habermas 1992.

sich danach die gesellschafts- und staatstheoretische Einsicht, dass es individuelle Rechtspositionen gebe, die Rechtsqualität haben, weil sie einem Subjekt zustehen.[5] Mobilisiert wird damit zugleich eine Kultur der Selbstermächtigung – Max Weber spricht von einer „notorischen Machtquelle" –, die das vormoderne Konzept des naturgemäßen Lebens zugunsten einer individuellen *Gestaltungs- und Verpflichtungsherrschaft* radikal relativiert (Weber 1980, S. 398).[6] Andererseits ist die Idee der subjektiven Rechte nie in der Weise verstanden worden, dass der Einzelne die Reichweite seiner Rechtspositionen allein aus seiner exzentrischen Perspektive bestimmt. Nicht nur in der politischen Theorie der Vor- und Frühmoderne, sondern bis hinein in die gegenwärtige Verfassungsdogmatik ist klar, dass subjektive Rechte begrenzt und eingeschränkt werden können, unter Umständen sogar eingeschränkt werden müssen.[7] Subjektive Rechte sind nicht *irgendwie* möglich. Sie sind, so die gängige Überzeugung, nur im Kontext eines funktionierenden Gemeinwesens mit einem funktionierenden „Rechtsdurchsetzungsmonopol" realisierbar und im Konfliktfall schützenswert.[8] Schon für Hobbes war deshalb unbestreitbar, dass individuelle Rechte – die natürliche Freiheit – nur derjenige hat, der sich den bürgerlichen Gesetzen unterwirft. Mit seiner Idee eines wechselseitigen Garantievertrages darf Hobbes als einer der ersten Vertreter liberalen Denkens angesehen werden (siehe dazu auch Bubner 2002, S. 174ff.). Hier sei nur die zentrale Passage zitiert:

> „Jedermann", so Hobbes, „soll freiwillig, wenn andere ebenfalls dazu bereit sind, auf sein Recht auf alles verzichten [...] Denn verzichtet jemand auf sein Recht, oder überträgt er es, so gibt er damit niemanden ein Recht, dass dieser nicht vorher schon besessen hätte [...] Dies ist die Erzeugung jenes großen Leviathan oder besser, um es ehrerbietiger auszudrücken, jenes sterblichen Gottes [mortal god], dem wir unter dem unsterblichen Gott unseren Frieden und Schutz verdanken. Denn durch diese ihm von jedem einzelnen im Staate verliehenen Autorität steht ihm so viel Macht und Stärke zur Verfügung, die auf ihn übertragen worden sind, dass er durch den erzeugten Schrecken in die Lage versetzt wird, den Willen aller auf den innerstaatlichen Frieden und auf gegenseitige Hilfe gegen auswärtige Feinde hinzulenken. Hierin liegt das Wesen des Staates..." (Hobbes 1651/1997, Kap. 13, S. 100).

---

5   Einzelheiten zur aktuellen philosophischen Debatte jetzt bei Menke 2015.

6   Bis heute für den (verfassungs-)juristischen Bereich einflussreich Jellinek 1892/1905, S. 81ff. und öfter.

7   Zum Verhältnis von Rechtegarantie und Rechtebeschränkung aus juristischer Perspektive Dreier 1993; aus rechtsphilosophischer Sicht Menke 2015, S. 173ff.

8   Zum Konzept moderner Gewaltmonopolisierung und -durchsetzung vgl. schon Weber 1980, S. 29: „Staat soll ein politischer Anstaltsbetrieb heißen, wenn und insoweit sein Verwaltungsstab erfolgreich das Monopol legitimen physischen Zwangs für die Durchführung der Ordnung in Anspruch nimmt."

Hobbes' Liberalismus formuliert jedoch – so fast einhellig die Sicht der liberalen Moderne – zugleich ein autoritäres Rechts- und Unterwerfungsmodell.[9] Aber bereits die Einordnung der staatlichen Autorität als säkular verfasste und insofern unbestrittene Rechtesicherungsinstanz – *auctoritas non veritas facit legem* – könnte dem aufgeklärten Staats- und Gesellschaftsverständnis ähnlicher kaum näher sein. Hobbes setzt freilich – anders als das liberale Konzept der Moderne – nicht primär bei den (angeborenen) Freiheitsrechten des Individuums, sondern beim Sicherheits*bedürfnis* – des Einzelnen wie der Gesellschaft – an (J. Locke wird einer der Ersten sein, der sich gegen diese Position wendet).[10]

> „Die Aufgabe des Souveräns, ob Monarch oder Versammlung, ergibt sich aus dem Zweck, zu dem er mit der souveränen Gewalt betraut wurde, nämlich der Sorge für die Sicherheit des Volkes. Hierzu ist er kraft natürlichen Gesetzes verpflichtet, sowie zur Rechenschaft vor Gott, dem Schöpfer dieses Gesetzes, und nur vor ihm. Mit ,Sicherheit' ist hier aber nicht die bloße Erhaltung des Lebens gemeint, sondern auch alle anderen Annehmlichkeiten des Lebens, die sich jedermann durch rechtmäßige Arbeit ohne Gefahr oder Schaden für den Staat erwirbt." (Hobbes 1651/1997, Kap. 30, S. 255).

Hobbes' „Rechtsliberalismus" beruht auf der Idee einer umfassend garantierten und weitgehend „transzendenzgelösten" Rechtssicherheit.[11] Dieses Modell der Rechtssicherheit wird in dem Maße interessant, in dem das positiv gesetzte Recht als funktional einsetzbares Steuerungs- und Interventionsinstrument reüssiert. Gerade aber Begriff und Praktiken der Rechtssicherheit verweisen auf die ebenso ambivalente wie effektive Verknüpfung von Recht und Staat, die sich bis in die Gegenwart fortgeschrieben und sich besonders im Kalkül des Gewaltmonopols konserviert hat. Danach bedeutet Rechtsstaatlichkeit im modernen Sinn, so E.-W.

---

9   Aus der inzwischen kaum mehr zu überblickenden Debatte siehe etwa Pinzani 2009, S. 116ff. und Skinner 2012, S. 13f., jeweils m.w.N.

10   Zur Wirkmächtigkeit des hobbesschen Denkens vgl. nur Strauss 1965 und Macpherson 1967; zuletzt Skinner 2008, S. 81ff., 121ff. Vgl. aber Locke 1977, S. 258, 343.

11   Hobbes' Begründung wird nicht selten als „metaphysikgelöst" beschrieben, um es noch stärker an moderne, demokratisch legitimierte Rechts- und Rechtssicherheitskonzepte heranzurücken (wobei das Verständnis eines „nichtmetaphysischen Rechts(sicherheits)konzepts" der Moderne bis heute eher schillernd geblieben ist). Aber das dürfte nicht zutreffend sein. Hobbes geht es durchaus um den Aufweis der normativen – nicht allein empirisch nachweisbaren – Rahmenbedingungen, innerhalb derer sich Recht als garantiertes Recht überhaupt denken lässt. Hobbes bewegt sich insofern in den Bahnen der politischen Philosophie, anders als etwa Schmitt (1932/1963, S. 20ff.), dessen Semantik eindeutig der politischen Theologie entlehnt ist. Instruktiv Strauss 1932, S. 732ff.

Böckenförde, „zunächst die Organisation einer Gesellschaft als Friedenseinheit, als zu eigenen Entscheidungen befähigte Handlungseinheit und als Machteinheit." (Böckenförde 1999, S. 108; zusammenfassend Fisahn 2011, S. 3ff.). Das bedeute aber eben nicht die Aufhebung politischer Herrschaft, so Böckenförde weiter, „sondern eine *bestimmte Organisation dieser Herrschaft*. Staatsgewalt und die mit ihr gegebene Herrschaft von Menschen über Menschen bleibt auch in der Demokratie bestehen und wirksam, löst sich [...] nicht im herrschaftsfreien Diskurs auf." (Böckenförde 1991, S. 297, Hervorhebung v. B.Z.).[12] Die Gewalt des Rechts im Staat – das Gewaltmonopol – wird damit in zweifacher Weise legitimiert, zum einen durch die politische Ordnungsfunktion und zum anderen durch das demokratische (Kontroll-)Verfahren.[13]

2.2   Sicherheit als Rechtssicherheit

Der Rechts- und Verfassungsliberalismus formuliert den Gedanken der Rechtssicherheit zweidimensional und konkretisiert damit das moderne Legitimationsverständnis. Die Rede ist insofern von einer Sicherheit *durch* Recht und einer Sicherheit *des* Rechts (siehe Arnauld 2006, S. 76ff. und Calliess 2002, S. 1ff.). Das erstgenannte Kalkül dürfte – Hobbes steht dafür pars pro toto – das historisch vorgängige gewesen sein (Hobbes 1651/1997, Kap 17, S. 131ff.).[14] Gewährung von Sicherheit durch Recht betont die originäre Aufgabe, individuelle *und* kollektive Interessen zu schützen. Das dadurch geschaffene *Vertrauen* in die Macht der Ordnung soll wiederum die Angst vor diversen Unwägbarkeiten, und hier vor allem die Kriminalitätsangst, einzudämmen helfen. Kennzeichnend für den Staat des positiven Rechts ist es demnach, dass Selbstermächtigung und Gewaltmonopolisierung gleichermaßen Rechtssicherheit garantieren und Legitimation bewirken sollen (analysiert bei Verf. 2008, S. 68ff.; ders. 2012, S. 75ff. und öfter). Denn werden Sicherheitsgewährleistung und Legitimation in dieser Weise miteinander ver-

---

12   Zur aktuellen Debatte vgl. nur Möllers 2008b und Rosanvallon 2010.

13   Umfassend zu diesem Begriffs- und Problemfeld Arnauld 2006; darüber hinaus Grimm 1991. Den locus classicus der modernen Debatte (jedenfalls aus der Sicht des Strafrechts) bezeichnet sicherlich F. v. Liszts *Marburger Programm*, ders. 1883, S. 1ff. Zum Ganzen Verf. 2014, S. 219ff.; pointiert Hassemer, der unter dem programmatischen Titel: „Sicherheit durch Strafrecht" diese Ambivalenz explizit herausstellt, ders. 2008, S. 239ff.

14   Instruktiv Conze 1984, S. 831ff.; darüber hinaus Kaufmann 1973, S. 31ff. und öfter; Makropoulos 1995, S. 745ff. und Radbruch 1990, S. 39, 45; zur Etymologie Arnauld 2006, S. 63ff., dort m.w.N.

schränkt, folgt aus einem vermeintlichen, gefühlten oder tatsächlichen Sicherheits-*verlust* eo ipso ein Legitimations*problem*. Umschiffen lässt sich dieses nur, wenn perspektivisch und per Gesetz auf mögliche Risiken, denkbare Bedrohungslagen und latente Kontingenzerfahrungen reagiert wird.[15] Das Sicherheitsversprechen artikuliert sich damit immer auch als *Normalitätsversprechen* und die (positivierte) Rechtsnorm ist das Mittel seiner Durchsetzung. In den Vordergrund tritt hier die zweckrational-folgenorientierte Seite des Schutzauftrags. Aber die Ordnungsidee demokratischer Verfassungen beruht zugleich auf einer besonderen Form der *Machtrelativierung*. Möglich ist dieser Akt der Relativierung nur durch die permanente Aktualisierung einer wechselvollen Autonomie- und Freiheitsgeschichte, d.h. einer einmal erreichten Freiheitskultur (wenngleich dieses Freiheitsniveau temporär unterlaufen oder sogar vergessen werden kann); ein Projekt, das wir, häufig und etwas kurzschlüssig, mit der Aufklärungsepoche gleichsetzen.[16] Verbunden ist damit ein Perspektivenwechsel, nämlich der von der Sicherheit durch zur Sicherheit des Rechts. Rechtssicherheit steht dann für Gemeinwesen, die sich dem Menschen *berechenbar* machen. Insofern behauptet die Sicherheit des Rechts diejenigen formalen und institutionellen Anforderungen, denen das Recht zu genügen hat, um den Einzelnen und sein Autonomiekonzept vor Übergriffen staatlicher Gewalt zu schützen. Diese Form der Machtrelativierung ist immer schon Teil des Rechts(sicherheits)versprechens und bestimmt seine reflexive Seite. Indem der Staat die Akteure als Rechtssubjekte anerkennt, schafft er überhaupt erst die normative Basis seiner eigenen Legitimation. Der moderne Rechtsstaat behauptet damit ein Verständnis von Rechtssicherheit, das durch mindestens vier Strukturelemente charakterisiert ist: Effektivität, Verlässlichkeit, Berechenbarkeit und Erkennbarkeit des Rechts. So verweist Effektivität auf die Gestaltungskraft, Verlässlichkeit auf die Kontinuität, Berechenbarkeit auf soziale Akzeptanz durch Information und Erkennbarkeit auf Publizität und Komplexitätsreduktion (weiter vertiefend Arnauld 2006, S. 104ff.).

2.3 Rechtssicherheit und gesellschaftliche Wirksamkeit

Zum Kraft- und Spannungsfeld entwickelt sich dieses „Koordinatensystem der Sicherheit" aber vor allem durch das Wechselverhältnis von Recht und (politischer)

---

15 Darauf kommen wir im 3. Abschnitt, mit Blick auf die „soziale Grammatik" und das Paradox der Prävention zurück.

16 Zu den „Gegenläufigkeiten" einer solchen Freiheitsgeschichte vgl. nur Menke 2015, S. 173ff.; darüber hinaus Adorno 1966, S. 209ff.

Ökonomie. Für unser Erkenntnisinteresse reicht es aus, das Kosten-Nutzen-Kalkül moderner Rechts- und Ordnungspolitik herauszustellen (statt Vieler Leschke 1993). Denn in dem Maße, in dem das positive Recht zum universalen Medium sozialer Kontrolle avanciert, ist das Problem zu klären, *welche* Ressourcen *wie* aufgewendet werden müssen, um dem Gewährleistungsversprechen Genüge tun zu können. Der normative und operative Kern der Rechtssicherheit mit seinen Strukturelementen wird so mit dem Effizienzprinzip kurzgeschlossen.[17] Für die Praxis der Rechtssicherheit heißt das wiederum, dass die systemimmanente Frage nach der angemessenen Konfliktregelung mit der rechtsexternen Frage nach deren *ökonomischen Vertretbarkeit* und *gesellschaftlichen Wirksamkeit (Regulierbarkeit)* konkurriert – aber gleichzeitig „harmonisiert" werden muss.[18] In diesem Sinne ist das Verständnis moderner Rechtssicherheit, weit mehr als das in der Regel offengelegt wird, durch eine Vorstellung normstabilisierender und ordnungsübergreifender Kommunikation gekennzeichnet.

3   Die „soziale Grammatik" und das Paradox der Prävention – und die Folgen für das Recht

3.1   Sicherheit durch Prävention

Sicherheit und Prävention werden häufig in eins gesetzt. Das dürfte jedoch begrifflich unscharf sein. Jedenfalls auf analytischer Ebene kann und sollte man zwischen dem erwarteten oder intendierten Zustand – der (Rechts-)Sicherheit – und den damit einhergehenden Handlungs- und Entscheidungsmustern – der präventiven Logik – unterscheiden. Die skizzierte Rechtssicherheitssemantik ist daher auch als Ausdruck, als soziale Signatur präventiven Denkens und Handelns zu nehmen. Zu klären ist dann aber, was wir unter der Logik oder „sozialen Grammatik" der Prävention zu verstehen haben (vgl. dazu bereits die Analyse bei Verf. 2014, S. 219ff.).

---

17   Siehe etwa die ausführlichen Untersuchungen von Eidenmüller 2005, S. 393ff. und Theobald 2000, S. 15ff.; auf das Feld des Strafrechts bezogen Haffke 2001, S. 955ff.

18   Auf die Frage, inwiefern hier Konzepte der Ökonomischen Analyse des Rechts und der Behavioral economics (Verhaltensökonomik) weitergehende Einsichten liefern, können wir in diesem Zusammenhang nicht näher eingehen.

3.2   Die „soziale Grammatik" der Prävention

Praevenire heißt zuvorkommen. Die Attraktivität des Präventionsgedankens liegt bekanntermaßen in seinem Zukunftsbezug. Zukunft beherrschen zu können, ist ein zentrales Interesse moderner Gesellschaften (Luhmann 1990, S. 131ff.). Allerdings ist der Präventionsgedanke keine „Erfindung" moderner Gesellschaften. Auch vormoderne Ordnungen und Rechtsregime haben auf ihn zurückgegriffen. Der entscheidende Unterschied dürfte darin bestehen, dass vormoderne Prävention in die Metaphysik des göttlichen Schicksals, in ein „Gottvertrauen" eingebettet blieb. Prävention wurde nicht als Wert „an sich" verstanden.[19] Moderne Prävention dagegen ist ungleich *skeptischer* und *radikaler*. Individuen und Gesellschaft, Ängste, Devianz und Kriminalität sind nur dann beherrschbar – so die gängige Deutung –, wenn sie als Risiken kalkulier- und bestimmbar sind. Vertrauen wird hier zum Vorsorgevertrauen. Daraus ergibt sich eine Logik moderner Prävention, die sich in fünf Punkten umreißen lässt.[20]

3.2.1   Prävention als Kontingenzbewältigung

Kontingent ist dasjenige, was unsicher und wandelbar ist. Kontingenzerfahrungen beschreiben einen Bereich des real Möglichen, ein gesellschaftlich konturiertes Möglichkeitsfeld. Nur ein solch offener, veränderbarer Bereich des Möglichen ist durch prävenierendes Handeln beeinflussbar. Insofern das Kontingent nicht nur die positive Erweiterung der Handlungsoptionen, sondern das Bedrohliche, das Nicht-Gewollte einschließt, ist Prävention unabdingbar (vgl. Bonß 2010, S. 33ff.; Evers und Nowotny 1987, S. 32ff. und Makropoulos 1990, S. 407, 408ff.). Die Überzeugungskraft präventiven Handelns setzt voraus, dass es seine eigenen Anwendungsvoraussetzungen kennt. Ohne Datenerhebung und -verarbeitung, Ursachenforschung und Prognostik, ohne Steuerungs- und Interventionsprogramme ist das aber nicht zu verwirklichen (Bröckling 2012, S. 93ff.).

---

19   Präventions- und Sicherheitserwägungen waren insoweit auf eine umfassende „Heils-
      ökonomie" bezogen. Näher dazu Härter et al. 2010 und Kampmann und Niggemann
      2013; zum damit einhergehenden Zeit- und Zukunftsverständnis vormoderner Gesell-
      schaften Nipperdey 1976, S. 74ff.

20   Wir nehmen nachfolgend auf aktuelle sozialwissenschaftliche Forschungsergebnisse
      Bezug, vgl. etwa Bröckling 2008, S. 38ff.; Ewald 1998, S. 5ff. und Hafen 2013, S. 79ff.

3.2.2 Prävention als Risikokalkül

Risiken sind mögliche zukünftige Schäden, dogmatisch, Rechts(guts)verletzungen, deren etwaiges Eintreten als Folge eigenen individuellen, staatlichen Handelns oder Unterlassens rekonstruiert wird. Gefahren dagegen sind Schadenswahrscheinlichkeiten, die der jeweils spezifischen Steuerungs- und Beherrschbarkeitskompetenz der Akteure entzogen sind (grundsätzlich Beck 1986). Ob etwas als Risiko oder Gefahr erscheint, so Luhmann, ist daher eine Frage gesellschaftlicher Selbst- oder Fremdzuschreibung.[21] *Prävention transformiert Gefahren in Risiken*, indem sie künftige Zustände – namentlich der Sicherheit und des Rechts – an gegenwärtige Entscheidungen bindet. Wo Vorbeugung möglich erscheint, wird es riskant darauf zu verzichten. Denkbar ist dieses Projekt im Modus der Risiko*vermeidung* oder im Modell des Risiko*managements* (Makropoulos 1990, S. 407, 417f. und Defert 1991, S. 211ff.). Gesellschaft und staatliche Sozialkontrolle können also das Eintreten zukünftiger unerwünschter Ereignisse – etwa Krankheiten, Devianz – zu verhindern suchen oder Vorsorge treffen, dass im Fall des Eintretens der Schaden kompensiert und zusätzlich symbolisiert wird. Je nach gewünschtem Effekt kommen dann wiederum verschiedene Formen der vorbeugenden Maßnahme, d.h. General-, Spezial- oder Integrationsprävention in Betracht.

3.2.3 Prävention als Wissenskalkül

Gerade weil sich Prävention auf Risiken bezieht, diese Risiken aber nur durch Datenverarbeitung und Prognostik beherrschbar erscheinen, bedarf es einer normativ abgesicherten Wissens- und Sicherheitsproduktion (vgl. Augsberg 2009 und Collin 2004). In dem Maße, in dem Prävention den Verdacht generalisiert, sollen Wahrscheinlichkeitserwägungen gesellschaftliche Unsicherheiten und Gewissheitsverluste regulieren. D.h. Risiko- und Interventionswissen ist nichts Auffindbares, sondern wird im vorbeugenden Zugriff erst hergestellt (dazu Evers und Nowotny 1987, S. 46ff. und Breidbach 2008, S. 20ff.). Polizei- und Kriminalitätsstatistiken etwa spiegeln in erster Linie das „Erkenntnisraster" wider, das ihnen zugrunde gelegt wurde. Entscheidend ist letztlich immer dasjenige Wissen und Wissenskalkül, das eine Beherrschbarkeit des Risikos verspricht (Luhmann 1991, S. 41ff.).

---

21   Luhmann 1990, S. 131, 134ff. Bei Bröckling heißt es: „Risiko ist all das [...], wogegen sich vorbeugende oder schadensausgleichende Maßnahmen treffen lassen. Kein ‚objektives' Merkmal der Realität also, aber ebenso wenig nur ein soziales Konstrukt oder eine bloß subjektive Einschätzung, sondern ein ‚Rationalitätsschema', eine Art und Weise, bestimmte Elemente der Realität zu ordnen, sie kalkulierbar zu machen und gezielt auf sie einzuwirken." Ders. 2008, S. 38, 41.

Prävention wird so zum unabschließbaren gesellschaftlichen Projekt. Zugleich rückt das Kosten-Nutzen-Kalkül in das Zentrum des Interesses.

3.2.4 Prävention als Kosten-Nutzen-Kalkül

Kosten-Nutzen-Kalküle sind ebenso alt wie ambivalent. Für die Gesellschaft und den Staat der Moderne sind sie eine Selbstverständlichkeit. Die zunehmende Relevanz der Prävention vergrößert aber auch hier den Deutungsspielraum. Das heißt nicht, dass nun alles und jeder dem Instrumentalisierungsdogma unterfiele. Es heißt aber, dass die *Suggestivkraft* der Prävention auch daher rührt, die gewünschten Effekte entweder mit weniger Aufwand erreichen oder mit gleichem Aufwand größere Effekte erzielen zu können. Vorbeugen ist attraktiver, weil es günstiger und wirkungsmächtiger kommunizierbar ist (Krasmann 2011, S. 53ff.).

3.2.5 Prävention als „Normalitätsproduzent"

Mit dem Deutungsspielraum der Prävention geht eine weitreichende Definitionsmacht einher. Zum Risikosymptom und Ausgangspunkt sozialer Vorsorge kann alles werden, was von der Norm, dem Sollwert abweicht. Entscheidend ist, dass „gesellschaftsrelevante Bezugsnormen" bestimmt und die Frage nach der Normalität eines Verhaltens oder Zustandes beantwortet werden.[22] In dem Maße jedoch, in dem Normbrüche und Pathologien mit der „Normaldefinition" präventiver Sozialkontrolle verknüpft werden, verschwimmen die Grenzen zwischen Normierungsnotwendigkeit und den normalen Routinen gesellschaftlicher Rechtssicherung.[23]

Zum Vorschein kommt so aber auch die spezifische Ausrichtung präventiver Logik: Zielt sie doch letztlich auf das Versprechen, effektiv mit der *Unsicherheitsangst* – vielleicht der Grundangst moderner Gesellschaften – umgehen zu können.

3.3 Das Paradox der Prävention

Prävention ist im Kern paradox. Prävention in ihrer „modernen" Variante verweist auf das veränderte Gefahren- und Risikobewusstsein, vor allem aber die – jeden-

---

22 Zum Begriff der „Normalität" und dem Verhältnis von Norm und Normalität grundlegend Canguilhem 1974. Dort heißt es: „Das Normale ist das Resultat der Durchführung eines norm(alis)ierenden Programms", S. 166f.; wissenschaftstheoretisch Link 2006; ders. 2009, S. 11ff.

23 Auf das Verhältnis von Prävention und Rechtesicherung kommen wir sogleich zurück.

falls so wahrgenommene – Vulnerabilität des Einzelnen oder ganzer Gesellschaften. Im Umgang mit der daraus resultierenden Unsicherheitsangst zeigt sich nun aber auch die eminente Dynamik, in die das Projekt der Rechtssicherheit gerät. Inwiefern führt diese Dynamik in ein Paradox und inwiefern ist das ein Problem des Rechts? Um darauf eine Antwort geben zu können, müssen wir an dem Phänomen der Unsicherheitsangst ansetzen. Das Phänomen der Unsicherheitsangst markiert nicht nur die zentrale Bezugsgröße des Normalitäts- oder Normalisierungsdiskurses, mit ihm verbindet sich auch ein besonderes Argumentationskalkül. Gemeint ist damit das Inanschlagbringen zweier diametraler Positionen: die Erwartung garantierter (oder zumindest erwünschter) Sicherheit und die Idee des drohenden Sicherheitsverlusts. Mit anderen Worten, die Rede von Unsicherheitsangst artikuliert ein – je nach Kontext- und Konfliktlage unterschiedenes – Erwartungs- und Prognoseverarbeitungsproblem.

Das Paradox der Prävention besteht nun darin, dass die Sicherheitserwartungen gerade dadurch stabilisiert werden (sollen), dass permanent das immer mögliche Angst- oder Verlustszenario mobilisiert, gleichzeitig aber dessen Einhegung oder sogar Abwehr in Aussicht gestellt wird. Prävention will etwas bewirken, indem sie es etwas verhindert (vgl. dazu auch Bröckling 2008, S. 38f.).

3.4   Das Paradox der Prävention als Problem des Rechts

Vom Paradox der Prävention zum Paradox des Rechts: Die Herausforderungen für das Recht wurden schon angedeutet, sie sind jetzt zu präzisieren. Der hier nur zu erinnernde Punkt ist das Versprechen, das mit dem das Recht in Staat und Gesellschaft verknüpft ist. Indem Recht und Staat den Subjektstatus und die Sicherheit von Einzelnem und Gesellschaft verbürgen, in dem Maße sind die politische Herrschaft – und gegebenenfalls der daraus abgeleitete Zwang – legitimiert oder jedenfalls legitimierbar. Recht, Freiheit und Sicherheit müssen interessensbezogen ausgemittelt, gleichzeitig aber immer an der Autonomie der Subjekte orientiert werden. Die damit angesprochene Machtrelativierung von Recht und Staat kristallisiert sich in dem, was wir als subjektive Rechte, namentlich unter dem Titel der individuellen Abwehr- und Gestaltungsansprüche kennen.[24] Gerade in dieser so

---

24   Siehe auch schon Punkt 2.1. In der gängigen sozialphilosophischen Semantik reformuliert, geht es um die Konsequenzen, die der Primat der negativen vor einer überindividuell ausgerichteten positiven Freiheit hat. Berlin hat die Attraktivität der negativen Freiheitskonzeption damit begründet, dass sie zwei für moderne Gesellschaften

gefassten Gestaltungsmacht des Einzelnen liegt aber auch der Grund für die massive Bedeutung und das Problem des Präventionsgedankens im Recht. Denn wir sehen nun, dass die subjektiven Rechte, die subjektive Gestaltungsmacht der Individuen, die umfassende Absicherung *regelrecht forcieren*. Mit anderen Worten, die herausragende Stellung des Einzelnen im modernen Gemeinwesen macht es nicht nur möglich, sondern sogar unbedingt erforderlich, dass der Staat und sein Recht alles tun, um diese Stellung zu erhalten oder zu optimieren. Dafür scheint das Ausbuchstabieren möglicher Bedrohungslagen (*worst-case-Szenarien*) – man nehme nur die allenthalben herbeizitierte Terrorgefahr – und deren Umwandlung in entsprechende Risikokalküle unumgänglich.[25] Formen sozialer Kontrolle, staatlicher Visualisierungstechniken, bis hinein in das strafrechtliche Regime der Telekommunikations- und Wohnraumüberwachung sind nicht nur, aber doch in wesentlichem Maße Effekte dieser Wechselbeziehung.[26] Auf die bereits erwähnte und sich gesellschaftlich zunehmend ausbreitende Unsicherheitsangst wird immer öfter mit „Gesetzen der Angst" reagiert (Sunstein 2007, S. 161ff. und öfter.). Dieses „Angst- und Sicherheitsmanagement" ist dann allerdings kein Alleinstellungsmerkmal der Terrorbekämpfung und ähnlicher Problemfelder, sondern des Individual- und Gesellschaftsschutzes im Allgemeinen, man denke nur an die Krankheits- bzw. Gesundheitsvorsorge, die Angst und den Schutz vor Epidemien, die sog. Daseins-, Armuts- oder Altersvorsorge. Die eingangs formulierte These, wonach die Verflechtung von Freiheits-, Sicherheits- und Präventionsinteressen den annoncierten Autonomiegewinn des Individuums mit erheblichen Macht- und Funktionserweiterungen des Staates „flankiert", dürfte spätestens hier verständlich werden.

Klar ist dann aber auch, dass die Gleichung des modernen Liberalismus: dem Individuum müssen (moralische) Rechte zugesprochen werden, damit es sich

---

äußerst wichtige Prinzipien verbinde: zum einen die Forderung nach Abwesenheit äußerer Hindernisse – das korreliert mit der Idee der Privatautonomie –, zum anderen den Respekt vor einem Pluralismus der Werte. Berlin sieht allerdings auch, dass diese Verschränkung der beiden Prinzipien das Konzept der negativen Freiheit über sich hinaustreiben muss. Denn „das Ausmaß der Freiheit eines Menschen oder eines Volkes, so zu leben, wie sie leben wollen, müsse mit den Ansprüchen vieler andere Werte abgewogen werden, unter denen Gerechtigkeit, Glück, Sicherheit und öffentliche Ordnung vielleicht die naheliegendsten Beispiele sind". Vgl. 1969, S. 250, 253.

25   Wir erkennen hier sehr gut, wie sich die „Eigenlogik" der Prävention – konkret der Umgang mit Kontingenzen und die Kalkulation von möglicherweise drohenden Gefahren – in das Rechtesicherungsregime einschreibt.

26   Es ist klar, dass die individuelle oder gesellschaftliche Rechtesicherung nicht allein aus dieser Logik heraus erklärbar ist. Dennoch dürfte die Verknüpfung von individueller Rechtegarantie (subjektive Rechte) und präventiver Rechtesicherung ein wesentlicher, wenn nicht sogar zentraler Faktor moderner Gesellschaftsentwicklungen sein.

selbst verwirklichen; damit es den Respekt als Person und Subjekt genießen kann (so etwa Locke und Rawls, Pettit und Skinner[27]), nur die eine Seite der Medaille bezeichnet. Die andere Seite wird uns dann bewusst, wenn wir uns vor Augen führen, dass die rechtliche Hochschätzung des Individuums nun ihrerseits eine so kaum diskutierte Relativierung erfährt. Der Schutz des privaten Interesses und der Schutz der Sozialität des Individuums liegen offensichtlich im Widerstreit. Das heißt aber vor allem, dass die Vorstellung von der Selbstbegrenzung staatlicher Macht qua (angeborener) subjektiver Rechte – wie sie von der Idee des liberalen Rechtsstaates vorausgesetzt wird – zumindest teilweise revidiert werden muss. Schon E. Durkheim hatte auf die Wechselbeziehung zwischen der Subjektivierung des Rechts und der Steigerung der Staatsmacht aufmerksam gemacht, aber gleichzeitig dafür plädiert, den herkömmlichen Deutungsrahmen neu auszurichten. Der Statuszuwachs des Einzelnen motiviere offensichtlich dazu, so Durkheim, staatliche Regierungsmacht und Regierungshandeln in einem bisher nicht gekannten Ausmaß zu intensivieren. „Diese Schwierigkeit", so Durkheim weiter,

> „läßt sich nur beheben, wenn wir das Postulat aufgeben, wonach die Rechte des In-
> dividuums mit dem Individuum gegeben sind, und stattdessen davon ausgehen, daß
> erst der Staat diese Rechte einsetzt. Wir begreifen nun, daß die Funktionen des Staa-
> tes sich erweitern, ohne daß deshalb eine Schmälerung erführe; und
> daß der einzelne sich entfaltet, ohne daß der Staat dadurch an Bedeutung verlöre,
> denn das Individuum wäre in gewisser Weise das Produkt des Staates […] Je stärker
> der Staat, desto größer die Achtung vor dem Individuum." (Durkheim 1991, S. 85).

Durkheim demonstriert damit – ohne auf das normative Konzept einer positivierten Verfassung zurückzugreifen – wie die Verknüpfung von Rechtesicherung bzw. Rechtssicherheit und Herrschaftslegitimation im liberalen demokratischen Rechtsstaat zur Geltung kommen soll. Individuum, Recht(e) und Staat bezeichnen nunmehr Garantiefunktionen einer stabilen sozialen Ordnung. D.h., das Individuum als Inhaber subjektiver Rechte und der Staat als „Rechte-Gewährleister" sind gleichermaßen „Interessensvertreter" der sozialen Ordnung. Das liberale Rechtsdenken bringt das in seinem Verständnis der Verfassung als *objektive Werteordnung* unmissverständlich zum Ausdruck (vgl. dazu bereits Goerlich 1973; zuletzt Rensmann 2007). Die funktionale Kopplung von Freiheit, Rechtesicherung und Prävention kann als eine solche Strategie der Wertestabilisierung und Werteoptimierung verstanden werden. Freilich ist dabei nicht zu übersehen, dass Freiheit hier immer schon als *ein* Wert unter vielen firmiert und daher – ähnlich wie die Sicherheit – in einem Kalkül komplexer Präferenzbeurteilungen steht; was, in Carl

---

27   Vgl. die Verweise in Fn. 2.

Schmitts pointierter Formulierung, auch in einer „Tyrannei der Werte" enden kann (Schmitt 1979[28]).

4 Würde und Prävention in der Sicherheitsgesellschaft

Die funktionale Kopplung von Freiheit, Sicherheit und Prävention dynamisiert das Recht und die Rechte. Nun ist weitgehend unbestritten und auch schon darauf hingewiesen worden, dass subjektive Rechte oder eben Grundrechte zugunsten Dritter oder der Allgemeinheit eingeschränkt werden können; dass also auch der Wert der Freiheit – der individuellen Autonomie – gegebenenfalls anderen Werten und Interessen weichen muss (Alexy 1989, S. 232ff., 260). Wo allerdings die Konfliktlinien genau verlaufen, wo ein Bereich tangiert wird, der den identitätsstiftenden Kern der Rechtsperson berührt, lässt sich im Modus von Abwägung und Prävention nicht oder nur vage beantworten. Der demokratische Rechtsstaat versucht deshalb, durch ein dichtes Netz institutioneller Gewaltenbindungen die präventive Dynamik zu mäßigen; und bleibt gerade deshalb ein Abwägungs- und Präventionsstaat.[29] Um der insoweit immer möglichen Repressionsgefahr, dem Gewalt- und Machtexzess effektiv begegnen zu können, wird in modernen Ordnungen bekanntermaßen ein kategoriales Prinzip behauptet, das dem Einzelnen ein *Recht auf Rechte*[30] zugestehen und auf diese Weise eine unverfügbare Grenze des Abwägbaren – das Residuum einer dignitas absoluta – bestimmen soll (Menke 2012, S. 144ff. und Seelmann 2007, S. 29ff.). Die unverlierbare Menschenwürde, so das Bundesverfassungsgericht, „ist tragendes Konstitutionsprinzip und oberster Wert der Verfassung".[31] Richtig verstanden ist die Menschenwürde als oberster Wert der Verfassung vor allem eines: ein „Abwägungsstopper". Mit dieser aushandlungsresistenten Ressource wird das empirische Kalkül der Prävention auf einen rechtskritischen Handlungsrahmen verpflichtet und das Freiheitskonzept aus der funktionalen Kopplung gelöst.[32] Prominent sind hier sicherlich die Entscheidungen des Gerichts zum Luftsicherheitsgesetz – Abschuss eines gekaperten Flugzeuges –

---

28   Der Titel ist bekanntermaßen Hartmanns Ethik entnommen.

29   Aus soziologischer Perspektive Ewald 1993, insbes. S. 111ff.; konkret für das Strafrecht Brunhöber 2014.

30   Entwickelt bei Arendt 2003, S. 614; daran anknüpfend etwa Enders 1997, S. 501ff.

31   BVerfGE 6, 32, 36, 40.

32   Die einschlägige Referenz ist nach wie vor Kant, vgl. ders. 1900 (1797), S. 236ff.; ders. 1785, S. 428-440.

und zur Sicherungsverwahrung geworden.[33] Die Korrektur des Gesetzgebers, zuletzt wieder bei der Vorratsdatenspeicherung oder beim Bundeskriminalamtsgesetz,[34] zeigt aber auch die Brisanz dieses „Macht- und Gewaltmonopolbegrenzungsanspruchs". Denn der Anspruch, den „Staat in der Sicherheitsgesellschaft" wirksam zu begrenzen, führt – jedenfalls dort, wo es um den einzigartigen Wert des Individuums geht[35] – selbst an die Grenzen des positiven Rechts. Das ist weder dramatisch noch geht der Rechtsstaat aus den Fugen. Aber wir können doch sehen, dass das Paradox der Prävention auch das Recht in paradoxe Situationen hineintreibt: Indem das moderne Recht Individuum und Gesellschaft mit einem umfassenden Rechtssicherheitsmanagement umgibt, setzt es sie gleichzeitig neuen Gefährdungen aus, die dann nur mit einem Prinzip beherrschbar zu sein scheinen, das außerhalb des (präventiven) Rechtesicherungsprogramms steht. Würde und Prävention markieren damit nicht nur die diametralen Pole, sondern auch die notorische Ambivalenz des liberalen Rechtsversprechens.

5   Thesen

Der Rechtsstaat reagiert auf die Selbstverwirklichungsinteressen von Individuum und Gesellschaft mit einer funktionalen Kopplung von Freiheit, Sicherheit und Prävention.

Freiheit und Sicherheit verschmelzen im Rechtssicherheitsversprechen. Danach garantiert die gewalthabende Autorität die Ausübung subjektiver Rechte. Im Gegenzug kann sie vom Einzelnen und der Gesellschaft allgemeine Anerkennung verlangen.

Die Garantiefunktion des Rechtssicherheitsversprechens artikuliert die doppelte Schutzperspektive von Individuum und Gesellschaft: Schutz vor der staatlichen Macht und Schutz vor „lebensweltlichen Verunsicherungen" (Ängste, allgemeine Bedrohungen usw.).

Der Schutz vor „lebensweltlichen Verunsicherungen" durch ein umfassendes Sicherheitsmanagement ist zum zentralen Element moderner Rechtesicherung avanciert. Er beruht auf der sozialen Grammatik oder Logik der Prävention.

---

33   BVerfGE 115, 118; 128, 326.

34   BVerfGE 125, 260; BVerfG NJW 2016, 1781.

35   Zu den Tendenzen einer fortschreitenden „Auf-Wertung" des Individuums durch die Idee der Menschenrechte vgl. etwa Joas 2011, S. 63ff. und öfter; genealogisch Dumont 1991, S. 33ff.

Die soziale Grammatik oder Logik der Prävention setzt auf ein präferenzorientiertes Handlungsmuster, in dessen Mittelpunkt die Kontingenzbewältigung durch Risikobeherrschung steht.

Das Paradox der Prävention besteht darin, dass die Sicherheitserwartungen gerade dadurch stabilisiert werden sollen, dass das immer mögliche Gefahren- und Verlustszenario im gesellschaftlichen Bewusstsein gehalten, gleichzeitig aber dessen Abwehr in Aussicht gestellt wird. Prävention will etwas bewirken, indem sie es etwas verhindert.

Das Präventionskalkül dynamisiert das Recht und die Rechte. D.h. in dem Maße, in dem die umfassende Absicherung des individuellen Rechtsstatus seine Legitimationsgrundlage bildet, in dem Maße wird das gesamte Rechts- und Gesetzgebungsregime angepasst.

Der durch die liberale Moderne annoncierte Autonomiegewinn des Individuums ist damit aber auf der Rückseite mit erheblichen Macht- und Funktionserweiterungen des Staates verknüpft, deren Effekte wir unter dem Titel der „Kontroll- und Überwachungskultur" diskutieren.

Das Paradox der Prävention führt auch im Recht in paradoxe Situationen.

Indem das moderne Recht Individuum und Gesellschaft ein umfassendes Rechtssicherheitsmanagement an die Seite stellt, setzt es sie gleichzeitig neuen Gefährdungen aus, die dann nur mit einem weiteren Prinzip – dem Würdekonzept – beherrschbar zu sein scheinen, das außerhalb des (präventiven) Rechtesicherungsprogramms steht.

Würde und Prävention markieren damit nicht nur die diametralen Pole, sondern auch die notorische Ambivalenz des liberalen Rechtsversprechens.

Literatur

Adorno, T. A, 1966: *Negative Dialektik*. Frankfurt a.m.: Suhrkamp Verlag.

Alexy, R., 1989: *Recht, Vernunft, Diskurs*. Frankfurt a.m.: Suhrkamp Verlag.

Arendt, H., 2003: *Elemente und Ursprünge totaler Herrschaft* (9. Aufl.). München: Piper Verlag.

Arnauld, A. v., 2006: *Rechtssicherheit*. Tübingen: Mohr Siebeck Verlag.

Augsberg, I., 2009: *Ungewissheit als Chance?* Tübingen: Mohr Siebeck Verlag.

Barber, B. R., 2003: *Imperium der Angst: Die USA und die Neuordnung der Welt*. München: C.H. Beck Verlag.

Beck, U., 1986: *Risikogesellschaft*. Frankfurt a.m.: Suhrkamp Verlag.

Berlin, I., 1969: *Freiheit. Vier Versuche*. Frankfurt a.m.: S. Fischer Verlag.

Böckenförde, E.-W., 1991: *Staat, Verfassung, Demokratie: Studien zur Verfassungstheorie und zum Verfassungsrecht*. Frankfurt a.m.: Suhrkamp Verlag.

Böckenförde, E.-W., 1999: *Staat, Nation, Europa. Studien zur Staatslehre, Verfassungstheorie und Rechtsphilosophie*. Frankfurt a.m.: Suhrkamp Verlag.

Böckenförde, E.-W., 2007: *Der säkularisierte Staat: Sein Charakter, seine Rechtfertigung und seine Probleme im 21. Jahrhundert*. München: Carl Friedrich von Siemens Stiftung.

Bonß, W., 2010: Unsicherheit als Problem der Moderne. In: *Handeln unter Risiko: Gestaltungsansätze zwischen Wagnis und Vorsorge*, hrsg. H. Münkler et al., S. 33-64. Bielefeld: Transcript Verlag.

Breidbach, O., 2008: *Neue Wissensordnungen: Wie aus Informationen und Nachrichten kulturelles Wissen entsteht*. Frankfurt a.m.: Suhrkamp Verlag.

Brocker, M., 1995: *Die Grundlegung des liberalen Verfassungsstaates*. Freiburg im Breisgau: Verlag Karl Alber.

Bröckling, U., 2008: Vorbeugen ist besser ... Zur Soziologie der Prävention. In: *Behemot. A Journal on Civilisation*, S. 38-48. Berlin: Akademie Verlag.

Bröckling, U., 2012: Dispositive der Vorbeugung: Gefahrenabwehr, Resilienz, Precaution. In: *Sicherheitskultur. Soziale und politische Praktiken der Gefahrenabwehr*, hrsg. C. Daase et al., S. 93-108. Frankfurt a.m.: Campus-Verlag.

Brunhöber, B., 2014: *Strafrecht im Präventionsstaat*. Stuttgart: Franz Steiner Verlag.

Bubner, R., 2002: *Polis und Staat*. Frankfurt a.m.: Suhrkamp Verlag.

Calliess, C., 2002: Sicherheit im freiheitlichen Rechtsstaat – Eine verfassungsrechtliche Gratwanderung mit staatstheoretischem Kompass. *Zeitschrift für Rechtspolitik* (1): S. 1-6.

Canguilhem, G., 1974: *Das Normale und das Pathologische*. München: Carl Hanser Verlag.

Collin, P./Horstmann, T., 2004: *Das Wissen des Staates*. Baden-Baden: Nomos Verlagsgesellschaft.

Conze, W., 1984: *Geschichtliche Grundbegriffe* (Bd. 5). Stuttgart: Klett-Cotta.

Defert, D., 1991: "Popular Life" and Insurance Technology. In: *The Foucault-Effect. Studies in Governmentality*, hrsg. G. Burchell et al., S. 211-233. Chicago: University of Chicago Press.

Depenheuer, O., 2007: *Die Selbstbehauptung des Rechtsstaates*. Paderborn: Schöningh Verlag.

Dreier, H., 1993: Dimensionen der Grundrechte. Von der Wertordnungsjudikatur zu den objektiv-rechtlichen Grundrechtsgehalten. *Schriftenreihe der Juristischen Studiengesellschaft Hannover* Heft 23. Hennies & Zinkeisen.

Dreier, H., 2010: Artikel „Verfassung". In: *Enzyklopädie Philosophie*, hrsg. H. J. Sandkühler (Bd. 3), S. 2867-2875. Hamburg: Felix Meiner Verlag.

Dreier, H., 2010: Der freiheitliche Verfassungsstaat als riskante Ordnung. *Rechtswissenschaft. Zeitschrift für rechtswissenschaftliche Forschung* (1): S. 11-38.

Dumont, L., 1991: *Individualismus. Zur Ideologie der Moderne.* Frankfurt a.M.: Campus-Verlag.

Durkheim, E., 1991: *Physik der Sitten und des Rechts: Vorlesungen zur Soziologie der Moral.* Frankfurt a.M.: Suhrkamp Verlag.

Dworkin, R., 1984: *Bürgerrechte ernst genommen.* Frankfurt a.M.: Suhrkamp Verlag.

Eidenmüller, H., 2005: *Effizienz als Rechtsprinzip* (3. Aufl.). Tübingen: Mohr Siebeck Verlag.

Enders, C., 1997: *Menschenwürde in der Verfassungsordnung.* Tübingen: Mohr Siebeck Verlag.

Evers, A./Nowotny, H., 1987: *Über den Umgang mit Unsicherheit.* Frankfurt a.M.: Suhrkamp Verlag.

Ewald, F., 1993: *Der Vorsorgestaat.* Frankfurt a.M.: Suhrkamp Verlag.

Ewald, F., 1998: Die Rückkehr des genius malignus: Entwurf zu einer Philosophie der Vorbeugung. *Soziale Welt* (49): S. 5-23. Baden-Baden: Nomos Verlagsgesellschaft.

Fisahn, A., 2011: Legitimation des Gewaltmonopols. *Kritische Vierteljahresschrift für Gesetzgebung und Rechtswissenschaft* (1): S. 3-17.

Goerlich, H., 1973: *Wertordnung und Grundgesetz. Kritik einer Argumentationsfigur des Bundesverfassungsgerichts.* Baden-Baden: Nomos Verlagsgesellschaft.

Grimm, D., 1991: *Die Zukunft der Verfassung.* Frankfurt a.M.: Suhrkamp Verlag.

Habermas, J., 1992: *Faktizität und Geltung.* Frankfurt a.M.: Suhrkamp Verlag.

Härter, K. et al., 2010: *Repräsentationen von Kriminalität und öffentlicher Sicherheit.* Frankfurt a.M.: Verlag Vittorio Klostermann.

Hafen, M., 2013: *Grundlagen systemischer Prävention* (2. Aufl.). Heidelberg: Carl Auer Verlag.

Haffke, B., 2001: Die Legitimation des staatlichen Strafrechts zwischen Effizienz, Freiheitsverbürgung und Symbolik. In: *Festschrift für Claus Roxin*, hrsg. B. Schünemann et al., S. 89-96. Berlin: De Gruyter Verlag.

Hassemer, W., 2008: *Das Strafrecht. Sein Selbstverständnis. Seine Welt.* Berlin: Berliner Wissenschafts-Verlag.

Hobbes, T., 1651/1997: Leviathan. Frankfurt a.M.: Suhrkamp Verlag.

Humboldt, W. v., 1792/1851: *Ideen zu einem Versuch, die Grenzen der Wirksamkeit des Staates zu bestimmen.* Breslau: Trewendt.

Huster, S./Rudolph, K., 2008: *Vom Rechtsstaat zum Präventionsstaat.* Frankfurt a.M.: Suhrkamp Verlag.

Isensee, J., 1983: *Das Grundrecht auf Sicherheit.* Berlin: De Gruyter Verlag.

Jellinek, G., 1892/1905: *Das System der subjektiv öffentlichen Rechte.* Tübingen: Mohr Siebeck Verlag.

Joas, H., 2011: *Die Sakralität der Person. Eine neue Genealogie der Menschenrechte.* Frankfurt a.M.: Suhrkamp Verlag.

Kampmann, C./Niggemann, U., 2013: *Sicherheit in der frühen Neuzeit.* Wien: Böhlau Verlag.

Kant, I., 1785: *Grundlegung zur Metaphysik der Sitten* (Bd. IV). Riga: J. F. Hartknoch.

Kant, I., 1900 (1797): *Metaphysik der Sitten. Gesammelte Schriften* (Bd. VI), hrsg. Preußische Akademie der Wissenschaften (Bd. I-XXII), Deutsche Akademie der Wissenschaften zu Berlin (AA, Bd. XXIII), Akademie der Wissenschaften zu Göttingen (ab Bd. XXIV). Berlin.

Kaufmann, F.-X., 1973: *Sicherheit als soziologisches und politisches Problem* (2. Aufl.). Stuttgart: Enke Verlag.

Krasmann, S., 2011: Der Präventionsstaat im Einvernehmen. Wie Sichtbarkeitsregime stillschweigend Akzeptanz produzieren. In: Sichtbarkeitsregime. Überwachung, Sicherheit und Privatheit im 21. Jahrhundert, hrsg. L. Hempel et al. *Leviathan Sonderhefte* (25), S. 53-70 Wiesbaden: VS Verlag für Sozialwissenschaften.

Krasmann, S. et al., 2014: Die gesellschaftliche Konstruktion von Sicherheit. Zur medialen Vermittlung und Wahrnehmung der Terrorismusbekämpfung. *Schriftenreihe Sicherheit* Nr. 13. Berlin: Freie Universität Berlin.

Leschke, M., 1993: *Ökonomische Verfassungstheorie und Demokratie.* Berlin: Duncker & Humblot.

Link, J., 2006: *Versuch über den Normalismus. Wie Normalität produziert wird* (3. Aufl.). Göttingen: Vandenhoeck & Ruprecht.

Link, J., 2009: Über die normalisierende Funktion apokalyptischer Visionen. Normalismustheoretische Überlegungen. In: Gefahrensinn, hrsg. L. Engell et al. *Archiv für Mediengeschichte* (Bd. 9), S. 11-22. Paderborn: Wilhelm Fink Verlag.

Liszt, F. v., 1883: *Der Zweckgedanke im Strafrecht. Zeitschrift für die gesamte Strafrechtswissenschaft* (3): S. 1-47.

Locke, J., 1977: *Zwei Abhandlungen über die Regierung II.* Frankfurt a.M.: Suhrkamp Verlag.

Luhmann, N., 1990: *Soziologische Aufklärung 5* (2. Aufl.). Opladen: Westdeutscher Verlag.

Luhmann, N., 1991: *Soziologie des Risikos.* Berlin: De Gruyter Verlag.

Macpherson, C. B., 1967: *Die politische Theorie des Besitzindividualismus.* Frankfurt a.M.: Suhrkamp Verlag.

Makropoulos, M., 1990: Möglichkeitsbändigungen. Disziplin und Versicherung als Konzepte zur sozialen Steuerung von Kontingenz. *Soziale Welt* (41): S. 407-423. Baden-Baden: Nomos Verlagsgesellschaft.

Makropoulos, M., 1995: Sicherheit. In: *Historisches Wörterbuch der Philosophie* (Bd. 9). hrsg. J. Ritter et al., S. 745-750. Basel: Schwabe Verlag.

Menke, C., 2012: Menschenwürde. In: *Menschenrechte. Ein interdisziplinäres Handbuch,* hrsg. A. Pollmann und G. Lohmann, S. 144-150. Stuttgart: J. B. Metzler Verlag.

Menke, C., 2015: *Kritik der Rechte.* Frankfurt a.M.: Suhrkamp Verlag.

Möllers, C., 2008 (a): *Die drei Gewalten.* Weilerswist: Velbrück Wissenschaft Verlag.

Möllers, C., 2008 (b): *Demokratie. Zumutungen und Versprechen.* Berlin: Wagenbach Verlag.

Nipperdey, T., 1976: *Gesellschaft, Kultur, Theorie.* Göttingen: Vandenhoeck & Ruprecht.

Nussbaum, M. C., 2010: *Grenzen der Gerechtigkeit.* Frankfurt a.M.: Suhrkamp Verlag.

Pettit, P., 2015: *Gerechte Freiheit.* Frankfurt a.M.: Suhrkamp Verlag.

Pfordten, D. v. d., 2011: *Rechtsethik* (2. Aufl.). München: C.H. Beck Verlag.

Pinzani, A., 2009: *An den Wurzeln moderner Demokratie*. Berlin: Akademie Verlag.

Radbruch, G., 1990: Der Zweck des Rechts. Gesamtausgabe, hrsg. v. A. Kaufmann, Bd. 3, Rechtsphilosophie III, bearb. v. W. Hassemer. S. 39-50. Heidelberg: C.F. Müller.

Rawls, J., 1971: *A Theory of Justice*. Cambridge: Harvard University Press.

Rensmann, T., 2007: *Wertordnung und Verfassung: Das Grundgesetz im Kontext grenzüberschreitender Konstitutionalisierung*. Tübingen: Mohr Siebeck Verlag.

Rosanvallon, P., 2010: *Demokratische Legitimität. Unpateilichkeit – Refelxitivität – Nähe.* Hamburg: Hamburger Edition.

Schmitt, C., 1932/1963: *Der Begriff des Politischen*. Berlin: Duncker & Humblot.

Schmitt, C., 1979: *Die Tyrannei der Werte*. Berlin: Duncker & Humblot.

Schmitt Glaeser, W., 2008: *Der freiheitliche Staat des Grundgesetzes*. Tübingen: Mohr Siebeck Verlag.

Seelmann, K., 2007: Menschenwürde: Ein Begriff im Grenzbereich von Recht und Ethik. In: *Rechtsethik*, hrsg. M. Fischer und M. Strasser, S. 29-42. Frankfurt a.M et al.: Peter Lang Verlag.

Sen, A., 2010: *Die Idee der Gerechtigkeit*. München: C.H. Beck Verlag.

Skinner, Q., 2008: *Freiheit und Pflicht*. Frankfurt a.M.: Suhrkamp Verlag.

Skinner, Q., 2009: *Visionen des Politischen*. Frankfurt a.M.: Suhrkamp Verlag.

Skinner, Q., 2012: *Die drei Körper des Staates*. Göttingen: Wallstein Verlag.

Strauss, L., 1932: Anmerkungen zu Der Begriff des Politischen, hrsg. C. Schmitt. *Archiv für Sozialwissenschaft und Sozialpolitik* (67): S. 732-749. Wiesbaden: VS Verlag für Sozialwissenschaften.

Strauss, L., 1965: *Hobbes' politische Wissenschaft*. Stuttgart: J. B. Metzler Verlag.

Sunstein, C. R., 2007: *Gesetze der Angst*. Frankfurt a.M.: Suhrkamp Verlag.

Theobald, C., 2000: *Zur Ökonomik des Staates*. Baden-Baden: Nomos Verlagsgesellschaft.

Weber, M., 1980: *Wirtschaft und Gesellschaft*. Tübingen: Mohr Siebeck Verlag.

Zabel, B., 2008: Die ordnungspolitische Funktion des Strafrechts. *Zeitschrift für die gesamte Strafrechtswissenschaft* (120): S. 68-106.

Zabel, B., 2012: *Rechtsgewährleistung: Zu Genese, Wandel und Bedeutung eines Paradigmas*. Berlin: Berliner Wissenschafts-Verlag.

Zabel, B., 2014: Rechtssicherheit und Prävention – Über ein Dilemma des modernen Strafrechts. In: *Rechtssicherheit durch Rechtswissenschaft*, hrsg. J. C. Schuhr, S. 219-242. Tübingen: Mohr Siebeck Verlag.

Konkretisierungen

Zur Politik der Sicherheitsversprechen

Die biometrische Verheißung

Sylvia Kühne und Christina Schlepper

Zusammenfassung

Staatliche Sicherheitsversprechen werden zunehmend an technologische Verfahren geknüpft, um Sicherheitsproblemen infolge von Naturkatastrophen und Großunfällen sowie Bedrohungen durch Terrorismus und Kriminalität mit passgenauen Lösungen zu begegnen. Der Beitrag zeigt am Beispiel der Biometrie, die seit 2001 in Deutschland als Schlüsseltechnologie im Bereich der Inneren Sicherheit wahrgenommen wird, dass der Technologie diese Passgenauigkeit nicht innewohnt. Mit Hilfe des Konzeptes der politischen Ökonomie der Versprechen lässt sich der Prozess rekonstruieren, in dem Visionen der Technologie nicht nur konstruiert, sondern das mittlerweile heterogene Feld der Biometrie immer wieder neu ausgelotet und vorangetrieben wird. Mit anderen Worten: ihre interpretative Flexibilität wird in techno-politischen Diskursen strategischer Akteure ausgehandelt. In den sich wandelnden Versprechen bilden sich dabei nicht nur kontinuierlich neue Problemkonstruktionen ab, sondern ebenso Normalisierungen vormals ‚außergewöhnlicher' Kontrolle.

Schlüsselwörter

Biometrie, politische Ökonomie der Versprechen, Governance, interpretative Flexibilität, Sicherheit, social construction of technology approach, Terrorismusbekämpfung, Akzeptanz

Staatliche Sicherheitsversprechen werden zunehmend an technologische Verfahren geknüpft. Deutlichen Ausdruck findet diese Entwicklung im Programm zur zivilen Sicherheitsforschung, das 2007 vom Bundesministerium für Bildung und Forschung implementiert wurde und ein Element der „Hightech-Strategie" der Bundesregierung darstellt.[1] Als eine wesentliche Zukunftsaufgabe gilt die zivile Sicherheit, und die zivile Sicherheitsforschung zielt daher auf die Arbeit an innovativen Lösungen zum Schutz der Bevölkerung und der kritischen Infrastrukturen ab (vgl. Presse- und Informationsamt der Bundesregierung 2014).

Die „Präferenz für technologische Antworten" (Schneckener 2011, S. 368) wurde keineswegs erst durch dieses Programm initiiert, es treibt diese jedoch erheblich voran. Der Bandbreite technologischer Verfahren, die der Entwicklung passgenauer Lösungen auf Sicherheitsprobleme infolge von Naturkatastrophen und Großunfällen sowie Bedrohungen durch Terrorismus und Kriminalität dienen sollen, sind keine Grenzen gesetzt. Den Technologien selbst wohnen diese Passgenauigkeiten jedoch nicht inne, sie sind das Ergebnis techno-politischer Diskurse, in denen die „interpretative Flexibilität" (Pinch und Bijker 1984, S. 421) einer Technologie ausgehandelt wird. Im Fokus stehen vornehmlich Technologien, denen das Potential zugeschrieben wird, auf unterschiedlichste ‚Problemlagen' zu reagieren. Dies trifft auch auf die Biometrie und deren Anwendungsbereich der Fingerabdrucktechnologien zu.

Vor allem *digitale* Fingerabdruckanwendungen werden seit 2001 in Deutschland als Schlüsseltechnologie im Bereich der Inneren Sicherheit (Bundesministerium des Innern 2007a) wahrgenommen und befinden sich – auch außerhalb des ‚klassischen' Sicherheitsmarktes – in kontinuierlicher Weiterentwicklung. Digitale Fingerabdrücke sind nicht nur seit 2007 obligatorischer Bestandteil deutscher Reisepässe sowie seit 2010 auf fakultativer Basis von deutschen Personalausweisen, sondern mittlerweile lassen sich, folgt man den Versprechen ihrer Anbieter, der Einkauf im Supermarkt oder das Mittagessen in der Schulmensa „schnell" und „bequem" mit dem „Fingerprint" bezahlen.[2] Noch scheint diese Vervielfältigung von Anwendungsbereichen keinem Ende entgegenzusteuern, die Palette potentieller Anwendungen erweitert sich ständig. Vor diesem Hintergrund lässt sich ‚die' Fingerabdrucktechnologie immer weniger eindeutig bestimmen. Wie in techno-politischen Diskursen die interpretative Flexibilität dieser Technologie ausgehandelt und das mittlerweile heterogene Feld der Fingerabdrucktechnologie konstruiert, etabliert und weiter vorangetrieben wird, möchten wir im Folgenden

---

[1]   Dies trifft mindestens ebenso auf die durch das 7. Forschungsrahmenprogramm der EU initiierte Sicherheitsforschung zu (Geiger 2010).

[2]   Für eine Übersicht biometrischer Referenzprojekte (Stand 2009) vgl. BITKOM 2009.

aufzeigen. Dabei beziehen wir uns auf das Konzept der politischen Ökonomie der Versprechen (Schaper-Rinkel 2006a) bzw. „techno-scientific promises" (Felt und Wynne 2007), welches – wenngleich am Beispiel der Nanotechnologie entwickelt – ermöglicht, den Prozess zu rekonstruieren, wie sich die Fingerabdrucktechnologie (außerhalb ihrer kriminalistischen Verwendung, dazu vgl. Cole 2001) etabliert. Es verweist auf die Uneindeutigkeit und Offenheit zukunftsorientierter Innovationsverläufe, denn: „promises are by their very nature uncertain, requiring support by believing in them before they exist; but they should not be accepted at face value either" (Felt und Wynne 2007, S. 24). Technologische Versprechen müssen Glaubwürdigkeit in der Gegenwart erlangen (vgl. Schaper-Rinkel 2006a), d.h. noch bevor die Technologie den Beweis dafür antreten konnte. Die Analyse von Versprechensdiskursen, welche damit über die Zusicherung von Sicherheit, wie sie mit Konzepten der (de)securitization[3] (vgl. z.B. Buzan et al. 1998; Wæver 1995) verbunden wäre, hinausreicht, sowie die Identifizierung der Strategien, wie die mit dem Versprechen einhergehende Unsicherheit be- und verarbeitet wird, ermöglichen es, die Entwicklung der biometrischen Versprechen nicht nur punktuell zu betrachten, sondern den Blick auf den gesamten „politisch moderierte(n) Prozess" zu richten, der darüber entscheidet, ob sich eine Technologie etablieren kann (Schaper-Rinkel 2006b, S. 270). Auf diese Weise lässt sich zeigen, wie die Fingerabdrucktechnologie nicht nur hervorgebracht, sondern vor allem auch vorangetrieben wurde und wird. Die diskursiv-strategischen Bemühungen zu betonen, die sich im (selektiven) Einbezug von bzw. Rückgriff auf Expertise manifestieren, berücksichtigt dabei auch, dass Expertendiskurse selbst kein neutrales und einheitliches Wissen hervorbringen (vgl. Stehr und Grundmann 2010, S. 50). Und strategisch erscheint die Verhandlung der Biometrie zudem von Beginn an, war doch mit der Einführung biometrischer Merkmale in nationale Identitätsdokumente die Hoffnung auf einen Diffusionseffekt vom Gouvernement zum Alltag verbunden (vgl. z.B. European Commission 2005, S. 10f.).

Vor diesem Hintergrund haben wir das biometrische „Diskursfeld" (Keller 2007, S. 234) von ‚staatlichen Akteuren' (politische Entscheidungsträger) sowie ‚privaten Akteuren' (Hersteller biometrischer Anwendungen und Lobby-Vertreter der Biometrie-Industrie) untersucht. Die Analyse basiert auf Material, das

---

3 Diesem Ansatz nach basiert die Befähigung, außerhalb des politisch etablierten Handlungsrahmens zu agieren, auf der diskursiven Rahmung eines Objektes als existentielle Bedrohung, welcher nur mit außergewöhnlichen Maßnahmen begegnet werden könne – vorausgesetzt das Publikum, an welches sich dieser Sprechakt richtet, akzeptiert den „securizing move" als solchen (Buzan et al. 1998, S. 21). Damit lassen sich jedoch lediglich Wendepunkte politischen Handelns durch den Einsatz außergewöhnlicher Maßnahmen bestimmen.

im Rahmen der von der Deutschen Forschungsgemeinschaft geförderten Projekte
„Biometrie als Soft Surveillance – Die Akzeptanz von Fingerabdrücken im Alltag" und „Der überwachte Bürger zwischen Apathie und Protest – Zur Genese
neuer staatlicher Kontrolltechnologien und ihren Effekten auf Einstellungen und
Verhalten der Bevölkerung" erhoben und ausgewertet wurde. Grundlage der Untersuchung des Diskurses der ‚staatlichen Akteure' bilden (1) Drucksachen und
Plenarprotokolle von Gesetzgebungsverfahren zwischen 2001 und 2012, in denen
es um den Einsatz biometrischer Verfahren geht, (2) Interviews mit politischen
Entscheidungsträgern (Abgeordnete, Ministerialbeamte und Datenschutzbeauf-
tragte), die in den Jahren 2009 und 2010 geführt wurden, sowie (3) Werbematerial
des Bundesministerium des Innern (BMI) über biometrische Ausweisdokumente.
Die Analyse des Diskurses der ‚privaten Akteure' stützt sich auf (1) Interviews mit
Vertretern von Biometrie-Unternehmen, die 2010 geführt wurden, sowie (2) Pro-
tokolle von Lobby-Veranstaltungen der Biometrie-Industrie im Zeitraum zwischen
2011 und 2012. Das Interviewmaterial wird ergänzt durch Veröffentlichungen zu
staatlichen Förderaktivitäten von Projekten über biometrische Anwendungsmög-
lichkeiten.

1   Das Konzept der politischen Ökonomie der Versprechen

Das aus der Innovationsforschung stammende Konzept der „Ökonomie der Versprechen" (Felt und Wynne 2007) identifiziert Visionen als einen Kern von In-
novationsverläufen. Dabei sind Visionen oder Versprechen, was eine Technologie
zu leisten im Stande ist, nicht nur Teil von Diskursen oder Repräsentationen der
Technologie, sondern jene Fiktionen stehen bereits am Beginn von Technologieentwicklungen und strukturieren den Innovationsprozess (vgl. Brown und Michael
2003, S. 3ff.). Da sich gerade in frühen Entwicklungsphasen Versprechen häufig
als überenthusiastisch und übertrieben erweisen, worauf nicht selten Enttäuschung
folgt, wenn sich die Versprechen nicht erfüllen (vgl. Alvial-Palavicino 2015,
S. 143ff.), lassen sich Taktiken ausmachen, die damit verbundene Unsicherheit zu
umgehen.

Zunächst ist der Einbezug von „Akteuren" erforderlich, deren „Expertise" dem
Versprechen Glaubwürdigkeit verleiht. Indem die staatliche Politik selektiv For-
schungsmittel bereitstellt, steuert sie die Technologieentwicklung (vgl. Schaper-
Rinkel 2006a, S. 483). Dabei steht nicht primär die Identifizierung technologiein-
duzierter Risiken und gesellschaftlicher Folgewirkungen im Mittelpunkt, sondern
das Erkennen wirtschaftlicher Möglichkeiten und etwaiger Markthemmnisse so-

wie von Wegen zu ihrer Überwindung (vgl. ebd., S. 483). Erst diese „strategischen" Allianzen (ebd., S. 479) in Verbindung mit politischer Aufmerksamkeit (z.b. öffentlichen Forschungsmitteln[4]) ermöglichen eine erfolgreiche Durchsetzung der Technologie. Die daran beteiligten anwendungsorientierten Forschungsinstitute und die wissenschaftliche Politikberatung bewerten zugleich die daraus hervorgehenden Versprechen und Visionen. Hinsichtlich dessen, wie die Akteure in den strategischen Allianzen Ideen zur Durchsetzung der Nanotechnologie entwickeln, unterscheidet Schaper-Rinkel (ebd., S. 480) drei verschiedene Governance-Formen[5], die sich jedoch grundsätzlich auf Technologieentwicklungen übertragen lassen und welcher sich auch die Politik der Sicherheitsversprechen bedient: In der „Governance der Wahrheit" wird das Feld des „technisch Möglichen" abgesteckt. Die Konturen einer Technologie werden jedoch auch durch die „ökonomisch relevanten der technisch möglichen Optionen" begrenzt, dies ist die „Governance der Relevanz". Die „Governance der Sicherheit" verhandelt Risiken der Technologie.

Der Innovationsverlauf der Fingerabdrucktechnologie in Bezug auf seine Versprechen lässt sich bislang in drei Phasen einteilen: zunächst das „Annehmlichkeitsversprechen" und seit 2001 das „Sicherheitsversprechen". Während es sich bis in das Jahr 2007 um ausschließliche Versprechen handelte, integriert der Diskurs seit 2007 sowohl Annehmlichkeits- als auch Sicherheitsaspekte.

1.1   Das Annehmlichkeitsversprechen

Biometrische Technologien, wie digitale Fingerabdrucktechnologien, wurden in Deutschland zwar bereits vor 2001, neben ihrer kriminalistischen Nutzung, als Zugangssicherung in Hochsicherheitsbereichen wie z.B. Kernkraftwerken, eingesetzt (Petermann und Sauter 2002, S. 61). Der deutsche Biometriemarkt befand sich Ende der 1990er Jahre allerdings noch in den Kinderschuhen (vgl. Büllingen und Hillebrand 2000), und sein Umsatz bewegte sich bis zur Einführung des elektronischen Reisepasses auf niedrigem Niveau (BITKOM 2007). Nach ersten Förderaktivitäten der Bundesregierung im Bereich der Grundlagenforschung sollte allerdings kurz vor der Jahrtausendwende der Markt für kommerzielle Biometrie-

---

4   Ein Aspekt, den auch Buzan et al. (1998, S. 29) berücksichtigen.

5   Im Unterschied zu Felt und Wynne (2007) und Joly (2010) spricht Schaper-Rinkel nicht vom ‚Regime' der Versprechen. Erstere differenzieren dabei unterschiedliche Formen des Innovationsverlaufes in Bezug auf die je spezifischen Regeln und Praktiken der in sie involvierten Akteure. Schaper-Rinkel konkretisiert unter Verwendung des ‚Governance'-Begriffs resp. der Benennung spezifischer Governance-Formen die Regeln des Regimes der „Economics of Technoscientific Promises".

produkte durch einzelne Pilotprojekte geöffnet werden (BT-Drs. 14/1405, S. 2).
Die nun einsetzende staatliche Förderung mit der Zielsetzung, den Rahmen des
technisch Möglichen und wirtschaftlich sinnvollen Einsatzes auszuloten, sollte der
Biometrie, auch durch den strategischen Einbezug namhafter Akteure, Glaubwürdigkeit verleihen. Den Auftakt bildete eine gemeinsam mit dem Bundeskriminalamt (BKA) durch das Bundesamt für Sicherheit in der Informationstechnik (BSI)
initiierte „Vergleichende Untersuchung biometrischer Identifikationssysteme –
BioIS".[6] Erklärtes Ziel war, die „nötige Transparenz über die Marktangebote und
deren Leistungsfähigkeit (zu) schaffen und damit die Einführung der neuen Technik (zu) fördern" (ebd., S. 2). Im selben Jahr startete auch das mit 2,5 Millionen
Euro durch das Bundesministerium für Wirtschaft und Technologie (BMWi) ge-
förderte Projekt „BioTrust".[7] Ganz im Sinne kundenorientierter Anwendungen –
Mitinitiator des Projektes war die Sparkassen-Finanzgruppe – wurde hier die bio-
metrische Identifizierung im Zahlungsverkehr untersucht (ebd., S. 3). An diesem
Projekt waren zudem vier Betreiber, zehn Hersteller und vier Research-Partner
(u. a. Fachhochschule Gießen-Friedberg, Unabhängiges Landeszentrum für Datenschutz Schleswig-Holstein) beteiligt. Mit der Involvierung vieler verschiedener
Akteure in derartige Projekte soll(te) nicht nur Glaubwürdigkeit erzeugt werden.
Die staatliche Förderpolitik zielt durch diese Zusammenführung von Forschung,
Wissenschaft, Industrie und potenziellen Abnehmern auch darauf ab, Technologieentwicklung zu beschleunigen und, im Sinne der ‚Governance der Wahrheit', zu
bestimmen, was eine (biometrische) Technologie innerhalb gegebener Parameter
in der Lage ist, zu gewährleisten (vgl. Schaper-Rinkel 2006a, S. 492).

Ähnliches gilt auch für das Projekt „BioIS". Anhand des Praxisvergleiches verschiedener biometrischer Systeme sowie Technikfolgenabschätzung sollten unter
anderem Evaluierungs-, Normierungs- und Zertifizierungskriterien für biometrische Verfahren entwickelt werden. Das Fraunhofer-Institut für grafische Datenverarbeitung (IGD) untersuchte dafür „zehn auf dem deutschen Markt erhältliche
biometrische Geräte auf Alltagstauglichkeit und Verwendbarkeit für sicherheits-
kritische Anwendungen" (Petermann und Sauter 2002, S. 42). „Für ‚alltagstaug-
lich' wurden allerdings nur zwei Geräte befunden (ebd.). Die Technologie konnte
offenbar wesentlichen Sicherheitsanforderungen noch nicht standhalten. Daran
zeigt sich, dass die Vision, wie sie in den Zielsetzungen dieser Projekte zum Ausdruck kommt – nämlich Biometrie als Sicherheitstechnologie über den bislang
exklusiven Hochsicherheitsbereich (bzw. die kriminalistische Anwendung) für
den Massenmarkt zu etablieren –, scheiterte. Diesen Ergebnissen wurden jedoch

---

6   Laufzeit: 1999-2000.
7   Laufzeit: 1999-2002.

positive Befunde aus der an den Praxistest anschließenden Akzeptanzbefragung[8] gegenübergestellt. Aus diesen wurde gefolgert, dass es erfolgversprechender sei, Biometrie als Convenience- bzw. Annehmlichkeits-Technologie zu vermarkten und in der Marketingstrategie mehr auf Komfort als auf Sicherheit zu setzen (vgl. Büllingen und Hillebrand 2000, S. 342). Die Fiktion von sicherem Handeln (z.B. im E-Commerce) wurde gewendet in ein Versprechen auf Komfort, in dem Biometrie als Lösung auf ein Bedürfnis nach Erleichterung reagierte: „Für die Nutzer kann Biometrie mehr Komfort schaffen, denn ‚man hat sich ja immer dabei'" (ebd., S. 339).

Auch das Projekt „BioTrust", welches sich ebenfalls der Untersuchung der Zuverlässigkeit und Alltagstauglichkeit biometrischer Systeme im Bankenbereich sowie der Akzeptanz durch Nutzer und Betreiber widmete,[9] kommt hinsichtlich der Nutzerakzeptanz zu einem positiven Ergebnis. Postuliert wurde, dass biometrische Verfahren Passwörter und PINs in Zukunft ersetzen werden.

Diesen Umdeutungsprozessen liegen klare Relevanzkriterien zugrunde: ein bislang nur als Sicherheitstechnologie bekanntes Verfahren schnellstmöglich als marktfähiges Produkt zu etablieren. Die Strategie der Biometrie-Industrie, die Versprechen der Biometrie auf Annehmlichkeit statt Sicherheit zu richten, änderte sich jedoch abrupt durch die Terroranschläge vom 11. September 2001.

1.2   Das Sicherheitsversprechen

„Sept. 11 created a long-awaited moment for the biometrics industry", konstatierte die New York Times am 17. Dezember 2001, und zitierte den Chef eines führenden Biometrie-Unternehmens: „We've always said that some event would have to happen to propel the technology to the forefront". Diese Aussage könnte auch von der deutschen Biometrie-Industrie stammen. Trotz der ernüchternden Ergebnisse des Pilotprojektes „BioIS", die nahelegten, dass die Technologie noch nicht ausgereift war, lässt sich der 11. September auch als ‚großer Moment' des deutschen Biometriemarktes betrachten. Dieser leistete der Governance der Relevanz

---

8   Die vierzig Testpersonen, bei denen es sich um Angestellte des IGD handelte, wurden im Anschluss durch das Wissenschaftliche Institut für Kommunikationsdienste (WIK), welches mit der Technikfolgenabschätzung beauftragt war, befragt. Dass der Einsatz biometrischer Verfahren nicht auf Ablehnung stieß, ist bei dieser Zielgruppe nicht verwunderlich.

9   Die Forschungsfragen richteten sich unter anderem auf Komfort, Bequemlichkeit und Sicherheit biometrischer Verfahren sowie mögliche Einsatzfelder im elektronischen Zahlungsverkehr.

der Biometrie und der stärkeren Verschränkung von staatlicher Technologie- und Sicherheitspolitik in diesem Bereich erheblichen Vorschub. Unmittelbar nach den Terroranschlägen wurde Biometrie im politischen Diskurs hierzulande mit dem Versprechen verknüpft, zukünftig der potentiellen Bedrohung durch Terrorismus vorzubeugen und in der Gegenwart Sicherheit zu erzeugen (vgl. Schily 2001).

Die Terroranschläge wurden politisch und medial in einer Weise gedeutet, welche die Einführung biometrischer Reisepässe als konsequente Antwort auf die neue Bedrohungslage erscheinen ließen. Die auf dem Topos der „unsicheren Identität" aufbauenden Forderungen nach einem sicheren, Eindeutigkeit garantierenden Identitätsmanagement ermöglichten es, eine Technologie einzuführen, die sich bis dahin dem Vorwurf der überwachungsinspirierten „Volksdaktyloskopie" oder Kriminalisierung ausgesetzt sah und damit gegen Widerstand der zu Registrierenden zu stoßen riskierte (vgl. Meßner 2010). Ohne das Ereignis „9/11" und die Kontextualisierung mit Terrorismusprävention wäre das ‚Projekt biometrische Ausweisdokumente' daher politisch nicht durchsetzbar gewesen. Die Einführung biometrischer Merkmale in den Reisepass sollte dem Problem der neuen „Bedrohung der inneren Sicherheit […] durch terroristische Islamisten" (BT-Protokoll 14/252, S. 25476) begegnen. Biometrische Ausweisdokumente seien die Lösung, „Bewegungen von Terroristen zu verhindern" (BR-Drs. 920/01, S. 113).

Das am 09.01.2002 in Kraft getretene Gesetz zur Bekämpfung des internationalen Terrorismus (Terrorismusbekämpfungsgesetz) legte den Grundstein für eine Integration von Fingerabdrücken in nationale Identitätsdokumente. Im Zentrum des politischen Diskurses stand das Ziel der „Verbesserung der öffentlichen Sicherheit" (BR-Drs. 920/1/01, S. 25), d.h. staatlicher Sicherheit, welche über die Möglichkeit der „zweifelsfreien Identifizierung" (ebd.) von Personen erreicht werden sollte. Mit der Integration weiterer biometrischer Merkmale sollte nicht nur die „Identitätssicherung zwischen Passinhaber und Pass" (BT-Protokoll 14/209, S. 20754), die „Bindung des Ausweisdokuments an den Passinhaber" (BT-Protokoll 16/79, S. 7953) gestärkt werden. Die Befürworter biometrischer ePässe argumentierten ebenso mit der „Erhöhung der Fälschungssicherheit" (BT-Protokoll 14/192, S. 18702, vgl. auch BT-Protokoll 16/79, S. 7953) von Ausweisdokumenten. In den parlamentarischen Beratungen des Terrorismusbekämpfungsgesetzes sowie in Experteninterviews mit Abgeordneten der Regierungsparteien wurde wiederholt auf das Problem der unsicheren Dokumente hingewiesen und die Fälschungssicherheit der neuen biometrischen Ausweisdokumente gerühmt. Allerdings waren im Zeitraum von 2001 bis 2006 lediglich sechs Totalfälschungen und 344 Verfälschungen von deutschen Pässen zu verzeichnen, die zudem in keinem Zusammenhang zu terroristischen Anschlägen standen, wie die Antwort der Bundesregierung auf eine Kleine Anfrage der Linken ergab (vgl. BT-Drs. 16/5507, S. 1f.). An dieser

Stelle zeigt sich die Unsicherheit des Versprechens, wenn die Glaubwürdigkeit von zu lösenden Problemen in Frage gestellt wird. Das Fiktionsgeflecht, das von den terroristischen Anschlägen zu den unsicheren Ausweisdokumenten gesponnen wurde, erwies sich somit als fragil.

Ungeachtet dessen erhielten biometrische Identifizierungs- und Verifikationsverfahren weitreichende politische Aufmerksamkeit. Das Projekt ‚biometrische Ausweisdokumente' wurde mittels erhöhter staatlicher Forschungsförderung vorangetrieben und mit der Initialisierung der Forschungsprojekte wurden die Versprechen der Biometrie auch Teil des öffentlichen Diskurses. Die vom BSI gemeinsam mit dem BKA initiierte Reihe von Projekten[10] wurde in den Kontext der Terrorismusbekämpfung gestellt und damit begründet, dass biometrische Identifikationssysteme nach dem 11. September 2001 wieder in den Mittelpunkt des Interesses der Sicherheitsbehörden gelangt seien (vgl. BSI 2003, S. 5). Diese bauten auf den Ergebnissen des Projektes „BioIS" auf und erprobten verschiedene biometrische Systeme für den Einsatz in Ausweisdokumenten. Vor dem Hintergrund der Zunahme von Förderaktivitäten ist auch davon auszugehen, dass die staatlichen Fördermittel gestiegen sind. Die genaue Summe, die in diese Projekte investiert wurde, ist jedoch nicht zu ermitteln, und – worauf Petermann (vgl. 2010, S. 140) hinweist – die Frage nach den Kosten der Biometrie hat im politischen und öffentlichen Diskurs nur eine minimale Rolle gespielt.

Im politischen Diskurs wurde Biometrie seit „9/11" bis in das Jahr 2007 nahezu exklusiv als Sicherheitstechnologie verhandelt. Sehr vereinzelt wurden Ideen vorgebracht, Biometrie auch in anderen Feldern einzusetzen und als Convenience-Technologie für das Massengeschäft im Alltag zuzulassen, wie z.B. durch die Aufnahme von Fingerabdrücken in die elektronische Gesundheitskarte (vgl. BT-Protokoll 15/170, S. 15953). Dieser Plan wurde allerdings nicht umgesetzt und auch nicht weiter (öffentlich) thematisiert. Vielmehr verfestigte sich die Möglichkeit zur Identifizierung unsicherer Identitäten mittels biometrischer Verfahren im Sinne der Governance der Wahrheit als „unstrittige[r] Kern" (Schaper-Rinkel 2006a, S. 492) der Technologie. Schaper-Rinkel (ebd., S. 492) betrachtet einen solchen Prozess als notwendige Bedingung der politischen Ökonomie der Versprechen, welche jedoch ebenso auf langfristige Zukunftsvisionen angewiesen ist. Dies zeigte sich zunächst darin, dass das ursprünglich auf den Schutz vor Terrorismus bezogene Sicherheitsversprechen mit der Zeit seine klare Kontur verlor und sich ausdehnte. So wurden, wie der Informationsfilm des BMI (2007b) zum eReisepass zeigt, nicht mehr nur die Bewegungen von Terroristen, sondern Mobilität generell zum Problem erklärt

---

10   „BioP I" (11/2002-12/2003), „BioP II" (11/2003-12/2004), „BioFinger" (12/2002-5/2004), „BioFace I und II" (2003).

und das Sicherheitsversprechen über internationalen Terrorismus hinaus auf Organisierte Kriminalität ausgeweitet. Das Werbeplakat des BMI (Juli 2007) trägt den Slogan „Der elektronische Pass – mit Sicherheit mobil" und stellt damit dieselbe Verbindung her.

Erst mit dem Wechsel des Diskurses vom eReisepass zum ePersonalausweis erweitert sich das Versprechen auch auf Dienstleistungsaspekte und Erleichterung im weiteren Sinne.

1.3   Vielfältige Sicherheits- und Annehmlichkeitsversprechen

Mit dem Jahr 2007 erscheint es nunmehr möglich, mit Sicherheit auch Annehmlichkeiten zu haben, sie sogar eine scheinbar logische Konsequenz seien. Das Versprechen auf die zukünftig mögliche staatliche Sicherheit, die bis dato den Diskurs dominierte, wird jedoch nicht abgelöst. Gegen Ende der Debatte um die Einführung von Fingerabdrücken in den Reisepass und mit dem Beginn der Diskussion um ihre freiwillige Aufnahme in den Personalausweis taucht der Versuch einer Abgrenzung vom bislang dominanten staatlichen Sicherheitsargument auf. Beispielhaft lässt sich dabei der Redebeitrag des Abgeordneten Hofmann in der Plenardebatte am 24.5.2007 (BT-Protokoll 16/100, S. 10240-2) anführen, welcher sich nicht nur von einer „Terrorhysterie" distanziert, sondern betont, dass es sich bei der Integration von Fingerabdrücken in nationale Identitätsdokumente um eine von der EU erzwungene Verpflichtung handle. Mit diesem Versuch einer „rationalen Wende" wird die bisher dominante Fiktion des Versprechens als eine durch Affekte aufgeladene Übertreibung umgedeutet. Damit verbindet sich auch eine Eingrenzung der Erwartungen, die sich an das Versprechen auf Sicherheit richten: Biometrische Merkmale im Reisepass seien nicht nur ein „konkreter Sicherheitsgewinn" (ebd., S. 10242), sondern sie seien praktisch, da sie z.B. gleichsam die gegenwärtige Grenzkontrolle in ihren Abläufen beschleunigen würden (ebd.).

Vor allem mit der Debatte um die Freiwilligkeit von Fingerabdrücken im Personalausweis verfestigte sich diese Abgrenzung vom dominierenden Sicherheitsversprechen des eReisepasses und die neue Betonung praktischer Vorteile. Dieser diskursive Wandel zeigt sich auch bei politischen Akteuren, welche bis 2007 jenen exklusiven Sicherheitsaspekt für den eReisepass betonten, wie Interviewausschnitte mit einem SPD-Abgeordneten aus dem Jahr 2009 zeigen:

„Also, es geht auch gar nicht so sehr um Verbrechensbekämpfung, sondern es geht darum, in Echtzeit blitzschnell feststellen zu können, auch im Interesse des Bürgers, ob die beiden identisch sind, ob der Pass in der Tat zum Bürger, der ihn in der Hand hat und sagt, ‚das bin ich‘, dazu passt."

„Das Ziel war eigentlich, einen Personalausweis und einen Reisepass zu machen, der „state of the art" ist. Das hat auch alles überhaupt nichts mit Terrorismusbekämpfung zu tun. Ich wäre für den elektronischen Personalausweis, für den biometrischen Reisepass auch dann, wenn es keinen einzigen Terroristen weltweit gäbe."

Ähnlich wie bei der Deutung der Ergebnisse der Projekte „BioIS" und „Bio-Trust" werden fehlende Sicherheitsmerkmale bzw. die kritische Diskussion v. a. um Risiken der Technologien relativiert und rücken zugunsten von Annehmlichkeitsaspekten in den Hintergrund. Damit dominiert zwar im Diskurs um den ePersonalausweis die „praktikable" Lösung – die Unsicherheitsszenarien sind allerdings ebenso wenig verschwunden wie das Sicherheitsargument: Weiterhin soll die „biometrische Lösung" Problemen, die im Kontext der grenzpolizeilichen Kontrolle verortet werden – so genannte ‚unsichere Identitäten‘ oder fälschbare Identitätsdokumente –, begegnen. Schlagworte wie „innere Unsicherheit", „Terrorismus" und „Organisierte Kriminalität" tauchen Ende 2007 erneut in der Debatte auf (BT-Protokoll 16/130, S. 13671). Allerdings werden im biometrischen Versprechen nicht mehr nur Unsicherheitsszenarien mit dem zukünftigen Ziel verknüpft, unterschiedliche Formen von Sicherheit (z.B. die persönliche Sicherheit, ein fälschungssicheres Dokument zu besitzen oder die staatliche Sicherheit vor Terrorismus) herzustellen. Der Einsatz von Fingerabdrücken aufgrund jener Szenarien ermögliche auch mehr Bürgerfreundlichkeit und Serviceorientierung (ebd.).

Mit der neuen Thematisierung von Problemlagen der Bürger wird das Zwangsargument gewendet: Aus einer politischen Notwendigkeit, d.h. wahlweise der US-amerikanischen oder EU-Forderung nach einer Integration von Fingerabdrücken in Identitätsdokumente nachzukommen, wird ein „Bedürfnis" der Bürger nicht nur nach Sicherheit, sondern auch nach Komfort und Distinktion im alltäglichen Handeln, auf welches sowohl die Politik als auch die Hersteller biometrischer Produkte nunmehr reagierten. Diese technikdeterministische Perspektive dominiert zwischen Mai 2007 und Mai 2008 und ist ein wesentlicher Aspekt der „Ökonomie der Versprechen". Mit der ‚selbst freiwilligen‘, Einführung von Fingerabdrücken im neuen Personalausweis ‚reagierten‘ die Befürworter der Biometrie auf einen quasi naturalisierten technologischen Fortschritt, wie wiederum Interviewausschnitte mit einem SPD-Abgeordneten illustrieren:

„Das ist also meines Erachtens ein großer Vorteil für den Bürger, dass so etwas blitzschnell gehen kann. Also, ich verbinde keine Ängste mit diesem neuen Personalausweis und persönlich mit diesem neuen Reisepass. Ich meine, dass die Bürger das Beste vom Besten haben sollten auf diesem Sektor und nicht Dinge, die vor fünfzig Jahren mal gang und gebe waren."

„Insoweit glaube ich einfach, dass der neue Personalausweis einfach besser ist als die früheren oder der neue Reisepass. Und was ich ganz faszinierend finde ist, dass man beim Personalausweis in Zukunft optional – mit Einverständnis und nur dann, wenn der Bürger gefragt wird und „ja" sagt – aufspielen kann: Internetfähigkeit und so etwas."

Der technologischen Entwicklung und dem Wunsch der Bürger nicht zu folgen, so z.b. der Abgeordnete Binninger (BT-Protokoll 16/161, S. 17014-6), hieße einer allgegenwärtigen Wettbewerbswelt konkurrenzunfähig ausgeliefert zu sein. Dies suggeriert eine neue Dringlichkeit für den Einsatz der „Hightech-Instrumente" (vgl. z.b. BT-Protokoll 16/100, S. 10245) ePass und ePersonalausweis, da sie der deutschen Wirtschaft gleichsam einen Wettbewerbsvorteil ermöglichen.

Mit Biometrie, so lassen sich die Versprechen des politischen Diskurses zusammenfassen, sei nicht nur eine sichere, da fälschungsresistente und beschleunigte Identifizierung durch maschinelle Identitätsüberprüfung möglich, sondern eine grundsätzlich neue, für den Bürger konkret erfahrbare Qualität von Kontrolle. Das Mehr an Kontrolle hat sich, zumindest diskursiv, normalisiert. In Frage steht nunmehr weniger, ob kontrolliert werden müsse – lediglich die Problemdefinition weist darauf hin –, sondern wie diese Kontrolle ,angenehmer' gestaltet werden könne. Die Lösung lautet Biometrie. Erst mit der Debatte um den zwischenstaatlichen automatisierten Austausch u. a. biometrischer Daten (Prümer Vertrag[11]) 2008 und zwei Jahre später mit der Integration von Fingerabdrücken in den elektronischen Aufenthaltstitel (eAT)[12] dominiert erneut das Versprechen auf staatliche Sicherheit vor Annehmlichkeit, ohne jedoch darauf beschränkt zu werden: Bio-

---

11   In Deutschland ist der Prümer Vertrag durch das Gesetz vom 10. Juli 2006 umgesetzt worden. 2007 wurde die Überführung der Vertragsregeln in den Rechtsrahmen der EU beschlossen und am 23.6.2008 mit dem „Beschluss des Rates 2008/615/JI vom 23. Juni 2008 zur Vertiefung der grenzüberschreitenden Zusammenarbeit, insbesondere zur Bekämpfung des Terrorismus und der grenzüberschreitenden Kriminalität" (Ratsbeschluss Prüm) in den Rechtsrahmen der Europäischen Union überführt.

12   Bereits der durch das Terrorismusbekämpfungsgesetz geänderte § 5 des Ausländergesetzes sah eine Integration biometrischer Merkmale in u.a. Aufenthaltsgenehmigungen vor. Anders jedoch als bei eReisepass und ePersonalausweis sind in § 78 des Aufenthaltsgesetzes, welches seit dem 01.01.2005 das Ausländergesetz ersetzt, Zen-

metrie in diesem Identitätsdokument sei nicht nur in der Lage, Sicherheit vor Identitätsmissbrauch, staatliche Sicherheit im Sinne der Vorbeugung und Bekämpfung „illegaler" Migration und Sozialbetrug zu gewährleisten, sondern ermögliche eine leichtere Kontrolle für Ordnungsbehörden, aktualisierte Statistiken der zuständigen Behörden sowie die gesellschaftliche Integration der diesen Ausweis führenden Personen (vgl. BT-Protokoll 17/68, S. 7308).

2 Diskussion: Interpretative Flexibilität *oder* Sicherheit als nicht erfahrbares Versprechen

Dem Ansatz des ‚social construction of technology approachs' (SCOT) (Bijker 2009) zufolge ist eine interpretative Flexibilität für den Prozess der sozialen Konstruktion von Technologien kennzeichnend. Maßgeblich dafür, dass sich eine Technologie erfolgreich etablieren kann, ist allerdings, dass am Ende des Konstruktionsprozesses eine Stabilisierung und Schließung („Closure") stattfindet (vgl. Bijker 2009, S. 91). Allein mit Blick auf den Diskurs um den eReisepass zeigt sich jedoch, dass derartige Schließungsprozesse keineswegs final sind. Die biometrischen Ausweisdokumente werden nicht mehr allein in den Kontext der Terrorismusbekämpfung gestellt, sondern sie dienen auch der Erleichterung von Kontrollen für Flugpassagiere und Grenzsicherheitspersonal. Berücksichtigt man, dass Schließungsprozesse eine Befriedung der Kontroversen um die Fingerabdrucktechnologie beinhalten – deutet die interpretative Flexibilität doch auf Konfliktlinien bei der Konstruktion von Technologien hin –, dann lässt sich der Wandel einzelner staatlicher Anwendungszwecke auch als Strategie der Normalisierung verstehen. Dass Kontrollen stattfinden müssen, steht nicht etwa zur Diskussion, lediglich wie diese angenehmer gestaltet werden können. Diese Normalisierung, Biometrie stärker als Convenience- als als Sicherheitstechnologie zu verhandeln, zeigt sich noch deutlicher im Diskurs um den ePersonalausweis. Dessen Einführung wurde von politischen Akteuren als logische Konsequenz des technischen Fortschritts betrachtet und nicht mit Terrorismusprävention in Verbindung gebracht, mitunter sogar explizit aus diesem Zusammenhang gelöst.

Nach Pinch und Bjiker (1984, S. 425) erfolgt eine Schließung nun entweder dadurch, dass ein zugrundeliegendes Problem nicht länger existiert, oder dass dieses eine Redefinition erfährt. Kritische Fragen zur Nützlichkeit biometrischer Merkmale in den als sicher geltenden Ausweisen ebenso wie zum freiheitsein-

---

traldateien nicht explizit ausgeschlossen. Seit dem 01.05.2011 wird der „elektronische Aufenthaltstitel" ausgegeben.

schränkenden Überwachungspotential und nicht zuletzt die Diskussion um die Fehleranfälligkeit der Systeme selbst (vgl. zum kritischen Diskurs um Biometrie z.b. Klein 2012) sind im Sinne der Governance der Sicherheit Belege für die zahlreichen Konflikte, die die (Einführung der) Technologie bis heute noch begleiten – unabhängig davon, ob sie der Sicherheit oder alltäglichen Annehmlichkeiten dienen. In der Governance der Relevanz verschwinden diese Fragen allerdings hinter Nützlichkeitskriterien. In diesem Zusammenhang wird Bright (2011, S. 243f.) zufolge die Politik der Sicherheitsversprechen auch vor ein Problem gestellt, welches sich wiederum durch eine Allianz mit dem Annehmlichkeitsversprechen überwinden lässt. So argumentiert er – mit Blick auf die, vergleichbaren Mustern folgende, Implementierung biometrischer Technologien in Großbritannien –, dass ihr Einsatz im Kontext automatisierter Grenzkontrollen an Flughäfen mit dem Fokus auf eine beschleunigte Abfertigung, Fragen nach der Sicherheit resp. Fehleranfälligkeit der Technologie selbst verschleiert: ihr verhältnismäßig seltener Einsatz "indicates that no-one currently trusts the biometrics to work 100% of the time, and no-one wants to pay the cost of a system that would perhaps be more secure yet generate a significant amount of mistakes every day" (ebd., S. 244).

Bislang scheinen der Fantasie der an ihrer Etablierung beteiligten strategischen Akteure keine Grenzen gesetzt, denn die Bedeutung, die Biometrie zugeschrieben wird, ist noch keineswegs abgeschlossen. In der Konsequenz bleibt die Fingerabdrucktechnologie, interpretativ flexibel. Wenngleich zwar in Bezug auf die Relevanz der Technologie die strategischen Akteure übereinstimmen, so vervielfacht sich diese bereits hinsichtlich dessen, was die Technologie ist (vgl. Governance der Wahrheit), vor allem dann, wenn sich der Blick auf die potentiellen Nutzer richtet.[13] Denn mit der Betonung eines multidirektionalen Konstruktionsprozesses für das Entstehen der Fingerabdrucktechnologie als Massenanwendung sind die strategischen Akteure unter sich. Vor allem zu Beginn wird der Diskurs um die „biometrische Lösung" exklusiv und wenig öffentlich verhandelt (vgl. Petermann 2010, S. 133). Und so führt das Regime der ökonomischen Versprechen das lineare Innovationsmodell wieder ein (Felt und Wynne 2007, S. 24), indem, wie es in der Skizze des Biometriediskurses deutlich wird, das Bild von „'science' to 'technology' to 'social progress'" (ebd., S. 21) dominiert und der Bürger lediglich als rein passiver Konsument wahrgenommen wird. Der zugrunde gelegte Grad der Akzeptanz, den der Bürger der Technologie, die ihm Sicherheit verspricht, entgegenbringt, geht dann kaum über eine stillschweigende Akzeptanz hinaus. Als Einsicht in eine ‚vernünftige' Rechtfertigung – etwa in sicherheits- und/oder marktpolitische In-

---

13 Noch nicht berücksichtigt sind dabei die mittlerweile vielzähligen unterschiedlichen Geräte, die eine Fingerabdruckerfassung ermöglichen.

teressen – kommt dies letztlich nicht mehr als einer passiven Duldung gleich (vgl. Krasmann und Kühne 2013). Ebenso wie Bright (2011) in seiner Analyse des Konstruktions- und Konstitutionsprozesses der Biometrie in Großbritannien seit 2001, lässt sich folgern, dass sich mit dem Sicherheitsmotiv zwar Kontrolltechnologien einführen lassen, ohne dass die Technologie nach erfolgreicher Implementation automatisch auch für die Nutzer erfahrbar funktioniert.

Für eine langfristige Etablierung einer Technologie ist allerdings konstitutiv, dass sich die Bürger diese aneignen. Dass sich dies mit dem Annehmlichkeitsversprechen eher erreichen lässt als mit dem Sicherheitsversprechen, kann zunächst auf die spezifische Qualität des letzteren zurückgeführt werden. Bei Sicherheit handelt es sich um ein für den Bürger nicht tatsächlich erfahrbares Versprechen. Damit steht das Versprechen selbst in Frage: Kann man Sicherheit versprechen? Bull (2007, S. 308) vertritt die Ansicht, dass der Staat lediglich „„die Reduktion von Unsicherheit"", aber nicht Sicherheit versprechen kann und eine „„Garantie von Sicherheit' [schon] immer utopisch" gewesen sei. Insofern ist das ‚Sicherheitsversprechen' selbstreferentiell, versprochen wird kein Zustand, sondern lediglich die politische Handlungsbereitschaft und -fähigkeit, denn, folgt man Nietzsche (1988, S. 76), versprochen werden können nur Handlungen, nicht aber Empfindungen.[14] Hierin mag dann eine Ursache begründet liegen, dass sich das Versprechen von Sicherheit auf Komfort verlagert, da Versprechen die Resonanz auf Technologien formen (Barben 2010, S. 282) und Komfort anders als Sicherheit im Alltag unmittelbar erfahrbar ist, VDI/VDE-IT (2009, S. 49) resümieren in ihrer Marktstudie, dass viele Kunden nur ungern in Sicherheit investierten, da dies Ausgaben bedeute, für die ein unmittelbarer Effekt nicht sichtbar werde. Dieser Effekt verstärkt sich dadurch, dass die Akzeptanz für Maßnahmen, die mit Sicherheit assoziiert sind, in Zeiten gefährdet ist, in denen Sicherheit kein virulentes Thema ist (vgl. Bright 2011, S. 238). Insofern bestand aus der Sicht der politischen Akteure, aber auch der Industrie die Notwendigkeit interpretativer Flexibilität im Kontext von Freiwilligkeit. Damit und vor allem mit der Entscheidung zur Freiwilligkeit des Fingerabdrucks fand eine „desecuritization" der Biometrie statt: „out of emergency mode and into the normal bargaining process of the political sphere" (Buzan et al. 1998, S. 4). Insofern lassen sich Schließungsprozesse auf Seiten der strategischen Akteure nur punktuell ausmachen – immer dann, wenn es zu (erneuten) Versicher-

---

14 „Wer Jemandem verspricht, ihn immer zu lieben oder immer zu hassen oder ihm immer treu zu sein, verspricht Etwas, das nicht in seiner Macht steht; wohl aber kann er solche Handlungen versprechen, welche zwar gewöhnlich die Folgen der Liebe, des Hasses, der Treue sind, aber auch aus anderen Motiven entspringen können: denn zu einer Handlung führen mehrere Wege und Motive." (Nietzsche 1988, S. 76)

heitlichungsprozessen kommt, die aufgrund des damit einhergehenden Zwangs-
charakters der Einführung Aushandlungsprozesse auf Seiten des Publikums, hier
der Bürger, von vornherein nicht vorzusehen scheinen.

Die Erweiterung des biometrischen Versprechens, wonach Annehmlichkeit
nicht nur zum Effekt von Sicherheit werden kann, ist nicht allein das Ergebnis
einer in den Forschungsprojekten getesteten wissenschaftlich-technischen Mach-
barkeit. Wie Schaper-Rinkel (2006a, S. 482) für das Feld der Nanotechnologie
analysiert, sind die Visionen einer Technologie relevanz-gesteuert. Als wesentlich
für die Richtung der Technologieentwicklung stellt sich der Blick in die Zukunft
des Marktes dar. Darauf fokussiert formulieren die Hersteller biometrischer
Technologien sehr deutlich den Kern der diskursiven Wende: Komfort biete einen
größeren Markt als Sicherheit, da Komfort täglich erlebt werde. Sicherheit dagegen, so ein Hersteller im Interview 2010, nur dann, wenn es zu spät ist. In einer
vom BMWi in Auftrag gegebenen und von der VDI/VDE Innovation + Technik
GmbH (VDI/VDE-IT) durchgeführten Analyse zum Marktpotenzial von Sicherheitstechnologien und Sicherheitsdienstleistungen werden der Biometrie durch die
Einführung des ePersonalausweises induzierte Wachstumschancen attestiert: „Ab
2010 wird, gestützt durch die zunehmende Verfügbarkeit und Akzeptanz biometrischer Lösungen, eine erhöhte Umsatzdynamik und Nachfrage erwartet" (2009,
S. 45).[15] Hieran sind nicht allein die den „security act" konstituierenden Akteure
beteiligt, sondern was Biometrie ist, kann oder riskiert, ist das Ergebnis eines
multidirektionalen Konstruktionsprozesses. So wird das Feld der Biometrie nicht
nur sicherheitspolitisch, sondern auch durch den strategischen Einbezug jener Akteure, die Buzan et al. (1998, S. 36ff.) als „functional actors" bezeichnen, techno-
logiepolitisch hervorgebracht. Es sind die verschiedenen an Innovations-Prozessen
beteiligten Experten, z.B. Lobbygruppen oder NGO's (ebd.), die aufgrund ihrer
Position in der Lage sind, Situationen zu definieren, Prioritäten zu suggerieren und
Bewertungsstandards in unterschiedlichen Bereichen der Expertise zu etablieren
(vgl. Rueschemeyer 1986, S. 104; vgl. auch Felt und Wynne 2007, S. 22). Und so
gilt für die Politik der Sicherheitsversprechen mittels technologischer Verfahren,
was Schaper-Rinkel (vgl. 2006a, S. 491) für die Technologiepolitik feststellt: die
sich aus den von dieser genutzten verschiedenen Governance-Formen (s.o.) ge-
speisten Diskurse begleiten nicht lediglich die Einführung, sondern sie formieren

---

15   Die Veränderung der Versprechen erscheint dabei als getrieben von eben dieser gro-
     ßen Vision eines deutschen resp. europäischen Marktes der Biometrie. Damit ist dann
     auch ein maßgebliches Relevanzkriterium in der heutigen Technologiepolitik erfüllt:
     das des zukünftigen Markterfolges und des prognostizierten Marktvolumens (vgl.
     Schaper-Rinkel 2006a, S. 483), welches die Biometrie eindeutig als „Zukunftstech-
     nologie" (Büllingen und Hillebrand 2000, S. 339) und -markt erscheinen lässt.

erst das Feld der Technologie – in unserem Fall der Biometrie. Mit Keller (2007, S. 234) und in Anlehnung an Foucault sind Diskurse eben nicht nur „eine nach unterschiedlichen Kriterien abgrenzbare Aussagepraxis bzw. Gesamtheit von Aussageereignissen", sondern sie bilden Strukturmuster, Regeln und Praktiken ab und erzeugen diese wiederum.

Literatur

Alvial-Palavicino, C., 2015: The Future as Practice. A Framework to Understand Anticipation in Science and Technology. *TECNOSCIENZA. Italian Journal of Science & Technology Studies* 6 (2): S. 135-172.

Barben, D., 2010: Analyzing acceptance politics: Towards an epistemological shift in the public understanding of science and technology. *Public Understanding of Science* 19 (3): S. 274-292.

Bijker, W. E., 2009: Social Construction of Technology. In: *A Companion to the Philosophy of Technology*, hrsg. J. Kk. Berg Olsen et al., S. 88-94. Malden et al.: Wiley-Blackwell.

BITKOM, 2007: Zukunft digitale Wirtschaft. www.hs-mittweida.de/~tb/twiki/pub/Lehre/GeSy/Zukunft_digitale_Wirtschaft.pdf. Zugegriffen: 26. Juli 2016.

BITKOM, 2009: Biometrie. Referenzprojekte. http://www.bitkom.org/files/documents/Biometrie_Referenzbroschuere_2009_Haftung.pdf. Zugegriffen: 22. Juni 2013.

Bright, J., 2011: Building Biometrics: Knowledge Construction in the Democratic Control of Surveillance Technology. *Surveillance & Society* 9 (1/2): S. 233-247. http://ojs.library.queensu.ca/index.php/surveillance-and-society/article/view/building. Zugegriffen: 14. Mai 2016.

Brown, N./Michael, M., 2003: A Sociology of Expectations: Retrospecting Prospects and Prospecting Retrospects. *Technology Analysis and Strategic Management* 15: S. 3-18.

BR-Drs. 920/01, 08.11.2001: Entwurf eines Gesetzes zur Bekämpfung des internationalen Terrorismus (Terrorismusbekämpfungsgesetz).

BR-Drs. 920/1/01, 22.11.2001: Empfehlungen der Ausschüsse der 770. Sitzung des Bundesrates am 30.11.2001. Entwurf eines Gesetzes zur Bekämpfung des internationalen Terrorismus.

BT-Drs. 14/1405, 14.07.1999: Antwort der Bundesregierung auf die Kleine Anfrage der Abgeordneten Angela Marquardt, Dr. Heinrich Fink und der Fraktion der PDS – Drucksache 14/1226 – Förderung biometrischer Verfahren und ihrer datenschutzrechtlichen Begleitung durch die Bundesregierung.

BT-Drs. 16/5507, 29.05.2007: Antwort der Bundesregierung auf Anfrage Drs: 16/5228 (Notwendigkeit neuer biometrischer Pässe aus Sicherheitsgründen).

BT-Protokoll 14/192: Stenographischer Bericht der 192. Sitzung der 14. Wahlperiode am 01.10.2001. S. 18698-18727

BT-Protokoll 14/209: Stenographischer Bericht der 209. Sitzung der 14. Wahlperiode am 14.12.2001, S. 20748-20763.

BT-Protokoll 14/252: Stenographischer Bericht der 252. Sitzung der 14. Wahlperiode am 12.09.2002. S. 25471-25509.

BT-Protokoll 15/170: Stenographischer Bericht der 170. Sitzung der 15. Wahlperiode am 15.04.2005, S. 15951-15956.

BT-Protokoll 16/79: Stenographischer Bericht der 79. Sitzung der 16. Wahlperiode am 01.02.2007, S. 7952-7958.

BT-Protokoll 16/100: Stenographischer Bericht der 100. Sitzung der 16. Wahlperiode am 24.05.2007, S. 10237-10245.

BT-Protokoll 16/130: Stenographischer Bericht der 130. Sitzung der 16. Wahlperiode am 29.11.2007, S. 13655-13676.

BT-Protokoll 16/161: Stenographischer Bericht der 161. Sitzung der 16. Wahlperiode am 09.05.2008, S. 17013-17014.

BT-Protokoll 17/68: Stenographischer Bericht der 68. Sitzung der 17. Wahlperiode am 28.10.2010, S. 7308-7311.

Bull, H. P., 2007: Wie weit reicht das Sicherheitsversprechen des Staates gegenüber seinen Bürgern? In: *Terrorismus und Rechtsstaatlichkeit. Analysen, Handlungsoptionen, Perspektiven*, hrsg. K. Graulich, D. Simon, S. 303-314. Berlin: Akademie Verlag.

Bundesamt für Sicherheit in der Informationstechnik, 2003: BioFace. Vergleichende Untersuchung von Gesichtserkennungssystemen. Öffentlicher Abschlussbericht BioFace I & II, Bonn. https://www.bsi.bund.de/SharedDocs/Downloads/DE/BSI/Publikationen/Studien/BioFace/BioFaceIIBericht_pdf.pdf?__blob=publicationFile . Zugegriffen:16. Juli 2016.

Bundesministerium des Innern, 2007a: ePässe mit Fingerabdrücken: Bundesrat beschließt Änderung des Passgesetzes. http://www.bmi.bund.de/SharedDocs/Pressemitteilungen/DE/2007/06/epass.html . Zugegriffen: 26. Juli 2016.

Bundesministerium des Innern, 2007b: Der elektronische Reisepass – Informationsfilm 2007.

Buzan, B./Wæver, O./Wilde, J. de, 1998: *Security. A New Framework for Analysis*. Boulder, CO: Lynne Rienner.

Büllingen, F./Hillebrand, A., 2000: Biometrie als Teil der Sicherungsinfrastruktur? *Datenschutz und Datensicherheit* 24: S. 339-343.

Cole, S. A., 2001: *Suspect Identities: A History of Fingerprinting and Criminal Identification*. Cambridge, MA: Harvard University Press.

European Commission, 2005: Biometrics at the Frontiers: Assessing the Impact on Society. For the European Parliament Committee on Citizens' Freedoms and Rights, Justice and Home Affairs (LIBE). Brüssel.

Felt, U./Fochler, M., 2009: Between the Fat-pill and the Atomic Bomb: Civic Imaginations of Regimes of Innovation Governance. *Science as Culture* 20 (3): S. 307-328.

Felt, U./Wynne, B., 2007: *Taking European knowledge society seriously*. Luxembourg: Off. for Official Publ. of the Europ. Communities.

Geiger, G., 2010: Sicherheit oder Sicherheitstechnologie? Der Beitrag der zivilen Forschung zur Sicherheit Europas. hrsg. Stiftung Wissenschaft und Politik -SWP- Deutsches Institut für Internationale Politik und Sicherheit. Berlin. (SWP-Studie S 14). http://nbn-resolving.de/urn:nbn:de:0168-ssoar-261605. Zugegriffen: 26. Juli 2016.

Joly, P.-B., 2010: On the Economics of Techno-scientific Promises. In: *Débordements: Mélanges offerts à Michel Callon*, hrsg. M. Akrich, Y. Barthe, F. Muniesa und P. Mustar, S. 203-222. Paris: Presses des Mines.

Keller, R., 2007: *Wissenssoziologische Diskursanalyse. Grundlegung eines Forschungsprogramms*. 2. Aufl. Wiesbaden: VS Verlag für Sozialwissenschaften.

Klein, I., 2012: *Zwischen Sicherheit und Risiko: der Diskurs um den biometrischen Reisepass*. Münster: Lit.

Krasmann, S./Kühne, S., 2013: Big Data und Big Brother – was, wenn sie sich treffen? *Kriminologisches Journal* 45 (4): S. 242-259.

Meßner, D., 2010: Volksdaktyloskopie: Das Fingerabdruckverfahren als Überwachungsphantasie zwischen Ausweitung und Widerstand. *Journal for Intelligence, Propaganda and Security Studies* 4 (1): S. 7-19.

New York Times, 17.12.2001: Technology & Media: A Surge in Demand To Use Biometrics, http://www.nytimes.com/2001/12/17/business/technology-media-a-surge-in-demand-to-use-biometrics.html. Zugegriffen: 22. Juli 2016.

Nietzsche, F., 1988: *Menschliches, Allzumenschliches I und II*. Kritische Studienausgaben. Band 2, hrsg. G. Colli, M. Montari. München: Deutscher Taschenbuch-Verlag.

Petermann, T./Sauter, A., 2002: Biometrische Identifikationssysteme – Sachstandsbericht. Büro für Technikfolgenabschätzung beim Deutschen Bundestag. Arbeitsbericht Nr. 76. Berlin. http://www.tab-beim-bundestag.de/de/pdf/publikationen/berichte/TAB-Arbeits-bericht-ab076.pdf. Zugegriffen: 26. Juli 2016.

Petermann, T., 2010: Biometrie als globale Kontrolltechnologie: Die Rolle der Technikfolgenabschätzung. In: *Menschenrechtliche Standards in der Sicherheitspolitik*, hrsg. M. Albers, R. Weinzierl, S. 129-145. Baden-Baden: Nomos.

Pinch, T. J./Bijker, W. E., 1984: The Social Construction of Facts and Artefacts: or How the Sociology of Science and the Sociology of Technology might Benefit Each Other. *Social Studies of Science* 14: S. 399-441.

Presse- und Informationsamt der Bundesregierung, 2014: Neue Hightech-Strategie – Innovationen für Deutschland. Zivile Sicherheit. https://www.bundesregierung.de/Webs/Breg/DE/Themen/Forschung/1-HightechStrategie/6-Zivile-Sicherheit/Haupttext/_node.html. Zugegriffen: 26. Juli 2016.

Rueschemeyer, D., 1986: *Power and the division of labor*. Stanford: Stanford University Press.

Schaper-Rinkel, P., 2006a: Governance von Zukunftsversprechen: Zur politischen Ökonomie der Nanotechnologie. *PROKLA: Zeitschrift für kritische Sozialwissenschaft* 145 (4): S. 473-496.

Schaper-Rinkel, P., 2006b: Politik als Initiierung von Spielfeldern und Setzung von Spielregeln. Forcierung und Regulierung der Nanotechnologie. In: *Kalkuliertes Risiko. Technik, Spiel und Sport an der Grenze*, hrsg. G. Gebauer, S. Poser, R. Schmidt und M. Stern, S. 268-287. Frankfurt a. M./New York: Campus.

Schaper-Rinkel, P., 2010: Nanotechnologiepolitik: The discursive Making of Nanotechnology. In: *Technologisierung gesellschaftlicher Zukünfte*, hrsg. P. Lucht, M. Erlemann und E. Ruiz Ben, S. 33-47. Freiburg i. B.: Centaurus.

Schily, O., 2001: Ausdauer, Disziplin und Einsatzbereitschaft fortführen. Rede von Bundesminister Otto Schily vor dem Deutschen Bundestag am 11. Oktober 2001 in Berlin. In: Bundesministerium des Innern. 2004. Nach dem 11. September 2001. Maßnahmen gegen den Terror, Dokumentation aus dem Bundesministerium des Innern, S. 30-36. http://www.bmi.bund.de/SharedDocs/Downloads/DE/Broschueren/2004/Nach_dem_1_September_2001_Massnahmen_Id_95066_de.pdf?__blob=publicationFile. Zugegriffen: 14. Juni 2016.

Schneckener, U., 2011: Zehn Jahre nach 9/11: Zum politischen Umgang mit dem ‚Terror-risiko'. *Politische Vierteljahresschrift* 52 (3): S. 355-372.

Stehr, N./Grundmann, R., 2010: *Expertenwissen. Die Kultur und die Macht von Experten, Beratern und Ratgebern*. Weilerswist: Velbrück.

VDI/VDE Innovation + Technik GmbH, 2009: Marktpotenzial von Sicherheitstechnologien und Sicherheitsdienstleistungen. Thema: Der Markt für Sicherheitstechnologien in Deutschland und Europa – Wachstumsperspektiven und Marktchancen für deutsche Unternehmen. Schlussbericht, Berlin. http://www.vdivde-it.de/publikationen/studien/marktpotenzial-von-sicherheitstechnologien-und-sicherheitsdienstleistungen. Zugegriffen: 23. Juli 2016.

Wæver, O., 1995: Securitization and Desecuritization. In: *On Security*, hrsg. R. D. Lip-schutz, S. 46-86. New York: Columbia University Press.

Der Staat in der prognostischen Sicherheitsgesellschaft

Ein technografisches Forschungsprogramm[1]

Lars Ostermeier

Zusammenfassung

In dem Beitrag wird diskutiert, wie der staatliche Einsatz von Prognosetechnologien zur Vorhersage von Straftaten, Rückfallwahrscheinlichkeiten und gefährlichen Ereignissen empirisch untersucht werden kann. Im ersten Abschnitt wird argumentiert, dass der Staat in der Sicherheitsgesellschaft mit den Begriffen der Wissenschafts- und Technikforschung als ein Prozess der wechselseitigen Konstitution technischer und sozialer Ordnung verstanden werden kann. Prognosetechnologien werden in diesem Beitrag weder als ausschließlich technische Artefakte begriffen, die unausweichlich in die präemptive Sicherheitsgesellschaft führen, noch als Objekte ohne Handlungsfähigkeit, die nur durch soziale Prozesse erklärt werden können. Vielmehr wird im zweiten Abschnitt gezeigt, wie die Annahme, dass Prognosetechnologien Kriminalität reduzieren und die Sicherheit erhöhen in der technik- und anwendungsorientierten Forschung reproduziert wird. Darauf aufbauend wird im dritten Abschnitt ein technografisches Forschungsprogramm entworfen, das ein begriffliches und methodisches Instrumentarium zur empirischen Erforschung soziotechnischer Konstellationen in der prognostischen Sicherheitsgesellschaft anbietet.

---

1   Dieser Beitrag ist im Rahmen der Vorbereitung eines Forschungsantrags für die Fritz-Thyssen-Stiftung am Institut für kriminologische Sozialforschung der Universität Hamburg entstanden.

Schlüsselwörter

Predictive Policing, Algorithmen, Ethnografie der Staatlichkeit, Technografie

1 Prognosetechnologien, Gesellschaft und Staat

Technologien zur Vorhersage von Straftaten, gefährlichen Situationen und der Rückfallwahrscheinlichkeit von Straftätern sind ein fester Bestandteil der alltäglichen Arbeit von PolizistInnen, StaatsanwältInnen, RichterInnen und BewährungshelferInnen. Der US-amerikanische Computerwissenschaftler Richard Berk hat im Auftrag des Staates Pennsylvania Algorithmen entwickelt, die in der Bewährungshilfe Prognosen der Rückfallwahrscheinlichkeit von Strafgefangenen erstellen und Empfehlungen für Bewährungsmaßnahmen geben (Berk und Hayatt 2015). Die Algorithmen der kanadischen Firma Northpointe werden in zahlreichen Staaten der USA in Gerichtsverfahren eingesetzt, um RichterInnen bei der Urteilsfindung zu unterstützen (Propublica 2016). In Chicago werden Menschen aufgrund algorithmischer Auswertungen von Polizeidaten und sozialen Medien auf Überwachungslisten gesetzt (vgl. Perry et al. 2013). In Deutschland findet eine schrittweise Einführung von Technologien zur Prognose von Straftaten, vor allem Einbruchskriminalität, in polizeilichen Dienststellen statt.[2] Im Rahmen von Forschungsprojekten zur sogenannten zivilen Sicherheit werden Technologien entwickelt, die Gefährdungen bei Großveranstaltungen vorhersagen sollen (vgl. ADABTS 2013; BASIGO 2014).

Ebenso vielfältig wie diese anekdotische Liste empirischer Anwendungsfälle sind die Folgen dieser Technologien für die Beziehungen von Staat, Gesellschaft

---

Ich danke insbesondere Simon Egbert, Bettina Paul und Susanne Krasmann für ihre sehr hilfreichen Kommentare zu Entwürfen, die den Abschnitten 2 und 3 dieses Textes zugrunde liegen. Zudem danke ich den TeilnehmerInnen des Workshops zur kritischen Sicherheitsforschung im Juni 2016 an der Freien Universität Berlin. Niklas Creemers, Jens Hälterlein und Jens Puschke haben mit ihren Kommentaren und Korrekturen sehr zur Verbesserung der Argumentation beigetragen, auch ihnen gilt mein herzlicher Dank.

2   In zahlreichen Polizeibehörden der Bundesländer und auch des Bundes werden Prognosetechnologien getestet bzw. eingeführt (vgl. BT-Drs. 18/3825; LT-Nds. Drs. 17/3199, 17/3417; Abghs. Berlin Protokoll ISO17-061-IP; Bremische Bürgerschaft Drs. 19/18; LT-BaWü Drs. 15/6620; LT-NRW Drs. 16/9963, 16/7391, 16/6992; LT-BY Drs. 17/6482, 17/5123, 17/6193; Bürgerschaft der Freien und Hansestadt Hamburg Drs. 21/529; Schleswig-Holsteinischer LT Drs. 18/2429; Sächsischer LT Drs. 6/2055, 6/1665).

und Sicherheit. Dies sind erstens diskriminierende Folgen von Prognosetechnologien. Die Organisation Propublica (2016) hat die Algorithmen der Firma Northpointe überprüfen lassen und festgestellt, dass sie rassistische Bias reproduzieren, indem nicht vorbestrafte schwarze Tatverdächtige in höhere Risikogruppen als vorbestrafte weiße Tatverdächtige eingeteilt werden. Zweitens ergeben sich Veränderungen der gesellschaftlichen Wahrnehmungen von Risiken, Gefahren und Kriminalität. Richard Berk fordert beispielsweise, bestehende kriminologische Theorien durch Theorien einer Algorithmic Criminology zu ersetzen, das heißt Kriminalität durch computergestützte Modelle zu erklären, die Faktoren wie die Schuhgröße von Tatverdächtigen als Prediktoren verwenden (vgl. Berk 2013; Mohler et al. 2011, 2015). Drittens ergeben sich in rechtlicher Hinsicht Fragen der Verantwortlichkeit und Transparenz staatlichen Handelns. In einem Fall in Wisconsin, in dem sich der Richter bei der Urteilsbegründung auf eine algorithmische Prognose berief, wurde das Urteil im Revisionsverfahren abgemildert (vgl. Propublica 2016). Die Richter urteilten, dass die Prognosen nicht zur Begründung eines Urteils verwendet werden dürfen und dass Prognosen mit Angaben der Fehlermargen des Algorithmus versehen werden müssen. Eine letztinstanzliche Entscheidung zu diesem Fall stand im Herbst 2016 noch aus (vgl. ebd.).

Diese Anwendungsfälle von Prognosetechnologien und ihre gesellschaftlichen Folgen stehen auf einer abstrakteren theoretischen Ebene in einem Zusammenhang mit Diskussionen über die Folgen und Möglichkeiten zur Regulierung der fortschreitenden Automatisierung von Entscheidungsprozessen in allen gesellschaftlichen Bereichen auf der Grundlage ständig wachsender Bestände digitaler Daten (vgl. Pasquale 2015; Nissenbaum 2010, 2011; Lane et al. 2014; Brunton und Nissenbaum 2015; Danaher 2015). In diesem Zusammenhang hat Ziewitz (2015) konstatiert, dass Algorithmen ein „moderner Mythos" seien, der in Thesen wie der Kontrolle des Sozialen durch Algorithmen in Form einer „Computational Theocracy" (Bogost 2015) oder einer „Algoracy" (Danaher 2015) zum Ausdruck komme. Die Mythologisierung von Algorithmen speist sich Ziewitz zufolge aus der Wahrnehmung von Algorithmen als machtvolle Akteure, deren exakte Modi der Machtausübung jedoch schwer zu fassen seien (Ziewitz 2015, S. 3). Diese Wahrnehmung beruht in den Sozialwissenschaften auf einer verbreiteten Trennung zwischen Technologien und Gesellschaft. Dadurch entsteht häufig der Eindruck, Technologien hätten entweder unkontrollierbare Eigendynamiken oder seien für die Erklärung gesellschaftlicher Dynamiken irrelevant. Die empirischen Zusammenhänge innovativer technischer Artefakte mit der Institutionalisierung neuartiger Prozesse werden dementsprechend häufig vorausgesetzt (eine Grundlage für eine Mythisierung der Technologien) oder ausgeschlossen (eine Grundlage für die Verharmlosung der Technologien).

Versuche, diese Trennung zu überwinden, finden sich im Ansatz der *Social Construction of Technology* (SCOT, vgl. Bijker et al. 1987), der Technologien als soziotechnische Systeme beschreibt. Im Kern von SCOT-Analysen steht die Frage, wie Technologien entstehen und genutzt werden, das heißt welche Ideen zu ihrer Entwicklung führen sowie wie sie entwickelt, getestet, optimiert, eingesetzt und weiterentwickelt werden (vgl. Bijker 2010; Van de Ven et al. 1999). In der Akteurs-Netzwerk-Theorie wird die Unterscheidung zwischen den Kategorien des Sozialen und des Technischen mit dem Begriff des Netzwerks aufgehoben, in dem technische und soziale Akteure als Aktanten begriffen werden, die miteinander interagieren und so Netzwerke bilden (vgl. Latour 1990). Mit dem begrifflichen Instrumentarium der Wissenschafts- und Technikforschung wird nicht mehr nach den gesellschaftlichen Folgen der Technologien gefragt, sondern auch nach den gesellschaftlichen Einflüssen auf die Technologien: „Society and technology are not two ontologically distinct entities but more like phases of the same essential action." (Latour 1990, S. 129)

Für das Verständnis des Zusammenwirkens von technologischen und sozialen Handlungen ist die Beobachtung Amoores (2011) hilfreich, dass algorithmenbasierte Vorhersagen genau genommen zunächst keine verdächtigen Personen, Orte oder Handlungen hervorbringen, sondern aus einer Vielzahl von Daten durch komplizierte automatisierte Verfahren Daten-Derivate erzeugen (Amoore 2011, S. 27). Diese Daten-Derivate sind keine selbst-evidenten Bilder von Risiken und Gefahren, sondern komplexe epistemische Einheiten (vgl. Aradau und Blanke 2015), die das Resultat von soziotechnischen Herstellungsprozessen sind. Nimmt man diese Herstellungsprozesse in den Blick, erscheinen die in Berichten über Prognosetechnologien verbreiteten Bilder von farbigen Karten auf Computerbildschirmen nicht als Signum einer fortschreitenden Automatisierung von Entscheidungsprozessen in der Sicherheitsproduktion, sondern als oberflächliche Manifestationen komplexer Infrastrukturen, die empirisch untersucht werden können (vgl. Manning 2008, S. 4). Ein soziotechnischer Blick auf die Prognosetechnologien verbindet beispielsweise die Analyse der Erzeugung von Prognosen durch Algorithmen und ihrer Bewertung durch Analysten und operative Einsatzkräfte. Der Ansatz der Technografie (Schubert und Rammert 2006) nimmt den praktischen Umgang, eingeschriebene Selektivitäten und soziotechnische Konstellationen in den Blick und hilft so zu vermeiden, dass gesellschaftliche Dimension der Prognosetechnologien aus dem Blick geraten und die „Illusion einer abstrakt und perfekt regelhaft funktionierenden Technik" reproduziert wird (Rammert 2014, S. 3). Stattdessen wird rekonstruiert, wie der Eindruck, dass Technologien wünschenswerte Effekte erzeugen, gesellschaftlich hergestellt wird (vgl. Bijker 2010, S. 74).

Die Frage nach den Beziehungen vom Staat zur Sicherheitsgesellschaft kann mit den Begriffen der Wissenschafts- und Technikforschung als eine Frage nach der wechselseitigen Konstitution von technologischen und sozialen Ordnungen präzisiert werden (vgl. Jasanoff 2004, S. 2). Soziale Ordnungen werden in Technologien eingeschrieben und technologische Ordnungen schreiben sich ins Soziale ein. Aus diesen wechselseitig konstitutiven Prozessen entstehen soziotechnische Konstellationen von Prognosetechnologien, die eine beständig wachsende Anzahl an Risiken und Gefahren vorhersagen sollen und von Gesellschaften, die immer stärker auf eine präemptive Risiko- und Gefahrenverhinderung ausgerichtet sind. Beides kann in der Terminologie der Wissenschafts- und Technikforschung als Prozess der Stabilisierung und Schließung analysiert werden. Eine Stabilisierung ist beispielsweise die Etablierung eines Verfahrens aus einer Vielzahl anderer Verfahren zur Erstellung von Kriminalitätsprognosen, eine Schließung ist die mehr oder weniger unhinterfragte Annahme der verlässlichen Funktionsweise einer Technologie (vgl. Ravna 2015, S. 36f.). Prozesse der Stabilisierung und der Schließung erzeugen eine gewisse Beständigkeit, das heißt sie erzeugen technische und soziale Ordnungen (vgl. Latour 1990).

Callon und Latour haben diese theoretische Perspektive auf das Konzept des Staates übertragen. Ihnen zufolge besteht Staatlichkeit demnach nicht aus Institutionen, deren Existenz unhinterfragt angenommen wird, sondern ist ein Effekt von Prozessen, die Unterschiede zwischen „dem Staat" und „der Gesellschaft" erzeugen, indem Imaginationen, Symbole, Institutionen und Praktiken der Staatlichkeit stabilisiert und geschlossen werden (vgl. Abrams 1988; Callon und Latour 1981; Mitchell 1991; Steinmetz 1999). Den Staat in der Sicherheitsgesellschaft zu analysieren bedeutet dann zu thematisieren, wie (1) Prognosetechnologien entwickelt, konfiguriert und angewendet werden und (2) wie die Technologien Straftaten, Rückfallwahrscheinlichkeiten und gefährliche Situationen oder Individuen prognostizieren. Die Folgen der Einführung von Prognosetechnologien werden in dieser Perspektive als ein Bestandteil des Netzwerkes der Technologien und Akteure verstanden, die den Kontext der prognostischen Sicherheitsgesellschaft bilden. Für eine Kritik an Prognosetechnologien bedeutet dies, das gesamte Netzwerk in Betracht zu ziehen und zum Gegenstand der Kritik zu machen. Diskriminierende Folgen von Prognosetechnologien erfordern aus dieser Perspektive beispielsweise nicht nur rechtliche Reaktionen, sondern auch Anpassungen der Technologien und der Praxis ihrer Anwendung.

Um zu illustrieren, welche Relevanz die Thematisierung der wechselseitigen Konstitution von technischen und sozialen Ordnungen für die Analyse des Staates in der Sicherheitsgesellschaft hat, wird im folgenden Abschnitt der Stand der Forschung zu Technologien zur Vorhersage von Kriminalität diskutiert. Dabei wird gezeigt, wie die Annahme, dass Prognosetechnologien Kriminalität reduzieren und die Sicherheit erhöhen, stabilisiert wird und zur Verbreitung der Akzeptanz von Prognosetechnologien beiträgt. Auf diese problemfokussierte Diskussion folgt im dritten Abschnitt die Skizze eines technografischen Forschungsprogramms, das die Lücken der bestehenden Forschung thematisiert und zur empirischen Erforschung der soziotechnischen Dimensionen von Prognosetechnologien verwendet werden kann. Der Ansatz der Technografie bietet ein begriffliches und methodisches Instrumentarium, um die soziotechnischen Konstellationen von Prognosetechnologien empirisch zu untersuchen.

2 Prognosetechnologien und Sicherheit: Das Beispiel Predictive Policing

Die Forschung zu polizeilichen Prognosetechnologien, für deren Einsatz sich die Begriffe Predictive Policing (Gluba 2014) und Pre-Crime (McCulloch und Wilson 2015) etabliert haben, ist von der Trennung zwischen Technologien und Gesellschaft gekennzeichnet. In Studien technischer Aspekte der Prognosetechnologien werden die Effektivität und die Möglichkeiten der Optimierung der den Prognosetechnologien zugrundeliegenden Algorithmen und Prognosemethoden thematisiert (2.1). In Studien anwendungsbezogener Aspekte werden rechtliche und organisationale Aspekte der Wirksamkeit und der Folgen von Predictive Policing thematisiert (2.2).

2.1 Predictive Policing als Technologie: Algorithmen und Prognosemethoden

Predictive Policing steht für ein Konzept vorausschauender Polizeiarbeit, dass mithilfe von Algorithmen und Prognosemethoden die Effizienz und Zielorientierung der Polizei zu erhöhen verspricht (vgl. Coldren et al. 2013). Vorausschauende Polizeiarbeit soll durch Prognosetechnologien verwissenschaftlicht und damit auch objektiver werden. Diese Ziele kommen in Konzepten einer beweisgeleiteten (evidence-based policing, Sherman 2013), informationsgeleiteten (intelligence-led policing, Ratcliffe 2008) und vorhersagegeleiteten (predictive policing, Beck und McCue 2009) Polizeiarbeit zum Ausdruck. Mit den Technologien wird die Annahme verbunden, dass polizeiliche Arbeit ohne technologische Unterstützung und quantitative Analysemethoden ineffizient und wahllos sei. Von zentraler Bedeutung für die Forschung an Prognosetechnologien ist die Frage, wie mit wissenschaftlichen Methoden in die Zukunft geschaut werden kann, um Straftaten im vornehinein zu verhindern. In statistischen Arbeiten wird die Validität der Prognosemodelle sowie die Angemessenheit entsprechender polizeilicher Interventionen daher nicht grundsätzlich in Frage gestellt oder diskutiert, sondern lediglich als eine Frage der weiteren Optimierung von Datenbeständen und Auswertungsmethoden beschrieben (vgl. Fitterer et al. 2015; Caplan et al. 2011; Berk und Bleich 2013; Chainey et al. 2008; Bowers et al. 2004). Der Begriff *Crime Forecasting* beschreibt die Verwendung von Prognosetechnologien exakter als der Begriff *Predictive Policing*, da im Englischen mit dem Verb „to predict" eine Vorschau in die Zukunft bezeichnet wird, die eher einer subjektiven, intuitiven und nicht wiederholbaren Vorausschau entspricht und das Verb „to forecast" für die Erstellung objektiver, wissenschaftlicher und wiederholbarer Prognosen steht (vgl. Perry et al. 2013, S. xiii).

Die Algorithmen zur Vorhersage von Straftaten können anhand ihrer grundlegenden theoretischen Modelle und statistisch-mathematischen Verfahren unterschieden werden. Algorithmen, die statistische Verfahren automatisieren, beruhen auf Theorien wie der *Near Repeat Theory* (vgl. Townsley et al. 2003; Schweer 2015), der *Routine Activity Theory* (Cohen und Felson 1979) oder auf mathematischen Modellen zur Vorhersage von Erdbeben oder Infektionswellen (vgl. Bowers et al. 2004, S. 642). Die in den USA verbreitete Software *PredPol* beruht auf einem Algorithmus, der zur Vorhersage von Nachbeben nach einem größeren Erdbeben entwickelt wurde (vgl. Mohler et al. 2011, 2015). Die in Bayern eingeführte Software *Precobs* des Instituts für Musterbasierte Prognosetechnik beruht auf der sogenannten Near *Repeat Theory*, die sich auf Methoden der Epidemiologie bezieht, um die Wahrscheinlichkeit von Einbrüchen vorherzusagen (vgl. Townsley et al. 2013, S. 615). Die *Near Repeat*- sowie die *Routine Activity Theory* gehen von der Annahme aus, dass Massendelikte wie Einbruchdiebstahl von Strukturmerkmalen geprägt sind, anhand derer die Wahrscheinlichkeit zukünftiger Straftaten berechnet werden kann.

Diskussionen über das Potential der Operationalisierung dieser Theorien mithilfe von Big Data lassen die Subjektivität von Tätern als Erklärungsgegenstand polizeilicher Arbeit tendenziell verschwinden (vgl. Belina 2016). Tätertypen werden dadurch zu Objekten der in polizeilichen Daten und Praktiken enthaltenen Bias (vgl. Feeley und Simon 1992; Legnaro und Kretschmann 2015). Durch die Berechnung der Prognosen aus polizeilichen Daten über bereits begangene Straftaten besteht die Gefahr, dass Prognosetechnologien polizeiliche Maßnahmen auf Gebiete (und Personen) lenken, die bereits bekannte Schwerpunkte beziehungsweise Tatverdächtige sind. Um auch Kriminalitätsschwerpunkte vorhersagen zu können, an denen bisher keine Kriminalität registriert wurde, ergänzen Methoden wie die *Risk Terrain Analysis* (vgl. Perry et al. 2013, S. 50f.) polizeiliche Daten mit sozialräumlichen Daten. Andere Technologien zur Vorhersage zukünftiger Schwerpunkte von Straftaten setzen auf maschinelles Lernen und *Deep Learning* (vgl. Berk 2013; Berk und Bleich 2013; Berk und Jordan 2015). Hier werden theoretische Modelle und statistische Methoden durch Algorithmen ersetzt, die nach Korrelationen suchen, um Prognosen zu verbessern. Bei diesen Prognosetechnologien nimmt der kausale Zusammenhang der Faktoren gegenüber den modellbasierten Prognosen einen geringeren Stellenwert ein bzw. entfällt zum Teil gänzlich (Chan und Moses 2016).

Fallstudien zu Predictive Policing werden häufig von EigentümerInnen, GründerInnen und/oder AnteilsinhaberInnen von Firmen, die Prognosetechnologien für Polizeiorganisationen herstellen und betreiben, veröffentlicht (vgl. Schweer 2015; Mohler et al. 2015). In diesen Fallstudien sowie in Medienberichten (z.B. Meschkat 2015; Becker 2015) wurden wiederholt empirische Korrelationen zwischen dem Einsatz oder dem Test einer Prognosetechnologie und einem Rückgang von Einbruchsdelikten beobachtet. Auch der bayerische Innenminister Herrmann bewertete den Probebetrieb der Software Precobs in Bayern im Sommer 2015 positiv: „In München ging die Zahl der Wohnungseinbrüche von Oktober 2014 bis März 2015 um 29 Prozent zurück, in den nach einer Precobs-Prognose besonders bestreiften Bereichen sogar um 42 Prozent." (BStMI, 2015) Die Korrelationen zwischen dem Einsatz einer Prognosetechnologie und reduzierten Kriminalitätsraten sind in der angewandten kriminalistisch-kriminologischen Forschung jedoch umstritten. So ist unklar, ob der Rückgang von registrierten Delikten tatsächlich in einem ursächlichen Zusammenhang mit dem Einsatz von Prognosetechnologien steht, oder es sich dabei um kurzfristige Kontroll- oder Verdrängungseffekte, allgemeine Trends der Kriminalitätsentwicklung oder schlichten Zufall handelt (vgl. Gluba 2014).

Empirische Studien zur Anwendung polizeilicher Prognosetechnologien liegen überwiegend aus den USA vor (vgl. Perry et al. 2013; Hunt et al. 2014; Mohler et al. 2011, 2015; Uchida 2009). Eine der bisher umfangreichsten Evaluationen wurde in Shreveport (USA) durchgeführt. Hier konnten die AutorInnen keine statistischen Belege für einen stärkeren Rückgang von Kriminalität in den Testgebieten im Vergleich zu den Kontrollgebieten nachweisen (vgl. Hunt et al. 2014, S. xiii). Die AutorInnen erklären dieses Ergebnis mit der alltäglichen Anwendung der Prognosetechnologien in der polizeilichen Praxis (ebd.). Die Beamten wussten in diesem Fall oft nicht genau, welche polizeilichen Maßnahmen in den durch die Software ausgewiesenen Gebieten zu ergreifen sind. Auch in anderen Fallstudien wurde die Wirkung der Technologien anhand ihrer organisationalen Implikationen bewertet; es gilt als ausgemacht, dass die Wirkung nicht allein aus der Technologie heraus erklärt werden kann (vgl. McClusky et al. 2014; Uchida 2013; Saunders et al. 2016). Ein Analyst des Niedersächsischen Landeskriminalamts kommt in einer Meta-Evaluation der Literatur zu polizeilichen Prognosetechnologien zu dem Ergebnis, dass die ursächliche Wirksamkeit der Technologie zur Kriminalitätsbekämpfung bisher nicht nachzuweisen ist und erklärt die Ausbreitung der Technologie mit dem Marketing der Softwarehersteller und der weitreichenden Akzeptanz der theoretischen Grundlagen von Predictive Policing (vgl. Gluba 2014). Zudem bleibe es unklar, wie die theoretischen Modelle konkret durch Prognosetechnologien operationalisiert werden, weshalb sie einer *Black Box* ähneln (ebd., S. 12). Angesichts der wissenschaftlich nicht belegten Erwartungen an Prognosetechnologien haben selbst die AutorInnen der konservativen RAND Corporation gewarnt, dass Computer nicht die Zukunft vorhersehen könnten, dass Prognosetechnologien den Polizeibehörden nicht die gesamte Ermittlungsarbeit abnähmen, dass avancierte und teure Systeme nicht zwangsläufig effektiv seien und dass akkurate Vorhersagen nicht automatisch zu einem messbaren Rückgang von Kriminalität führten (vgl. Perry et al. 2013, S. xix f.). Die Stabilisierung von Prognosetechnologien beruht insofern nicht zuvorderst auf ihrer Funktionalität, sondern auf Wirkungen, die den Technologien zugeschrieben werden. Bei diesen Zuschreibungen kommt der Forschung zu Predictive Policing als Praxis eine zentrale Rolle zu.

2.2 Predictive Policing als Praxis: Rechtliche Implikationen und organisationale Einbettung

Bislang ist es wenig erforscht, wie Prognosetechnologien mit proaktiven polizeilichen Strategien und internen Managementprozessen verflochten sind. Aus einer rechtstheoretischen und techniksoziologischen Perspektive stellt sich angesichts der Verflechtung technologischer Prozesse mit polizeilichen Handlungen jedoch die Frage, wie in diesen Konstellationen die Prinzipien der Verantwortlichkeit und der Transparenz gewahrt werden können (vgl. Martini 2014; Meinicke 2015; Pasquale 2015). Im Hinblick auf die rechtlichen Implikationen werden vor allem Fragen nach der Einbeziehung personenbezogener Daten, dem Datenschutz und möglichen diskriminierenden Folgen wie der verstärkten Kontrolle gesellschaftlicher Minderheiten thematisiert (vgl. Joh 2014; Ferguson 2012; Harcourt 2005). Hoheitliche Maßnahmen auf der Grundlage algorithmischer Prognosen erfordern die Möglichkeit, automatisierte Entscheidungen im Rahmen von Gerichtsverhandlungen nachvollziehen zu können (vgl. Beck 2012; Beck et al. 2015; Martini 2014; Pasquale 2015; Roßnagel und Nebel 2015). Aus juristischer Perspektive stellt sich zudem die Frage, ob technisch erzeugte Prognosen eine hinreichende Grundlage zur Durchführung hoheitlicher Maßnahmen bilden (vgl. 2015). Schließlich werden im juristischen Diskurs über Prognosetechnologien Gefahren der „Stigmatisierung betroffener Bevölkerungsgruppen durch die software-bedingte Ausweisung eines Risikogebietes" (Meinicke 2015, S. 84) diskutiert (vgl. Ferguson 2012).

Aus Studien über technologische Innovationen in Polizeiorganisationen können weitere Anknüpfungspunkte für die Erforschung der organisationalen Einbettung von Prognosetechnologien gezogen werden. Allerdings wurden bislang wenige qualitative Studien über den Einsatz von Technologien zur Kriminalitätsprävention durchgeführt (vgl. Byrne und Marx 2011, S. 30; s. a. Harris 2007; Harris und Lurigio 2007, Hetger 2003; Narr 2003; Reichertz 1994; Nogala 1989). Hier sind Arbeiten zum sogenannten *Hot-Spot-Policing* einschlägig (vgl. Braga und Weisburd 2010). In Deutschland besteht diese Polizeitaktik in seiner einfachsten Form seit Jahrzehnten aus der Verteilung von Stecknadeln auf einem Stadtplan; diese Methode ist mittlerweile durch verschiedene Systeme technisiert worden und bei deutschen Polizeibehörden beinahe flächendeckend im Einsatz (vgl. Krasmann et al. 2013). In der Praxis werden diese Systeme zum Personalmanagement und für die Planung von Einsätzen verwendet. Legten die Ergebnisse einer entsprechenden Studie aus dem Jahr 2013 nahe, dass Nutzungen von Geografischen Informationssystemen „in Bezug auf Kriminalität [...] nicht durchgehend anzutreffen sind" (ebd., S. 4), so zeichnet sich durch die gegenwärtige Einführung und Erprobung von Prognosetechnologien ein Wandel hin zu einem verstärkten Einsatz der Technologien in der Kriminalitätsbekämpfung ab (vgl. Fußnote 2). In einer Fallstudie zur Einführung von Informationsverarbeitungssystemen bei der australischen Polizei kam Chan (2001, S. 147) zu dem Ergebnis, dass die Folgen neuer Technologien für die polizeiliche Praxis davon abhängen, wie die Technologien mit kulturellen Werten, Managementpraktiken, Arbeitspraktiken und technischen Fähigkeiten interagieren. Auch jüngere Studien verweisen auf die enge Verflechtung von Technologien mit bestimmten Strategien des Polizierens sowie mit Theorien über Kriminalität (Jackson et al. 2014, S. 2).

Prognosetechnologien operationalisieren Theorien über Tatbegehungsmuster und Methoden zur Kriminalitätskartierung, um polizeiliche Interventionen auf Orte, Gruppen oder Individuen mit einer statistisch erhöhten Wahrscheinlichkeit des Vorkommens von Straftaten zu lenken. Die raum- und zeitgebundene Problematisierung von Kriminalität befördert die Ausrichtung der Polizeiarbeit auf die proaktive Gefahrenbekämpfung. Bernd Belina (2009, S. 205) hat die Folgen dieser Entwicklung anhand der Produktion selbstevidenter und damit nicht mehr hinterfragbarer Kriminalitätsbilder analysiert. Seinen Beobachtungen zufolge bergen Algorithmen zur Generierung von Kriminalitätsprognosen die Gefahr, die in polizeilichen Theorien und Daten vorhandenen Bias zu reproduzieren und zugleich einer auf Risiken fokussierten polizeilichen Praxis Vorschub zu leisten (vgl. Belina 2009, S. 208; Moncada 2010; Legnaro und Kretschmann 2015). In der polizeilichen Praxis zeichnet sich hier sowohl in den USA als auch in Deutschland ein widersprüchliches Bild. So werden die Prognosetechnologien oft sowohl als Signum einer neuen, proaktiven Polizeiarbeit als auch als Technisierung klassischer Ermittlungsmethoden beschrieben (z.b. Becker 2015; Heaton 2012). Jackson et al. (2014, S. 3) haben in ihrer Studie zwischen unterstützenden, reaktiven und proaktiven Funktionen der Prognosetechnologien unterschieden. Mithin gilt es jeweils empirisch zwischen der Funktion der Prognosetechnologien zu unterscheiden. Die Verbreitung von Predictive Policing in Polizeibehörden kann daher nicht als die Umsetzung eines kohärenten Programms beschrieben werden, die Funktionsweisen und damit auch die Folgen der Technologien hängen jeweils von dem Kontext ihrer Anwendung ab.

Die Verbreitung von Prognosetechnologien steht in den USA in einem zeitlichen Zusammenhang mit den Folgen der Wirtschaftskrise von 2007/2008. In einem viel zitierten Aufsatz haben Beck und McCue (2009) argumentiert, dass Polizeibehörden in Zeiten der wirtschaftlichen Rezession aus den Strategien von Walmart und Amazon für die Kriminalitätsbekämpfung mit dem Ziel lernen könnten, Kriminalitätstrends zu erkennen und Straftaten im Vorhinein zu verhindern. Walmart hatte nach der Naturkatastrophe Katrina im Bundesstaat Louisiana damit begonnen, bei Unwetterwarnungen die damals am häufigsten gekauften Konsumgüter vermehrt breitzustellen (vor allem Erdbeer Pop Tarts, vgl. ebd.). Das Versprechen, Kriminalität effizienter zu bekämpfen wird oft mit dem Einsatz von Prognosetechnologien zur Unterstützung in strategischen Entscheidungsprozessen der Einsatzplanung und der Personaldisposition verbunden (vgl. Camacho-Collados und Liberatore 2015; Perry et al. 2013, S. xxii). Bei der Thematisierung der Effizienz und Effektivität von Prognosetechnologien werden die Informationsverarbeitungskapazitäten der Technologien hervorgehoben, die zu einem besseren Verständnis der Entstehungsfaktoren von Kriminalität beitragen und eine präventive Bekämpfung der Kriminalität ermöglichen sollen: „It is helpful to think of these as enterprise information technology systems that make sense of large data sets to provide situational awareness across a department (extending, in many cases, to the public). These systems should help agencies understand the where, when, and who of crime and identify the specific problems that drive crime in order to take action against them." (Perry et al. 2013, S. xxii) Mit der Erprobung und Einführung von Prognosetechnologien geht insofern auch die Reproduktion eines polizeilichen Selbstverständnisses als Kriminalitätsbekämpfungsbehörde einher, das sich u.a. auf Dienstleistungen privater Akteure stützt (vgl. Tanner und Meyer

2015; Reiner 2015). In diesem Zusammenhang wird auch thematisiert, inwiefern die Beteiligung privatwirtschaftlicher Technologieproduzenten und -dienstleister an der Sicherheitsproduktion zur Transformation einer genuin staatlichen Kernaufgabe beiträgt (Daase und Deitelhoff 2014). Dabei geht es außer dem Schutz polizeilicher Daten vor unrechtmäßigem Zugriff durch Dritte insbesondere um Erwartungen und Versprechen, die durch die Industrie bei den Polizeibehörden geweckt werden und die Frage, inwiefern die Möglichkeit der Erweiterung von Funktionen der Prognosetechnologien und anderer technischer Überwachungssysteme zu einem steigenden Bedarf an Daten führt (ebd.).

Zusammengefasst zeichnet die Forschung zu den rechtlichen Implikationen und der organisationalen Einbettung von Predictive Policing ein heterogenes Bild von Prognosetechnologien und ihren Folgen für die polizeiliche Praxis. Byrne und Marx haben angesichts der vielschichtigen Faktoren, die zur Adaption von Technologien durch Polizeiorganisationen führen, eine These entwickelt, die konträr zum in der Literatur und in den Medien verbreiteten Narrativ der effizienz- und effektivitätssteigernden Effekte von Prognosetechnologien steht: „Research documenting a tactic's effectiveness (or advantages and disadvantages relative to other tactics) generally plays a minor role in the decision to adopt or to continue to use a technology." (2011, S. 28) Sie verweisen damit auf Entscheidungsprozesse, die zur Schließung der Entscheidung über die Einführung einer Technologie führen. Diese Prozesse werden in der Technografie als rhetorische und soziale Schließung (Rammert 2007, S. 6) beschrieben: „Nicht die technische Überlegenheit, sondern die soziale Schließung der Kontroverse über das technisch beste Fahrrad erklärt demnach die Durchsetzung und spätere Verbreitung dieses Typs." (ebd., vgl. Pinch und Bijker 1987) Im Folgenden wird das Potential des Konzepts der Technografie zur Erforschung von Prognosetechnologie diskutiert.

3   Prognosetechnologien in der Sicherheitsgesellschaft erforschen: Ein technografisches Forschungsprogramm

Der Einsatz von Prognosetechnologien im polizeilichen Alltag erfordert die Integration der Technologien in polizeiliche Strukturen und Prozesse sowie die Bewertung automatisch erstellter Vorhersagen durch Analysten, um sie für operative Planungen und Interventionen verwenden zu können. Predictive Policing kann anhand der technologisch vermittelten Erzeugung probabilistischen Wissens über Kriminalität und von polizeilichen Planungen und Interventionen auf der Grundlage dieses Wissens analysiert werden (Perry et al. 2013, S. xvii). Die automatisierten Prognosen und ihre Bewertungen erzeugen neues Wissen über Kriminalität, das einen Einfluss auf die polizeiliche Wahrnehmung, Problematisierung, Prävention und Bekämpfung von Kriminalität haben kann. Anhand einer technografischen Analyse kann untersucht werden, unter welchen Umständen die technisch produzierten Vorhersagen objektiviert oder relativiert werden sowie ob und wie die technisch produzierten Lagebilder die polizeiliche Wahrnehmung von Kriminalität sowie polizeiliche Einsätze verändern. In Bezug auf die Prognosetechnologien ist aus technografischer Perspektive zu fragen, wie die Technologien bei der Kriminalitätsbekämpfung mithandeln und wie mit Technologien gehandelt wird. Dadurch gerät die Neukomposition der Handlungsträgerschaft in den Fokus: Wie werden Handlungen und Folgen von Handlungen den Technologien zugeschrieben, bzw. wie werden sie Individuen oder Strukturen zugeschrieben?

Der Ausgangspunkt der Technografie ist die Beobachtung, dass Techniken zwar im alltäglichen Handeln allgegenwärtig sind, doch in sozialwissenschaftlicher Perspektive oft „wie selbstverständlich aus unserem Bewusstsein" (Schubert und Rammert 2006, S. 11) verschwinden (s. a. Rappert und Balmer 2015). Um sie in den Blick zu nehmen, bietet die Technografie einen „methodologischen Pfad" zur Beobachtung von Technologien „im funktionierenden Alltag aus der Nähe und aus verfremdeter Distanz" (Schubert und Rammert 2006, S. 11). Anstatt entweder die technologische oder die soziale Determination polizeilichen Handelns vorauszusetzen, rücken in technografischen Arbeiten Prozesse der wechselseitigen Konstitution von Gesellschaft und Technologie in den Fokus. Das Ziel technografischer Analysen ist es daher, technisch-soziale Konstellationen polizeilichen Handelns empirisch zu erfassen und zu analysieren: „Das Mithandeln der Technik in den Konstellationen sichtbar und begreifbar zu machen, das ist das besondere Ziel der technografischen Analyse." (Rammert 2007, S. 24)[3] Im Rahmen technografischer Analysen werden die „Grenzziehungen und Zurechnungen in soziotechnischen Konstellationen" (Schubert und Rammert 2006, S. 13) empirisch rekonstruiert. Sie begreifen „den praktischen Umgang mit Techniken, das kreative Machen und das adaptive Nutzen als einen genuin sozialen Prozess" und beschreiben, „wie sich soziales Handeln aus der Verteilung von Aktivitäten und Attributionen auf menschliche, physische und symbolische Träger in hybriden Konstellationen konstituiert." (Schubert und Rammert 2006, S. 13) Methodisch werden technografische Analysen vorwiegend mit teilnehmenden Beobachtungen und Interviews umgesetzt (vgl. Schubert und Rammert 2006, S. 14). Die empirische Rekonstruktion soziotechnischer Konstellationen von Prognosetechnologien wird von drei Fra-

---

3 Ein zentraler theoretischer Bezugspunkt der Technografie ist die symmetrische Anthropologie Latours (2005), die sich für das Mithandeln der Technik interessiert.

gestellungen angeleitet, die die Genese, die Anwendung und Anpassung sowie die daraus entstehenden soziotechnischen Konstellationen fokussieren (vgl. Rammert 2014, S. 10f.).

Erstens wird die Genese, das heißt die sukzessive Entwicklung der Prognosetechnologien rekonstruiert, welche Interessen in sie eingeschrieben wurden bzw. durch sie entstanden sind und wie sich die Erwartungen und Anforderungen im Verlauf der Erprobung und Einführung verändert haben (vgl. Akrich 1992; Latour 1992). So wird danach gefragt, welche Erwartungen zu Beginn des Erprobungsprozesses an die Technologien herangetragen wurden und ob, sowie ggf. wie, sie sich im Verlauf der Erprobung und Einführung verändert haben. Dazu werden Entscheidungsprozesse rekonstruiert, die genutzten Kriterien zur Technologie-Bewertung und Entscheidungsfindung identifiziert, Testergebnisse und Testverläufe analysiert und die Ergebnisse dieser Prozesse ausgewertet (vgl. Van de Ven et al. 2008). Die wechselseitige Konstitution von polizeilicher Praxis und Technologie wird hier anhand von Prozessen der Passung zwischen den praktischen Anforderungen und den technologischen (Un-)Möglichkeiten rekonstruiert (vgl. ebd.; Rammert 2008.). Auf diese Weise kann analysiert werden, wie es zu Entscheidungen über die Einbeziehung oder den Ausschluss bestimmter Funktionen sowie zur Anpassung von Praktiken und organisationalen Prozessen kam. Die Analyse der Konfiguration der technisch-sozialen Konstellationen ermöglicht die Analyse von polizeilichen Strategien wie jener des Predictive Policing anhand der Aushandlung, Gestaltung und Veränderung im Rahmen der Erprobung und Einführung von Technologien zur Prognose von Straftaten.

Zweitens werden der Umgang mit Prognosetechnologien und ihre Funktionsweisen im organisationalen Alltag untersucht. Vergleichende Arbeiten in der Polizeiforschung haben gezeigt, dass polizeiliche Praktiken stark von lokalen Faktoren geprägt sind (vgl. Kreissl et al 2007; Paul et al. 2007; Taylor et al. 1996). Während die Rekonstruktion der Genese auf die Prozesse bis zur Einführung einer Technologie begrenzt ist, umfasst die Analyse der Funktionsweisen und der Anwendung von Prognosetechnologien die Phase nach ihrer Einführung. Durch die Analyse der Anwendung der Prognosetechnologien kann die Verflechtung technologischer Faktoren und organisationaler Kulturen systematisch analysiert werden. Die Rekonstruktion dieser Prozesse und Faktoren ermöglicht es insbesondere, die situationsbezogenen Folgen der Technologien zu analysieren, das heißt organisationale Auswirkungen wie z. B. die Schaffung neuer Arbeitsabläufe, Stellen, Kooperationsformen, Arbeitsplatzausstattungen und Evaluations- und Instandhaltungsprozesse (vgl. Ericson und Haggerty 1997; Manning 2008). Empirisch gilt es daher in der Rekonstruktion der Anwendung, die theoretischen Grundlagen der Prognosetechnologien; den Umfang und Aufbau der zugrundeliegenden Datenbank(en); die Funktionsweise der Algorithmen zur automatisierten Auswertung der Datenbank; die Erstellung, den Aufbau und die Gestalt von Prognosen; den Ablauf der Bewertung und Interpretation des Vorhersageergebnisses; die operative Verwendung der Vorhersage sowie die Bewertung des Einsatzes von Prognosetechnologien zu rekonstruieren.

Im Hinblick auf die organisationalen Folgen von Prognosetechnologien wird danach gefragt, wie die Prognosetechnologien in bestehende Prozesse und Strukturen integriert werden und/oder eine Anpassung erfordern. Im Hinblick auf die Anwendung der Prognosetechnologien wird untersucht, wie die Technologien durch NutzerInnen angeeignet werden, damit die Technologien im Verständnis ihrer AnwenderInnen „funktionieren" (vgl. Byrne und Marx 2011; Manning 1992, 2001, 2008). So können auch die Routinen im Umgang mit den Technologien untersucht werden. Ein Beispiel dafür ist der Einsatz von Technologien zur Vorhersage der Rückfallwahrscheinlichkeit von Straftätern, die ursprünglich in der Bewährungshilfe eingesetzt wurden und jetzt verbreitet in Gerichtsverfahren Anwendung finden. Ein besonderer Schwerpunkt bildet hier die Frage, unter welchen Bedingungen aus der Anwendung von Prognosetechnologien polizeiliche Maßnahmen initiiert werden, und wann nicht. Die Rekonstruktion dieser alltäglichen Anwendungsprozesse erlaubt auch, Veränderungen der polizeilichen Wahrnehmung von Kriminalität und ggf. weitere Folgen dieser Veränderung wie veränderte Einsatzkonzepte und die Fokussierung auf bestimmte Tätertypen zu untersuchen.

Die Analyse der Genese und der Anwendung von Prognosetechnologien ist daran interessiert zu klären, welche Handlungsverteilungen in den entstehenden soziotechnischen Konstellationen beobachtbar sind. Dazu wird aus einer symmetrischen Perspektive rekonstruiert, wie Handlungen der Prognosetechnologien (z. B. die automatisierte Erstellung einer Prognose) mit Handlungen von PolizistInnen (z. B. die Auswertung der Prognose und die Entscheidung über weitere Maßnahmen) ineinandergreifen, welche Schnittstellen dafür verwendet werden und welche soziotechnischen Praktiken jeweils zur Stabilisierung oder Destabilisierung der Konstellationen führen. Empirisch zu klären ist hier etwa, ob die Vorhersagen zuvorderst zu polizeilichen Interventionen führen, oder ob, und ggf. wie, sie in bestehende lokale Formen der Kooperationen mit anderen staatlichen und privaten Akteuren eingebettet werden. Damit ermöglicht die hier verfolgte Konstellationsanalyse die systematische Rekonstruktion der Folgen der Einführung von Prognosetechnologien für die polizeiliche Praxis.

Drittens können auf der Grundlage der Genese, Funktionsweise und Anwendung die breiteren gesellschaftlichen Implikationen von Prognosetechnologien untersucht werden. Diese Untersuchung umfasst Aspekte wie die aus dem Einsatz von Prognosetechnologien resultierenden Gefahren für die Prinzipien der Transparenz, der Verantwortlichkeit und des Diskriminierungsverbots. In sozialtheoretischer Perspektive gilt es zu klären, inwiefern die in den soziotechnischen Konstellationen der Prognosetechnologien klar zwischen staatlichem und technischem Handeln unterschieden werden kann. Empirisch geht es hier zudem um die Veränderungen staatlichen Handelns durch den Einsatz von Prognosetechnologien sowie um die Verflechtungen privatwirtschaftlicher Dienstleistungen (etwa die Bereitstellung von Software, Schulungen oder den Betrieb von Datenzentren) privatwirtschaftlicher und staatlicher Akteure.

4   Technografie – mehr als nur differenzierte Perspektiven auf den Staat, Prognosetechnologien und die Sicherheitsgesellschaft?

Die Stärke des technografischen Ansatzes liegt auf der Hand. Er verspricht differenzierte empirische Einsichten in die Entstehung, Funktionsweise und Anwendung von Vorhersagetechnologien durch die Polizei, in Strafverfahren und im Strafvollzug. Doch gerade im Hinblick auf die Analyse von Staatlichkeit und Gesellschaft stellt sich die Frage, inwiefern diese Ergebnisse neue Impulse für die Analyse der gesellschaftlichen Folgen von Prognosetechnologien geben. Diese Frage wird zentral für empirische Studien sein, die sich für einen technografischen Ansatz entscheiden. Hier gilt es zu zeigen, inwiefern beispielsweise die Annahme einer geteilten Handlungsträgerschaft nicht nur ein nützliches sensibilisierendes Konzept zur empirischen Analyse ist, sondern auch die Wahrnehmung gesellschaftlicher Folgen verändert. Dies scheint insbesondere im Fall der rechtlichen Probleme der Fall zu sein; hier steht die Forschung und die rechtspolitische Diskussion vor wichtigen Fragen des Umgangs mit automatisieren Entscheidungsprozessen. In gesellschaftspolitischer Hinsicht scheint die Produktion differenzierter empirischer Einsichten ambivalent: Einerseits läuft sie Gefahr, die Entwicklung und Verbreitung automatisierter prognostischer Verfahren im Kriminaljustizsystem unkritisch zu begleiten oder gar zu befördern. Hier gilt es insbesondere, die wissenschaftliche Debatte in methodischer und forschungsethischer Hinsicht zu intensivieren. Andererseits können differenzierte empirische Forschungen über die Entwicklung, Funktionsweise und Anwendung von Prognosetechnologien auch Wissen erzeugen, das einen Beitrag zu einem progressiven und reflektieren gesellschaftlichen Umgang mit diesen Technologien leistet. Die Stärke des technografischen Ansatzes ist hier die Überwindung der Trennung von Technologie und Gesellschaft, die eine Voraussetzung zur Vermeidung einer deterministischen oder relativistischen Einschätzung von Prognosetechnologien im Kriminaljustizsystem ist.

Literatur

Abrams, P., 1988: Notes on the Difficulty of Studying the State. In: *Journal of Historical Sociology* 1(1): S. 58-89.

ADABTS [Automatic Detection of Abnormal Behavior and Threats in crowded Spaces], 2013: *ADABTS Final Demonstration*. https://www.informationsystems.foi.se/main.php/ ADABTS_Final_Demo.pdf? fileitem=7340169 [26.06.2016].

Akrich, M., 1992: The De-Scription of Technical Objects. In: Bijker, W. E./Law, J. (Hrsg.), *Shaping Technology/Building Society*. Cambridge: MIT Press, S. 205-224.

Amoore, L., 2011: Data Derivatives: On the Emergence of a Security Risk Calculus for Our Times. In: *Theory Culture Society* 28(6), S. 24-43.

Aradau, C./Blanke, T., 2015: The (Big) Data-security assemblage: Knowledge and critique. In: *Big Data & Society*, DOI: 10.1177/2053951715609066, S. 1-12.

BASIGO [Bausteine für Sicherheit von Großveranstaltungen], 2014: *Social Media Monitoring 2014*. http://www.basigo.de/aktuelles/artikel/article/social-media-monitoring-2014. html [26.06.2016].

Beck, C./McCue, C., 2009: Predictive Policing: What Can We Learn from Wal-Mart and Amazon about Fighting Crime in a Recession? In: *The Police Chief. The Professional Voice of Law Enforcement*, http://www.policechiefmagazine.org/magazine/index. cfm?fuseaction=print_display&article_id=1942&issue_id=112009 [29.01.2016].

Beck, S. (Hrsg.), 2012: *Jenseits von Mensch und Maschine. Ethische und rechtliche Fragen zum Umgang mit Robotern, Künstlicher Intelligenz und Cyborgs*. Baden-Baden: Nomos Verlag.

Beck, S./Meier, B./Momsen, C. (Hrsg.), 2015: *Cybercrime und Cyberinvestigations. Neue Herausforderungen der Digitalisierung für Strafrecht, Strafprozessrecht und Kriminologie*. Baden-Baden: Nomos Verlag.

Becker, M., 2015: *Polizei will Verbrechen vorhersagen*. http://www.wdr5.de/sendungen/ morgenecho/nrw-predictive-policing-100.html [27.10.2015.].

Belina, B., 2009: Kriminalitätskartierung – Produkt und Mittel neoliberalen Regierens, oder: Wenn falsche Abstraktionen durch die Macht der Karte praktisch wahr gemacht werden. In: *Geographische Zeitschrift* 97(4), S. 192-212.

Belina, B., 2016: Predictive Policing. In: *Monatsschrift für Kriminologie und Strafrechtsreform* 99(2): S. 85-100.

Berk, R., 2013: Algorithmic criminology. In: *Security Informatics* 2(5), S. 1-15.

Berk, R./Bleich, J., 2013: Statistical procedures for forecasting criminal behavior: A comparative assessment. In: *Criminology & Public Policy* 12(3), S. 513-544.

Berk, R./Hyatt, J., 2015: Machine Learning Forecasts of Risk to Inform Sentencing Decisions. In: *Federal Sentencing Reporter* 27(4), S. 222-228.

Bijker, W.E/Hughes, T. P./Pinch, T. J., 1987: *The social construction of technological systems: New directions in the sociology and history of technology*. Cambridge: MIT Press.

Bijker, W. E., 2010: How is technology made? – That is the question! In: *Cambridge Journal of Economics* 34(1): S. 63-76.

Bogost, I., 2015: *The Cathedral of Computation*. In: The Atlantic vom 15. Januar 2015, http://www.theatlantic.com/technology/archive/2015/01/the-cathedral-of-computation/384300/ [29.01.2016].

Bowers, K. J./Johnson, S. D./Pease, K., 2004: Prospective Hot-Spotting: The Future of Crime Mapping? In: *British Journal of Criminology* 44(5), S. 641-658.

Braga, A. A./Weisburd, D., 2010: *Policing Problem Places: Crime Hot Spots and Effective Prevention*. New York: Oxford University Press.

Brunton, F./Nissenbaum, H., 2015: *Obfuscation. A User's Guide for Privacy and Protest*. Cambridge/London: MIT Press.

BStMI [Bayerisches Staatsministerium des Inneren], 2015: *Erfolgreicher Precobs-Test in München und Mittelfranken – Bayerns Innenminister Joachim Herrmann plant dauerhafte Beschaffung einer Prognosesoftware gegen Einbrecher: Weniger Wohnungseinbrüche und mehr Täterfestnahmen*, http://www.stmi.bayern.de/med/pressemitteilungen/pressearchiv/2015/204/index.php [29.01.2016].

Byrne, J./Marx, G., 2011: Technological Innovations in Crime Prevention and Policing. A Review of the Research on Implementation and Impact. In: *Cahiers Politiestudies* 3(20), S. 17-40.

Callon, M., 1986: Some elements of a sociology of translation. In: *Power, action and belief: a new sociology of knowledge?* Hrsg. von J. Law. London: Routledge & Kegan Paul. S. 196-233.

Callon, M./Latour, B., 1981: Unscrewing the big Leviathan. In: *Advances in Social Theory and Methodology. Toward an Integration of Micro- and Macro-Sociologies*. Hrsg. von K. Knorr-Cetina und A. V. Cicourel. Boston: Routledge & Kegan Paul. S. 277-303.

Camacho-Collados, M./Liberatore, F., 2015: A Decision Support System for predictive police patrolling. In: *Decision Support Systems* 75, S. 25-37.

Caplan, J. M./Kennedy, L.W./Miller, J., 2011: Risk Terrain Modeling: Brokering Criminological Theory and GIS Methods for Crime Forecasting. In: *Justice Quarterly* 28(2), S. 360-381.

Chainey, S./Tompson, L./Uhlig, S., 2008: The Utility of Hotspot Mapping for Predicting Spatial Patterns of Crime. In: *Security Journal* 21(1), S. 4-28.

Chan, J. /Moses, L. B., 2016: Is Big Data challenging criminology? In: *Theoretical Criminology* 20(1), S. 21-39.

Cohen, L. E./Felson, M., 1979: Social Change and Crime Rate Trends: A Routine Activity Approach. In: *American Sociological Review* 44(4), S. 588-608.

Coldren, J./Huntoon, A./Medaris, M., 2013: Introducing Smart Policing: Foundations, Principles, and Pracitce. In: *Police Quarterly* 16(3), S. 275-286.

Danaher, J., 2016: *The Threat of Algoracy: Reality, Resistance and Accomodation. In: Philosophy and Technology*, DOI 10.1007/s13347-015-0211-1 [01.08.2016].

Ericson, R. V./Shearing, C., 1986: The scientification of police work. In: Böhme, G./Stehr, N. (Hrsg.), *The Knowledge Society: The Impact of Scientific Knowledge on Social Structures*. Reidel: Dordrecht.

Evans, K./Taylor, I./Fraser, P., 1996: *Tale Of Two Cities: Global Change, Local Feeling and Everyday Life in the North*. London: Routledge.

Feeley, M./Simon, J., 1992: The New Penology: Notes on the Emerging Strategy of Corrections and its Implications. In: *Criminology* 30(4), S. 449-474.

Ferguson, A. G., 2012: Predictive Policing and Reasonable Suspicion. In: *Emory Law Journal* 62(2), S. 259-313.

Fitterer, J./Nelson, T.A./Nathoo, F., 2015: Predictive crime mapping. In: *Police Practice and Research: An International Journal* 16(2), S. 121-135.

Gluba, A., 2014: *Predictive Policing. Eine Bestandsaufnahme. Historie, theoretische Grundlagen, Anwendungsgebiete und Wirkung*. LKA Niedersachen, https://netzpolitik. org/wp-upload/LKA_NRW_Predictive_Policing.pdf [27.10.2015].

Haggerty, K. D./Ericson, R. V., 2000: The Surveillant Assemblage. In: *British Journal of Sociology* 51(4), S. 605-622.

Harcourt, B., 2005: *Against Prediction. Profiling, Policing, and Punishment in an Actuarial Age*. Chicago: University of Chicago Press.

Harris, A./Lurigio, A., 2007: Crime Prevention and Soft Technology: Risk As- sessment, Threat Assessment, and the Prevention of Violence. In: Byrne, J./Rebovich. (Hrsg.), *The New technology of Crime, Law and Social Control*. Monsey: Criminal Justice Press, S. 103-132.

Harris, C., 2007: Police and Soft Technology: How Information Technology Contributes to Police Decision Making. In: Byrne, J./Rebovich. (Hrsg.), *The New technology of Crime, Law and Social Control*. Monsey: Criminal Justice Press, S. 153-183.

Heaton, B., 2012: *Predictive Policing a Success in Santa Cruz, Calif.* http://www.govtech. com/public-safety/Predictive-Policing-a-Success-in-Santa-Cruz-Calif.html [29.01.2016].

Hess, H./Paul, B./Ostermeier, L. (Hrsg.), 2007: *Kontrollkulturen: Texte zur Kriminalpolitik im Anschluss an David Garland*. Weinheim: Juventa.

Hetger, E., 2003: Chancen und Risiken neuer Techniken. In: *Die Polizei* (94)12, S. 333-337.

Hunt, P./Saunders, J./Hollywood, J. S., 2014: *Evaluation of the Shreveport Predictive Policing Experiment*. Santa Barbara: RAND Corporation. http://www.rand.org/content/dam/ rand/pubs/research_reports/RR500/RR531/RAND_RR531.pdf [01.02.2016].

Jackson, B. A./Greenfield, V. A./Morral, A. R./Hollywood, J. S., 2014: *Police Department Investments in Information Technology Systems*. Santa Barbara: RAND Corporation. http://www.rand.org/content/dam/rand/pubs/research_reports/RR500/RR569/RAND_ RR569.pdf [01.02.2016].

Jasanoff, S. (Hrsg.), 2004: *States of Knowledge*. London: Routledge.

Joh, E., 2014: Policing By Numbers: Big Data And The Fourth Amendment. In: *Washington Law Journal* 89(35), S. 35-68.

Krasmann, S./Wehrheim, J./Frers, L., 2013: *Geodaten, Policing und Stadtentwicklung. Abschlussbericht für die Fritz-Thyssen-Stiftung*, unveröffentlichtes Manuskript. Hamburg: Universität Hamburg.

Kreissl, R./Barthel, C./Ostermeier, L. (Hrsg.) 2007: *Policing in Context: Rechtliche, organisatorische, kulturelle Rahmenbedingungen polizeilichen Handelns*. Münster: LIT.

Lane, J./Stodden, V./Bender, S./Nissenbaum, H. (Hrsg.), 2014: Privacy, Big Data, and the Public Good. Cambridge: Cambridge University Press.

Latour, B., 1990: Technology is society made durable. In: *The Sociological Review* 38(1): S. 103-131.

Latour, B., 1992: One More Turn after the Social Turn: Easing Science Studies into the Non-Modern World. In: E. McMullin (Hrsg.), *The Social Dimensions of Science*. Notre Dame University Press: Notre Dame, 272-292.

Legnaro, A./Kretschmann, A., 2015: Das Polizieren der Zukunft. In: *Kriminologisches Journal* 47(2), S. 94-111.

Manning, P. K., 1992: Information Technologies and the Police. In: *Crime and Justice* 15(1), S. 349-398.

Manning, P. K., 2001: Technology's Ways: Information Technology, Crime Analysis and the Rationalization of Policing. In: *Criminal Justice* 1(1), S. 83-103.

Manning, P. K., 2008: *The Technology of Policing. Crime Mapping, Information Technology, and the Rationality of Crime Control.* New York/London: New York University Press.

Martini, M. M., 2014: Big Data als Herausforderung für den Persönlichkeitsschutz und das Datenschutzrecht. In: *Das Deutsche Verwaltungsblatt* 23, S. 1481-1489.

McCluskey, J. D./Cancino, J. M./Tillyer, M. S./Tillyer, R., 2014: Does Organizational Structure Matter? Investigation Centralization, Case Clearances, and Robberies. In: *Police Quarterly*, 17(3), S. 250-275.

McCulloch, J./Wilson, D., 2015: *Pre-crime. Pre-emption, precaution and the future.* London/New York: Routledge

Meinicke, D., 2015: Big Data und Data-Mining: Automatisierte Strafverfolgung als neue Wunderwaffe der Verbrechensbekämpfung? In: *Kommunikation und Recht* 6, S. 377-384.

Meschkat, S., 2015: *Precobs. Einbrüche Vorhersagen.* Deutschland Radio Wissen, http://dradiowissen.de/beitrag/precobs-mit-der-software-precobs-gegen-einbrecher [06.10.2015].

Mitchell, T., 1991: The Limits of the State: Beyond Statist Approaches and Their Critics. *The American Political Science Review* 85 (1): S. 77-96.

Mohler, G. O./Short, M. B./Brantingham, P. J., Schoenberg, F. P./Tita, G. E., 2011: Self-Exciting Point Porcess Modeling of Crime. In: *Journal of the American Statistical Association* 106(492), S. 100-108.

Mohler, G. O./Short, M. B./Mailnowski, S./Johnson, M./Tita, G. E./ Bertozzi, A. L./ Brantingham, P. J., 2015: Randomized controlled field trials of predictive policing. In: *Journal of the American Statistical Association*, DOI: 10.1080/01621459.2015.1077710 [12.10.2015].

Narr, W.-D., 2003: Die Technologisierung der Polizei ...und ihre dringliche Politisierung. In: *Bürgerrechte & Polizei*, 3, S. 6-11.

Nissenbaum, H., 2010: *Privacy in Context: Technology, Policy, and the Integrity of Social Life.* Palo Alto: Stanford University Press.

Nissenbaum, H., 2011: From Preemption to Circumvention: If Technology Regulates, Why Do We Need Regulation (And Vice Versa)? In: *Berkely* [technology and law journal] 26(3): S. 1367-1386.

Nogala, D., 1989: *Polizei, avancierte Technik und soziale Kontrolle.* Pfaffenweiler: Centaurus.

O'Brien-Olinger, S., 2016: *Police, race and culture in the 'New Ireland': An ethnography.* Houndmills. Basingstoke: Palgrave.

Pasquale, F., 2015: *The Black Box Society. The Secret Algorithms that Control Money and Information. Cambridge:* Harvard University Press.

Perry, W. L./McInnis, B./Price, C. C./Smith, S. C./Hollywood, J. S., 2013: *Predictive Policing. The Role of Crime Forecasting in Law Enforcement Operations.* Santa Barbara: RAND Corporation. https://www.ncjrs.gov/pdffiles1/nij/grants/243830.pdf [22.09.2014].

Pinch, T. J./Bijker, W. E., 1987: The Social Construction of Facts and Artifacts: Or How the Sociology of Science and the Sociology of Technology Might Benefit Each Other. In: *The Social Construction of Tech- nological Systems: new directions in the sociology and history of technology*. W. E. Bijker, T. P. Hughes, T. J. Pinch (eds.). Cambridge: MIT Press, S. 17-50.

Rammert, W., 2007: *Technografie trifft Theorie. Forschungsperspektiven einer Soziologie der Technik*. Technical University Working Papers, TUTS-Wp-1-2007. Berlin: Technische Universität Berlin.

Rammert, W., 2014: *Unsicherheit trotz Sicherheitstechnik? Das Kreuz mit komplexen Konstellationen*. http://www.ssoar.info/ssoar/handle/document/38570 [29.01.2016].

Ratcliffe, J., 2008: *Intelligence-led policing*. London: Routledge.

Reichertz, J., 1994: Polizeiliche Expertensysteme: Illusion oder Verheißung. In: Hitzler, R. (Hrsg.), *Expertenwissen: Die institutionalisierte Kompetenz zur Konstruktion von Wirklichkeit*. Opladen: Westdeutscher Verlag, S. 193-213.

Reiner, R., 2015: Revisiting the Classics: Three Seminal Founders of the Study of Policing: Michael Banton, Jerome Skolnick and Egon Bittner. In: *Policing and Society* 25(3): S. 308-327.

Roßnagel, A./Nebel, M., 2015: (Verlorene) Selbstbestimmung im Datenmeer. Privatheit im Zeitalter von Big Data. In: *Datenschutz und Datensicherheit* 7, S. 455-459.

Saunders, J./Hunt, P./Hollywood, J. S., 2016: Predictions put into practice: a quasi-experimental evaluation of Chicago's predictive policing pilot. In: Journal *for Experimental Criminology* 12, S. 347-371.

Schubert, C./Rammert, W., 2006: Technografie und Mikrosoziologie der Technik. In: Dies. (Hrsg.), *Technografie*. Frankfurt/M.: Campus, S. 11-22.

Schweer, T., 2015: „Vor dem Täter am Tatort" – Musterbasierte Tatortvorhersagen am Beispiel des Wohnungseinbruchs. In: *Der Kriminalist*, http://www.kriminalpolizei.de/ ausgaben/2015/maerz/detailansicht-maerz/artikel/vor-dem-taeter-am-tatort/print.html [20.11.2015].

Sherman, L., 2013: The Rise of Evidence-Based Policing: Targeting, Testing and Tracking. In: *Crime and Justice* 42, S. 377-431.

Steinmetz, G. (Hrsg.), 1999: *State/Culture: State-formation after the cultural turn*. Ithaca: Cornell University Press.

Tanner, S./Meyer, M., 2015: Police work and new 'security devices': A tale from the beat. In: *Security Dialogue* 46(4), S. 384-400.

Townsley, R./Homel, R./Chaseling, J., 2003: Infectious Burglaries – A Test of the Near Repeat Hypothesis. In: *British Journal of Criminology* 43(3), S. 615-633.

Uchida C., 2013: Predictive policing. In: Bruinsma, G./Weisburd, D. (Hrsg.), *Encyclopedia of Criminology and Criminal Justice*. New York: Springer, S. 3871-3880.

Uchida, C., 2009: *Predictive Policing in Los Angeles: Planning and Development*. http:// newweb.jssinc.org/wp-content/uploads/2012/01/Predictive-Policing-in-Los-Angeles.pdf [27.01.2016].

Van de Ven, A./Polley, D. E./Garud, R./Venkataraman, S., 1999: *The innovation journey*. New York: Oxford University Press.

Ziewitz, M., 2015: Governing Algorithms: Myth, Mess, and Methods, In: *Science, Technology & Human Values*, DOI: 10.1177/0162243915608948, S. 1-14.

Ein politisches Recht

Zwei Jahre Ausnahmezustand in Frankreich (November 2015 bis November 2017)

Fabien Jobard

Zusammenfassung

Wenige Stunden nach den Attentaten in Paris im November 2015 verkündete der damalige Präsident François Hollande den Ausnahmezustand und ließ zehn Tage später das Parlament das ursprüngliche Notstandsgesetz von 1955 novellieren. Durch fünf Verlängerungsgesetze herrschte in Frankreich bis Juli 2017 der Notstand, den der neu gewählte Präsident Macron im Mai 2017 bis November 2017 verlängert hat. Der Beitrag ist eine rechtliche und politikwissenschaftliche Evaluierung der verabschiedeten Gesetze, der notstandsbezogenen Anordnungen durch die unterschiedlichen Behörden und deren Auswirkung auf die französische Gesellschaft und besonders auf die Beziehung zwischen Politik und Staatsgewalt.

Schlüsselwörter

Ausnahmezustand, Notstand, Terrorismusbekämpfung, Schmitt, Polizei, Staatsgewalt

Nach den Attentaten von Saint-Denis und Paris in der Nacht zum 14. November 2015 verhängte Staatspräsident François Hollande unter Berufung auf das hierzu im Jahre 1955 erlassene Gesetz (*Loi n° 55-385*) den Notstand. Diese Notstandserklärung ist schnell auf heftige post-schmittsche Kritik gestoßen. So verleihe das ein paar Tage später verabschiedete Verlängerungsgesetz der Exekutive nahezu grenzenlose Macht, die den Weg in einen totalitären Staat oder in einen schrankenlosen autoritären Staat ebne. Giorgio Agamben etwa verkündete in *Le Monde*: „Der Ausnahmezustand ist genau das Dispositiv, mithilfe dessen die totalitären Staaten der 30er Jahre sich in Europa durchgesetzt haben" (Agamben 2015).

Der Notstand wurde seit 1955 in Frankreich mehrmals ausgerufen, was zu unterschiedlichen Konsequenzen geführt hat. 1955 wurde er zunächst nur in den sogenannten „algerischen Gebieten" Frankreichs erklärt. Durch Verlängerungen und indem der verordnete Notstand auf mehrere Bereiche erweitert wurde, sollte dieser den Krieg in den unter der französischen Besatzung stehenden nordafrikanischen Gebieten zugunsten Frankreichs beeinflussen (Roudier et al. 2016, S. 28-35). Unter dem frisch verkündeten Notstandsgesetz kam es im August 1955 zu einer Offensive der französischen Armee, bei der mindestens 7.500 Algerier (offizielle Angaben) starben (Thénault 2007). Ganz anders wirkte sich der 2005 von Premierminister Dominique de Villepin als Maßnahme gegen die laufenden städtischen Aufstände verkündete Notstand aus. 5.000 Festnahmen und die anschließenden Strafverfahren wurden nach dem üblichen Strafprozessrecht durchgeführt und von den mit dem Notstandsdekret zur Verfügung stehenden Sonderbefugnissen wurde durch die zuständigen Polizeibehörden kein Gebrauch gemacht (Waddington et al. 2009, S. 5).

Der erschreckende Begriff „Notstand" ist somit mehr als die bloße Summe der ihm zugrundeliegenden Normen. Dahinter verbirgt sich eine weitaus vielfältigere Gemengelage. Daher werden im Folgenden der Umfang und die Reichweite der Notstandsdekrete und -gesetze skizziert, die nach den Anschlägen im November 2015 nach und nach verkündet wurden. Es geht dabei um die Frage der Konsequenzen des Notstandes für die Rechtsordnung (Was wurde genau verkündet? Und, der retrospektiven Prophezeiung von Agamben folgend: Was wurde dauerhaft in das übliche Recht übernommen? Was bleibt vom Ausnahmezustand?), aber auch um Fragen der Verwirklichung des Notstandes: Welche Entscheidungen wurden tatsächlich getroffen? Mit welchen Auswirkungen? Und auf welche Bevölkerungsgruppen? Erst nachdem diese Fragen empirisch behandelt worden sind, ist es möglich, den Notstand umfassend zu verstehen.

1   14. November 2015 – 25. Januar 2017: Die französischen Notstandsgesetze

1.1   Der Notstand: Ein Erlass, fünf Gesetze

Am 13. November 2015, zehn Monate nach dem Angriff auf die *Charlie Hebdo*-Redaktion und der tödlichen Geiselnahme in einem jüdischen Einkaufzentrum, wurde in Paris und Saint-Denis das schlimmste Massaker in der Geschichte Frankreichs seit der Pariser Kommune begangen (Jobard 2016). Innerhalb weniger Stunden verloren 130 Menschen ihr Leben – darunter zehn (Selbst-)Mordattentäter. Eine Stunde nach den Geschehnissen kündigte der französische Präsident François Hollande die unmittelbare Schließung der Grenzen an und rief zudem entsprechend des Gesetzes vom 3. April 1955 den Notstand (*état d'urgence*) aus. Der Präsidialerlass sieht eine Reihe notstandsrechtlicher Vorkehrungen vor.

Das während und aufgrund des Befreiungskriegs in Algerien verkündete Notstandsgesetz von 1955 beschränkte den Notstandserlass auf eine Höchstdauer von zwölf Tagen. Deshalb legte die Regierung dem Parlament einen Gesetzesentwurf vor, der laut Innenministerium zu dem „schnellsten" Gesetzesverfahren seit der Verkündung der Verfassung 1958 führte (Giuliano 2015)[1]: Bereits am 20. November 2015 wurde das Notstandsgesetz vom Parlament verabschiedet. Dieses Gesetz Nr. 2015-1501 verlängerte den Notstand um drei Monate und novellierte zudem das Gesetz von 1955.[2]

Nach dieser Änderung darf die Regierung weder die Kunst-, Presse- oder Ausdrucksfreiheit einschränken, noch der Militärjustiz die üblichen strafprozessualen Kompetenzen übermitteln. Das Gesetz Nr. 2015-1501 verleiht der Verwaltungsgerichtsbarkeit ausdrücklich die Möglichkeit, durch Eilverfahren über Notverordnungen zu bestimmen – wodurch aber, wie sich im Folgenden erkennen lässt, die Rolle der Gerichte verändert und deren Bedeutung eingeschränkt wird. Als Gegengewicht zu diesen Einschränkungen der Staatsbefugnisse senkt das Gesetz die Eingriffsschwellen deutlich ab: Zielpersonen sind nicht mehr wie in der ursprünglichen Fassung „Personen, deren *Tätigkeit* für die Sicherheit und die öffentliche Ordnung gefährlich ist", sondern alle, deren „*Verhalten* die Sicherheit und öffentliche Ordnung bedroht". Die Präfekten[3] können mittels Platzverweisen und Sperrstunden die Bewegungsfreiheit einschränken (Art. 5 des revidierten Gesetzes

---

1   S. auch Beaud und Guérin-Bargues 2016, über die „Eile, schlecht zu handeln".

2   Über die Entwicklung der Notstandsgesetzgebung seit 1955, s. Mbongo 2017.

3   Frankreich besteht seit der Revolution aus 100 Bezirken (*départements*), in denen ein *Préfet* der Bevollmächtigte der Regierung ist und dort die Hoheit über die Polizei-

von 1955) und ohne richterlichen Beschluss polizeiliche Durchsuchungen nachts und tagsüber anordnen (Art. 11); der Innenminister kann Personen für eine bestimmte Dauer (nicht länger als zwölf Stunden am Tag, dreimalige tägliche Meldepflicht) unter Hausarrest stellen (Art. 6), sobald deren „Verhalten die Sicherheit und öffentliche Ordnung bedroht".

Die Regierung hielt das Parlament ausdrücklich dazu an, von einem möglichen Antrag zur Prüfung der Verfassungskonformität des Gesetzes durch den Verfassungsrat abzusehen.[4] Zu „risikoreich", sagte der Premierminister vor dem Parlament (Boucobza und Girard 2016; auch Beaud und Guérin-Bargues 2016, Fn. 440). Im November 2015 ging es hauptsächlich darum, eine „zügige Entscheidung" vor der *Assemblée Nationale*[5] herbeizuführen. In den Worten des parlamentsdemokratiefeindlichen Ausnahmezustandstheoretikers Carl Schmitt hätte es heißen können: „nicht räsonieren, nicht diskutieren, nicht rechtfertigen"[6].

Mitte Februar 2016 beantragte die Regierung eine Verlängerung des Gesetzes Nr. 2015-1501 im Parlament aufgrund der angekündigten Erfolge bei der Anwendung des Notstandes und einer nichtsdestotrotz nicht weniger gefährlichen Sicherheitslage. Die gemäß dem Gesetz von 1955 erforderliche „unmittelbar drohende Gefahr" (*péril imminent*) war der Regierung zufolge noch nicht beseitigt und rechtfertige eine dreimonatige Verlängerung des Notstandes. Der Premierminister Manuel Valls hatte daraufhin am 22. Januar gegenüber der BBC angekündigt, der Notstand würde andauern „bis wir mit Daesh fertig sind", was im drastischen Gegensatz zu dem Unmittelbarkeitsbegriff des Notstandsgesetzes steht. Am 19. Februar 2016 wurde dementsprechend ein zweites Notstandsgesetz (2016-162) verabschiedet, welches das Gesetz Nr. 2015-1501 unverändert bis zum 26. Mai 2016 verlängerte.

---

kräfte innehat, nämlich über die Kräfte der *Police Nationale* (ca. 130.000 Beamte) und der *Gendarmerie Nationale* (ca. 90.000 Soldaten).

4   In Frankreich gibt es kein Verfassungsgericht im engeren Sinne, sondern nur einen „Verfassungsrat", der ursprünglich nur von der Exekutive angerufen werden sollte (Art. 61 Verf.). Erst 1974 wurde die Anrufung durch die parlamentarische Opposition ermöglicht; seit 2008 gilt dies anlässlich eines anhängigen Gerichtsverfahrens auch für die normalen Bürger. Zur Zeit der Verkündung des Notstandsgesetzes von 1955 gab es noch keine Verfassungsgerichtbarkeit.

5   Frankreichs Parlament besteht aus der *Assemblée Nationale*, deren Mitglieder direkt gewählt werden, und dem *Sénat*, dessen Mitglieder dagegen von weiteren Repräsentanten gewählt werden.

6   Schmitt 1979, S. 83. Die Rechtfertigung der Regierung erfolgte zwar ausführlich, aber nur zur Verfahrenseile.

Ein paar Monate später trat der Innenminister erneut mit einem Verlängerungs-
antrag vor das Parlament, nunmehr angesichts „der anstehenden unmittelbar drohenden Gefahr" *und* „der bevorstehenden schwer handhabbaren Sicherheitslage,
insbesondere […] mit der kommenden Europäischen (Fußball-)Meisterschaft"[7].
Das damit verkündete dritte Notstandsgesetz (2016-629) wurde seinerseits nicht
ohne Protest eines wesentlichen Teils der Parlamentsmitglieder verabschiedet. Die
Regierung ließ das Parlament wissen, dass sie im Rahmen dieser zweiten Verlängerung trotz des Erfolges der Maßnahme keine Anordnung von Durchsuchungen
mehr erteilen würde.[8] Die Zeit schien reif für das Ende des Notstandes. In einem
Schlüsselsatz erklärte der Justizminister Jean-Jaques Urvoas Ende Juli, und somit
nur ein paar Tage nach der im Zusammenhang mit dem ISIS stehenden Erwürgung
eines Polizistenpaars in seinem Wohnhaus, eine Verlängerung des Notstandes für
„unnötig", da die notwendigen Terrorismusbekämpfungsmittel mittlerweile „vorhanden" seien.

Der tödliche Anschlag eines Lastwagenfahrers in Nizza am Abend des Na-
tionalfeiertages mit 86 Toten widerlegte diese Äußerung des Justizministers jedoch. Hollande „spulte das auf grausame Art routinierte Szenario ab, das er sich
in anderthalb Jahren angewöhnen musste: Nächtliche Ansprache mit versteiner-
ter Miene, Besuch des Anschlagsorts und Anordnung der Staatstrauer" (Klimm
2016) und beantragte eine neue Verlängerung des Notstands. In einem durch die
Geschehnisse aufgeheizten politischen Streit über die vermeintlichen Versäumnisse der Regierung im Kampf gegen den Terror wurde das vierte Notstandsgesetz (2016-987) verabschiedet. Besonders ist hierbei, dass es auch „weitere Dis-
positionen über die Verschärfung der Terrorismusbekämpfung" enthält (s. unten),
Hausdurchsuchungen wiedereinführte und die Dauer des Notstandes diesmal nicht
mehr drei, sondern sechs Monate umfasste. Zusätzlich enthält das Notstandsgesetz
folgende Änderungen: Die Polizeibehörden können Gegenstände und Fahrzeuge
von Passanten ohne deren Zustimmung kontrollieren und Computerdaten (s. unten) erheben und verarbeiten; des Weiteren ist es nun möglich, Menschen, deren
Wohnung im Rahmen des Notstandsrechts durchsucht wird, bis zu vier Stunden
ohne richterlichen Beschluss in Gewahrsam zu nehmen. Nach dem Entwurf der
parlamentarischen Opposition werden den Präfekten die administrative Schließung von Gebets- und Kultstätten und das Verbot von Demonstrationen und Kundgebungen „aufgrund mangelnder Mittel" ermöglicht. Zugunsten der Zivilreserve
wurde auch eine Erweiterung der Befugnisse und Waffenausrüstung bestimmt. Es

---

7   Rede des Innenministers vom 3. Mai 2016 im Gesetzesausschuss des Senats anlässlich
     des Entwurfes zur Verlängerung des Gesetzes des 20.11.2015.
8   Innenminister, Rede vom 3. Mai 2016, s. oben.

wurden jedoch auch die Einwände aus den Reihen der sozialistischen und kommunistischen parlamentarischen Fraktionen gehört: Dem Vorsitzenden des Gesetzesausschusses gelang es, die Regierung daran zu binden, alle im Rahmen des Notstandsgesetzes getroffenen Maßnahmen beim Parlament einzureichen und die Anfechtung von Hausarresten vor dem Verwaltungsgericht zu vereinfachen.

Eine Woche nach der Verkündung des Gesetzes wurde in der Nähe von Rouen in West-Frankreich mit der Geiselnahme von Kirchendienstbesuchern und der Ermordung des dort tätigen Priesters ein weiterer Anschlag verübt, der jedoch nicht unmittelbar zu einer Gesetzesnovellierung führte. Die anstehenden Präsidentschafts- und Parlamentswahlen in den Monaten April-Mai und Juni 2017 und den damit verbundenen öffentlichen Kundgebungen bzw. Demonstrationen führten aber dazu, dass die Regierung von Manuel Valls, trotz heftiger Kritik von höchsten gerichtlichen Instanzen, parlamentarischen Ausschüssen und unabhängigen Behörden (s. unten), ein fünftes Gesetz (2016-1220) entwarf, welches am 19. Dezember 2016 verkündet wurde und den Notstand aufgrund der jährlichen *Tour de France* bis zum 15. Juli 2017 vorsah. Dass regelmäßige und vor allem übliche Geschehnisse wie Wahlen oder Sportereignisse den Anlass zu diesem fünften Gesetz gegeben haben, verdeutlicht, dass das Notwendigkeitsprinzip (eine „unmittelbare Gefahr") sich als Rechtfertigungsmotiv der Notstandsgesetzgebung längst aufgelöst hatte.[9] Zwei Wochen nach seinem Amtsantritt und gleich nach seiner ersten Sitzung als Oberbefehlshaber der Streitkräfte verkündete Emmanuel Macron, der Notstand solle bis November 2017 verlängert werden, damit in der Zwischenzeit die „notwendige Gesetzgebung" zur Terrorismusbekämpfung verabschiedet werden könne (Cassia 2017). Dies erfolgte im Juli 2017 durch das Gesetz 2017-1154.

1.2   Die Umsetzung der Notstandsgesetze: Quantitative Erfassung

Anders als 2005 wurde mit Verhängung des Notstands massiv von den Polizeibefugnissen Gebrauch gemacht, vor allem in den ersten Wochen.

In den ersten drei Tagen nach den Anschlägen im November 2015 wurden mehr als 400 Durchsuchungen vorgenommen. Mitte Februar 2016 waren laut einer Stellungnahme des Innenministers schon 3.360 Wohnraumdurchsuchungen angeordnet und 400 Festnahmen durchgeführt worden. Bereits während der par-

---

9   S. darüber die Kolumnen des Rechtsprofessor Paul Cassia in der Online-Zeitung Mediapart und Cassia 2016.

lamentarischen Diskussion über das zweite Verlängerungsgesetz verkündete der Innenminister, die Regierung habe „alle notwendigen Orte durchsucht"[10]. Jedoch führte das vierte Gesetz, welches diese Maßnahmen wieder in das Instrumentarium der Behörden eingliederte, dazu, dass von diesen erneut intensiv Gebrauch gemacht wurde.[11]

Wohnungs-durchsuchungen	14. Nov. 2015	15. Nov. 2015 bis Mitte Feb. 2016	27. Feb. bis 25. Apr. 2016	Mai bis Juli	22. Juli bis 14. Nov. 2016
Anzahl	400	2960	132	0	550
Anzahl/Monat	1120		61	0	138

Eine ähnliche Entwicklung lässt sich bezüglich der 563 Hausarreste erkennen, die bis zum 14. November 2016 angeordnet wurden. 400 Fälle von Hausarrest wurden in den beiden ersten Monaten erteilt, überwiegend aber (307) zwischen dem 14. und dem 30. November. Im März 2017 standen noch 68 Personen unter Hausarrest, ungefähr 20 von ihnen ununterbrochen seit Ende 2015.

Schwer einzuschätzen ist dagegen der Notstand in seinen strafprozessualen Auswirkungen. Hunderte Strafverfahren sind zwar eingeleitet worden, entweder aber als Teil der Notstandsbefugnisse, oder aber im Rahmen der üblichen Terrorismusbekämpfung. Mitte Dezember 2015 waren im Zuge der behördlichen Durchsuchungen bereits 400 Schusswaffen beschlagnahmt, hingegen nur zwei Verfahren wegen Terrorismus eingeleitet worden. In 50 Fällen wurde Untersuchungshaft verhängt und in 60 Fällen wurden Verurteilungen ausgesprochen, alle jedoch im Rahmen der üblichen Straftatbestände – meistens wegen Verstößen gegen das Waffengesetz oder das BtMG (Fessard 2015). Am 5. Juli 2017 wurde von einem Ausschuss der Assemblée Nationales berichtet, dass aus den ca. 4.500 Hausdurchsuchungen nur 30 Verfolgungen wegen Terrordelikten eingeleitet wurden, welche meistens nach kurzer Zeit wieder eingestellt wurden.

Neben den nicht geringen Zahlen von angeordneten Notstandsmaßnahmen wurde das allgemeine Terrorismusbekämpfungsrecht „deutlich verfestigt und massiv angewandt" (Raimbourg und Poisson 2016, S. 121), so dass die Wirksamkeit der Notstandsgesetzgebung von verschiedenen Fachexperten (u.a. Cassia 2016) infrage gestellt wurde. Die fortbestehenden Terrorangriffe – das Erwürgen der zwei

---

10 Rede vom 3. Mai 2016 im Gesetzesausschuss des Senats.

11 Alle folgenden quantitativen Daten stammen aus dem Bericht des Gesetzesausschusses der Assemblée Nationale (Raimbourg und Poisson 2016).

Polizeibeamten im Juni 2016, das Nizzaer Massaker im Juli 2016, das Erwürgen eines Priesters ein paar Tage später und das Erschießen von Polizeibeamten auf dem Champs-Elysées im April 2017 – zeigen, dass die eingeführten Gesetze neue Anschläge nicht verhindern können. Dass alle Täter des 13. Novembers von normalen Bürgern bei den Sicherheitskräften angezeigt wurden, deutet darauf hin, dass Zivilcourage und gesellschaftliches Vertrauen in die Polizeibehörde vielleicht doch den besten Schutz gegen Terror bieten, was auch dem sozialwissenschaftlichen Paradigma des „*procedural justice*" vollkommen entspräche (Tyler 1990). Selbst bei den vermiedenen Anschlägen führte die Wirksamkeit des Notstands- bzw. Antiterrorinstrumentariums zu keiner besseren Einschätzung. Sogar der parlamentarische Bericht stellte fest, dass die mediatisierten Strafverfolgungen (in Saint-Denis, Boulogne, Argenteuil, Marseille, Straßburg etc.) eigentlich nur auf die üblichen Strafverfolgungsmaßnahmen zurückzuführen gewesen seien, wenn es sich dabei nicht um inszenierte Einsätze gegen Möchtergern-Dschihadisten gehandelt hätte, die noch weit entfernt von jener Vorbereitungsphase einer Straftat gewesen seien. Wie gerade erläutert, wurde die Eingriffsschwelle des gewöhnlichen Antiterrorismusrechts immer weiter gesenkt, was der Regierung Erfolge bei Einsätzen in frühen Vorphasen der Tatausführung einbrachte.

1.3   Notstand und gewöhnliches Recht

Die Rolle des Staates in der Sicherheitsgesellschaft ist nicht eindeutig und in einem bestimmten Ausmaß von Widersprüchen geprägt (Singelnstein und Stolle 2012). Der Widerspruch der Notstandssituation in Frankreich besteht nicht zuletzt darin, dass der Staat sein Anti-Terror-Programm im Endeffekt ohne die Notstandsgesetze hätte durchführen können. Erstes Beispiel dafür ist die von Hollande in der Nacht vom 14. November verkündete Schließung aller Grenzen: Diese sollten im Rahmen des kommenden Umweltgipfels in Paris (30.11-12.12.2015) ohnehin geschlossen werden.

Seit den Pariser Anschlägen von 1986[12] und 1995[13] wurde die Gesetzgebung zur Terrorbekämpfung umfänglich ausgeweitet. Angefangen mit den Gesetzen Nr. 86-

---

12   Zwischen Februar 1985 und September 1986 erfolgten 13 Anschläge in Frankreich, die mit dem Anschlag in der Rue de Rennes in Paris mit sieben Todesopfern ihren Höhepunkt erreichten.

13   Im Sommer 1995 wurden acht Anschläge in Frankreich verübt, die zum Tod von acht Personen führten. Drei weitere Personen starben im Dezember 1996 bei einem Bombenanschlag in der Pariser U-Bahn. Diese Mordserie entfaltete sich im Rahmen des Bürgerkriegs in Algerien, der 1991 begann.

1020 und 96-647, die unter anderem die Polizeigewahrsamsdauer auf vier (2006-64: auf sechs) Tage ausdehnten, die Verherrlichung von Terrorakten als Straftat einführten, die staatsanwaltschaftlichen Befugnisse erweiterten und die bloße Vorbereitung[14] der Ausübung eines Terroraktes bestraften. François Hollande verkündete nach den Anschlägen des Jahres 2012[15] das Gesetz Nr. 2012-1432, welches vornehmlich die Bestrafung einer Teilnahme an Terrorakten, Kämpfen bzw. militärischen Vorbereitungen im Ausland vorsieht. Aufgrund der unter anderem aus Syrien erfolgten Drohungen (Kepel und Jardin 2016) und der hohen Anzahl der schon 2013 in Frankreich verübten Anschläge wurde 2014 ein eingriffsintensives Antiterrorgesetz verabschiedet (2014-1353), das vorbeugende Ein- und Ausreiseverbote, eine vereinfachte Bestrafung der Terrorismusverherrlichung und vor allem die Bestrafung der *individuellen* Vorbereitung von Terrorakten einführte. Diese letzte Neuerung (Art. 421-2-6 frz. StGB) schuf einen besonders weiten Tatbestand und stieß damit auf starken Widerstand, dessen Vertreter sich auf das Klass-Urteil des EGMR von 1978 beriefen.

Diese Antiterrorismusgesetze verschmolzen Ende 2015 mit dem Notstandsgesetz. Als Justizminister Urvoas im Juli 2016 erklärte, das Notstandsgesetz sei nicht mehr erforderlich (s. oben), verwies er ausdrücklich auf das am 3. Juni verkündete „Terrorismus- u. OK-Bekämpfungsgesetz" (2016-731). Dieses Gesetz hatte Teile der sukzessiven Notstandsgesetzgebung aufgenommen, wie etwa die nächtlichen polizeilichen Wohnungsdurchsuchungen, die erleichterte Durchführung aller behördlichen Durchsuchungen, die Vereinfachung der Identitätsfeststellung, die Fahrzeugdurchsuchung oder den ohne richterliche Anordnung durchgeführten Polizeigewahrsam einer durchsuchten Person – neben weiteren Maßnahmen, die außerhalb des Bereiches der sukzessiven Notstandsgesetze stehen. Das vierte Notstandsgesetz nahm als Zeichen des überparteilichen Aufbaus des Sicherheitsapparates mehrere Vorschläge der Oppositionsparteien auf, gegen die die Regierung sich in den vorangegangenen Monaten noch gewehrt hatte. Unter anderem betrifft dies Bestimmungen, die kaum etwas mit Terrorbekämpfung zu tun haben, so etwa die Erweiterung der Bewaffnung der Stadtpolizeibeamten.[16]

---

14   Im üblichen Strafrecht gilt erst *der Beginn der Durchführung* einer Straftat als eigentlich verfolgbare Tätigkeit.

15   Mohammed Merah beging ein paar Wochen vor der Wahl François Hollandes im Jahr 2012 drei Anschläge, die zum Tod von drei französischen Soldaten arabischer Herkunft und vier Besuchern einer jüdischen Schule, unter ihnen drei Schüler, führten.

16   In Frankreich sind die Hauptsicherheitskräfte Beamte des Staates (die zivile *Police Nationale* und die militärische *Gendarmerie Nationale*). Auf der kommunalen Ebene haben sich seit Anfang der 1980er Jahre öffentliche Sicherheitskräfte vermehrt (*Poli-*

Im Widerspruch dazu erklärte der neu gewählte Präsident Emmanuel Macron
am 24. Mai 2017, ein sechstes Gesetz sei erforderlich, um notwendige Terrorbe-
kämpfungsmaßnahmen in das gewöhnliche Recht einzubringen. Dies erfolgte im
Juli 2017 mit dem Gesetz 2017-1154, das den Notstand bis zum 15. November 2017
verlängert. Entwürfe zu einem Verlängerungsgesetz des Notstandes und zu einem
weiteren Anti-Terrorismus-Gesetz wurden zugleich angekündigt (Cassia 2017). Ist
dies der Beleg für die „Normalisierung der Ausnahme" (Frankenberg 2017, S. 17-
18)? Die Antwort ist ein klares Nein und zwar aus zwei Gründen. Erstens sind die
Ziele der Gesetzgebung vergleichsweise eng definiert und die Eingriffsschwelle ist
nicht mehr so niedrig („jede Person (…) deren Verhalten"). Das angekündigte Gesetz hat vielmehr konkrete und schwere Terrorgefahren zum Gegenstand. Zweitens
darf im Rahmen des Art. 15 EMRK eine Regierung zwar bestimmte Grundrechte
aussetzen, dies aber nur für eine gewisse Zeit und zu bestimmten Zielen, was die
französische Regierung auch im Dezember 2015 beantragt hatte. Sobald es sich
um ein übliches Gesetz handelt, das für eine unbegrenzte Zeit verabschiedet wird,
dürfen die Grundrechte der EMRK nicht mehr ausgesetzt werden.

Diese Feststellung soll aber zu keiner Unterschätzung der Anwendung dieses
„Bekämpfungsrechts" verleiten. Entsprechende gerichtliche Entscheidungen
lassen keine Zweifel an der Härte der französischen Justiz aufkommen, wie am
Beispiel der Verfolgung der Terrorismusverherrlichung zu sehen ist (Art. 421-2-5
StGB aus Gesetz Nr. 2014-1353).

Nach den *Charlie Hebdo*-Anschlägen verbreitete sich die Angst vor einer
geistigen Rechtfertigung der Taten vor allem durch die Jugend der Banlieues. Die
damalige Justizministerin gab daher eine Anweisung an die Staatsanwaltschaften
zur „systematischen Verfolgung" dieser Straftaten heraus.[17] Schon zwei Wochen
später wurden 120 Strafverfahren eingeleitet und im Jahre 2015 sollten insgesamt
385 Verurteilungen verkündet worden sein (Hourdeaux 2016). Dies weist starke
Ähnlichkeiten zu der Verfolgungswelle der linken Aktivisten nach der Verkündung des Erlasses zur Auflösung der linksradikalen Organisationen im Juni 1968
auf: Damals wurden durch den Art. 30 der Strafprozessordnung (1993 abgeschafft)
den Präfekten zum „Schutz des Staates" erlaubt, Entscheidungen ohne richterliche
Zustimmung zu treffen, insb. bei der Anordnung von Polizeigewahrsam und dem
Verbot öffentlicher Kundgebungen. Auf diese Weise wurden tausende Personen
festgenommen und deren Unterlagen beschlagnahmt, die überwiegende Mehrheit wegen herkömmlicher Straftatvorwürfe (Zerstörung, Widerstand gegen die

---

ces municipales), die weniger Befugnisse haben und deren Waffenausstattung meist
geringer ist als die der Nationalkräfte.

17   Anweisung 2015/0213/A13 vom 12.01.2015.

öffentliche Gewalt, etc. – s. Codaccioni 2015, S. 161-168). Vier Jahrzehnte später ist die Situation der Betroffenen aber ganz anders, nicht nur weil das Terrorbe-kämpfungsrecht als Verfolgungsinstrument der üblichen Kriminalität gebraucht wird, sondern auch weil die materiellen und geistigen Ressourcen der heutigen Betroffenen viel geringer sind als die der Jura- oder Sozialwissenschaftsstudenten, die 1968 die Mehrheit der Strafverfolgten bildeten.

Einerseits wurde schon nach ein paar Wochen das Notstandsgesetz ein oft zur Bekämpfung üblicher Kriminalität angewandtes Gesetz, andererseits wurde vor und während des Notstandes das Antiterrorismusinstrumentarium des Staates deutlich ausgeweitet. Im Endeffekt ist der Notstand weniger durch seine Wirksam-keit und seine Einzigartigkeit als durch die neu geschaffene, immense Einfluss-nahme staatlicher Behörden gekennzeichnet.

2   Notstand und Gewalt

Nach dieser Skizzierung des entstandenen „Bekämpfungsrechts" im Rahmen des Notstands soll es im Folgenden darum gehen, einen detaillierteren Blick auf die Durchsetzungspraxis der Notstandsmaßnahmen zu werfen. Zum einen wird dafür die möglicherweise entgegenstehende Kontrolle der allgemeinen Eingriffser-mächtigung des Staates bzw. die gerichtliche und gesellschaftliche Kontrolldichte untersucht und zum anderen der Terrorismus und die Notstandsverordnungen als erhebliche Ressourcen der Polizeiapparate im Rahmen der Sicherheitsarchitektur Frankreichs erläutert.

2.1   Notstand: Vollmacht zugunsten der Exekutive?

Laut Montesquieu gilt: „*Il faut que par la disposition des choses le pouvoir arrête le pouvoir*". Was oder wer ist in der Lage, die zwischen 2015 und 2017 im Notstand erlassenen Eingriffsbefugnisse und die somit neu entstandene Macht des Staates aufzuhalten? Die Gerichte erwiesen sich in dieser Hinsicht als eher zögerlich bzw. machtlos, die Gesellschaft aber als wirksamer Gegenpol.

2.1.1   Die gerichtliche Kontrolle des Notstands

Souverän ist laut Carl Schmitt, wer über den Ausnahmezustand entscheidet – also wessen Entscheidungen nicht widerrufen werden können. Deshalb ist die gericht-liche und gesellschaftliche Anfechtbarkeit der Notstandsvorkehrungen ein entscheidendes Indiz dafür, ob der Notstand im Sinne der von Carl Schmitt beschriebenen „kommissarischen Diktatur" dem üblichen Recht oder dem Ausnahmerecht zugeordnet werden muss.

Die französische Verfassung sieht in ihrem Artikel 66 die ordentliche Gerichtsbarkeit als „Hüterin der persönlichen Freiheit". Einwände der Richterschaft und Juristen gegen die von der Notstandsgesetzgebung befürwortete Verschiebung des Freiheitschutzes in die Hände der Verwaltungsgerichtsbarkeit kamen daher sehr früh auf. Ein ungewöhnlich offenes Schreiben von anonymen Verwaltungsrichtern im Dezember 2015 (Mediapart 2015) oder kritische Bemerkungen vom Präsidenten des höchsten Gerichtshofs *Cour de cassation* ein paar Wochen später, machten die allgemeine Befürchtung über die wachsende Rolle der Verwaltungsjustiz deutlich.

In der Tat schien Ende 2015 die rechtsstaatliche Strafjustiz lahmgelegt und sowohl die Verwaltungs- als auch die Verfassungsgerichtsbarkeit besonders kleinmütig zu sein (Elshoud 2016; Wihl 2017). Als „risikofreudig" für die geplante Ausweitung der Notstandsgesetzgebung (s. oben) erwies sich der Verfassungsrat keineswegs, da er nach einer Anrufung durch Bürger im Februar 2016 die im Gesetz Nr. 2015-1501 vorgesehenen Notstandsdurchsuchungen für verfassungskonform erklärte und betonte, dass ihm keine Einschätzungsprärogative hinsichtlich der Verhältnismäßigkeit zwischen dem Notstand und den einschlägigen Ereignissen zukomme.[18] Die Behörden genossen daher in ihrem Handeln eine bloße Verfassungsmäßigkeitsvermutung (Roblot-Troizier 2016). Wie Beaud und Guérin-Bargues schreiben, reduziert der Verfassungsrat Art. 66 der Verfassung zu „einer leeren Hülse" (2016, S. 137). Ein paar Wochen später (Februar 2016) urteilte der Verfassungsrat anlässlich einer weiteren Anrufung, dass nächtliche Durchsuchungen nur aus außerordentlichen Gründen angeordnet werden dürfen und die Beschlagnahmung von Computerdaten im Rahmen von Notstandsdurchsuchungen verfassungswidrig ist. Im Juli 2016 wurde aber diese Eingriffsmaßnahme durch das Parlament mit dem vierten Notstandsgesetz wiedereingeführt. Ebenso besteht das 6. Notstandsgesetz (Juli 2017) aus nur einem einzigen Artikel, der eine Vor-

---

18   Der Verfassungsrat betrachtete z.B. den Art. 6 des Gesetzes (Hausarrestmaßnahmen) als verfassungskonform, da sich die Person nicht länger als zwölf Stunden am Tag an einem bestimmten Ort aufhalten muss. Die Bewegungsfreiheit sei dann nur „eingeschränkt", nicht „aufgehoben". Parallel dazu könne die Verwaltungsgerichtsbarkeit eine Kontrolle über das Ausmaß der aus den möglichen Verpflichtungen der Betroffenen entstandenen Freiheitseinschränkungen üben. Der Verfassungsrat betonte noch einmal den Unterschied zwischen Einschränkung und Aufhebung der Bewegungsfreiheit in seiner Entscheidung 2017-624 von März 2017.

schrift, die nur wenige Wochen zuvor für verfassungswidrig erklärt wurde, wieder einführt.

Letztendlich hat sich im Bereich des strafprozessualen Rechts die Verfassungsjustiz selbst entmachtet. Im September 2016 traf der Rat eine Entscheidung (2016-567/568) bezüglich der Verfolgung von BtM-Delikten im Rahmen einer Notstandsdurchsuchung. Der Verfassungsrat sah darin aber keinen Grund, die einschlägigen Strafverfahren einzustellen, da eine solche Einstellung „ausdrücklich unverhältnismäßige Konsequenzen" für „die öffentliche Ordnung" gehabt hätte. Somit werden alle Strafverfolgungsmaßnahmen, die als Folge von Notstandsdurchsuchungen entstanden sind, durch den unbestimmten Begriff der „öffentlichen Ordnung" gedeckt. Auf diese Weise ebnete der Verfassungsrat dem Notstand den Weg für die verfahrensbefreite Bekämpfung aller erdenklichen Straftaten.

Die Verwaltungsgerichte, denen der Verfassungsrat eine lange Zeit ein Quasimonopol über die gerichtliche Notstandskontrolle zuteilte, beschränkten sich ihrerseits darauf, die Verhältnismäßigkeit der Anordnungen zu prüfen. Da das Notstandsgesetz aber eine besonders vage Eingriffsschwelle vorsieht (ein „die Sicherheit und öffentliche Ordnung bedrohendes Verhalten"), wurde keine einzige durchgeführte Maßnahme für rechtswidrig erklärt. Der Staatsrat[19] erlaubte sich aber in einschlägigen Entscheidungen, der Verwaltungsjustiz einen breiteren Ermessensspielraum bei der Kontrolle zuzugestehen und vor allem den Inhalt der Ansprüche der Behörde genauer zu prüfen (Degirmenci 2016; Wihl 2017). Damit waren eindeutig die sog. „*Notes Blanches*" der Nachrichtendienste der Polizeibehörden gemeint. Dies sind quellen- und begründungsfreie und daher unanfechtbare Beweismaterialien, auf die die Präfekten ihre Notstandsmaßnahmen stützen. Am 22. Januar 2016 hob der Staatsrat zum ersten Mal einen Hausarrest aufgrund mangelnden Beweismaterials auf. Bis Mitte September 2016 wurden diesbezüglich 323 Entscheidungen von der Verwaltungsjustiz abgegeben, zudem noch 46 Berufungsentscheidungen vom Staatsrat – die meisten (37 von 46) in der Zeit des ersten Notstandsgesetzes – wobei insgesamt ein Drittel der Hausarreste im Rahmen eines Eilverfahrens teils oder ganz suspendiert wurden (Stirn 2016).

Im Laufe der Zeit wagten sich die Gerichte aber ihre Entscheidungsmacht zurückzuerobern. In einer Entscheidung vom März 2017 verlangte der Verfassungsrat, dass im Fall einer Verlängerung eines Hausarrestes die Behörden konkrete und neue Beweise vorlegen, die auf eine „besonders schwere" Gefahr durch die betroffene Person hinweisen – eine Anforderung, die über der niedrigen Eingriffs-

---

19 Der *Conseil d'Etat* ist das höchste Verwaltungsgericht Frankreichs, das auch die Gesetzesentwürfe der Regierung prüft und darüber hinaus die Regierung berät (s. Latour 2016).

schwelle des Gesetzes („eine Gefahr für die öffentliche Ordnung") hinausgeht (Jacquin 2017). Zudem entzog Anfang Juni 2017 der Verfassungsrat den Behörden Eingriffsbefugnisse, z. B. die Befugnis, im Vorfeld einer Demonstration Platzverweise zu erteilen, da diese Eingriffsmöglichkeit nicht vereinbar mit der Bewegungsfreiheit wäre. Damit waren Hausarreste gegen Aktivisten endgültig ausgesetzt.

Was die 4.500 Durchsuchungen und die dazugehörigen Strafverfahren betrifft, ist der Einfluss der Verwaltungsjustiz selbstverständlich viel geringer, da sie nur laufende Maßnahmen aussetzen kann, aber keine bereits stattgefunden Wohndurchsuchungen. Verlangt der Kläger eine Entschädigung von der entsprechenden Behörde, so hat der Staatsrat betont, sei dies nur bei schweren Fehlern der Behörde möglich, also nur bei einer vollkommen gesetzeswidrigen Durchsuchung. Die Verwaltungsjustiz berief sich damit praktisch nur auf die gute Absicht der Polizei, was zu zutiefst fragwürdigen Ergebnissen geführt hat (s. unten).

Das „Bekämpfungsunrecht" ist demnach auch daran zu erkennen, dass es die Glaubwürdigkeit des Rechts bzw. der Rechtsträger stark gefährdet. Dass die jetzige Durchsetzung des Notstandes sich von der Situation im Jahre 1955 deutlich unterscheidet, ist viel mehr auf die Zivilgesellschaft als auf die Gerichte zurückzuführen.

2.1.2   Die gesellschaftliche Kontrolle des Notstands

Die im Rahmen der Notstandsvorkehrungen getroffenen freiheitseinschränkenden Maßnahmen betreffen nicht nur Einzelpersonen, sondern darüber hinaus die breite Öffentlichkeit, etwa durch Vorschriften bezüglich der Versammlungsfreiheit.

Das Gesetz von 1955 wurde im Folgenden unverändert übernommen: Präfekten dürfen alle Versammlungen untersagen, die „Unruhe verursachen bzw. auslösen" (Art. 8, Gesetz 55-385). Seinerseits schöpfte der *Préfet de police*[20] den Unruhebegriff in der vollen Breite aus: Er untersagte zuerst Demonstrationen bis zum 22. November und alle Demonstrationen im Zeitraum der Weltklimakonferenz (30.11-12.12.2015). 320 Teilnehmer einer nicht erlaubten Demonstration wurden am Tag vor der Konferenzeröffnung festgenommen. Dazu wurde 27 Aktivisten (meistens in Paris) für die Zeit der Klimakonferenz ein zweiwöchiger Hausarrest als Gefahrenvorbeugungsmaßnahme auferlegt. Weitere Hausdurchsuchungen mit einschlägigen Beschlagnahmungen von Computern und Telefondaten wurden in etlichen Orten Frankreichs als Abwehrmaßnahmen gegen die Umweltdemons-

---

20   Der Pariser Präfekt (*préfet de police*) übt seine Befugnisse über ein besonders großes Territorium aus, das aus der Stadt Paris (zwei Millionen Einwohner) und den drei Nachbarbezirken besteht – insgesamt sind dies ca. sieben Millionen Einwohner.

trationen angeordnet (Kaul und Balmer 2015). Laut Amnesty International (2017) waren bis Mai 2017 insgesamt 683 Aktivisten von einem Platzverweis betroffen.

Diese Notstandsanordnungen fanden in einem spannungsreichen Kontext statt, da im Oktober 2014 ein junger Ökoaktivist durch eine von einem Gendarmen geworfene Handgranate getötet wurde, was in heftigen und anhaltenden Protesten gegen Polizeigewalt allgemein und insbesondere gegen die höchstgefährlichen Hartgummigeschosse mündete. Deren Einsatz hat seit ihrer breiten Einführung bei den Polizeikräften um das Jahr 2000 bereits zu einem Toten und mehr als 20 schwer verletzten Demonstranten geführt (Balmer 2011; Fessard 2014; Fillieule und Jobard 2016). Als sich im Januar 2016 im ganzen Land eine massive Protestbewegung gegen eine geplante Arbeitsrechtsreform ausbreitete, zeigte Frankreich das zwiespältige und für Staatstheoretiker durchaus enigmatische Gesicht eines Landes, das sich einerseits im Notstand befand und andererseits unzählige Demonstrationen, öffentliche Kundgebungen und Straßenschlachten mit Polizeikräften erlebte. Auch die Banlieue-Unruhen setzten sich von Oktober 2015 in Chanteloup-les-Vignes (20 Jahre zuvor Drehort von *Der Hass*) bis Juli 2016 in Beaumont-sur-Oise fort (dort war ein junger Mann afrikanischer Herkunft nach seiner Festnahme im Polizeigewahrsam verstorben), waren aber auch noch im Februar 2017 in Aulnay-sous-Bois zu beobachten (dort war ein junger Mann afrikanischer Herkunft auf offener Straße von einem Polizeibeamten mit einem Schlagstock vergewaltigt worden).

Immerhin machte die Behörde von den Notstandsbefugnissen keinen intensiven Gebrauch. Als Mitte Mai 2016 die fast täglich stattfindenden Demonstrationen in gewalttätige Auseinandersetzungen mit den Polizeikräften eskalierten, ordnete der *Préfet de police* nach dem Gesetz Nr. 2015-1501 Platzverweise gegen 53 Aktivisten im Hinblick auf eine am 18. Mai geplante Demonstration an. Zehn von ihnen riefen das Pariser Verwaltungsgericht an, neun davon mit Erfolg, da der *Préfet de police* nicht in der Lage war, ein aussagekräftigeres Beweismittel als *Notes blanches* (s. oben) vorzulegen. Mitte Juni 2016 drohte der *Préfet de police* mit einem Verbot aller künftigen Demonstrationen, traf aber schließlich aufgrund der öffentlichen Empörung eine Vereinbarung mit den Gewerkschaftsorganisationen. Die Exekutive beschränkte sich daraufhin auf individuelle Aufenthaltsverbote, die bis zum 20. Juli 2016 insgesamt 540 Personen betrafen (Raimbourg und Poisson 2016, S. 88).

Ist diese Zahl ein Anzeichen dafür, dass die Ausübung des Versammlungsrechts nun einer „suspendierten Rechtsordnung" im Sinne Agambens (2004, S. 46) angehört? Erstens muss zwischen zwei Arten von Versammlungen unterschieden werden. Örtliche Präfekten haben von den Notstandsbefugnissen eindeutig Gebrauch gemacht, um die Ausdrucksfreiheit zu verschiedenen Zwecken einzuschränken, wie das Beispiel Rennes belegt. In dieser kleineren Stadt wurden, im Gegensatz zu Paris, Demonstrationen tatsächlich untersagt, wie beispielsweise eine geplante Demonstration gegen Polizeigewalt[21] am 14. Mai, die letztendlich unter massiver Polizeiaufsicht trotzdem stattfand. Gegen ca. 50 Aktivisten wurden vom dortigen Präfekten dauerhafte Platzverweise verhängt, wodurch sie laut der Anordnung bis zum Ende des Notstandes an „keiner der gegen die Arbeitsrechtsreform, gegen Polizeigewalt und gegen den geplanten Nantes-Flughafen angekündigten Demonstrationen" teilnehmen durften (Laske 2016). Im Allgemeinen merken die beiden Berichterstatter des Parlaments an, dass „eine sehr große Mehrheit von behördlichen Anordnungen auf keinen konkreten Tatbestand hinweisen [...] und in manchen *Départements* wie übliche Instrumentarien des Gemeinrechts angewandt werden" (Raimbourg und Poisson 2016, S. 92). In Paris aber, wo die großen politischen und gewerkschaftlichen Organisationen und zudem auch alle Medien zu Hause sind, genießt die Exekutive keine ähnliche Macht.

Kleinere Organisationen erweisen sich dagegen als weniger geschützt gegen die Eingriffsmöglichkeiten der polizeilichen Behörden. Im Sommer 2014 verbot der Innenminister fünf propalästinensische Demonstrationen in Paris und führte dazu aus: „In allen Demokratien wie auch in unserer gehört das Demonstrationsverbot keinem Ausnahmerecht an. Diese Möglichkeit wird von unserem Recht vorgesehen bzw. reguliert" (Arfi et al. 2014, S. 2). Die Staatsmacht lässt sich demnach weniger an der Notstandsgesetzgebung erkennen als an der ihr ständig gegebenen Möglichkeit, „notwendige" Maßnahmen zu treffen, also an routinemäßigen „Staatstechniken" (Frankenberg 2010). Auch beim Schutz von individuellen Personen (Durchsuchungen, Hausarreste, Festnahmen) zeigten Kontrollinstanzen und gesellschaftliche Gegenmächte wenig Wirkung. Sobald es aber darum ging, Maßnahmen gegen Gewerkschaftsorganisationen zu treffen und deren Protestmacht einzuschränken, wagte sich die Regierung kaum noch, Gebrauch von sonderpolizeilichen Befugnissen zu machen. Hier zeigt sich auch Agambens Postulat über den Ausnahmezustand, das sich dadurch auszeichnet, dass die „Unterscheidung zwischen öffentlich und privat" aufgehoben wird. Das Ausüben der Versammlungsfreiheit bleibt im Bereich des Politischen bzw. der politischen Auseinandersetzung erhalten, insbesondere wenn Medien und Presse vor Ort sind.

Trotz alldem ist die Gewaltbereitschaft der staatlichen Sicherheitskräfte seit dem Notstand erheblich angestiegen.

---

21 Kurz zuvor, am 28. April 2016, hatte ein Demonstrant in Rennes durch ein Hartgummigeschoss der Polizei ein Auge verloren.

2.2 Eine ungebändigte Polizeimacht?

Notstandsmaßnahmen bestehen nicht nur aus schriftlichen Anordnungen. Sie werden in der Praxis vollzogen, meistens von den französischen Sicherheitskräften. Die *Police Nationale* und die *Gendarmerie Nationale* sind seit dem 13. November 2015, als sie im Bataclan intervenierten und dort drei Terroristen erschossen, in allen möglichen Bereichen ununterbrochen im Einsatz. Es gilt nunmehr zu beleuchten, welchen Einfluss der Notstand auf die öffentliche Gewalt hatte.

2.2.1 Rettungsschuss und Todesschuss

Polizeikräfte haben im Rahmen der Notwehr mehrmals von der Schusswaffe Gebrauch gemacht: Im Bataclan (November 2015), in Paris (Januar 2016), in Magnanville (Juni 2016), in Nizza (Juli 2016) oder in der Normandie (Juli 2016) wurden zur Abwendung einer unmittelbaren Lebensgefahr Rettungsschüsse auf Terroristen abgefeuert.

Ganz anders verhält es sich hinsichtlich des Einsatzes gegen die mutmaßlichen Täter des Pariser Massakers, bei dem es am 18. November 2015 zu einer Gewaltorgie kam. Die Wohnung der beiden Täter Abdelhamid Abaaoud und Chakib Akrouh, die sich dort mit Abaaouds Cousine Hasna Aït Boulahcen aufhielten, wurde von einem Polizeieinsatzkommando („RAID") gestürmt (Andrieux 2016). Direkt nach der Operation wurde zwar behauptet, die Polizeibeamten hätten sieben Stunden lang „unter starkem und fast ununterbrochenem Artilleriefeuer" (so der zuständige Pariser Staatsanwalt) gestanden und daher die höchste Gewalt anwenden müssen. Später wurde jedoch festgestellt, dass die mutmaßliche Selbstmordattentäterin Aït Boulahcen nicht bewaffnet gewesen war, dass Chakib Akrouh sich in den ersten Minuten des Zugriffs in die Luft gesprengt und dabei seine beiden Freunde getötet hat, dass trotz der Berichte des RAID-Befehlshabers kein Maschinengewehr vor Ort aufgefunden worden war und dass (einem polizeiinternen Bericht des 24. Novembers zufolge) die Täter höchstens 11 Patronen verbraucht hatten. Seitens der Polizei wurden hingegen 5.000 Patronen verwendet (Suc 2016).

Die Entscheidung, die Wohnung zu stürmen, musste zwangsläufig in einem tödlichen Schuss münden und nähert sich daher einer Todesstrafe. Die Hemmschwelle gegenüber den mutmaßlichen Terroristen war ein paar Tage nach den Anschlägen in der französischen Öffentlichkeit selbstverständlich besonders niedrig, so dass zu dem Fall jegliche Berichterstattung in der Presse unterblieb. Erst einige Wochen später gab es Berichte von Mediapart und Le Monde, die jedoch zu keiner öffentlichen Diskussion führten. Die Gerichte wurden ihrerseits von keiner Partei angerufen. Es hatte am 18. November die bloße Entscheidung im Sinne Schmitts geherrscht.

2.2.2   Die gewalttätige Durchsetzung der Notstandsmaßnahmen

4.500 Durchsuchungen ohne richterlichen Beschluss wurden in Frankreich in knapp zwei Jahren durchgeführt, 2.500 davon in nur zwei Monaten. Berichte über staatliche Rücksichtslosigkeit, Demütigungen, Rassismus und Gewalttätigkeiten aller Art waren schon ein paar Tage nach dem Erlass des 14. Novembers in der Tagespresse zu lesen. Solche Nachrichten häuften sich derart, dass der Innenminister eine vierseitige Anweisung an die Präfekten erteilte, in der er sich verpflichtet fühlte, daran zu erinnern, dass „der Notstand in keiner Weise den Rechtsstaat ablöst" und „seine Durchsetzung streng verhältnismäßig verlaufen soll, damit vor den Betroffenen Respekt gewahrt wird" (Ministre de l'Intérieur 2015, S. 1). Im Hinblick auf die unzähligen Berichte über das ungerechtfertigte Einschlagen von Türen durch die Interventionskräfte wies er außerdem darauf hin, dass Türen auch von den Mietern bzw. Besitzern der Wohnungen geöffnet oder Schlosser gerufen werden können (S. 1-2). In der Anweisung wurde außerdem ausdrücklich erwähnt, dass Gewalt nur unter den beiden Grundsätzen der Erforderlichkeit und Angemessenheit angewandt werden darf.

Die Bemühungen des Innenministers konnten aber nur wenig zur Disziplinierung der Polizeibeamten beitragen, da diese im Kontext deutlicher Angst und mit der festen Überzeugung arbeiteten, in der ersten Reihe eines Verteidigungskrieges zu stehen (das Wort „Krieg" wurde vor allem vom Premierminister ab Januar 2015 häufig verwendet – s. Mastor und Saint-Bonnet 2016). Aus eigener Initiative befasste sich daher der Präsident des Gesetzesausschusses der *Assemblée Nationale* Anfang 2016 in einer ad-hoc Untersuchungskommission mit der Frage der praktischen Umsetzung der Maßnahmen, um insbesondere über „Übergriffe" zu informieren.[22] Die Kommission gab sich angesichts der Ermittlungsergebnisse außergewöhnlich ungehalten. Sie wunderte sich u.a. über Verordnungen im Rahmen des Klimagipfels, war offenkundig frustriert darüber, dass sie von der Regierung nur über 500 der 2.700 der bis dahin geführten Durchsuchungen Auskunft bekommen hatte und gab zu bedenken, dass Durchsuchungen in mehreren Fällen mit „Brutalität" oder gar als „Angriffe" (manchmal auf Minderjährige) abliefen

---

22   S. die Meldung der Assemblée Nationale, Contrôle parlementaire de l'état d'urgence, undatiert (http://www2.assemblee-nationale.fr/14/commissions-permanentes/commission-des-lois/controle-parlementaire-de-l-etat-d-urgence/controle-parlementaire-de-l-etat-d-urgence).

(Urvoas 2015). Im Endeffekt stellte der Kurzbericht die rein rhetorische Frage: „Muss der Notstand für die allgemeine öffentliche Ordnung sorgen oder sich ausschließlich auf die Bekämpfung des Terrorismus fokussieren?". Der Kommissionspräsident wurde ein paar Wochen später selbst Justizminister und das nächste Notstandsgesetz (2016-629) gab ihm schon im Februar 2016 eine rasche und eindeutige Antwort. Genauso machtlos sah sich sein Nachfolger als Vorsitzender des Gesetzesausschusses und Mitredakteur des Berichtes zum Notstand Anfang Dezember 2016 (ein paar Tage vor dem Entwurf des 5. Gesetzes): „schon sehr früh hatten die Berichterstatter darauf hingewiesen, nicht in der Lage zu sein, über die praktischen Bedingungen der Durchsetzung der Wohndurchsuchungen" zu berichten (Raimbourg und Poisson 2016, 30).

Auch internationale Institutionen äußerten sich über die Geschehnisse in Frankreich besorgt. Anfang 2016 teilte der UNO-Hochkommissar für Menschenrechte seine Besorgnis über die „Unschärfe und Unklarheit" des Notstandsgesetzes mit (Hourdeaux 2016b). Zur selben Zeit reagierte der Generalsekretär des Europarats auf die Erwähnung eines möglichen zweiten Gesetzes durch die Regierung mit einem mahnenden Schreiben an Hollande, mit Blick auf die umstrittene Durchführung von Hausarrest und Durchsuchungen.[23] Das europäische Komitee zur Verhütung von Folter (CPT 2016) veröffentlichte im Mai 2016 einen Bericht, in dem es sich zu „unverhältnismäßigem Gewaltgebrauch durch Polizeikräfte während bestimmter Hausdurchsuchungen" und deren „psychologischen Nachwirkungen" äußerte und bedauerte zudem den Mangel an Informationen „über die möglichen gerichtlichen Folgen von Gewaltanwendung oder Übergriffen während der Durchsuchungen".

Immer mehr Beschwerden gab es ab Anfang 2016 hinsichtlich der sich gegen die Arbeitsrechtsreform richtenden Demonstrationen (s. oben). Ihnen wurde mit einem äußerst hohen Grad staatlicher Gewalt begegnet, was sich nicht nur in den Rekordzahlen von Festnahmen und Verurteilungen von Demonstranten widerspiegelte[24], sondern auch in der hohen Anzahl (mind. 70) gerichtlicher Verfahren, die

---

23 Schreiben vom 22.01.2016 (https://rm.coe.int/CoERMPublicCommonSearchServices/DisplayDCTMContent?documentId=090000168059375b).

24 Über 3.000 Personen wurden im Laufe der Proteste festgenommen. Allein am 7. Juli 2016 wurden 900 Personen in Paris in Polizeigewahrsam gebracht, von denen 32 schon am nächsten Tag in Eilverfahren zu Freiheitsstrafen ohne Bewährung verurteilt wurden (Giuliano 2016, für weitere quantitative Daten s. Ankündigung des Innenministers in der *Assemblée Nationale* v. 19. Mai 2016). Am 14. Juni wurden sieben Demonstranten in Krankenhäuser gebracht und über 1.500 Tränengasgranaten, 75 Splittergranaten und Hartgummigeschosse von den Polizeikräften gebraucht. Am 20. Juni wurden 1.800 Demonstranten festgenommen und 1.200 in Polizeigewahrsam gebracht.

seit Januar 2016 wegen polizeilicher Übergriffe eingeleitet wurden (Suc 2016b). Der Verlauf der Demonstrationen im Jahre 2016 und das Ausmaß der Gewaltanwendung seitens der Polizeikräfte sind Zeichen eines eindeutig erweiterten polizeilichen Handlungsspielraums. Diese Polizeimacht ist der entscheidende Aspekt der Entwicklung der französischen Staatsgewalt seit den Anschlägen im November 2015.

2.2.3   Eine entfesselte Polizeimacht?

Terrorismusbekämpfung ist eine Staatstechnik im Sinne Günter Frankenbergs: eine Methode und eine Einstellung zugleich (Frankenberg 2010, S. 16-20, 2017, S. 17). In dieser Hinsicht ist es dem Terrorismus gelungen, vor allem bei Sicherheitskräften, bestimmte Einstellungen und Erwartungen aufzubauen (Lindner 2015). Zwei Polizeibeamte der *Police Nationale* und einer der *Police Municipale* wurden im Januar 2015 erschossen, ein Polizeipaar wurde im Juni 2016 in Anwesenheit ihres dreijährigen Sohnes erwürgt und ein weiterer Polizeibeamter wurde auf dem Champs-Elysées in Paris Ende April 2017 erschossen.

Diese Geschehnisse hielten die Politik – von den Abgeordneten im Parlament bis zum Staatspräsidenten – dazu an, Polizei und Sicherheitskräfte mittels Beförderungen, Auszeichnungen, Schweigeminuten etc. unaufhaltsam zu rühmen, was bei den Polizeibeamten allmählich für ein kollektives Immunitätsgefühl sorgte. Nicht nur der Terror, auch die staatliche Antwort darauf trägt zu diesem kollektiven Gefühl bei – und an erster Stelle der Notstand. So können die meisten Polizisten tatsächlich nicht nachvollziehen, warum die Politik gerade zu Zeiten des Notstands permanente Unruhen auf den Straßen duldet und warum Beamte weiterhin körperlicher Gewalt durch linke Aktivisten (von den Banlieue-Jugendlichen ganz zu schweigen) ausgesetzt sein können, ohne dass die Täter auf frischer Tat gefasst und gnadenlos verurteilt werden. Als im Oktober 2016 drei in ihrem Dienstwagen sitzende Polizeibeamte in einer Plattenbausiedlung südöstlich von Paris durch Molotowwaffen schwer verletzt wurden, brach die Wut der Polizeibeamten los. Nächtelang trafen sich in Großstädten Frankreichs auf unangemeldeten Demonstrationen Uniformierte und oftmals auch Vermummte, mit Polizeikennzeichen und Dienstwaffen ausgestatte Polizeibeamte. Am Abend des 20. Oktobers umstellten protestierende Polizisten den Dienstwagen des Polizeidirektors, dem es nur mit Mühe gelang, zu entkommen.

Der angegriffene Polizeidirektor drohte den Demonstranten zwar mit Disziplinarverfahren, musste aber schon ein paar Tage später öffentlich die „Wut der Polizeibeamten verstehen und teilen", während der damalige Innenminister nur noch von „pädagogischen Ermahnungen" gegen die demonstrierenden Polizisten sprach

(Chevillard 2016). Als Ergebnis der Protestwelle bekamen die Polizeibeamten 250 Millionen Euro an zusätzlichen Mitteln, die größtenteils in neue Schutz- und Angriffsmittel wie etwa 20.000 kugelsichere Westen und 6.000 Maschinenpistolen investiert wurden, und letztendlich ein im Februar 2017 verabschiedetes Gesetz (2017-258), das unter verschiedenen Maßnahmen zur Verfolgung des Terrorismus das Strafmaß für Beleidigung der Staatsgewalt erhöht sowie die Bedingungen vom polizeilichen Schusswaffengebrauch aufweicht. Die Regierung zeigte damit, dass sie in Zeiten von Notstand und Terrorismusbekämpfung keinesfalls auf die Loyalität der Polizei verzichten konnte und dafür einen hohen Preis zu zahlen bereit war.

Diese wachsende Polizeimacht ist ein deutliches Zeichen einer längeren Entwicklung, die grundsätzlich weniger mit Notstand und Terrorismus und mehr mit der wachsenden Bedeutung von Sicherheit bzw. mit einem allgemeineren Prozess der „Securitization" zu tun hat (Loader 2002; Bigo 2008). Dass dieser Prozess immer schwerer zu bewältigen sein wird, wird deutlich, wenn man bedenkt, dass (z.T. illegale) Polizeiproteste schon 2001 ihren Anfang als unmittelbare Antwort auf die Erschießung zweier Polizisten fand. Die hier in Gang gesetzte Konjunktur knüpft nicht so sehr an den Terrorismus an, als an einen allgemeinen Ruf nach Verschärfung der Strafjustiz gegen das Banlieue-„Gesindel" – um den ehemaligen Innenminister Nicolas Sarkozy (2002-2004 und 2005-2007) zu zitieren, der als Staatspräsident (2007-2012) die geistige, normative und materielle Bedeutung der Polizei in der französischen Gesellschaft erheblich vergrößerte.

Hier dürfen die zeitliche Perspektive und die unter Intellektuellen offenbar verbreitete Faszination mit dem Ausnahmezustand (oder das „Denken vom Ausnahmezustand her" – so Frankenberg 2010, S. 168) nicht täuschen. Die Ausweitung der Polizeigewalt fügt sich in eine seit langer Zeit stattfindende, ganz vom Bekämpfungsrecht abgekoppelte „Verpolizeilichung" der französischen Politik ein, die wiederum seit Anfang der 2000er Jahre immer mehr der bloßen Staatsgewalt erliegt.

3   Schlussfolgerungen

Für die Rechtstheorie ist jegliches Notstandsgesetz von herausragender Bedeutung. So stammt die politische Theorie eines Carl Schmitt ebenso wie dessen Vorliebe für die bloße Entscheidung als Ausgangspunkt der Freund/Feind-Bestimmung ursprünglich aus Betrachtungen über die französischen *„actes de gouvernement"* aus dem Ende des 19. Jahrhunderts (Schmitt 1963, S. 22-23) – also *politische* Regierungsakte, die als solche der verwaltungsgerichtlichen Kontrolle entzogen werden konnten. In dieser Hinsicht müssen ein paar zum Teil gegensätzliche (und provisorische) Merkmale formuliert werden.

Die gerichtliche Kontrolldichte seit der Terrorwelle von 2015 erwies sich zunächst als äußerst gering, allmählich aber als entscheidend. Der Verwaltungsrat und der Verfassungsrat haben letztendlich die Behörden dazu gezwungen, die Beweggründe der von ihnen getroffenen Maßnahmen sachlich darzulegen, die Beeinträchtigung der Grundrechte im Verhältnis zu der tatsächlichen Terrorbekämpfung in Betracht zu ziehen und haben somit letztendlich (auch wenn erst nach anderthalb Jahren) das Demonstrationsrecht restauriert. Andererseits muss unterstrichen werden, dass die Mobilisierungskräfte der Gesellschaft (in erster Linie Presse und Gewerkschaften) die entscheidende Gegenmacht zu der Staatsgewalt waren.

Zum zweiten muss angesichts früherer Notstandssituationen in Frankreich (wie beispielsweise in Algerien 1955-1962 oder in Neukaledonien 1985) oder der aktuellen Situation in der Türkei festgestellt werden, dass die Gerichtsbarkeit (sei sie verfassungs-, straf- oder verwaltungsrechtlicher Natur) keine unbedeutende Rolle gespielt hat. An dieser Stelle soll an die beiden scheinbar harmlosen Entscheidungen des Verfassungsrates erinnert werden (s. Fn. 18): Solange eine Hausarrestmaßnahme nicht länger als 12 Stunden am Tag andauere, könne sie nicht als Freiheitsstrafe betrachtet werden. Diese Entscheidungen haben sicherlich das Leben der unter Hausarrest Stehenden erschwert. Da Hausarrest keine Freiheitsstrafe ist bzw. keine Aufhebung der Bewegungsfreiheit darstellt, wird der Fall durch die Verwaltungsgerichtsbarkeit geprüft (also im Rahmen der bloßen Gesetzmäßigkeit) und nicht durch die ordentliche Gerichtsbarkeit mit deren uneingeschränkter Kontrolle (Wihl 2017, S. 75). Trotz alledem galten die Entscheidungen als Warnungen vor einer Einführung von Masseninternierungen. Diese Einführung liegt nahe und würde auf die 10.000 Personen abzielen, die unter anderem wegen einer Nähe zum Islamismus als „für die Staatssicherheit relevante Personen" in einer 1969 geschaffenen Polizeikartei registriert worden sind (in Deutschland wären sie als „Gefährder" eingestuft; s. Kretschmann 2017). Schon das erste Verfassungsratsurteil ließ im Dezember 2015 die innerministerialen Pläne (besonders in der Abteilung, die den Erlass von 2015 zustande brachte) sicherheitsrelevante Personen vorbeugend zu internieren ins Wasser fallen. Die Geschichte ist jedoch nicht endgültig geschrieben. Notstand ist nicht immer gleich Notstand und Ausnahmezustand nicht immer gleich Ausnahmezustand. Nur eine konkrete, empirische Auslegung der verschiedenen Gerichtsbarkeiten kann das Wesen der betroffenen Anordnung erfassen.

Drittens erscheint die französische Terrorismusbekämpfung nur begrenzt als „säkulare[r] Trend, den Ausnahmezustand nicht zu erklären und prozedural einzuhegen, sondern zu normalisieren" (Frankenberg 2017, S. 17). Der immer wieder verlängerte Notstand steht im offensichtlichen Kontrast zu dessen ursprünglicher Rechtfertigung, nämlich der raschen Durchsetzung von Maßnahmen gegen eine unmittelbar bestehende Gefahr. Für Rechtstheoretiker wie Clinton Rossiter und Carl Friedrich, die sich nach den Erfahrungen mit der Weimarer Republik mit dem Begriff der „Verfassungsdiktatur" auseinandergesetzt haben und für die die zeitliche Begrenzung der kommissarischen Befugnisse das entscheidende Merkmal der Aufrechterhaltung der Demokratie darstellt, bereitet dies Grund zu tiefer Besorgnis. Empirisch betrachtet scheint sich aber der jetzige Notstand in Frankreich größtenteils erledigt zu haben. Die mit dem Notstand verbundenen Eingriffsmöglichkeiten, wie Hausarreste und Durchsuchungen ohne richterliche Anordnung, werden immer seltener eingesetzt. Eingriffsmöglichkeiten gegen die Versammlungsfreiheit werden ihrerseits in beschränktem Ausmaß genutzt. Und die für Ende 2017 geplante Übertragung der Notstandsmaßnahmen in die normale Gesetzgebung bedeutet keinesfalls eine „Routinisierung des Ausnahmezustandes", da sich die ankündigte Gesetzgebung „nur" gegen konkret nachweisbare Terror-vorbereitungstätigkeiten richtet. Die Agambensche Annahme, wonach jede Aus-nahme zur Routinisierung beiträgt, klingt zweifelsohne plausibel und verlockend, wird aber den genannten empirischen Befunden nicht gerecht.

Allerdings sollte das Hauptaugenmerk ohnehin auf die tatsächliche Durchset-zung des Notstandes durch die Träger der Staatsgewalt gerichtet werden (Jobard 2013). Als Staatstechnik bzw. rechtliches Instrumentarium und kollektive Ein-stellung zugleich trägt der Notstand zu der bereits erwähnten Heroisierung von Polizeibeamten und der Polizei als solcher bei. Die Auswirkungen dieser Heroi-sierung sind umso gravierender, als sie in einer „post-heroischen Gesellschaft" (Münkler 2007) stattfindet und daher kaum Gegenpole findet (Robert 2005). Der Notstand stellt, wie oben ausgeführt, eine beschleunigende Kraft in diesem Prozess dar, selbstverständlich auch deshalb, weil Polizeibeamte ihr Leben bei Terroranschlägen verloren haben. Der Preis, den die Politik der Polizei zu zahlen bereit ist, ist ein hoher Preis, da er den Weg für unumkehrbare Polizeibefugnisse frei macht – wie die Forderung nach einer „Notwendigkeitsvermutung des Schuss-waffengebrauchs" für Polizeibeamte oder die Brutalität der Durchsetzung von Hausdurchsuchungen deutlich machen. Somit steht weniger die Frage von Not-stand und Ausnahmezustand zur Debatte, sondern – um mit Emile Durkheim zu sprechen (Müller 1986) – der Übergang vom gesellschaftlichen „Normalzustand" zum „pathologischen Zustand". Dieser pathologische Zustand wird erreicht, wenn wegen des Terrors die Sicherheit der Bürger angesichts der praktischen Macht der Gewaltmonopolträger aufgegeben ist.

Literatur

Agamben, G., 2004: *Ausnahmezustand*. Frankfurt a.m.

Agamben, G., 2015: De l'Etat de droit à l'Etat de sécurité. In: *Le Monde*, 23. Dezember (übersetzt von Schmid, B., in: Luxemburg. Gesellschaftsanalyse und linke Praxis, April 2016).

Amnesty International, 2017: *A Right not a Threat. Dispoportionate Restricions on Demonstrations Under the State of Emergency in France*. London.

Andrieux, C., 2016: *Témoin*. Paris.

Arfi, F./Fessard, L./Plenel, E., 2014: French minister: 'Why I banned Gaza protests'. In: *Mediapart*, 15. August.

Balmer, R., 2011: Den ,Flics' sitzt der Colt oft locker. In: *Die Tageszeitung*. 28. April.

Beaud, O./Guérin-Bargues, C., 2016: L'état d'urgence de novembre 2015: une mise en perspective historique et critique. In: *Juspoliticum*, 15. Januar.

Bigo, D., 2008: Globalized (in)security: the field and the ban-opticon. In: *Terror, insecurity and liberty: illiberal practices of liberal regimes after 9/11*. London, S. 10-48.

Boucobza, I./Girard, C., 2016: *'Constitutionnaliser' l'état d'urgence ou comment soigner l'obsession d'inconstitutionnalité? La Revue des droits de l'homme, Actualités Droits-Libertés*. Unter: http://revdh.revues.org/1784, Zugegriffen am 21.10.2016.

Cassia, P., 2016: *Contre l'état d'urgence*. Paris.

Cassia, P., 2017: Etat d'urgence, vers un acte 6. In: *Mediapart*, 1. Juni.

Cazeneuve, B., 2016: *Discours aux forces de sécurité*. 12. Oktober.

Chevillard, T., 2016: Manifestations de policiers: J.-M. Falcone «comprend et partage» la colère. In: *AEF Infos*, 21. Oktober.

Codaccioni, V., 2015: *Justice d'exception. L'Etat face aux crimes politiques et terroristes*. Paris.

CPT Komitee zur Verhütung von Folter, 2016: *Observations finales concernant le septième rapport périodique de la France*. Straßburg.

Degirmenci, S., 2016: *Une validation sinueuse de l'assignation à résidence en état d'urgence doublée d'un appel renforcé au contrôle du juge administratif*. Unter: http://revdh. revues.org.gate3.inist.fr/1763, Zugegriffen am 22.10.2016.

Fessard, L., 2014: Flashball. Plus de vingt blessés graves depuis 2004. In: *Mediapart*, 17. Juni.

Fillieule, O./Jobard, F., 2016 : *A Splendid Isolation. Protest Policing in France. Books and Ideas*. Unter: http://www.booksandideas.net/A-Splendid-Isolation.html, Zugegriffen am 10.10.2016.

Frankenberg, G., 2010: *Staatstechnik. Perspektiven auf Rechtsstaat und Ausnahmezustand*. Frankfurt a.M.

Frankenberg, G., 2017: Im Ausnahmezustand. In: *Kritische Justiz*, 50, 1, S. 3-18.

Giuliano, C., 2015: Etat d'urgence. Thomas Andrieu, DLPAJ, détaille le cadre juridique à AEF. In: *AEF Dépêche*, 511563, 30.11.2015.

Giuliano, C., 2016: Manifestations contre la «loi travail»: près de 900 gardes à vue et 32 peines de prison ferme (Jean-Jacques Urvoas). In: *AEF Dépêche*, 541806, 8.7.2016.

Hourdeaux, J., 2016: L'apologie du terrorisme est de plus en plus réprimée, et sévèrement. In: *Mediapart*, 16. September.

Hourdeaux, J., 2016b: UN and French rights commission condemn state of emergency 'abuses'. In: *Mediapart*, 20 January.

Jacquin, J.-B., 2017: Le Conseil constitutionnel censure le dispositif des assignations à résidence, *Le Monde*, 16. März.

Jobard, F., 2013: Zur politischen Theorie der Polizei. In: *WestEnd. Neue Zeitschrift für Sozialforschung*, 13, 1, S. 65-77.

Jobard, F., 2016: *Paris. Eine soziale Geschichte der Gewalt*. Unter http://www.soziopolis.de/beobachten/raum/artikel/paris/.

Kaul, M./Balmer, R., 2015: Tränengas im Märchenpark. In: *Die Taz*, 30.11.2015, S. 5.

Kepel, G./Jardin, A., 2016: *Terror in Frankreich. Der neue Dschihad in Europa*. München.

Klimm, L., 2016: Zerbrochene Einheit. In: *Süddeutsche Zeitung*, 15. Juli.

Kretschmann, A., 2017: Soziale Tatsachen. Eine wissenssoziologische Perspektive auf den „Gefährder". In: *APuZ*, 67, S. 11-16.

Laske, K., 2016: A Rennes, les interdictions de manifester pleuvent. In: *Mediapart*, 12. Oktober.

Latour, B., 2016: *Die Rechtsfabrik. Eine Ethnografie des Conseil d'Etat*. Konstanz.

Lindner, K., 2015: Nach den Pariser Attentaten vom November 2015. Frontstellungen, Kontexte und Perspektiven, In: *Das Argument*, 314, S. 471-488.

Loader, I., 2002: Policing, securitization and democratization in Europe. In: *Criminology and Criminal Justice*, 2, 2, S. 125-153.

Mastor, W./Saint-Bonnet, F., 2016: De l'inadaptation de l'état d'urgence face à la menace djihadiste. In: *Pouvoirs. Revue française d'études constitutionnelles et politiques*, 158, S. 51-65.

Mbongo, P., 2017: Die französischen Regelungen zum Ausnahmezustand. In: Lemke, Matthias (Hrsg.): *Ausnahmezustand. Theoriegeschichte, Anwendungen, Perspektiven*, Wiesbaden.

Mediapart, 2015: *Etat d'urgence. Des juges administratifs appellent à la prudence*, 29. Dezember.

Ministre de l'Intérieur, 2015: *Perquisitions administratives dans le cadre de l'état d'urgence*. Anweisung des 25. Novembers.

Müller, H.-P., 1986: Gesellschaft, Moral und Individualismus. Emile Durkheims Moraltheorie. In: Bertram, H. (Hrsg.), *Gesellschaftlicher Zwang und moralische Autonomie*. Frankfurt a.M., S. 71-105.

Münkler, H., 2007: Heroische und postheroische Gesellschaften. In: *Merkur*, 61, S. 742-752.

Raimbourg, D./Poisson, J.-F., 2016: *Rapport d'information au nom de la commission des lois sur le contrôle parlementaire de l'état d'urgence*. Nr. 481. Paris.

Robert, P., 2005: *Bürger, Kriminalität und Staat*. Wiesbaden.

Roudier, K./Geslin, A./Camous, D.-A., 2016: *L'état d'urgence*. Paris.

Schmitt, C., 1963: *Der Begriff des Politischen. Text von 1932 und drei Corollarien*. Berlin.

Schmitt, C., 1979: *Politische Theologie. Vier Kapitel zur Lehre von der Souveränität*. Berlin.

Singelnstein, T./Stolle, P., 2012: *Die Sicherheitsgesellschaft. Soziale Kontrolle im 21. Jahrhundert*. Wiesbaden.

Stirn, B., 2016: *Lutte contre le terrorisme, état d'urgence et Etat de droit*. Unter: http://www.conseil-etat.fr/Actualites/Discours-Interventions/Lutte-contre-le-terrorisme-etat-d-urgence-et-Etat-de-droit, Zugegriffen am 4. Mai 2017.

Suc, M., 2016: The truth about deadly police raid on terror flat near Paris. In: *Mediapart*, 3. Februar.

Suc, M., 2016b: Protests, violence and France's love-hate relationship with the police. In: *Mediapart*, 28. April.

Thénault, S., 2007: L'état d'urgence (1955-2005). De l'Algérie coloniale à la France contemporaine : destin d'une loi. In: *Le Mouvement Social*, 218, S. 63-78.

Tyler, T., 1990: Why people obey the law, New Haven, CT.

Urvoas, J.-J., 2015: *Première communication d'étape sur le contrôle parlementaire de l'état d'urgence. Réunion de la commission des lois du mercredi 16 décembre 2015*. Paris.

Waddington, D./Jobard, F./King, M., 2009: Introduction and Overview: The British and French Riots. In: ibid. (Hrsg.): *Rioting in the UK and France. A comparative analysis*. Cullompton, S. 3-12.

Wihl, T., 2017: Der Ausnahmezustand in Frankreich. Zwischen Legalität und Rechtsstaatsdefizit. In: *Kritische Justiz*, 50, 1, S. 68-79.

Der zu schützende Staat?

Kritik der Aufgabendefinition von Polizei
und Verfassungsschutz in Deutschland und
Perspektiven eines Paradigmenwechsels

Hartmut Aden

Zusammenfassung

Der Schutz *des Staates* hat in Deutschland im behördlichen Selbstverständnis
von Polizei und Verfassungsschutz ebenso wie in den gesetzlich normierten
Aufgabenzuweisungen für diese Sicherheitsbehörden eine zentrale Stellung.
Dieser Beitrag dekonstruiert und hinterfragt diese Referenz an *den Staat* und
ihre praktischen Auswirkungen aus einer transdisziplinären rechts-, politik-
und verwaltungswissenschaftlichen Perspektive. Darauf aufbauend entwickelt
er die These, dass nicht *der Staat* als Selbstzweck, sondern die Menschen mit
ihren Grundrechten und demokratischen Beteiligungsmöglichkeiten im Mittelpunkt des Schutzes stehen sollten.

Schlüsselwörter

Sicherheitsbehörden, Staatsschutz, NSU, FdGO, Polizei, Verfassungsschutz

1 Staat, Gesellschaft und Bevölkerung in sicherheitspolitischer Perspektive: Staatszentrierung und empirische Entwicklungstrends

Die Frage, wer oder was genau *der Staat* ist, den Polizei- und Verfassungsschutzbehörden zu schützen haben, verweist auf Grundfragen der Staatstheorie und des Staatsverständnisses.

1.1 Der zu schützende Staat – ein Selbstzweck?

Je nach staatstheoretischer Perspektive variieren die Begründungsmuster für die Schutzbedürftigkeit des Staates. Ist ein Staat ein abstraktes Gebilde, geprägt von Staatsvolk, Staatsgebiet und Staatsgewalt, wie es einst die noch heute einflussreiche völkerrechtliche Drei-Elemente-Lehre postulierte (Jellinek 1914)? Einen so definierten Staat zum Schutzobjekt zu machen, würde bedeuten, dass der Staat in seinem durch diese Elemente einmal charakterisierten Zustand geschützt und erhalten bleiben müsste – was angesichts gesellschaftlicher Pluralität sowie historischer und aktueller Migrationswellen jedenfalls für das Staatsvolk weder realistisch noch wünschenswert erscheint. Sozialhistoriker haben gezeigt, dass die Identitätsbildung innerhalb eines Staates über die Angehörigkeit zu einer Nation – charakteristisch etwa für Frankreich und die USA – nicht mehr als ein fragiles Konstrukt ist (hierzu Noiriel 2015, S. 30ff. *et passim;* Hobsbawm 1990). Dieses Konstrukt eignet sich in modernen Gesellschaften kaum als Schutzobjekt.

Noch problematischer ist als Schutzobjekt indes ein Staat, der vorrangig in seiner Funktion als Macht ausübender und für Ordnung sorgender Souverän gesehen wird. Auch neuere Beiträge zur Staatstheorie heben Souveränität noch bisweilen als zentrales Charakteristikum eines Staates hervor, konkretisiert u. a. durch Institutionen, die Bürgerkriege oder andere gewaltsame Auseinandersetzungen verhindern (z. B. Kriele 1994, S. 46ff.). Vorstellungen von einem Staat als Souverän, der das Zusammenleben durch starke Institutionen sichert und reglementiert, machen die bestehende Ordnung zum Selbstzweck. Solche Vorstellungen gehen u. a. auf den von Thomas Hobbes beschriebenen *Leviathan* (1996 [1651]) und Machiavellis Empfehlung an einen Fürsten zurück, seine Macht geschickt zu erhalten (1986 [1531]). Bei Staatstheorien, die von Souveränitätsvorstellungen geprägt sind, steht die Hypothese im Raum, dass friedliches menschliches Zusammenleben erst durch Machtkonzentration bei einem starken Staat möglich ist. Die *Staatsgewalt* als eines der drei Elemente der alten völkerrechtlichen Staatsdefinition wird hier in den Mittelpunkt gerückt und (über-)betont. Die dienenden Funktionen staatlicher

Strukturen für die Bevölkerung und die Werte, für die ein demokratischer Staat einsteht, geraten so aus dem Blick.

Soll *der Staat* nicht nur als Selbstzweck gedacht und geschützt werden, so liegt es nahe, die staatlichen Funktionen zu betrachten, die über die reine Gewährleistung eines stabilen politischen Systems hinausgehen. Max Webers Staatsdefinition, nach der ein „politischer Anstaltsbetrieb [...] erfolgreich das Monopol legitimen physischen Zwanges für die Durchführungen der Ordnungen in Anspruch nimmt" (1972 [1921], S. 29), knüpfte im Ausgangspunkt ebenfalls noch an die verengte, auf die *Staatsgewalt* konzentrierte staatstheoretische Perspektive an. Zugleich betonte Weber aber bereits die Leistungsfähigkeit einer „legalen Herrschaft mit bureaukratischem Verwaltungsstab", in der fachlich geschulte Staatsbedienstete das Zusammenleben organisieren (1972 [1921], S. 126ff.; zu Hintergrund und Wirkungen: Breuer 1998, S. 165ff.). Diese Perspektive auf staatliche Funktionen und die Entwicklung der im Interesse des Zusammenlebens bereitgehaltenen staatlichen Institutionen sind seither zunehmend in den Fokus der staatstheoretischen Diskussion gerückt (z. B. Grimm 1996). In der verwaltungswissenschaftlichen Staatsforschung kommt diese Perspektive auch in der Metapher eines „arbeitenden Staates" zum Ausdruck. Dieser „arbeitende Staat" ermöglicht und erleichtert durch die von ihm bereitgestellte Infrastruktur sowie durch Dienstleistungen im Interesse des Allgemeinwohls (Daseinsvorsorge; Gewaltmonopol) ein funktionierendes Zusammenleben. Damit sichert ein so verstandener Staat den einzelnen Menschen Spielräume für die Entfaltung ihrer Freiheit. Dienende Funktionen für die Gesellschaft rücken damit stärker in den Fokus des Staatsverständnisses (hierzu Grimm 1996, S. 616 *et passim*).

Im Zuge der Diskussionen über *New Public Management* hat sich die Perspektive von der Sicherung des *Status quo* des Staates auf die Leistungsfähigkeit des Staates als Dienstleister für die Bevölkerung verlagert. Nach einer anfänglichen Dominanz der neo-liberal geprägten Idee, staatliche Daseinsvorsorge könne einfach durch marktbasierte privatwirtschaftliche Dienstleistungen ersetzt werden, hat sich heute eine differenziertere Betrachtung durchgesetzt. Die Leistungsfähigkeit der *New Public Management*-Instrumente und die Gewährleistung demokratischer Kontrolle sind wieder stärker in den Fokus gerückt (vgl. z. B. Pollitt und Bouckaert 2011, S. 15ff.; Wegrich 2011). Der dienstleistungsorientierte Wandel, den staatliche Institutionen bis hin zu den Sicherheitsbehörden im Zuge der Verwaltungsmodernisierung der letzten Jahrzehnte durchgemacht haben, unterstreicht zugleich, dass ein als homogenes Gebilde konstruierter *Staat* als Schutzobjekt für Sicherheitsbehörden heute ein kaum mehr tauglicher Anknüpfungspunkt ist.

In der Praxis der Sicherheitsbehörden wird allerdings kaum danach gefragt, aus welchen Gründen genau *der Staat* geschützt werden soll. Gehen Sicherheitsbehörden in ihrem Selbstverständnis davon aus, dass sie *den Staat* als Selbstzweck zu schützen haben, so sind sie faktisch der Vorstellung eines *Leviathan* noch recht nahe. Der Staat wird dann als Souverän (nur) deshalb geschützt, weil ein starker Staatsapparat ein funktionierendes Zusammenleben verspricht und darüber hinaus als Selbstzweck angesehen wird. Dieses Staatsverständnis ist nicht weit entfernt von vorherigen obrigkeitsstaatlich-autoritären Systemen, die „nicht akzeptieren [konnten], dass Untertanen mit Berufung auf Recht in die Politik eingriffen, das heißt: den Frieden störten" (Luhmann 1995, S. 414).

1.2   Wandel der Bedrohungen des friedlichen Zusammenlebens

Parallel haben sich in den letzten Jahrzehnten auch die empirischen Verhältnisse bezüglich möglicher Bedrohungen *des Staates* gewandelt. Politische Kräfte, die anstreben, *den Staat* in seiner heutigen Form zu beseitigen, sind zwar weiterhin existent. Ihre Ideen finden jedoch wenig Akzeptanz. Zudem verfügen demokratische Staaten wie die Bundesrepublik Deutschland über Vorkehrungen, um gegen solche Bestrebungen vorzugehen, nötigenfalls auch mit Organisationverboten nach dem Vereinsgesetz.

Von islamistisch motivierten Terroranschlägen, die für die sicherheitspolitischen Debatten der letzten Jahre prägend waren, gehen gravierende Gefahren für (potentiell) betroffene Menschen aus, kaum jedoch für die Staaten als solche, in denen Anschläge verübt werden. Im Gegenteil – die Entwicklungen nach den Terroranschlägen in New York und Washington D.C. am 11. September 2001 zeigen, dass die Staatsapparate aufgrund der massiven Ausweitung ihrer Sicherheitsbehörden durch die Reaktionen auf neue Formen von Terrorismus eher stärker geworden sind. Der Staat USA war durch diese schweren Anschläge keinesfalls in seiner Existenz bedroht.

Auch von anderen Bestrebungen, die das heute bestehende politische System abschaffen oder ersetzen möchten, gehen kaum noch ernsthafte Gefahren für den demokratischen Staat insgesamt aus. Dies gilt insbesondere für anarchistische Bestrebungen, die den Staat durch andere Koordinationsformen ersetzen möchten – durch dezentralere und selbstbestimmtere Formen der Organisation des öffentlichen Lebens. Gerade die durch internationale Verflechtungen gestiegene Komplexität des Zusammenlebens macht solche dezentralen Organisationsformen nicht nur utopisch, sondern selbst für viele Menschen, die staatlichen Institutionen eigentlich kritisch gegenüberstehen, nicht wirklich erstrebenswert. Dass sich staatliche Sicherheitsbehörden mit solchen Bestrebungen befassen, ist folglich nur dann gerechtfertigt, wenn von ihnen Gewalt ausgeht.

Nationalistisch-rechtsextreme Kräfte sind in Deutschland und anderen demokratischen Staaten weiterhin eine latente, bisweilen auch konkrete Gefahr für das demokratische Zusammenleben, da sie in der Regel autoritäre Regierungsformen anstreben, für die der Nationalsozialismus zumindest implizit Vorbild ist (Überblick bei Kopke und Lorenz 2016; Jaschke 2006, S. 74ff.). In den letzten Jahrzehnten gab und gibt es in Deutschland immer wieder Parteien, die solche Inhalte in unterschiedlichen Ausprägungen vertreten (hierzu Jaschke 2016). Militant-rechtsextreme Gruppierungen verüben Gewalttaten, insbesondere gegen Menschen, die ihren Feindbildern entsprechen. Die Mord- und Anschlagserie des „Nationalsozialistischen Untergrunds" ist hierfür symptomatisch (zu den staatlichen Reaktionen hierauf Aden 2015a). „Reichsbürger", ebenso wie Monarchisten in anderen Ländern, behaupten, frühere, ebenfalls autoritäre Regime existierten fort – und nutzen diese Behauptung als Legitimation, um staatliche Institutionen wie die Finanzverwaltung oder die Polizei und ihre Aufgaben im Interesse der Allgemeinheit nicht anzuerkennen. Keine dieser Bestrebungen wäre indes in institutionell gefestigten politischen Systemen wie dem der Bundesrepublik Deutschland in der Lage, *den Staat* als solchen zu gefährden.

Bedrohungen durch terroristische Gewalttaten haben dazu beigetraten, dass Sicherheitsfragen im politischen Diskurs heute einen hohen Stellenwert haben. Bereits in den 1970er Jahren führte der „deutsche Herbst" nach Terroranschlägen der „Roten Armee Fraktion" zu einer massiven Ausweitung staatlicher Sicherheitsvorkehrungen (zur Kritik: Busch et al. 1985, S. 229ff.; Hirsch 1986; Gössner 1991). Seit den 1990er Jahren wurde auch in der internationalen Diskussion auf allen politischen Ebenen eine Form von Politisierung konstatiert, in deren Fokus die Sicherheitsrelevanz der jeweiligen Thematik steht (*Securitization*, vgl. Buzan, Waever und de Wilde 1998). Seither hat sich dieser Trend weiter verstärkt.

Diese Entwicklungen zeigen, dass nicht die Staaten als solche gefährdet sind, sondern die Menschen, die bei Anschlägen oder anderen Gewalttaten zu Schaden kommen oder deren Würde durch menschenverachtende Bestrebungen beeinträchtigt wird. Ein Verständnis, bei dem *der Staat* unhinterfragter Selbstzweck ist, kann auf diese Entwicklungen kaum angemessen reagieren.

2   Schutz des Staates: die „freiheitliche demokratische Grundordnung" als zentraler Referenzpunkt

In Deutschland nutzen die staatlichen Institutionen, deren Aufgabe die Gewährleistung von Sicherheit für *den Staat* ist, die „freiheitliche demokratische Grundordnung" (FdGO) als zentralen Referenzpunkt. Dieser unbestimmte Rechtsbegriff, der im Grundgesetz gleich mehrfach vorkommt (Art. 10 Abs. 2, Art. 11 Abs. 2, Art. 18, Art. 21 Abs. 2, Art. 73 Nr. 10b, Art. 87a Abs. 4 und Art. 91 GG), beschäftigte das Bundesverfassungsgericht bereits in den ersten Jahren seiner Tätigkeit – in dem Verfahren, an dessen Ende im Oktober 1952 das Verbot der „Sozialistischen Reichspartei" (SPR) stand. Damals definierte der Erste Senat den Begriff weit, wobei er Kernelemente aus dem 1951 erlassenen politischen Strafrecht übernahm (näher hierzu Schulz 2015):

> „Freiheitliche demokratische Grundordnung im Sinne des Art. 21 II GG ist eine Ordnung, die unter Ausschluß jeglicher Gewalt und Willkürherrschaft eine rechtsstaatliche Herrschaftsordnung auf der Grundlage der Selbstbestimmung des Volkes nach dem Willen der jeweiligen Mehrheit und der Freiheit und Gleichheit darstellt. Zu den grundlegenden Prinzipien dieser Ordnung sind mindestens zu rechnen: die Achtung vor den im Grundgesetz konkretisierten Menschenrechten, vor allem vor dem Recht der Persönlichkeit auf Leben und freie Entfaltung, die Volkssouveränität, die Gewaltenteilung, die Verantwortlichkeit der Regierung, die Gesetzmäßigkeit der Verwaltung, die Unabhängigkeit der Gerichte, das Mehrparteienprinzip und die Chancengleichheit für alle politischen Parteien mit dem Recht auf verfassungsmäßige Bildung und Ausübung einer Opposition." (BVerfGE 2, 1, Leitsatz 2)

Ob wirklich alle diese Elemente gleichermaßen relevant für das demokratische und rechtsstaatliche System der Bundesrepublik Deutschland sind und ob eventuell auch weitere Elemente wie die politischen Grundrechte dazugehören, war seither verfassungsrechtlich und politisch umstritten (zur Kritik z. B. Stuby 1977). Erst beinahe 65 Jahre später hat der Zweite Senat des Bundesverfassungsgerichts im Januar 2017 in seiner Entscheidung über den Antrag auf Verbot der Nationaldemokratischen Partei Deutschland (NPD) den FdGO-Begriff dem heutigen Entwicklungsstand von Demokratie und Menschenrechten angepasst und zugleich präzisiert:

> „Der Begriff der freiheitlichen demokratischen Grundordnung im Sinne von Art. 21 Abs. 2 GG umfasst nur jene zentralen Grundprinzipien, die für den freiheitlichen Verfassungsstaat schlechthin unentbehrlich sind.
>
> a) Ihren Ausgangspunkt findet die freiheitliche demokratische Grundordnung in der Würde des Menschen (Art. 1 Abs. 1 GG). Die Garantie der Menschenwürde umfasst insbesondere die Wahrung personaler Individualität, Identität und Integrität sowie die elementare Rechtsgleichheit.
> b) Ferner ist das Demokratieprinzip konstitutiver Bestandteil der freiheitlichen demokratischen Grundordnung. Unverzichtbar für ein demokratisches System sind die Möglichkeit gleichberechtigter Teilnahme aller Bürgerinnen und Bürger am Prozess der politischen Willensbildung und die Rückbindung der Ausübung der Staatsgewalt an das Volk (Art. 20 Abs. 1 und 2 GG).

c) Für den Begriff der freiheitlichen demokratischen Grundordnung sind schließlich die im Rechtsstaatsprinzip wurzelnde Rechtsbindung der öffentlichen Gewalt (Art. 20 Abs. 3 GG) und die Kontrolle dieser Bindung durch unabhängige Gerichte bestimmend. Zugleich erfordert die verfassungsrechtlich garantierte Freiheit des Einzelnen, dass die Anwendung physischer Gewalt den gebundenen und gerichtlicher Kontrolle unterliegenden staatlichen Organen vorbehalten ist." (BVerfG, Urteil vom 17.1.2017, 2 BvR 1/13, Leitsatz 3; näher ausgeführt in den Absätzen 535 bis 547).

Hier vollzieht das BVerfG eine klare Abkehr von den Vorstellungen eines Staates als Selbstzweck, indem es die Garantie der Menschenwürde, die gleichberechtigte Teilnahme aller Bürgerinnen und Bürger am demokratischen Prozess und die rechtsstaatlichen Grundfunktionen in den Mittelpunkt der präzisierten FdGO-Definition stellt.

3 Rechtliche und empirische Befunde: Organisationsklischees für den zu schützenden Staat

Die eher vage staatstheoretische Verortung des Schutzauftrags bundesdeutscher Polizei- und Verfassungsschutzbehörden gegenüber *dem Staat* steht in einem bemerkenswerten Kontrast zur nach wie vor zentralen Rolle, die der Schutz *des Staates* in Aufgabenzuweisungen und im behördlichen Selbstverständnis spielt. Dabei war die inhaltliche Ausrichtung des *Staatsschutzes* in der Geschichte der Bundesrepublik Deutschland immer wieder Gegenstand weitreichender gesellschaftlicher Kontroversen (ausführlich hierzu Rigoll 2013).

Auch vor dem Hintergrund des bisweilen ambivalenten Verhältnisses von Sicherheitsbehörden zum Recht (hierzu Aden 2013b) bilden die rechtlichen Aufgabendefinitionen und Eingriffsbefugnisse einen zentralen Referenzpunkt für das legale Handeln der Behörden und ihrer Bediensteten. Im Folgenden wird gezeigt, dass der Schutz *des Staates* als Selbstzweck im bundesdeutschen Recht weiterhin eine zentrale Stellung einnimmt, während der Schutz der Menschen vor gravierenden Gefahren bisweilen vernachlässigt wird und damit aus dem Blick gerät.

3.1   Strafrechtlich definierte Staatsschutzdelikte – obrigkeitsstaatliche Relikte und sicherheitsrelevantes Präventionsrecht

Im materiellen Strafrecht bilden die *Staatsschutzdelikte* bis heute den normativen Anknüpfungspunkt für den Schutz *des Staates*. Das politische Strafrecht und die Vorkehrungen zum Schutz *des Staates* als Selbstzweck sind eng miteinander verzahnt (in historischer Perspektive: Schulz 2015). Sie lassen sich als staatserhaltende Formen von „politischer Justiz" (Kirchheimer 1972, S. 143ff.) interpretieren. Bei genauerem Hinsehen handelt es sich bei den einschlägigen Paragraphen des Strafgesetzbuches indes um ein bemerkenswertes Sammelsurium mehr oder minder antiquierter Vorschriften.

Die einschlägigen Abschnitte des Strafgesetzbuches (§§ 80 bis 109h) stehen am Anfang des Besonderen Teils und beginnen mit den Vorschriften zu „Friedensverrat, Hochverrat und Gefährdung des demokratischen Rechtsstaates". Es folgen sehr unterschiedliche Tatbestände, deren Tathandlungen von der „Verunglimpfung des Bundespräsidenten" (§ 90) bis zur „Vorbereitung eines Angriffskrieges" (§ 80) reichen. Auch der folgende Abschnitt „Widerstand gegen die Staatsgewalt" (§§ 111 ff.) ist noch Teil des Strafrechts, bei dem der Staat und seine Einrichtungen Schutzgüter sind, ebenso einzelne Tatbestände der weiteren Abschnitte wie die Landfriedensbruch-Tatbestände (§§ 125, 125a) und insbesondere die „Bildung terroristischer Vereinigungen" (§§ 129a und 129b) sowie die „Volksverhetzung" (§ 130).

Funktional betrachtet bündelt dieser Abschnitt stark divergierende Schutzzwecke. Manche Vorschriften schützen Staatsgeheimnisse unter Androhung von Strafe für diejenigen, die solche Geheimnisse verraten, z. B. als Spione im Auftrag anderer Staaten. Die praktische Relevanz ist gering und hat nach dem Ende des Ost-West-Konflikts weiter abgenommen. Die Aufarbeitung der Spionageaktivitäten der US-amerikanischen *National Security Agency* (NSA) in Deutschland hat gezeigt, dass es zumeist bereits aus diplomatischer Rücksichtnahme nicht gelingt, gegen Spione erfolgreich mit den Instrumenten des Strafrechts vorzugehen.

Andere, noch stärker antiquiert wirkende Vorschriften schützen die Autorität und die persönliche Ehre in- oder ausländischer Repräsentanten des Staates. Solche Vorschriften sind heute im Lichte der Meinungsfreiheit (Art. 5 Abs. 1 GG) auszulegen. Der verfassungskonforme Anwendungsbereich dieser Vorschriften ist daher so gering, dass diese Straftatbestände auch gestrichen werden könnten. Bei eher persönlichen Ehrverletzungen ist zudem kaum nachvollziehbar, warum solche Repräsentanten stärker geschützt sein sollen als alle anderen Menschen, für die „nur" die gewöhnlichen Beleidigungsdelikte einschlägig sind. Symptomatisch für die Vorschriften dieses Abschnitts ist der Fall des Satirikers Jan Böhmermann. Nach der Veröffentlichung eines satirischen Textes über den türkischen Staatspräsidenten Recep Tayyip Erdoğan im März 2016 wurde gegen Böhmermann aufgrund einer Strafanzeige Erdoğans ein Ermittlungsverfahren wegen der „Beleidigung von Organen und Vertretern ausländischer Staaten" (§ 103 StGB) eingeleitet. Erst dieser Fall führte zu einer öffentlichen Diskussion über die Antiquiertheit dieser Strafvorschrift und schließlich zu einem Gesetzentwurf des Bundesrates zu ihrer Aufhebung (BR-Drs. 214/16 vom 16.12.2016).

Im Vergleich zu diesen wenig praxisrelevanten Tatbeständen aus dem *Staatsschutz*-Strafrecht, die heute jedenfalls teilweise als entbehrlich erscheinen, haben einige Tatbestände dieses Abschnitts, die erst seit 2009 im Zusammenhang mit der Terrorismusbekämpfung ergänzt wurden, deutlich andere Funktionen. Die „Vorbereitung einer schweren staatsgefährdenden Gewalttat" (§ 89a) und die „Aufnahme von Beziehungen zur Begehung einer schweren staatsgefährdenden Gewalttat" (§ 89b) sind präventiv orientiert und verlagern die Strafbarkeit weit in das Vorfeld der Rechtsgüterschädigung (kritisch hierzu: Radtke und Steinsiek 2010; Puschke 2015; Bäcker 2015, S. 338f.; zur Anwendungspraxis: Bundesregierung 2011). Solche Straftatbestände zielen auf den antiquierten Schutz *des Staates* vor Gefährdungen ab, obwohl die unter Strafe gestellten Tathandlungen an das Leben und die persönliche Freiheit der potentiellen Opfer und damit an hochrangige individuelle Rechtsgüter anknüpfen. Die Strafvorschriften schlagen jedoch die Brücke zum alten *Staatsschutz*-Paradigma, indem sie als weitere Tatbestandsvoraussetzungen formulieren, dass die Gefährdung der individuellen Rechtsgüter „nach den Umständen bestimmt und geeignet ist, den Bestand oder die Sicherheit eines Staates oder einer internationalen Organisation zu beeinträchtigen oder Verfassungsgrundsätze der Bundesrepublik Deutschland zu beseitigen, außer Geltung zu setzen oder zu untergraben" (§ 89a Abs. 1 Satz 2 StGB). Dass Täter die bei institutionell gefestigten Staaten wie der Bundesrepublik Deutschland kaum jemals realistisch zu verwirklichende Absicht haben, den Staat als solchen in seiner Existenz zu beeinträchtigen, macht also die Vorbereitung von Gewalttaten aus Sicht der Gesetzgebung wesentlich gravierender als bei vergleichbaren Handlungen aus anderen Motiven.

Auch die international seit Ende der 1990er Jahre stark propagierten Maßnahmen gegen die Terrorismusfinanzierung haben inzwischen in diesen Abschnitt des Strafgesetzbuches Einzug gehalten (§ 89c), nachdem sie zunächst (nur) nebenstrafrechtlich im Außenwirtschaftsgesetz verankert worden waren. Zweifel an der Effektivität dieser teils weitreichenden Sanktionsmaßnahmen und Bedenken aufgrund von Nebenwirkungen für unbeteiligte Dritte bestehen allerdings fort (zu den Hintergründen, zur Kritik der Effektivität und zu nicht-intendierten Nebenfolgen Aden 2013a; Eckes 2009).

Eine systematische Überprüfung aller *Staatsschutz*-Straftatbestände auf ihre Notwendigkeit und ihre Vereinbarkeit mit dem heutigen Interpretationsstand der Grundrechte ist dagegen unterblieben. Der Fall Böhmermann hat gezeigt, dass auch die zahlreichen Vorschriften dieses Abschnitts, die wenig praktische Anwendungsrelevanz haben, für die Betroffenen schnell zu gravierenden Grundrechtseingriffen führen können, wenn vermeintlich Geschädigte oder Strafverfolgungsbehörden sie als „Türöffner" für die Einleitung von Strafverfahren nutzen – oder sie Maßnahmen der polizeilichen Gefahrenabwehr rechtfertigen. Angesichts dieser weit ausgreifenden Folgen ist eine fehlende Bedachtsamkeit des bundesdeutschen politischen Systems beim Umgang mit seinem politischen Strafrecht kritisiert worden (so treffend Narr 2013, S. 7 *et passim*).

Die vier Ebenen politischer Justiz, die Otto Kirchheimer (1972, S. 153ff.) in seiner kritischen Analyse der einschlägigen rechtlichen Bestimmungen unterschied, finden sich auch im heutigen *Staatsschutz*-Recht wieder: (1) Die erste Kategorie bilden Taten wie Tötungsdelikte, die sich im *Staatsschutz*-Bereich nur durch die Motivation der Täter von sonstigen Fällen unterscheiden. (2) In einer zweiten Kategorie erfasste Kirchheimer Täter, „die einen direkten Angriff auf die bestehende Staatsordnung versucht haben", entweder in revolutionärer Absicht oder durch die „Verbindung mit Kräften jenseits der Staatsgrenze" (1972, S. 155). Die praktische Relevanz dieser Kategorie ist indes heute gering. (3) Als dritte Kategorie unterschied Kirchheimer „das ganze reichhaltige Arsenal der Vorbereitungshandlungen im Hinblick auf eine zu einer gegebenen Zeit stattfindende verfassungsvernichtende Beseitigung der bestehenden Ordnung." (1972, S. 156). Weite Teile des heutigen „Staatsschutz"-Strafrechts dürften trotz der geringen Relevanz solcher Bedrohungen dieser Form von präventiv orientiertem Strafrecht zuzuordnen sein. Als vierte Kategorie politischer Justiz unterschied Kirchheimer schließlich Interventionen gegen politische Meinungsäußerungen. Nicht nur antiquierte Straftatbestände wie der nun abgeschaffte § 103 StGB dürften dieser Kategorie zuzurechnen sein, sondern auch die zivilrechtlichen Komponenten solcher Auseinandersetzungen, bei denen politische Kontroversen mit zivilrechtlichen Auseinandersetzungen fortgeführt werden. Auch hier war der Fall Böhmermann instruktiv.

Eine konsequente Streichung obrigkeitsstaatlicher Tatbestände aus dem Strafgesetzbuch und eine konsequente Neugewichtung der einschlägigen Straftatbestände, orientiert am Schutz von Individualrechtsgütern, wäre eine naheliegende Alternative. Eine klare Fokussierung auf die in Art. 2 Abs. 2 GG garantierten Grundrechte auf Leben, körperliche Unversehrtheit und Freiheit, für die staatliche Stellen eine Schutzpflicht haben, wäre auch für diese Delikte als Ziel angemessener als der der Schutz *des Staates* als abstraktes Gebilde.

3.2 Polizeiliche und justizielle Organisationseinheiten für den „Staatsschutz"

Das einschlägige Strafrecht hat direkte Auswirkungen auf die Organisation von Kriminalpolizei und Justiz: Stehen die spezifischen *Staatsschutz*-Delikte oder politische Motive für andere Straftaten im Raum, so sind bei Polizei und Justiz spezielle *Staatsschutz*-Dienststellen bzw. Spruchkörper zuständig.

Bei der Kriminalpolizei bedeutet die Zuständigkeit des *Staatsschutzes* mehr und anders fokussierte Aufmerksamkeit für den jeweiligen Fall. Größere Dienststellen der deutschen Kriminalpolizei, insbesondere die Landeskriminalämter, verfügen über eigene Organisationseinheiten, die sich speziell mit solchen Delikten befassen. Innerhalb der Organisationsstruktur nehmen diese Dienststellen zumeist eine Sonderstellung ein – eine Aura des Bedeutsamen und besonders Geheimen umgibt deren Tätigkeit. Auch gewöhnliche Straftaten wie Sachbeschädigungen werden anders behandelt, wenn sie in einem politisch-weltanschaulich motivierten Zusammenhang stehen. Die erhöhte Aufmerksamkeit durch die organisatorische Zuordnung zu den spezialisierten Dienststellen erhöht die Wahrscheinlichkeit intensiver Ermittlungen auch bei solchen Delikten, die im Bereich der Alltagskriminalität aufgrund fehlender polizeilicher Arbeitskapazitäten nur statistische Zählfälle wären. Die Zuordnung von Fällen zum Aufgabenbereich des *Staatsschutzes* bleibt dabei bisweilen „eindeutig nebulös" (so treffend Pütter 2013, S. 13). Die Aufarbeitung von Altfällen mit möglichen Bezügen zu rechtsextremen Motiven hat gezeigt, dass die Einstufung von Straftaten als „politisch motiviert" nicht immer nachvollziehbaren Standards entspricht (zu Brandenburg Kopke und Schultz 2015).

Auch bei der Justiz führt die Einstufung von Taten als *Staatschutz*-Delikte zu teils veränderten Zuständigkeiten. Die Staatsschutz-Senate der Oberlandesgerichte sind gemäß § 120 Gerichtsverfassungsgesetz (GVG) als erste Instanz für eine Reihe von gravierenderen *Staatsschutz*-Delikten zuständig. Die Leitung der Ermittlungen übernimmt in diesen Fällen der Generalbundesanwalt (§ 142a GVG). In vielen dieser Fälle ermittelt das Bundeskriminalamt (§ 4 BKA-Gesetz).

Dieses in seinen Kernelementen als Reaktion auf den Linksterrorismus der 1970er Jahre eingeführte „‚Anti-Terror'-Sonderrechtssystem" (Gössner 1991, S. 36ff.) zeigt, dass die einschlägigen Delikte seinerzeit hohe Aufmerksamkeit genossen, weil Repräsentanten des Staates oder andere in der Öffentlichkeit stehende Personen bedroht waren. Der Schutz dieser Personen und die *des Staates* wurden derselben Kategorie zugerechnet.

Seit einiger Zeit haben diese Sonderstrukturen bei Ermittlungen gegen Angehörige islamistisch motivierter Netzwerke, die schwere Gewalttaten vorbereiten, eine neue Relevanz erlangt. Während eine gewisse Zentralisierung und eine intensive Koordination der Ermittlungen in diesen Fällen bereits wegen der internationalen Vernetzung der Strukturen sinnvoll erscheinen, gilt der Schutzbedarf heute kaum mehr *dem Staat*, sondern vielmehr den Menschen, die in Alltagssituationen bei der Teilnahme am öffentlichen Leben in öffentlichen Verkehrsmitteln, auf Weihnachtsmärkten oder in Konzertsälen Opfer terroristischer Gewalt werden können. Zentralisierte Sicherheitsbehörden können diese „weichen Ziele" allein kaum wirksam schützen. Vielmehr sind neue Formen vertikaler und horizontaler Koordination erforderlich, um Gefahren rechtzeitig zu erkennen und Straftaten zügig aufzuklären.

3.3 „Der Staat und seine Einrichtungen" als gefahrenabwehrrechtliches Schutzgut

Der Schutz *des Staates* ist nicht nur für die Strafverfolgung relevant, sondern auch für die polizeiliche Gefahrenabwehr. Der Gefahrenabwehr liegt ein Schutzgutkonzept zugrunde, in dessen Mittelpunkt die öffentliche Sicherheit steht. Teils setzen die Polizeigesetze die einschlägigen Begriffe voraus, teils definieren sie diese. So definiert das Bremische Polizeigesetz die öffentliche Sicherheit als „die Unverletzlichkeit der Rechtsordnung, der subjektiven Rechte und Rechtsgüter des Einzelnen sowie der Einrichtungen und Veranstaltungen des Staates oder sonstiger Träger der Hoheitsgewalt", eine Gefahr als „eine Sachlage, bei der im einzelnen Falle die hinreichende Wahrscheinlichkeit besteht, dass in absehbarer Zeit ein Schaden für die öffentliche Sicherheit eintreten wird" (§ 2 Nr. 2 und 3a).

In anderen Definitionen fungieren der „Schutz des Staates und seiner Einrichtungen" und die „Funktionsfähigkeit der staatlichen Einrichtungen" als normative Anknüpfungspunkte der polizeilichen Gefahrenabwehr (näher hierzu Denninger 2012, Rn. D 20ff.). Gefährdungen für *den Staat* und für staatliche Institutionen fungieren somit als Legitimationsmuster für polizeiliche Grundrechtseingriffe, die von Informationssammlungen über Identitätsfeststellungen bis zu Freiheitsentziehungen in Form von Gewahrsam reichen können.

Die Kombination von staats- und strafrechtsbezogener Gefahrendefinition eröffnet den Polizeibehörden weitreichende Interventionsmöglichkeiten. Nicht nur der „Staat und seine Einrichtungen", sondern auch die gesamte Rechtsordnung – und damit auch das politische Strafrecht – sind Schutzgüter, an die der polizeirechtliche Gefahrenbegriff anknüpft. Die präventiven Interventionsmöglichkeiten zur Abwehr von Gefahren für diese breit definierten Rechtsgüter eröffnen ein weites Feld für rechtmäßige Kontrollinterventionen.

Auch hier stellt sich die Frage, ob der Schutz *des Staates* als Anknüpfungspunkt der polizeilichen Gefahrenabwehr noch relevant und zeitgemäß ist. Gefahren, die gleich den Bestand des gesamten Staates oder auch nur eines Bundeslandes gefährden, sind nur schwer denkbar. Erhard Denninger hat zudem zutreffend darauf hingewiesen, dass bei der Gefahr sehr gravierender Straftaten, die den „Bestand des Staates" beeinträchtigen könnten, ohnehin bereits Vorbereitungshandlungen strafbar sind (2012, Rn. D 20). Auch neuere Straftatbestände wie die „Vorbereitung einer schweren staatsgefährdenden Straftat" (§ 89a StGB) verlagern die Strafbarkeit in das präventive Vorfeld einer Gewalttat. Für autonom gefahrenabwehrende Interventionen dürfte somit auch hier nur im Rahmen der polizeilichen Pflicht zum Schutz der Grundrechte auf Leben, körperliche Unversehrtheit und Freiheit der potentiellen Opfer Raum bleiben. Auch dies legt eine Verschiebung der Perspektive vom Schutz *des Staates* zum Schutz der Menschen nahe.

3.4 Staatsschutz durch Verfassungsschutzbehörden

Mindestens ebenso antiquiert und problematisch wie bei Polizei und Justiz ist die Anknüpfung an *den Staat* als Schutzgut bei den bundesdeutschen Verfassungsschutzbehörden. Die enge Koordination zwischen Bund und Ländern führt hier zu einer großen Ähnlichkeit der Formulierungen in den Bundes- und Landesverfassungsschutzgesetzen. Eine Anpassung an veränderte gesellschaftliche Verhältnisse fällt diesen Institutionen noch wesentlich schwerer als Polizei und Justiz.

Ausgangspunkt für die gesetzliche Definition der Verfassungsschutztätigkeit ist der Schutz nicht nur der „freiheitlichen demokratischen Grundordnung", sondern auch *des Staates*: „Der Verfassungsschutz dient dem Schutz der freiheitlichen demokratischen Grundordnung, des Bestandes und der Sicherheit des Bundes und der Länder." (§ 1 Abs. 1 Bundesverfassungsschutzgesetz, BVerfSchG). Stärker noch als bei einzelnen Straftatbeständen und der Schutzgutdefinition der polizeilichen Gefahrenabwehr steht hier die Hypothese im Raum, Bund und Länder seien in ihrer Sicherheit oder gar in ihrem Bestand gefährdet. Neben dem Schutz von Bund und Ländern vor solchen existentiellen Gefahren zählt auch die Sammlung und Auswertung von Informationen über „sicherheitsgefährdende oder geheimdienstliche Tätigkeiten im Geltungsbereich dieses Gesetzes für eine fremde Macht," über „Bestrebungen [...], die durch Anwendung von Gewalt oder darauf gerichtete Vorbereitungshandlungen auswärtige Belange der Bundesrepublik Deutschland gefährden," sowie über „Bestrebungen [...], die gegen den Gedanken der Völkerverständigung (Artikel 9 Abs. 2 des Grundgesetzes), insbesondere gegen das friedliche Zusammenleben der Völker (Artikel 26 Abs. 1 des Grundgesetzes) gerichtet sind", zu den Aufgaben der Verfassungsschutzämter (§ 3 Abs. 1 BVerfSchG; ähnliche Formulierungen in den Landesverfassungsschutzgesetzen). Die Definition der „freiheitlichen demokratischen Grundordnung" knüpft in den Verfassungsschutzgesetzen weitgehend wörtlich an die SPR-Entscheidung des Bundesverfassungsgerichts aus dem Jahr 1952 an (BVerfGE 2, 1; z. B. § 4 Abs. 2 BVerfSchG).

Menschen, die durch FdGO-feindliche Bestrebungen gefährdet werden, kommen dagegen in der Aufgabenbeschreibung der Verfassungsschutzämter allenfalls am Rande vor (Kritik und Alternativvorschläge bei Aden et al. 2014, S. 15ff.; Aden 2015b). Infolge der Versäumnisse im Zusammenhang mit der Nichtentdeckung bzw. Fehlinterpretation schwerster Straftaten des „Nationalsozialistischen Untergrunds" wurden die Verfassungsschutzgesetze des Bundes und der meisten Länder in den letzten Jahren überarbeitet. Bemerkenswerterweise wurde dabei die staatszentrierte Aufgabendefinition, die in den NSU-Fällen zu den Versäumnissen beigetragen hat (s. u., Abschnitt 4), nicht verändert. Innerhalb des eng koordinierten Verfassungsschutzverbundes von Bund und Ländern ist die Doktrin entwickelt worden, die gesetzlichen Aufgabenbestimmungen der Verfassungsschutzämter müssten einheitlich gestaltet sein. Ob dies verfassungsrechtlich wirklich zwingend ist, erscheint äußerst zweifelhaft. Denn die ausschließliche Gesetzgebungskompetenz des Bundes gemäß Art. 73 Nr. 10b GG erstreckt sich ausdrücklich nur auf die *Zusammenarbeit von Bund und Ländern* in Fragen des Verfassungsschutzes. Eine geänderte Perspektive, die bei der Auswahl und Gewichtung der Aufgaben stärker vom Schutz der Menschen ausgeht, dürfte dem kaum entgegenstehen.

Diese Kontroverse ließe sich aber auch dadurch auflösen, dass die Aufgabenbestimmungen im Bundesverfassungsschutzgesetz angepasst werden. Bei der letzten größeren Reform dieses Gesetzes im Jahr 2015 wurde dies indes versäumt (zur Kritik Aden 2015b, S. 3f.). Das NPD-Urteil des Bundesverfassungsgerichts mit seiner präzisierten und modernisierten Definition des FdGO-Begriffs mit stärkerer Gewichtung der Menschenwürde (s. o., Abschnitt 2) könnte und sollte hier neue Impulse geben.

4 Folgen der bisherigen Blickverengung: Lehren aus dem Umgang mit rechtsextremistisch motivierten Gewalttaten

Die Blickverengung auf den Schutz *des Staates* bei der Festlegung der Prioritäten für die Arbeit von Polizei, Justiz und Verfassungsschutzämtern hatte in der Vergangenheit gravierende Folgen. Gewalttaten, insbesondere mit rechtsextremistischem Hintergrund, die sich nicht gegen *den Staat* und seine Einrichtungen oder Repräsentanten richteten, sondern gegen Teile der Bevölkerung, wurden häufig in ihrer Gefährlichkeit unterschätzt oder bezüglich ihrer politischen Motivation falsch bewertet. Dies hat den Behörden oft den Vorwurf eingetragen „auf dem rechten Auge blind" zu sein.

Besonders gravierend war dies im Fall des „Nationalsozialistischen Untergrunds". Die Behörden von Bund und Ländern brachten eine Serie von Morden, Raubüberfällen und Sprengstoffanschlägen über einen Zeitraum von mehr als zehn Jahren nicht mit dem rechtsextremistischen Hintergrund der Tätergruppe in Verbindung. Polizei- und Verfassungsschutzbehörden verfügten zwar jeweils über Erkenntniselemente, die in einer ex-post-Betrachtung den rechtsextremistischen Hintergrund hätten nahelegen müssen. Doch wurden andere Hypothesen priorisiert, u.a. eine vermeintliche Verstrickung der Opfer in Aktivitäten organisierter Kriminalität. Der so ausgelöste Sicherheitsbehördenskandal war und ist Gegenstand intensiver politischer, gesellschaftlicher und wissenschaftlicher Debatten, von inzwischen zwölf parlamentarischen Untersuchungsausschüssen und eines langwierigen Strafprozesses vor dem Oberlandesgericht München gegen die einzige Überlebende des NSU-Kerntrios und einige Personen aus dessen Umfeld. Ergebnisse der Untersuchungsausschüsse, die ihre Arbeit bereits abgeschlossen haben, waren u. a. Empfehlungen für Änderungen der behördlichen Praxis, die dazu beitragen sollen, ähnliche Vorkommnisse zukünftig zu vermeiden (u. a. Deutscher Bundestag 2013, S. 832 *et passim*; Thüringer Landtag 2014). Dennoch sind viele wichtige Fragen bisher unbeantwortet geblieben (hierzu die Kritik von Funke 2015).

Die Folgen der Blickverengung waren im NSU-Fall besonders gravierend, weil bei einem frühzeitigen Einschreiten weitere Morde hätten verhindert werden können. Die Aufarbeitung anderer „Altfälle" hat indes gezeigt, dass es weitere Fälle gab, in denen der rechtsextremistische Hintergrund schwerer Gewalttaten „übersehen" wurde. Die Verantwortung für solche Versäumnisse lag nicht nur bei den Verfassungsschutzämtern, sondern auch bei den polizeilichen Staatsschutz-Dienststellen (hierzu Holzinger 2014; für Brandenburg Kopke/Schultz 2015). Eine Abkehr von der staatszentrierten Schutzperspektive scheint daher auch hier angeraten.

5 Weiterentwicklung vom *Staatsschutz* zum *Menschenwürdeschutz*: Ansätze für einen Paradigmenwechsel und seine praktische Umsetzung

Der hier vertretene Ansatz legt einen weitreichenden Perspektivwechsel der Sicherheitsbehörden beim Umgang mit politisch-weltanschaulich motivierter Gewalt nahe. Thomas Kuhn hat gezeigt, dass weitreichende Veränderungen wissenschaftlicher Theorien häufig als Reaktion auf Krisen auftreten, die vorherige Annahmen obsolet erscheinen lassen (1970, S. 66ff.) Hierfür hat er den heute weit verbreiteten Begriff *Paradigmenwechsel (paradigm shift)* geprägt. Dieser Begriff lässt sich auf den hier postulierten Perspektivwechsel bei der Definition staatlicher Schutzobjekte übertragen: Durch veränderte Bedrohungslagen und die Versäumnisse im NSU-Komplex ist die alte, am Schutz *des Staates* orientierte Prioritätensetzung der Sicherheitsbehörden in eine Krise geraten. Ein Paradigmenwechsel erfordert hier ein neues Verständnis. Die NPD-Entscheidung des Bundesverfassungsgerichts könnte diesen Paradigmenwechsel mit seinem modernisierten Blick auf die „freiheitliche demokratische Grundordnung" erleichtern und fördern. Nicht mehr *der Staat* als Selbstzweck, sondern die Menschen und ihre Würde, ihre demokratische Partizipation und die rechtstaatliche Sicherung ihrer Grundrechte sollten im Mittelpunkt dessen stehen, was staatliche Institutionen zu schützen haben. Dies schließt nicht aus, dass Sicherheitsbehörden angesichts krisenhafter globaler Entwicklungen auch nach Antworten auf neuartige Bedrohungen suchen, die das politische System der Bundesrepublik Deutschland mit der zentralen Stellung der Menschenwürde und den demokratischen Beteiligungsmöglichkeiten der Menschen insgesamt gefährden. Im Gegenteil – der hier postulierte Paradigmenwechsel schließt auch diese Perspektive mit ein.

Ein solcher Paradigmenwechsel hat einerseits symbolische Dimensionen, da neue Bezeichnungen von Dienststellen und neu definierte Aufgabenbereiche auch veränderte Prioritäten der Sicherheitsbehörden betonen. Entscheidend werden aber am Ende organisatorische Vorkehrungen sein, die dafür sorgen, dass Versäumnisse wie in den NSU-Fällen in Zukunft nicht mehr vorkommen. Hierzu gehören auch und insbesondere Vorkehrungen für einen verbesserten Umgang der Sicherheitsbehörden mit ihren eigenen Fehlern und Versäumnissen, die im Zuge einer verbesserten Fehlerkultur nicht länger „unter den Teppich gekehrt", sondern aufgearbeitet werden sollten (näher hierzu Aden 2015a und 2016). Ob dies in Folge der Skandale der letzten Jahre und im Hinblick auf neue Bedrohungen gelingt, bleibt ein interessantes Thema für eine kritische transdisziplinäre Staats- und Sicherheitsforschung.

Literatur

Aden, H., 2013a: „Sichere" versus „unsichere" Ökonomie? Probleme und Kosten weltweiter und europäischer Terrorlisten. In: Klimke, D./Legnaro, A. (Hrsg.), *Politische Ökonomie und Sicherheit*, Weinheim, S. 260-285.

Aden, H., 2013b: Polizei und das Recht: Stressquelle oder Stressvermeidung? In: Prätorius, R./Lehmann, L. (Hrsg.), *Polizei unter Stress?*, Frankfurt/Main, S. 15-34.

Aden H., 2015a: Nachrichtendienste – ein Fremdkörper in der Demokratie? Lehren aus den Skandalen um NSU und NSA. In: *Politikum*, 1 (4), S. 54-62.

Aden, H., 2015b: *Stellungnahme zum a) Entwurf der Bundesregierung für ein Gesetz zur Verbesserung der Zusammenarbeit im Bereich des Verfassungsschutzes, BT-Drucksache 18/4654, b) Bericht der Bundesregierung über den Umsetzungsstand der Empfehlungen des 2. Untersuchungsausschusses des Deutschen Bundestages in der 17. Wahlperiode (NSU-Untersuchungsausschuss) (BT-Drs. 18/710), c) Antrag der Abgeordneten Petra Pau, Jan Korte, Dr. André Hahn [...] und der Fraktion „Die Linke": Wirksame Alternative zum nachrichtendienstlich arbeitenden Verfassungsschutz schaffen (BT-Drs. 18/4682)*, vorgelegt zur Anhörung des Innenausschusses des Deutschen Bundestages am 8. Juni 2015 in Berlin. Unter: https://www.bundestag.de/blob/377408/c5ab69cd5b92b418a8ee4595a791bc7d/18-4-328-g-data.pdf (aufgerufen am 31.1.2017).

Aden, H., 2016: Independent Police Oversight: Learning from International Comparison. In: Vogt, C./Kersten, J. (Hrsg.), *Strengthening Democratic Processes: Police Oversight through Restorative Justice with a Special Focus on Austria, Hungary and Germany*, Frankfurt/Main, S. 15-33.

Aden, H./Högl, E./Schlingmann-Wendenburg, U./Stokar von Neuforn, S., 2014: *Reform des niedersächsischen Verfassungsschutzes. Handlungsempfehlungen der Arbeitsgruppe zur Reform des niedersächsischen Verfassungsschutzes*, Hannover. Unter: www.mi.niedersachsen.de/download/86620 (aufgerufen 31.1.2017).

Bäcker, M., 2015: *Kriminalpräventionsrecht. Eine rechtsetzungsorientierte Studie zum Polizeirecht, zum Strafrecht und zum Strafverfahrensrecht.* Tübingen.

Breuer, S., 1998: *Der Staat. Entstehung, Typen, Organisationsstadien.* Reinbek b. Hamburg.

Bundesregierung, 2011: *Antwort auf die Kleine Anfrage der Abgeordneten Ulla Jelpke, Petra Pau, Frank Tempel, Halina Wawzyniak und der Fraktion DIE LINKE. – Drucksache 17/4817 – Straf- und Ermittlungsverfahren nach §§ 89a, 89b und 91 Strafgesetz*, BT-Drucksache 17/4988.

Busch, H./Funk, A./Kauß, U./Narr, W.-D./Werkentin, F., 1985: *Die Polizei in der Bundesrepublik.* Frankfurt/Main.

Buzan, B./Wæver, O./De Wilde, J., 1998: *Security: A New Framework for Analysis.* Boulder, CO.

Denninger, E., 2012: Polizeiaufgaben. In: Lisken, H./Denninger, E./Rachor, F. (Hrsg.), *Handbuch des Polizeirechts*, 5. Aufl., München, S. 184-283 (= Abschnitt D).

Deutscher Bundestag, 2013: *Beschlussempfehlung und Bericht des 2. Untersuchungsausschusses nach Artikel 44 des Grundgesetzes*, Bundestags-Drucksache 17/14600.

Eckes, C., 2009: *EU Counter-Terrorist Policies and Fundamental Rights: The Case of Individual Sanctions.* Oxford.

Funke, H. (unter Mitarbeit von Ralph Gabriel) 2015: *Staatsaffäre NSU. Eine offene Untersuchung.* Münster.

Gössner, R., 1991: *Das Anti-Terror-System. Politische Justiz im präventiven Sicherheitsstaat.* Hamburg.

Grimm, D., 1996: Der Wandel der Staatsaufgagen und die Zukunft der Verfassung. In: ders. (Hrsg.), *Staatsaufgaben*, Frankfurt/Main, S. 613-646.

Hirsch, J., 1986: *Der Sicherheitsstaat. Das Modell Deutschland, seine Krise und die neuen sozialen Bewegungen.* Frankfurt/Main.

Hobbes, T., 1996 [1651]: *Leviathan.* Oxford.

Hobsbawm, E. J., 1990: *Nations and Nationalism since 1780.* Cambridge.

Holzberger, M., 2014: Der blinde Fleck: der polizeiliche Staatsschutz und die rechte Gewalt. In: *Bürgerrechte & Polizei/CILIP* Nr. 105, S. 68-75.

Jaschke, H.-G., 2006: *Politischer Extremismus.* Wiesbaden.

Jaschke, H.-G., 2016: Volksgemeinschaft und nationale Identität. Geschichte und Entwicklung des Parteienspektrums rechts der Unionsparteien. In: *Vorgänge* Nr. 216, 55 (4), S. 5-13.

Jellinek, G., 1914: *Allgemeine Staatslehre.* 3. Aufl., Berlin [1. Aufl. 1900].

Kirchheimer, O., 1972: *Funktionen des Staates und der Verfassung.* Frankfurt/Main.

Kopke, C./Lorenz, A., 2016: Auf dem Weg in die „Nationale Opposition"? In: *Vorgänge* Nr. 216, 55 (4), S. 15-28.

Kopke, C./Schultz, G., 2015: *Forschungsprojekt „Überprüfung umstrittener Altfälle Todesopfer rechtsextremer und rassistischer Gewalt im Land Brandenburg seit 1990",* Potsdam: Moses Mendelssohn Zentrum. Unter: http://todesopfer-rechter-gewalt-in-brandenburg.de/pdf/MMZ-Forschungsbericht-Studie-Todesopfer-rechtsextremer-und-rassistischer-Gewalt-in-Brandenburg-29062015.pdf (aufgerufen am 31.1.2017).

Kriele, M., 1994: *Einführung in die Staatslehre. Die geschichtlichen Legitimitätsgrundlagen des demokratischen Verfassungsstaates.* Wiesbaden.

Kuhn, T. S., 1970: *The Structure of Scientific Revolutions,* 2. Aufl., Chicago.

Luhmann, N., 1995: *Das Recht der Gesellschaft.* Frankfurt/Main.

Machiavelli, N., 1986 [1531]: *Il Principe.* Stuttgart.

Narr, W.-D., 2013: Politische Polizei: Demokratie mit dynamischem Schutzzaun. In: *Bürgerrechte & Polizei/CILIP,* Nr. 103, S. 3-10.

Noiriel, G., 2015: *Qu'est-ce qu'une NATION?* Paris.

Pollitt, C./Bouckaerts, G., 2011: *Public Management Reform. A Comparative Analysis: New Public Management, Governance, and the Neo-Weberian State.* Oxford.

Pütter, N., 2013: Kontrollprobleme neuen Ausmaßes: polizeilicher Staatsschutz als Geheimpolizei. In: *Bürgerrechte & Polizei/CILIP,* Nr. 103, S. 11-22.

Puschke, J., 2015: Der Ausbau des Terrorismusstrafrechts und die Rechtsprechung des Bundesgerichtshofs. In: *Vorgänge* Nr. 212, 54 (4), S. 36-51.

Radtke, H./Steinsiek, M., 2010: Terrorismusbekämpfung durch Vorfeldkriminalisierung? Das Gesetz zur Verfolgung der Vorbereitung schwerer staatsgefährdender Gewalttaten. In: *Juristische Rundschau,* Nr. 3, S. 107-109.

Rigoll, D., 2013: *Staatsschutz in Westdeutschland. Von der Entnazifizierung zur Extremismusabwehr.* Göttingen.

Schulz, S., 2015: Die freiheitliche demokratische Grundordnung – strafrechtliche Anwendbarkeit statt demokratischer Minimalkonsens. In: *Kritische Justiz,* 48 (3), S. 288-303.

Stuby, G., 1977: Bemerkungen zum verfassungsrechtlichen Begriff „freiheitliche demokratische Grundordnung". In: Abendroth, W./Blanke, T. et al., *Der Kampf um das Grund-*

gesetz. Über die politische Bedeutung der Verfassungsinterpretation, Frankfurt/Main, S. 114-132,

Thüringer Landtag, 2014: *Bericht des Untersuchungsausschusses 5/1 "Rechtsterrorismus und Behördenhandeln"*, Landtags-Drucksache 5/8080.

Weber, M., 1972 [1921]: *Wirtschaft und Gesellschaft*. Tübingen.

Wegrich, K., 2011: Post-New Public Management. In: Blanke, B./Nullmeier, F./Reichard, C./Wewer, G. (Hrsg.), *Handbuch zur Verwaltungsreform*, 4. Aufl., Wiesbaden, S. 90-98.

Strafrecht und Kriminalisierung im Besonderen

Perioden der Kriminalisierung im und durch den (west-) deutschen Staat

Zum Wert marxistischer Analysen

Bernd Belina

Zusammenfassung

Dieser Beitrag ist erstens ein Plädoyer für ein Verständnis des Staates und seiner Sicherheitsproduktionen und Kriminalisierungsstrategien, das an die von Marx begründete Tradition anschließt und den Fokus auf das Verhältnis zwischen Ökonomie, Politik und Ideologie bzw. Hegemonie legt. Zweitens soll die Leistungsfähigkeit eines solchen Verständnisses anhand einer vorgeschlagenen Periodisierung von Kriminalisierungsstrategien in (West-) Deutschland demonstriert werden. Diese Periodisierung basiert auf der (Re-) Lektüre einschlägiger Analysen und Kommentare aus den Bereichen Kritische Kriminologie, Kritische Polizeiforschung und materialistische Staatstheorie aus den letzten fünf Jahrzehnten, die sich mit den Entwicklungen von Polizei (-praxis) und Politiken „Innerer Sicherheit" sowie den sich wandelnden „Feinden", die diese legitimieren (sollen), befassen. Dass eine solche (Re-) Lektüre aufgrund der Masse entsprechender Publikationen und der Komplexität des Gegenstandes immer nur partiell und selektiv erfolgen kann, versteht sich von selbst. Identifiziert wurden drei Perioden und eine aktuelle Übergangsphase, deren Kern sich noch nicht fassen lässt: der Ordoliberalismus mit „Kommunisten" als hegemonialen Feinden (1949-1966), der keynesianistische Fordismus, während dem „Terroristen" diese Funktion innehatten (1966-1990), der Neoliberalismus, in dem „Kriminalität" als solche den „Feind" konstituierte (1990-2008) sowie die aktuelle Übergangsphase des Post-Neoliberalismus (seit 2008). Bevor diese Periodisierung in Abschnitt 2 vorgestellt wird, erfolgen einige Kommentare zur marxistischen Theorietradition.

Kriminalisierung, Sicherheitsproduktion, Hegemonie, Marxismus, Neoliberalismus, Ökonomie

1 Kapitalismus, Staat und Kriminalisierungen

Hartnäckig hält sich das Gerücht, an Marx anschließende Analysen würden alles auf „den Kapitalismus" oder „die Ökonomie" zurückführen. Auch wenn einzelne Formulierungen bei Marx und Engels, vor allem aber die Positionen des von Stalin zur Staatsideologie erhobenen Marxismus-Leninismus (vgl. zur Kritik Labica 1986), mitunter so klingen mögen – Marx ging es stets darum, nachzuvollziehen und zu kritisieren, wie die Welt *in Prozessen und in Verhältnissen* konstituiert wird, in denen ökonomische Prozesse zentral, aber sicher nicht alles sind. In diesem Verständnis, das Harvey (1996) und Ollman (1993) als Kern marxistischer Dialektik bestimmen, „werden die bestimmten Arten, in der Dinge zusammenhängen, essentielle Attribute dessen, was sie sind"[1] (ebd., S. 37). Demnach existieren „Elemente, Dinge, Strukturen und Systeme […] nicht außerhalb oder vor den Prozessen, Strömen und Verhältnissen, die sie kreieren, aufrechterhalten und unterminieren" (Harvey 1996, S. 49). In dieser Welt, die sich permanent im Fluss befindet, entstehen, so Harvey (1996, S. 73), relativ stabile Konstellationen, die er „Permanenzen" nennt. Diese lenken die Prozesshaftigkeit der Welt zeitweise in relativ stabile, dabei aber stets veränderbare Bahnen.

Für die Produktion und die Verteilung gesellschaftlichen Reichtums ist nach Marx das Kapitalverhältnis zentral, also die Art und Weise, in der soziale Beziehungen und solche zwischen sozialen und natürlichen Prozessen gestaltet sein müssen, damit Kapital akkumuliert, d.h. aus Geld mehr Geld werden kann. Damit ist noch lange nichts darüber ausgesagt, wie das Kapitalverhältnis in verschiedenen Weltgegenden und Lebensbereichen durchgesetzt wird, und wie es im Verhältnis zu anderen sozialen Verhältnissen artikuliert ist. Um dies zu verdeutlichen, unterscheidet David Harvey (2014) analytisch zwischen dem Kapitalverhältnis („capital") und der Gesellschaftsformation des Kapitalismus („capitalism"), in der „Prozesse der Kapitalzirkulation und -akkumulation bei der Gestaltung des materiellen, sozialen und geistigen Lebens die hegemoniale und dominante Basis darstellen" (ebd., S. 7). Der Kapitalismus ist durch eine zentrale Stellung des Kapitalverhältnisses sowie durch weitere soziale Verhältnisse gekennzeichnet, ins-

---

1 Alle Übersetzungen englischer Zitate durch den Autor.

besondere durch „gender relations", „racial distinctions", „nationalism, ethnicity and religion" (ebd.), deren Artikulation sich im Raum und in der Zeit unterscheiden.

Das Kapitalverhältnis ist durch einige historisch durchgesetzte, von Marx auf den Begriff gebrachte Gesetzmäßigkeiten gekennzeichnet, allen voran das Wertgesetz, demzufolge der Wert von Waren (inklusive jenem der Arbeitskraft) durch die zu ihrer (Re-) Produktion gesellschaftlich notwendigen Arbeitszeit konstituiert wird. Diese Gesetze gelten solange, wie sie in und durch soziale Praxis reproduziert werden. Hinter die grundlegenden abstrakten Gesetzmäßigkeiten sollte bei der Analyse konkreter Ausprägungen des Kapitalismus nicht zurückgefallen werden, vor allem aber besteht die Aufgabe nun in der „genauere[n] Analyse des jeweiligen historischen *Modus* der Wirkungsweise des Wertgesetzes" (Hirsch 1980, S. 63; Herv. i. Orig.).

Aufgrund der sowohl dem Kapitalverhältnis als auch dem Kapitalismus inhärenten Widersprüche sind beide zudem nicht ohne einen Staat denkbar (der seinerseits „ein komplexes soziales Verhältnis" ist; Hirsch 2005, S. 15), der Eigentumsrechte garantiert und das Monopol über den legitimen Gebrauch von Gewalt sowie jenes über Geld und Währung innehat (Harvey 2014, S. 45). Ähnlich stabil wie das Kapitalverhältnis erscheint im Globalen Norden die *Besonderung* oder *relative Autonomie des Staates* (Gerstenberger 2007; Hirsch 2005; Poulantzas 2002), also die Art und Weise, in der politische Herrschaft von ökonomischer Macht institutionell getrennt und nicht im Partikularinteresse Einzelner ausgeübt wird. Die Apparate des Staates kümmern sich um die Aufrechterhaltung der kapitalistischen Akkumulation, inklusive des fundamentalen Klassengegensatzes zwischen den Eigentümer*innen an Produktionsmitteln und jenen, die nur ihre Arbeitskraft zu Markte zu tragen haben. Zu dieser Aufrechterhaltung streben sie die Durchsetzung dessen an, was seit Max Weber (2005, S. 39) das „*Monopol legitimen* physischen Zwangs" (Herv. im Orig.) oder das *Gewaltmonopol* genannt wird (vgl. Hirsch 2005). Es soll nur dem Staat erlaubt sein, Gewalt auszuüben, alle anderen Streitigkeiten werden in der Form des Rechts geregelt und damit prozessierbar gemacht (Buckel 2008; Paschukanis 1929). Während einige Apparate des Staates (Militär, Polizei) „auf der Grundlage der Gewalt funktionier[en]" (Althusser 1977, S. 119), sind andere (Schulen, Wissenschaft, Medien, Kirchen etc.) in der Sphäre der Ideologie und der Etablierung einer kulturellen Hegemonie aktiv, die die Zustimmung der Allermeisten zu den eingerichteten Verhältnissen, inklusive zum Kapitalverhältnis und zu staatlicher Herrschaft, sicherstellen soll. Diesen Zusammenhang fasst Antonio Gramsci (1991ff., S. 783) mit dem vielzitierten Diktum: „Staat = politische Gesellschaft + Zivilgesellschaft, das heißt Hegemonie gepanzert mit Zwang" als „integralen Staat".

Innerhalb des durch das Kapitalverhältnis und den besonderten Staat gesetz-
ten Rahmens wandelt sich aufgrund der Dynamik kapitalistischer Akkumulation
die Zusammensetzung des „Blocks an der Macht" (Poulantzas 2002, S. 157ff.),
d.h. der Kapitalfraktionen und anderer Gruppen, von denen der Staat wegen ihrer
Steuerzahlungen besonders stark abhängt und deren Partikularinteressen deshalb
relativ zu denen anderer Fraktionen und Gruppen sich besonders gut im und durch
den Staat durchsetzen können.

Auf der Grundlange eines solchen Verständnisses des Zusammenhangs von
Ökonomie, Politik und Ideologie bzw. Hegemonie wird im Folgenden eine Periodisierung der von Kriminalisierungsstrategien in (West-) Deutschland vorgeschlagen, die sich darauf konzentriert, welche Figur des „Feindes des Staates" jeweils
hegemonial ist und ideologische und praktische Kriminalisierungen legitimiert.
Da die vollständige Untersuchung einer Hegemonie „riesenhaft wäre" (Gramsci
1991ff., S. 374), ist der Versuch einer vollständigen Rekonstruktion solche Feind-
Konstruktionen in der (west-) deutschen Kriminalisierungsgeschichte nicht leist-
bar. Dem theoretisch zentralen Vorbild für das eingeschlagene Vorgehen, die
Studie *Policing the Crisis* von Hall et al. (1978; vgl. Belina 2017), gelingt es auf
über 400 eng beschriebenen Seiten immerhin den Übergang der englischen Gesellschaft vom Nachkriegskonsens zur „Law-and-Order-Gesellschaft" (Hall et al.
1978, S. 321) in den 1970er Jahren nachzuvollziehen. Dabei argumentieren die
Autoren, dass die hegemoniale Produktion dessen was bzw. derer die als „kriminell" gilt bzw. gelten eine entscheidende Rolle bei der gesellschaftlichen Hegemonieproduktion spielt, weil so *ex negativo* bestimmt ist, was normal und richtig
ist. Kriminalisierungen erlauben es zudem, zur „Verteidigung von Normalität,
Stabilität und ‚unserer Art zu leben'" (ebd., S. 150) zu mobilisieren und damit die
Einbindung Vieler auf Kosten der kriminalisierten Wenigen.

Ähnliche Versuche Kriminalisierungen im Zusammenhang mit ökonomi-
schem, politischem und ideologischem Wandel zu untersuchen, haben in deutscher
Sprache zum einen, im Kontext der Kritischen Kriminologie, Fritz Sack, Heinz
Steinert und andere in ihrer Aufarbeitung des linken Terrorismus in der BRD (und
weiteren Staaten Westeuropas) der 1970er Jahre (Hess et al. 1988; Sack et al. 1984)
sowie, im Kontext der materialistischen Staatstheorie, Joachim Hirsch mit seinen
Arbeiten zum Sicherheitsstaat (1980, 1998) vorgelegt. Beide liefern sowohl theoretische als auch empirische Bezüge für die folgende Periodisierung.

2   Perioden der Kriminalisierung in (West-) Deutschland

Bob Jessop (2007, S. 255) stellt fest: „Periodisieren können wir, wenn sich relative Kontinuität mit relativer Diskontinuität abwechselt." Dazu müssen wir „Faktoren aus dem Zeitfluss herausabstrahieren, um Perioden relativer Kontinuität oder Diskontinuität bestimmen zu können, die für das gegebene praktische und/oder theoretische Vorhaben für Bedeutung sind" (ebd., S. 256f.). Für die vorliegende Periodisierung wurden die Perioden unterschiedlicher hegemonialer „Feinde der Gesellschaft" herausabstrahiert und deren Produktion ins Verhältnis zu bewährten Periodisierungen der Entwicklung des (west-) deutschen Kapitalismus gesetzt. Es zeigt sich, dass eine erstaunliche Übereinstimmung besteht zwischen zentralen Kriminalisierungsstrategien und hegemonialen (wirtschafts-) politischen Paradigmen – wobei klar ist: „keine Periodisierung erfasst das Wesen einer Epoche und stellt für alle Zwecke ihre Kohärenz sicher" (ebd., S. 257). Die Darstellung der Perioden in den vier folgenden Unterkapiteln beginnt jeweils mit dem (wirtschafts-) politischen Paradigma, um im Fortgang dessen inhaltlichen Zusammenhang mit beobachtbaren Kriminalisierungen zu entwickeln. Abschließend wird jeweils diskutiert, wie sich die Kriminalisierungsstrategie in Bezug auf Straßenproteste darstellt. Dabei wird von einer „Dialektik zwischen Protest und Repression" (Mullis et al. 2016, S. 51) ausgegangen, nach der sich Polizei- und Proteststrategien im Verhältnis zueinander entwickeln.

2.1   Ordoliberalismus vs. „Kommunismus"

Die Nachkriegszeit und insbesondere jene nach der Gründung der BRD im Jahr 1949 war durch die Integration des neuen Staates in die politischen, ökonomischen und militärischen Strukturen des Westens sowie die Institutionalisierung der „Sozialen Marktwirtschaft" geprägt. Diese basierte fundamental auf ordoliberalen Ideen eines starken, den Ordnungsrahmen für ökonomische und andere soziale Prozesse absteckenden und absichernden Staates, der das „freie Spiel der Kräfte" des Marktes zu einer optimalen Entfaltung kommen lassen sollte. Der Fokus lag auf exportorientierten Wirtschaftszweigen, deren Interessen im Block an der Macht hegemonial waren (Kannankulam 2008; Ptak 2007).

Die auf ökonomische Freiheit abzielende ordoliberale Wirtschaftspolitik ging in allen anderen Bereichen der Gesellschaft mit einer sehr engen Vorstellung dessen einher, was als „normal" galt, etwa in Bezug auf Geschlechterrollen und Sexualität, Nation und Hautfarbe, Kleidung und Frisuren. Diese Normalitätsvorstellungen konnten in vielen Bereichen an die – weitgehend geleugnete – Nazi-

Vergangenheit anschließen und mussten nur partiell modernisiert werden – etwa
indem das Ideal der in die privaten Räume verbannten Hausfrau jenen Millionen
von Frauen beigebracht werden musste, die in der Kriegswirtschaft und beim Auf-
räumen nach der Befreiung ganz selbstverständlich berufs- bzw. im öffentlichen
Raum tätig waren. Auch für diese engen Normalitätsvorstellungen galt, dass der
starke Staat sie ideologisch und, wenn nötig, mit Gewalt und ggf. Strafe i.s. einer
„expressive[n] Punitivität" (Cremer-Schäfer 1997, S. 73) durchsetzen sollte und
dies auch tat.

Letzteres erschien vor allem immer dann notwendig, wenn junge Menschen
(v.a. Männer) durch abweichenden Lebensstil auffällig wurden[2] oder, was hier
relevant ist, wenn Arbeiter*innen für ihre Rechte und bessere Löhne auf die Straße gingen oder Pazifist*innen gegen die Remilitarisierung protestierten. Anders
als die Erstgenannten waren Teilnehmer*innen an Straßenprotesten bis ca. Mitte
der 1960er Jahre weitgehend disziplinierte Mitglieder der organisierten Arbeiter*innenbewegung (Weinhauer 2013, S. 90). Vor allem für Pazifist*innen kam
die harsche staatliche Reaktion einigermaßen überraschend, hielten sie doch nur
am Konsens aller relevanten politischen Parteien zum Zeitpunkt der Gründung
der BRD fest, auch als dieser sich „hinter der Fassade formaler Ultra-Stabilität"
in Form einer „geradezu rasante[n] Bewegung der westdeutschen Politik von ihren
ursprünglichen Positionsbestimmungen hin zu jeweils neuen ‚Normalitäten' und
‚Mitten'" (Scheerer 1988, S. 206) verschob. Diese „Stabilität" der westdeutschen
Entwicklung geht einher mit einer im Vergleich zu anderen Staaten Westeuropas
deutlichen „Eigenheit der Bundesrepublik [...]: ein besonders betontes Beschwö-
ren von gesellschaftlicher und nationaler Einheit bei zugleich vergleichsweise geringen Anstrengungen, sie politisch auch herzustellen" (Steinert 1988, S. 42). Denn
Kommunist*innen, immerhin vor dem Krieg eine relevante (partei-) politische
Größe und im Widerstand gegen den Nationalsozialismus zentral, sollten gerade
nicht eingebunden werden.

Demonstrationen galten der Staatsmacht und in der kulturellen Hegemonie bestenfalls als „eine belanglose Nebenerscheinung der Parteiendemokratie" (Busch
et al. 1985, S. 318), die nicht legitimes Mittel der Meinungsäußerung in der politischen Auseinandersetzung war, sondern ganz grundsätzlich als anormal und
gefährlich angesehen wurde. Insbesondere wurde den Protestierenden stets un-

---

2   Heinz Steinert (1998, S. 1135) nennt für die „späten fünfziger, frühen sechziger Jahre
    [...] die Fußballrowdies und die ‚Halbstarken', angeführt von Marlon Brando und
    James Dean, die der Generation, die Europa verwüstet hatte, zu amerikanisch tanzten,
    ‚schwere Maschinen' – oder wenigstens Mopeds – fuhren und zu oft bei Popkonzerten
    auf die Stühle stiegen".

terstellt, kommunistisch gesteuert zu sein, so wie überhaupt der Kommunismus und Kommunist*innen als wesentliche Feinde von Staat, Sicherheit und Ordnung konstruiert wurden. Der „Antikommunismus als Integrationsideologie" (Hirsch 1996, S. 157) manifestierte sich etwa im Verbot der Kommunistischen Partei Deutschlands 1956 sowie in der umfangreichen politischen Verfolgung von Kommunist*innen, etwa mittels des politischen Strafrechts, das von 1951–68 Gültigkeit hatte (von Brünneck 1978). Für die Polizei der jungen Bundesrepublik war dann auch „die Furcht vor revolutionären Unruhen [...] ganz selbstverständlicher Bezugspunkt" (Werkentin 1988, S. 102). Anschließend an die faschistische Vergangenheit kann dabei eine „Prädominanz der sozialen und politischen Ausschließung in der ‚Konfliktkultur'" (Steinert 1988, S. 43) konstatiert werden. Mit Kommunist*innen wird nicht diskutiert und Protest wird nicht als verkraftbarer Teil der Demokratie verstanden – wie anderswo in Westeuropa –, sondern letzterer stellt „eine Bedrohung dar" (Steinert 1988, S. 46).

Wie Weinhauer (2013, S. 89) rekonstruiert, orientierte sich die Polizei deshalb bei Straßenprotesten bis in die 1960er Jahre hinein am höchst inflexiblen, auf den Schutz des Staates abzielenden „civil war model", bei dem – wie in der Feldschlacht – die Kontrolle des Territoriums mittels schwer bewaffneter „Truppen" das Ziel ist. Polizist*innen waren „bereit Proteste unter allen Umständen und zu allen Kosten zu beenden" (ebd.), auch wenn dies Verletzungen oder gar den Tod von Demonstrant*innen bedeutete. Insbesondere war die „Berliner Polizei, wegen der besonderen strategischen Lage der Stadt, als eine Bürgerkriegsmiliz geschult" (Scheerer 1988, S. 255). Diese Polizeipraxis, die einer militärischen Logik folgt, ging zurück auf die Tradition der Polizei in Preußen, die, wie Knöbl (1998) rekonstruiert, zum Zweck der sozialen Kontrolle und des Schutzes des Staates aufgebaut wurde, der Bevölkerung grundsätzlich misstrauisch gegenüberstand und ab den 1860er Jahren die „organisierte Arbeiterschaft" als „Hauptfeind" (ebd., S. 299) ansah. Diese „obrigkeitsstaatliche Tiefenstruktur" (Scheerer 1988, S. 211) zeigte sich in der ordoliberalen Nachkriegszeit regelmäßig beim Polizieren von (vermeintlich kommunistischen) Straßenprotesten.

2.2 Keynesianischer Fordismus vs. „Terrorismus"

Im Unterschied zu anderen Staaten der westlichen Welt hielt die keynesianistische Wirtschaftstheorie in der BRD erst mit der großen Koalition 1966 und dann endgültig mit der SPD/FDP-Regierung ab 1969 Einzug in die nationale Wirtschaftspolitik. Mit der ersten Krise der westdeutschen Wirtschaft 1966/67, als deren Hauptgründe mangelnde Nachfrage sowie Arbeitskräfte identifiziert wurden, begann die Abkehr vom Ordoliberalismus. Dem Mangel an Nachfrage wird zum einen mit staatlichen (oft schuldenfinanzierten) Investitionsprogrammen und zum anderen durch Lohnsteigerungen und die Erhöhung von Transferleistungen im Rahmen des ausgebauten Sozialstaates begegnet, die der industriellen Massenproduktion von Gebrauchsgütern private Kaufkraft zum Massenkonsum gegenüberstellen sollen. Dem Mangel an Arbeitskräften wird durch eine Intensivierung der Produktion durch Mechanisierung und Verdichtung der Arbeit (was, marxistisch formuliert, den relativen Mehrwert steigert), die Anwerbung von „Gastarbeitern" sowie, erneut, den Ausbau des Sozialstaates begegnet, der möglichst große Teile der (aus ideologischen Gründen nach wie vor: männlichen) Bevölkerung arbeitsfähig machen und halten sollte. All das war „im Kern *nationalstaatlich* organisiert" (Hirsch 1998, S. 21; Herv. i. Orig.), die Internationalisierung der Ökonomie erfolgte bei festgesetzten Wechselkursen in „Form von Finanz- und Handelsströmen zwischen verschiedenen Volkswirtschaften" (Jessop 1997, S. 56). Insgesamt war diese Phase des bundesdeutschen Kapitalismus durch die Integration des allergrößten Teils der Bevölkerung im nationalstaatlichen Rahmen geprägt, die auf materiellen Zugeständnissen basierte – wobei die „Gastarbeiter" außen vor blieben und Frauen nur in der Form von Haus- und Ehefrauen willkommen waren.

Erst im Rahmen der keynesianischen Wirtschaftspolitik wurden die Gewerkschaften zum Teil eines korporatistischen Aushandlungsdreiecks mit den Arbeitgeberverbänden und dem Staat und damit zu einem integrierten (und nicht, wie im Ordoliberalismus, als Störfaktor empfundenen) Teil des integralen Staates (Hirsch 1980, 1996; Hirsch und Roth 1986; Kannankulam 2008). Radikalere Positionen innerhalb der Gewerkschaften wurden als Folge dieser Einbindung marginalisiert. Dasselbe gilt, noch grundlegender, für die SPD. Auf dem Weg zur Regierungspartie hatte sie sich, insbesondere mit dem Godesberger Programm von 1959, von ihren Wurzeln in der Arbeiter*innenbewegung und im Sozialismus immer weiter entfernt. Die Integration von SPD und Gewerkschaften, den traditionellen Organisationen der Linken, in Regierung bzw. integrierten Staat, ließ viele Linke politisch heimatlos werden: „Die Godesberger Wende brachte der SPD in bürgerlichen Kreisen die erhoffte Akzeptanz. Doch auf der politischen Linken geriet sie mit dieser (erfolgreichen) Strategie in eine tiefe hegemoniale Krise, von der die außerparlamentarische Opposition und die Studentenbewegung ihren Ausgang nehmen konnten." (Scheerer 1988, S. 220)

Die i.e.S. keynesianistische Periode der BRD dauerte nur bis Mitte der 1970er Jahre, als die Ausweitung des Sozialstaates gestoppt und erste Sparprogramme aufgelegt werden (Butterwegge 2009; Esser und Fach 1983). Anders als der radikale Bruch mit keynesianistischen Politiken in Großbritannien unter Thatcher ab 1979 und in den USA unter Reagan ab 1981 (vgl. Harvey 2005), geschah die Abwendung von Keynesianismus und Sozialstaat in der BRD in der Folgezeit schritt-weise, unter zumindest formaler Beibehaltung der korporatistischen Strukturen, und insgesamt über einen Zeitraum bis weit in die 1980er Jahre hinein. Radikali-siert wurde der Umbau im Rahmen der Wiedervereinigung (s.u.), die deshalb hier als Ende des keynesianistischen Fordismus verstanden wird. Bernd Röttger (2012) argumentiert, dass zudem auf der Ebene der kulturellen Hegemonie sehr lange die Vorstellung des „Modell Deutschland", wie es die SPD in den 1970er Jahren prägte, präsent war und z.t. noch immer ist.

Für die beschriebene Phase von Mitte der 1960er Jahre bis in die 1980er Jahre hinein hat Joachim Hirsch (1980, 1996, 1998) den Begriff „Fordistischer Sicherheitsstaat" geprägt, mit dem der Zusammenhang von keynesianistischem Fordismus einerseits und Kriminalisierungen andererseits beschrieben wird. Die Integration der Allermeisten ging mit einer „Entpönalisierung" (Cremer-Schäfer 1997, S. 73) einher – viele im Ordoliberalismus noch strafwürdige Verhaltens-weisen wurden zunehmend anders als strafend geregelt, etwa im Rahmen der So-zialen Arbeit. Gleichzeitig wurde eine kleine Gruppe Anderer als die „wirklichen Feinde von Staat und Gesellschaft" (Cremer-Schäfer 1997, S. 73) produziert. An-gesichts „gesellschaftliche[r] Desintegrationsschübe" (Hirsch 1980, S. 93) richtete sich diese Kriminalisierung vor allem gegen „(potentielle) Träger radikaler In-teressendurchsetzung innerhalb der massenintegrativen Apparate", „(potentielle) Verbreiter ideologischer ‚Abweichungen' innerhalb der ideologischen Apparate" und „‚autonome', d.h. nicht in das bestehende institutionelle System von Massen-integration integrierbare Bewegungen" (ebd., S. 39).

Ein spezifisches Produkt der Integration der Allermeisten bei komplettem Aus-schluss der verbliebenen Anderen im keynesianistischen Fordismus ist der „linke Terrorismus" der späten 1960er und 1970er Jahre. Wie Fritz Sack (1984), Heinz Steinert (1984, 1988) und Sebastian Scheerer (1988) argumentieren, konnte sich dieser nur durch die kompromisslose und auf völligen Ausschluss abzielenden Re-aktionen des Staates (unterstützt durch Medien wie der Bild-Zeitung) entstehen. In einer Situation, in der linke gesellschaftliche Kräfte und Bewegungen innerhalb der Regierungspartei SPD zunehmend verstummen mussten oder aus der Partei ausgeschlossen wurden, und in der weiter links stehende Positionen keine legitime Artikulationsmöglichkeit mehr sahen, fand die Studentenbewegung in der „Taktik der ‚begrenzten Regelverletzung'" (Steinert 1988, S. 23) einen Weg, um sich Gehör zu verschaffen. Bei der Demonstration gegen den kongolesischen Staatschef Moïse Tschombé im Dezember 1964 in West-Berlin wurde erstmals bei einer Demons-tration in der BRD die Polizei absichtlich durch Durchbrechen ihrer Linien provo-ziert, was in der Bewegung als „voller, paradigmatischer Erfolg" (Scheerer 1988, S. 244) gefeiert wurde. Ab 1967 wurden in der Studentenbewegung diese und ähnliche Formen der Provokation als Strategie und Mittel des sinnlichen Erlebens von Staatsmacht, der Politisierung und der Mobilisierung der „Ressource" „liberale Öffentlichkeit" (ebd., S. 278), die von der brutalen Polizeipraxis schockiert war, zum Mittel der Wahl.

Die Sicherheitsbehörden waren auf diese neuen, anarchistisch und situationistisch inspirierten Taktiken nicht vorbereitet. Gewohnt, bei Straßenprotesten disziplinierten Gewerkschafts- und Parteimitgliedern gegenüberzustehen und „auf reguläre kommunistische Aufstandsversuche wesentlich besser vorbereitet als auf kulturrevolutionäre Umtriebe dieser Art" (ebd., S. 261), wähnten sie in der Studentenbewegung ein „kommunistisches Tarnungsmanöver" (Sack 1984, S. 119) und suchten stets, ganz im Denken in starren Hierarchien bzw. einer „zur Polizeitaktik geronnenen verschwörungstheoretischen Konzeption" (ebd., S. 139) verhaftet, nach „Rädelsführern". Der „spürbar werdende Widerstand gegen eine autoritär durchgreifende Polizei verfestigte bei der Polizeiführung nur die überkommene Vorstellung von Menschenansammlungen als potentiell destruktiven, irrationalen ‚Zusammenrottungen', aus denen sich rasch eine Bedrohung der staatlichen Ordnung entwickeln könne" (Busch et al. 1985, S. 319).

Vor allem zu Beginn der Studentenbewegung wurden Straßenproteste seitens der Polizei also noch immer mit quasi-militärischen Strategien zu bekämpfen versucht. In der liberalen Öffentlichkeit traf dieses gewaltsame Vorgehen zunehmend auf Kritik. Insbesondere die polizeilichen Todesschüsse auf den demonstrierenden Studenten Benno Ohnesorg am 2.6.1967 sowie die Verabschiedung der Notstandsgesetze im Mai 1968 schienen den Protestierenden recht zu geben, die die BRD in den Weg in den Faschismus wähnten. Die überkommene Polizeistrategie stärkte so die außerparlamentarische Opposition, indem sie ihr Zustimmung seitens weit weniger radikaler Teile der Gesellschaft verschaffte. Zugleich trug sie zur Entstehung des „linken Terrorismus" bei (Sack 1984; Steinert 1984, 1988; Scheerer 1988). Dieser diente ab Ende der 1960er Jahre als Begründung einer selektiven Re-Pönalisierung (Cremer-Schäfer 1997, S. 73) im Rahmen der „Sicherheitsorgie" (Hirsch 1980, S. 11) der „faktischen Allparteienkoalition auf dem Gebiet der sogenannten Inneren Sicherheit zwischen 1972 und 1982" (Seifert 1987, S. 102f.; vgl. Cobler 1976; Gössner 1991). Politischer Protest im Fordistischen Sicherheitsstaat wird regelmäßig als Terrorismus (oder doch zumindest als „Wegbereiter" oder „Sympathisantentum"; vgl. Treiber 1984) kriminalisiert.

Zwei weitere Entwicklungen tragen dazu bei, dass in den 1970er Jahren nicht mehr die Kriminalisierung des „Kommunismus", sondern jene des „Terrorismus" zentral wurde. Erstens erscheint in Zeiten der Annäherung an die Staaten des Warschauer Paktes im Rahmen der „Ostpolitik" das bisherige Feindbild zunehmend „verbraucht und erneuerungsbedürftig" (Paech 1987, S. 88), weshalb „[v]on der proletarischen Revolution als Bezugspunkt innerer Aufrüstungspolitik [...] Abschied genommen [wird]" (Werkentin 1988, S. 110). Zweitens begannen mit der Anti-AKW- und der Ökologiebewegung neue Akteure „[s]pätestens ab Mitte der siebziger Jahre [...] außerparlamentarische Protestformen anzuwenden" (Busch et al. 1985, S. 323), in denen die Polizei „angesichts des breiter und vielfältiger gewordenen Protests [...], nicht mehr eindeutig Gruppen und Strömungen ausmachen [konnte]" (ebd., S. 324). Diese wurden deshalb pauschal in die Nähe „des Terrorismus" gerückt.

Für die Polizei ist diese Phase eine des rapiden Um- und Ausbaus. Die Sicherheitsproduktion, die in der BRD als Folge des Nationalsozialismus vor allem auf Ebene der Bundesländer institutionalisiert worden war, verzeichnete einen Prozess zunehmender Zentralisierung. Vor allem das in dieser Zeit deutlich ausgebaute Bundeskriminalamt unter dem Präsidenten Horst Herold (1971–81) sowie die Innenministerkonferenz (v.a. mit dem „Musterentwurf eines einheitlichen Polizeigesetzes" von 1976) wurden zu Orten strategischer und taktischer Innovation. Zentrale Neuerungen der Polizeiarbeit der 1970er Jahre sind:

1. Sammeln und Verarbeiten von Daten: Ausgehend von der Rasterfahndung nach Terrorist*innen ist „[z]ur lückenlosen Erfassung aller auch nur potentiellen ‚Störungen der Ordnung' [...] ein polizeiliches Frühwarn- und Überwachungswesen entwickelt worden, dem alle Bürger – nicht nur die zu ‚Staatsfeinden' erklärten – gezielt oder wahllos-präventiv ausgesetzt sind" (Cobler 1976, S. 38). Dies gilt auch und gerade im Vorfeld von und im Verlauf von Straßenprotesten: „Der Ort des Protestes, die Anreise von Demonstranten etc. werden intensiv überwacht" (Busch et al. 1985, S. 325).
2. Strategische Öffentlichkeitsarbeit: Als Reaktion darauf, dass die überkommene Polizeitaktik auch in der liberalen Öffentlichkeit auf Kritik gestoßen war, und Motive der Boulevard-Presse aufnehmend, die 1967 begann protestierende Student*innen als „Terroristen" zu bezeichnen (Scheerer 1988, S. 266), „bezieht [die Polizei] die Rechtfertigung gegenüber den Medien selbst mit ein und versucht die Berichterstattung zu beeinflussen. Straßenschlachten werden nicht mehr nur auf der Straße, sondern auch im Fernsehen ausgefochten." (Werkentin 1988, S. 114; vgl. Busch et al. 1985, S. 217)
3. Neue und differenziert eingesetzte Gewaltmittel (Wasserwerfer, Tränengas): Auch weil infolge der Notstandsgesetze die militärische Aufstandsbekämpfung im Inneren der Bundeswehr zufiel, wurde die „Polizei [...] entmilitarisiert" (Sturm und Ellinghaus 2002, S. 24). Gewalt ist nicht mehr das einzige Mittel zur Bekämpfung von Protesten, sondern wird „zu einem Element in einer umfassenden Strategie des Managements von Konflikten" (Pütter 2011, S. 25).

Häufig wirkt sie „mehr durch die Drohung mit und Inszenierung von polizei-licher Gewaltfähigkeit als durch deren tatsächliche Ausübung" (ebd., S. 21).

Im Resultat „wird die Gesellschaft mit sich immer dichter verknüpfenden Über-wachungsnetzen bedeckt, als deren Zentrum sich ein komplexer, aus Justiz, Polizei und Geheimdiensten zusammengefügter Sicherheitsapparat herausbildet" (Hirsch 1980, S. 114). All dies geschieht in der Phase des keynesianistischen Fordismus in Folge des radikalen Ausschlusses der „Terrorist*innen", der mit der Integration der Allermeisten einhergeht. Viele der Modernisierungen im Bereich der Sicher-heitsproduktion und des Polizierens von Protesten werden erhalten bleiben, auch nachdem die Integration der Allermeisten ad acta gelegt wurde.

2.3   Neoliberalismus vs. „Kriminalität"

Neoliberalismus als (wirtschafts-) theoretisches Paradigma kam als politisches Projekt gegen Keynesianismus und Sozialismus in die Welt. Er tritt an, „eine zeitgemäße Legitimation für eine marktwirtschaftlich dominierte Gesellschaft zu entwerfen und durchzusetzen" (Ptak 2007, S. 23; vgl. Foucault 2004; Harvey 2005). Ziel ist eine „Gesellschaft, die dem Markt entsprechend geregelt werden soll" (Foucault 2004, S. 208) und in der „Mechanismen des Wettbewerbs" als „re-gulative[s] Prinzip" (ebd.) gelten, so dass „Wettbewerbsmechanismen in jedem Au-genblick und an jedem Punkt des sozialen Dickichts die Rolle eines regulierenden Faktors spielen können" (ebd., S. 207). Zentrale Strategien zur Durchsetzung die-ses Ideals sind Liberalisierung, Deregulierung und Privatisierung. Diese werden in der neoliberalen Rhetorik zu „individuellen Freiheiten" stilisiert, deren Beto-nung für viele Gruppen, denen die korporatistischen Strukturen des keynesianis-tischen Fordismus als zu starr und einengend erschienen, als erstrebenswert galten (Harvey 2005, S. 41ff.). Die „Liberalisierung des Waren-, Dienstleistungs-, Geld-und Kapitalverkehrs" (Hirsch 1998, S. 22) als „umfassende politische Strategie" (ebd., S. 23), beginnend mit dem Ende des Systems fester Wechselkurse Anfang der 1970er Jahre, führt ab den 1980er Jahren zu tiefgreifenden geoökonomischen und geopolitischen Verschiebungen auf globaler Ebene (Harvey 2003; ten Brink 2008; Jessop 1997), die eine flexible, den Globus als Ensemble von gegeneinander auszuspielenden Standorten nutzende Akkumulation ermöglichte und durch diese vertieft wurde (Harvey 1989). Diese als „Globalisierung" diskutierte Entwick-lung diente wiederrum als Druckmittel gegen die Institutionen des Fordistischen Wohlfahrtsstaates (Hirsch 1996). Politisch ging Neoliberalismus mit einem zu-nehmenden Einfluss mächtiger ökonomischer Akteure sowie der Exekutive relativ zu Legislative und Judikative einher, was unter Stichworten wie Entdemokratisierung (Hirsch 1998; Streeck 2013), Postdemokratie (Crouch 2005) und Autoritärem Etatismus (Kannankulam 2008) kritisch diskutiert wird.

Weil der neoliberale Umbau von Gesellschaften sich stets mit historisch gewachsenen Strukturen des fordistischen Typs auseinandersetzen muss, *„improvisiert* der Neoliberalismus innerhalb ideologischer und fiskalischer Parameter" (Peck 2013, S. 147; Herv. i. Orig.). Die Stoßrichtung ist immer und überall dieselbe, die genauen politischen Forderungen und Reformen werden aber der Situation entsprechend angepasst. Nachdem in der BRD erste Verschiebungen in dieser Richtung bereits mit dem Ende des Sozialstaatsausbaus und dem Beginn der Sparpolitik Mitte der 1970er Jahre sowie deren Verstärkung nach der „Wende" zur CDU/CSU/FDP-Regierung 1982/83 zu beobachten sind, eröffnet die Wiedervereinigung „der Regierung Kohl die Möglichkeit […] zentrale Pfeiler des bundesdeutschen Wohlfahrtsstaates zu schleifen" (Kannankulam 2008, S. 312f.). Während der neoliberale Umbau in den USA und in Großbritannien bereits in den 1980er Jahren beginnt, nimmt „die BRD bei den Kürzungen wohlfahrtsstaatlicher Leistungen in den 1990er Jahren eine internationale Spitzenstellung" (ebd., S. 317) ein. Es entsteht der „Nationale Wettbewerbsstaat" (Hirsch 1996, 1998), dessen Funktionslogik „in der alle sozialen Sphären umgreifenden Ausrichtung der Gesellschaft auf das Ziel globaler Wettbewerbsfähigkeit" (ebd., S. 109) beruht und zu dem es in der hegemonialen Vorstellung „keinerlei Alternative gibt" (Hirsch 1998, S. 39). „Vorrangiges Ziel wird vielmehr die selektive Mobilisierung der gesellschaftlichen Kräfte für den internationalen Wettbewerb und die Unterdrückung aller Interessen, die dem entgegenstehen. Dies nötigenfalls auch mit Gewalt." (ebd., S. 37)

Dieser Wettbewerbsstaat muss immer weniger auf die – komplizierte, kostspielige und „wettbewerbsverzerrende" – Integration der Allermeisten abzielen, weil in der BRD der 1990er und frühen 2000er Jahre kein akuter Arbeitskräftemangel mehr besteht, die Exportorientierung der Nationalökonomie den heimischen Massenkonsum relativ an Bedeutung verlieren lässt und mit Aufständen oder auch nur relevanten Protesten der Verlierer*innen des neoliberalen Umbaus nicht zu rechnen ist. An die Stelle der Integration der Allermeisten mittels materieller Zugeständnisse treten zum einen der individuelle Zwang zum Geldverdienen, der vom „unternehmerischen Selbst" (vgl. Bröckling 2007) im ideologischen Erfolgsfall als Eigenverantwortung und Freiheit verstanden wird, sowie zum anderen das Management der Bevölkerung mithilfe der Beeinflussung von „entfernten Faktoren" (Foucault 2004, S. 110) bzw. „aus der Distanz" (Garland 1996). Sicherheitspolitik beschränkt sich zunehmend darauf, den reibungslosen Ablauf der Akkumulation sicherzustellen, an die Stelle der Disziplinierung von Individuen

tritt das Management der Bevölkerung als Ganzes, das flexibel an störend wahrgenommene Situationen anpassbar sein muss.

Dazu passt die in den 1990er Jahren zu beobachtende Verschiebung des Krimi-
nalisierungsschwerpunktes weg von einigermaßen konkreten Gefahrengruppen
wie „Kommunist*innen" und „Terrorist*innen" hin zur „Kriminalität". „An die
Stelle dieser Feindkonstruktionen ist ein fast unüberschaubares Feld von Gefährdungen und Bedrohungen getreten, das aus international organisierten kriminellen
Banden, obskuren Mafias, ‚Asylanten‘, ‚Wirtschaftsflüchtlingen‘, Fundamentalis-
ten und Terroristen unterschiedlichster Provenienz besteht. […] Der Sicherheitsdiskurs verschiebt sich damit von politischer Systemgegnerschaft auf ‚Kriminalität‘ im weitesten Sinn." (Hirsch 1996, S. 157) Nunmehr gilt: „Täter sind potentiell
überall. Mitten unter uns." (Narr 1998, S. 8) Diese neue Phase der Kriminalisierung ist insofern unpolitischer bzw. post-politisch, als nicht, wie zuvor, explizit
(linke) politische Abweichungen im Zentrum stehen, sondern mit „Kriminalität"
ein flexibel einsetzbares und tendenziell alle betreffendes Label genutzt wird, um
Kriminalisierungen je nach Situation strategisch einsetzen zu können. Um sie
zu verhindern, so das Versprechen, muss Prävention betrieben werden, was eine
weitere Ausweitung polizeilicher Tätigkeiten ins Vorfeld krimineller Handlungen
und in den Alltag, mithin eine „Vorverlagerung staatlicher Politik" (Plewig 1998,
S. 35) notwendig macht. Um Populationen in den Blick zu nehmen, zeichnet sich
diese ‚‚neue Prävention‘ […] aus durch das Umschwenken ihres (Kontroll-)Blicks
auf Räume, Orte und Situationen" (Lindenberg und Schmidt-Semisch 2000,
S. 309). Damit wird „die Verdachtsgewinnung von individuellen Situationsdefi-
nitionen und Kontextdeutungen durch die Zugriffsinstanzen abhängig" (Frehsee
1999, S. 18). Im Recht geht dies einher und wird ermöglicht durch „möglichst
offene, exekutiv-freundliche Regelungen", die „möglichst interpretations- und ent-
wicklungsoffen sein [sollen], um flexible Bekämpfungsstrategien zu legalisieren"
(Pütter et al. 2005, S. 12); es ist eine „wachsende Unbestimmtheit strafrechtlicher
Tatbestände" (Singelnstein 2014, S. 322) zu beobachten, die es erlaubt, „Problemlagen und Entwicklungen möglichst optimal und flexibel [zu] bearbeiten" (ebd.,
S. 326) und dabei immer deutlicher sozial selektiv vorgeht (ebd., S. 326f.).

Straßenprotest verändert sich in dieser Zeit erneut fundamental, v.a. infolge
zweier zusammenhängender Entwicklungen, durch die auch Demonstrationen
über den steten Verweis auf deren „Gewalt" auf „Kriminalität" reduziert werden.
Erstens resultiert die weitere Stärkung der Position der Polizei bei der Definition
dessen, was als kriminell, gefährlich und zu bearbeiten gilt, darin, dass sie nun
„über das Nahezu-Monopol legitimer und durchsetzbarer Definitionen sozialer
Wirklichkeit" (Werkentin 1988, S. 115) verfügt. Dies gilt auch und insbesondere
für Demonstrationen, bei denen die „einsatzbegleitende Öffentlichkeitsarbeit"

(Sturm und Ellinghaus 2002, S. 25) weiter an Bedeutung gewinnt. „Den Medien und der Bevölkerung sollen dabei nicht nur die Polizeiarbeit als besonders gut, sondern auch die ‚Störer' als besonders schlecht dargestellt werden." (ebd., S. 24) Zweitens hat das Bundesverfassungsgericht der Polizei – noch im Geiste der o.g. Entpönalisierung – im Brokdorf-Urteil 1985 mit dem Deeskalationsgebot und dem Kooperationsgebot strenge Auflagen bei der Polizierung von Demonstrationen gemacht. Demnach müsse es „Aufgabe der Polizei [...] sein, ‚Störer' gezielt zu isolieren und gegebenenfalls festzunehmen" (ebd.), was als Reaktion auf die kurz danach zu verzeichnende „Welle von Massenprotesten ab 1986" (ebd.), etwa in Brokdorf, Wackersdorf und an der Startbahn West, in „massive[r] Gewaltausübung durch spezielle Festnahmeeinheiten" (Sturm und Ellinghaus 2002, S. 26) seit 1987 mündete. Die neue Strategie fassen Sturm und Ellinghaus (2002, S. 25) so zusammen: „Flexibilität, Offensivität und Professionalität sollen die Einsatztaktik auszeichnen. Flexibilität heißt dabei, dass die Leitung und Durchführung von Einsätzen dem Handeln des polizeilichen Gegenübers anzupassen sei. Taktisches Ziel bleibt die Kontrolle des ‚Gegners' und der Situation. Die Polizei soll bei Demonstrationen nicht reagieren, sondern agieren." Seitdem dominiert bei Straßenprotesten die bis heute bekannte, „situativ anzupassende Kombination aus Vorfeldkontrollen, dichter Umschließung (‚Kessel', ‚Wanderkessel'), optischer Überwachung, selektiven Zugriffen, harter Strafverfolgung und Vorhaltung starker, jederzeit zur Dominanz fähiger Einsatzkräfte" (Pütter 2011, S. 20). In Einklang mit dem neoliberalen Paradigma der Wirtschaftspolitik und in Reaktion auf die durch dessen Durchsetzung produzierten sozialen und politischen Lagen ist das Polizieren der Proteste der 1990er und 2000er Jahre durch situative Flexibilisierung und tendenzielle Deregulierung des Gewalteinsatzes gekennzeichnet, der, wo möglich, „aus der Distanz" und präventiv erfolgt.

2.4   Post-Neoliberalismus

Mit der Finanz- und Wirtschaftskrise 2007/08, die in den folgenden Jahren durch Bankenrettung und Konjunkturprogramme in vielen Ländern des Globalen Nordens zur Krise der Staatsfinanzen wurde, schien der Neoliberalismus – oder doch zumindest der Konsens, der seine Durchsetzung ermöglichte – ins Wanken zu geraten; und es begann eine Debatte um die Frage, ob dies der Beginn des Post-Neoliberalismus sei und wie dieser aussehe (Brand und Sekler 2009). Ähnlich wie die auf den Fordismus folgende Phase lange Zeit noch als „Postfordismus" bezeichnet wurde, bevor deutlich wurde, dass diese Periode tauglicher als „Neoliberalismus" zu kennzeichnen ist, deutet das „Post-" darauf hin, dass noch nicht klar ist, was die neue Periode im Kern auszeichnet. Nachdem in den folgenden zehn Jahren linke Bewegungen und Alternativen deutliche Niederlagen hinnehmen mussten („Arabischer Frühling", Syriza gegen Troika; Sanders gegen Clinton und diese gegen Trump etc.; vgl. Prokla-Redaktion 2016), wurde deutlich, dass dieser Post-Neoliberalismus zumindest bisher kein emanzipatorisches Projekt ist. Dies hängt hierzulande zentral auch daran, dass „die aktuelle Krise als ein Prozess präsentiert wurde, der *anderswo* stattfindet und das Problem von *jemandem anderen* ist, während Deutschland als Best-Practice-Beispiel angeführt wurde" (Mullis et al. 2016, S. 52; Herv. i. Orig.). Obschon aber von der Krise hierzulande inzwischen keine Rede mehr ist, bleibt die zentrale Problematik der globalen Überakkumulation bestehen (Prokla-Redaktion 2016, S. 520): dem nach lukrativen Anlagemöglichkeiten suchenden Geldkapital wurde in den vergangenen Jahrzenten immer nur für kurze Zeit eine scheinbare Lösung geboten (Streeck 2013), zuletzt in dubiosen Finanzprodukten und privater Verschuldung, die zum Aufstieg des Finanzkapitals in den Block an der Macht sowie zur Krise 2007/08 führten (Altvater 2010; Harvey 2013). Auf politischer Ebene scheint es sich beim Post-Neoliberalismus um eine durch autoritäre Elemente ergänzt Version des Neoliberalismus zu handeln. In der Krise und im Rahmen ihrer Bearbeitung wurden letztere am deutlichsten sichtbar im „*autoritäre[n] Wettbewerbsetatismus*" (Oberndorfer 2012, S. 52; Herv. i. Orig.) auf EU-Ebene, wo es „zur Aushöhlung der Rechtsform" (ebd., S. 59) und zu einer weiteren Verschiebung der „Macht zur Normsetzung […] auf die Exekutive" (ebd.) kam. Während die deutsche Regierung auf EU-Ebene zentral verantwortlich für den autoritären Umbau der Institutionen und den Umgang etwa mit dem Syriza-regierten Griechenland ist, stellt sich die Situation auf nationaler Ebene leicht anders dar. Zu beobachten ist eine „Spaltung innerhalb des neoliberalen Hegemonieprojekts" (Georgi und Kannankulam 2015, S. 349), aus dem die „ordoliberale Fraktion", die sich aus „CSU, Strömungen in CDU und FDP sowie großen Teilen der bürgerlichen Presse" (ebd., S. 355) zusammensetzt, „im Zuge der Krise […] ausbrach" (ebd., S. 354). Weil sich deren Positionen auf EU-Ebene nur zum Teil und auf nationaler Ebene kaum durchsetzen ließen, spalteten sich „ordo-konservative Kräfte" (ebd., S. 363) ab, die sich in Form von PEGIDA und AfD sowie relevanten Teile der Eliten, etwa in der CSU, „zunehmend radikalisierten" (ebd.). Diese Kräfte insbesondere waren es, die als Reaktion auf den „langen Sommer der Migration" (Georgi 2016) zur Krisenbearbeitung auf rassistisch motivierte Moralpaniken setzten, wie jene um die „Silvesternacht von Köln" (Dietze 2016).

Dies können Anzeichen dafür sein, dass im Post-Neoliberalismus wieder verstärkt einzelne Gruppen, insbesondere rassistisch markierte Körper als „Flüchtlinge", „Asylanten" und „Ausländer", in den Fokus der Kriminalisierung rücken. Mit Zygmunt Bauman (2008, S. 74) kann die Verbindung zwischen globaler (Finanz-)

Krise und der Kriminalisierung von Flüchtlingen darin gesehen werden, dass letztere sich in autoritär regierten, und durch Abbau des Sozialstaates radikal individualisierten Gesellschaften „hervorragend für die Rolle der Strohpuppe [eignen], die man stellvertretend für das ganze Spektrum an ,globalen Kräften' verbrennen kann". Denn, so Bauman (1997, S. 171) an anderer Stelle, „[d]as konstante Prinzip aller Strategien, die man im Laufe der Geschichte anwandte, um ein Leben mit Angst lebbar zu machen, bestand darin, die Aufmerksamkeit von Dingen, gegen die man nichts unternehmen konnte, auf Dinge zu verlagern, an denen sich herumbasteln ließ; und dieses Basteln selbst hinreichend energie- und zeitaufwändig zu gestalten, um nur wenig (oder möglichst gar keinen) Raum für Dinge zu lassen, an denen nicht zu rütteln wäre."

Zugleich nehmen in Krisenzeiten auch in Deutschland Straßenproteste wieder zu, wenn auch in weit geringerem Umfang als dies in anderen Kontexten seit 2008 der Fall war („Arabischer Frühling", Occupy, Israel, Spanien und Griechenland). Anders als in Spanien oder Frankreich, wo Proteste gegen die katastrophalen Krisenfolgen resp. die Arbeitsmarktreformen (unter dem Deckmantel des Terrorismus) mit Mitteln des Ausnahmerechts kriminalisiert werden (Oberndorfer 2016), sind in der BRD keine relevanten zusätzlichen Einschränkungen des Demonstrationsrechtes zu beobachten.

Exemplarisch für Krisenproteste hierzulande haben wir in Mullis et al. (2016) die Blockupy-Proteste in Frankfurt am Main untersucht. Ohne aus den Ergebnissen verallgemeinerbare Aussagen zu Straßenprotesten im Post-Neoliberalismus ableiten zu können, wurde hier deutlich, dass deren Polizierung einerseits der im Neoliberalismus durchgesetzten Logik der Kriminalisierung auf Basis von „Gewalt" folgt, dass aber andererseits linke und linksradikale Gruppen gelernt haben, sich in Bezug auf Öffentlichkeitsarbeit, die eigene Position zur „Gewalt" und den mächtigen Diskurs um ebendiese besser zu positionieren. Möglicherweise wird die Dialektik aus Protest und Kriminalisierung eine neue, vielleicht auch hierzulande autoritärere, vielleicht aber auch eine die Logik der Kriminalisierung von Protest mittels „Gewalt" durchbrechende Dynamik erhalten.

3   Fazit

Der barbarisch vereinfachte Ritt dieses Beitrags durch 70 Jahre ökonomischer und politischer Entwicklungen in (West-) Deutschland und deren Zusammenhänge mit Kriminalisierungsstrategie mit Fokus auf den polizeilichen Umgang mit Straßenprotesten verfolgte zwei Ziele. Erstens hoffe ich in theoretischer Hinsicht gezeigt zu haben, dass und in welcher Weise eine marxistische Analyse, wie sie bei Hall et al. (1978) paradigmatisch durchgeführt wurde, die wesentlichen *Zusammenhänge* zwischen Ökonomie, Politik, Ideologie und dabei auch und insbesondere Kriminalisierungsstrategien in den Blick zu nehmen erlaubt, die sonst viel zu oft außen vor bleiben. Marxismus ist eine fundamental dialektische, in Zusammenhängen denkende Tradition. Zweitens stellt dieser Ritt den Versuch dar, auf Basis einschlägiger Analysen und Kommentare aus fünf Jahrzehnten eine Periodisierung dominanter Kriminalisierungsstrategien vorzuschlagen, die es erlaubt, die aktuellen Entwicklungen – die viele aufgrund ihrer autoritären Züge und den rassistischen und sonstigen rechten Positionen, die sie befördern, zu Recht beängstigend finden – mit einer gewissen historischen Tiefe einordnen und analysieren zu können.

Literatur

Althusser, L., 1977: *Ideologie und ideologische Staatsapparate*. Hamburg/Berlin.

Altvater, E., 2010: *Der große Krach*. Münster.

Bauman, Z., 2008: *Flüchtige Zeiten. Leben in der Ungewissheit*. Hamburg.

Bauman, Z., 1997: *Flaneure, Spieler und Touristen. Essays zu postmodernen Lebensformen*. Hamburg.

Belina, B., 2017: Policing the Crisis. In: Schlepper, C./Wehrheim, J. (Hrsg.), *Schlüsselwerke der Kritischen Kriminologie*, Weinheim, S. 212-224.

Brand, U./Sekler, N., 2009: Postneoliberalism: catch all word or valuable analytical and political concept? Aims of a beginning debate. In: *Development Dialogue*, H.51, S. 5-14.

Bröckling, U., 2007: *Das unternehmerische Selbst. Soziologie einer Subjektivierungsform*. Frankfurt a.M.

Buckel, S., 2008: Zwischen Schutz und Maskerade – Kritik(en) des Rechts. In: Demirović, A. (Hg.), *Kritik und Materialität*, Münster, S. 110-131.

Busch, H./Funk, A./Kauß, U./Narr, W.-D./Werketin, F., 1985: *Die Polizei in der Bundesrepublik*. Frankfurt a.M./New York.

Butterwegge, C., 2009: *Armut in einem reichen Land. Wie das Problem verharmlost und verdrängt wird*. Frankfurt a.M.

Cobler, S., 1976: *Die Gefahr geht von den Menschen aus. Der vorverlagerte Staatsschutz*. Berlin.

Cremer-Schäfer, H., 1997: Kriminalität und soziale Ungleichheit. Über die Funktion von Ideologie bei der Arbeit der Kategorisierung und Klassifikation von Menschen. In: Frehsee, D. (Hrsg.), *Konstruktion der Wirklichkeit durch Kriminalität*, Baden-Baden, S. 68-100.

Crouch, C., 2005: *Post-democracy*. Cambridge.

Dietze, G., 2016: Ethnosexismus. Sex-Mob-Narrative um die Kölner Sylvesternacht. In: *movements. Journal für kritische Migrations- und Grenzregimeforschung*, H.1, S. 177-185.

Esser, J./Fach, W., 1983: Sparen und Herrschen. Über den Zusammenhang von fiskalischer Knappheit und autoritärer Politik. In: Hartwich, H. W. (Hrsg.), *Gesellschaftliche Probleme als Anstoß und Folge von Politik*, Opladen, S. 433-446.

Foucault, M., 2004: *Die Geburt der Biopolitik. Geschichte der Gouvernementalität II*. Frankfurt a.M.

Frehsee, D., 1999: Verschwindet der Rechtsstaat? In: *Neue Kriminalpolitik*, H.1, S. 16-21.

Garland, D., 1996: The Limits of the Sovereign State. In: *British Journal of Criminology*, H.4, S. 445-471.

Georgi, F., 2016: Widersprüche im langen Sommer der Migration. Ansätze einer materialistischen Grenzregimeanalyse. In: *Prokla*, H.2, S. 183-203.

Georgi, F./Kannankulam, J., 2015: Kräfteverhältnisse in der Eurokrise. Konfliktdynamiken im bundesdeutschen „Block an der Macht". In: *Prokla*, H.3, S. 349-369.

Gerstenberger, H., 2007: Fixierung und Entgrenzung. Theoretische Annäherungen an die politische Form des Kapitalismus. In: *Prokla*, H.2, S. 173-197.

Gössner, R., 1991: *Das Anti-Terror-System. Politische Justiz im präventiven Sicherheitsstaat*. Hamburg.

Gramsci, A., 1991 ff.: *Gefängnishefte*. 10 Bände. Hamburg.

Hall, S./Critcher, C./Jefferson, T./Clarke, J./Roberts, B., 1978: *Policing the Crisis. Mugging, the State, and Law and Order.* London/Basingstoke.

Harvey, D., 2014: *Seventeen Contradictions and the End of Capitalism.* London.

Harvey, D., 2013: *Rebellische Städte. Vom Recht auf Stadt zur urbanen Revolution.* Berlin.

Harvey, D., 2005: *A Brief History of Neoliberalism.* Oxford.

Harvey, D., 2003: *The New Imperialism.* Oxford.

Harvey, D., 1996: *Justice, Nature and the Geography of Difference.* Oxford.

Harvey, D., 1989: *The Condition of Postmodernity.* Oxford.

Hess, H./Moerings, M./Paas, D./Scheerer, S./Steinert, H., 1988: *Angriff auf das Herz des Staates.* Band 1. Frankfurt a.M.

Hirsch, J., 2005: *Materialistische Staatstheorie.* Hamburg.

Hirsch, J., 1998: *Vom Sicherheitsstaat zum nationalen Wettbewerbsstaat.* Berlin.

Hirsch, J., 1996: *Der nationale Wettbewerbsstaat.* 2. Aufl. Berlin.

Hirsch, J., 1980: *Der Sicherheitsstaat.* Frankfurt a.M.

Hirsch, J./Roth, R., 1986: *Das neue Gesicht des Kapitalismus.* Hamburg.

Jessop, B., 2007: Was folgt dem Fordismus? Zur Periodisierung von Kapitalismus und seiner Regulation. In: *Kapital, Regulation, Staat. Ausgewählte Schriften.* Hamburg, S. 255-274.

Jessop, B., 1997: Die Zukunft des Nationalstaates: Erosion oder Reorganisation? In: Becker, S./Sablowski, T./Schumm, W. (Hrsg.), *Jenseits der Nationalökonomie? Weltwirtschaft zwischen Globalisierung und Regionalisierung,* Berlin/Hamburg, S. 50-95.

Kannankulam, J., 2008: *Autoritärer Etatismus im Neoliberalismus. Zur Staatstheorie von Nicos Poulantzas.* Hamburg.

Knöbl, W., 1998: *Polizei und Herrschaft im Modernisierungsprozeß. Staatsbildung und innere Sicherheit in Preußen, England und Amerika 1700-1914.* Frankfurt a.M./New York.

Labica, G., 1986: *Der Marxismus-Leninismus. Elemente einer Kritik.* West-Berlin.

Lindenberg, M./Schmidt-Semisch, H., 2000: Komplementäre Konkurrenz in der Sicherheitsgesellschaft. Überlegungen zum Zusammenwirken staatlicher und kommerzieller Sozialkontrolle. In: *Monatsschrift für Kriminologie und Strafrechtsreform,* H.5, S. 306-319.

Mullis, D./Belina, B./Petzold, T./Pohl, L./Schipper, S., 2016: Social protest and its policing in the "heart of the European crisis regime": The case of Blockupy in Frankfurt, Germany. In: *Political Geography,* H.55, S. 50-59.

Narr, W.-D., 1998: Das „System Innere Sicherheit". In: *Bürgerrechte & Polizei/CILIP,* H.48, S. 6-12.

Oberndorfer, L., 2016: Europa und Frankreich im Ausnahmezustand? Die autoritäre Durchsetzung des Wettbewerbs. In: *Prokla,* H.4, S. 561-581.

Oberndorfer, L., 2012: Hegemoniekrise in Europa – Auf dem Weg zu einem autoritären Wettbewerbsetatismus? In: Forschungsgruppe „Staatsprojekt Europa" (Hrsg.), *Die EU in der Krise. Zwischen autoritärem Etatismus und europäischem Frühling,* Münster, S. 49-71.

Ollman, B., 1993: *Dialectical Investigation.* New York/London.

Paech, N., 1987: Vom langen Elend der Inneren Sicherheit. In: Kutscha, M./Paech, N. (Hrsg.), *Totalerfassung. „Sicherheitsgesetze", Volkszählung, Neuer Personalausweis,* Köln, S. 71-80.

Paschukanis, E., 1929: *Allgemeine Rechtslehre und Marxismus.* Berlin.

Peck, J., 2013: Explaining (with) Neoliberalism. In: *Territory, Politics, Governance*, H.2, S. 132-157.

Plewig, H.-J., 1998: Zauberformel Prävention. In: *Neue Kriminalpolitik*, H.3, S. 33-37.

Poulantzas, N., 2002: *Staatstheorie*. Hamburg.

Prokla-Redaktion, 2016: Der globale Kapitalismus im Ausnahmezustand. In: *Prokla*, H.4, S. 507-542.

Ptak, R., 2007: Grundlagen des Neoliberalismus. In: Butterwegge, C./Lösch, B./Ptak, R. (Hrsg.), *Kritik des Neoliberalismus*, Wiesbaden, S. 13-86.

Pütter, N., 2011: Gewalt-Polizei-Gewalt. Wandlungen im Kern staatlicher Gewaltpraxis. In: *Bürgerrechte & Polizei/CILIP*, H.100, S. 17-29.

Pütter, N./Narr, W.-D./Busch, H., 2005: Bekämpfungs-Recht und Rechtsstaat. In: *Bürgerrechte & Polizei/CILIP*, H.82, S. 6-15.

Röttger, B., 2012: Noch immer „Modell Deutschland"? In: *Prokla*, H.1, S. 28-47.

Sack, F., 1984: Gegenstand und Methoden der Analyse. In: Sack, F. et al.: *Protest und Reaktion*, Darmstadt, S. 23-103.

Sack, F. et al., 1984: *Protest und Reaktion*. Darmstadt.

Scheerer, S., 1988: Deutschland: Die ausgebürgerte Linke. In: Hess, H./Moerings, M./Paas, D./Scheerer, S./Steinert, H.: *Angriff auf das Herz des Staates*. Band 1. Frankfurt a.M., S. 193-429.

Seifert, J., 1987: „Sicherheitsgesetze" – warum jetzt? In: Kutscha, M./Paech, N. (Hrsg.), *Totalerfassung. „Sicherheitsgesetzte", Volkszählung, Neuer Personalausweis*, Köln, S. 102-105.

Singelnstein, T., 2014: Sieben Thesen zu Entwicklung und Gestalt des Strafrechts. In: *Zeitschrift für Rechtssoziologie*, H.1/2, S. 321-329.

Steinert, H., 1998: Aus der Geschichte der Gewalt und der Untergänge. In: *Merkur*, H.12, S. 1127-1142.

Steinert, H., 1988: Erinnerung an den „linken Terrorismus". In: Hess, H. /Moerings, M./ Paas, D./Scheerer, S./Steinert, H.: *Angriff auf das Herz des Staates*. Band 1. Frankfurt a.M., S. 15-54.

Steinert, H., 1984: Sozialstrukturelle Bedingungen des „linken Terrorismus" der 70er Jahre. Aufgrund eines Vergleichs der Entwicklungen in der Bundesrepublik Deutschland, in Italien, Frankreich und den Niederlanden. In: Sack, F. et al. (Hrsg.), *Protest und Reaktion*, Darmstadt, S. 387-601.

Streeck, W., 2013: Gekaufte Zeit. *Die vertagte Krise des demokratischen Kapitalismus*. Frankfurt a.M.

Sturm, M./Ellinghaus, C., 2002: Zwischen Imagepflege und Gewalt. Polizeistrategien gegen Demonstrationen. In: *Bürgerrechte & Polizei/CILIP*, H. 72, S. 23-30.

ten Brink, T., 2008: *Geopolitik. Geschichte und Gegenwart kapitalistischer Staatenkonkurrenz*. Münster.

Treiber, H., 1984: Die gesellschaftliche Auseinandersetzung mit dem Terrorismus: Die Inszenierung „symbolischer Kreuzzüge" zur Darstellung von Bedrohungen der normativen Ordnung von Gesellschaft und Staat. In: Sack, F. et al.: *Protest und Reaktion*, Darmstadt, S. 319-364.

von Brünneck, A., 1978: *Politische Justiz gegen Kommunisten in der Bundesrepublik Deutschland 1949-1968*. Frankfurt a.M.

Weber, M., 2005: *Wirtschaft und Gesellschaft*. Frankfurt a.M.

Weinhauer, K., 2013: From social control to urban control? Urban protests, policing, and lo-calization in Germany and England (1960s to 1980s). In: *InterDisciplines*, H.2, S. 85-118.

Werkentin, F., 1988: Der Staat, der Staat ist in Gefahr ... – Kontinuität und Formwandel innerer Rüstung in der Bundesrepublik. In: *Prokla*, H.4, S. 97-117.

Funktionswandel des Strafrechts in der Sicherheitsgesellschaft

Beatrice Brunhöber

Zusammenfassung

Das Strafrecht, das phasenweise von Entkriminalisierung geprägt war, hat sich seit den Anschlägen der RAF und mehr noch seit dem 11. September 2001 gewandelt. Der Beitrag geht der Frage nach, wie sich dieser Wandel beschreiben lässt – und zwar mit Blick auf die Verhaltensvorschriften im Strafrecht. Im Anschluss stellt sich die Frage, warum diese Veränderung stattfindet. Sind wir heute größeren Risiken (etwa durch den Terrorismus oder Umweltkatastrophen) ausgesetzt als früher und besteht in der Bevölkerung ein stärkeres Sicherheitsbedürfnis, auf das der Staat zu reagieren hat? Oder hat sich (nur) die Art verändert, wie Gesellschaften mit Bedrohungen umgehen? Auf der Grundlage der Ursachenanalyse kann sodann der Frage nachgegangen werden, ob sich die Funktionen des Strafrechts in der modernen Gesellschaft gewandelt haben. Schließlich werden durch diese Überlegungen herkömmliche Lösungen wie die häufige Forderung nach einer Trennung zwischen klassischem und modernem präventivem Strafrecht zweifelhaft und sind zu überdenken. Vielmehr sind spezifische Legitimationshürden für das gewandelte Strafrecht zu entwickeln, die sich daran orientieren, inwiefern der Normadressat für Risiken haftbar gemacht wird, die er nicht durch eigenes Handeln auslöst, sondern die ihm zugeschrieben werden. Auch kann die Kritik an den gewandelten Strafvorschriften vertieft und spezifiziert werden.

Schlüsselwörter

Risikostrafrecht, Interventionsrecht, Prävention, Deliktstypen, Verhaltensvorschriften, Sanktionsvorschrift

In der Strafrechtswissenschaft besteht weitgehende Einigkeit darüber, dass sich Strafrecht in der modernen Gesellschaft – man mag sie Sicherheitsgesellschaft nennen – verändert hat. Als exemplarisch wird meist das Terrorismusstrafrecht angesehen. Das Verbot, auszureisen, um sich in einem „Terrorcamp" auszubilden,[1] unterscheidet sich beispielsweise von einem klassischen strafrechtlichen Straftatbestand wie dem Tötungsverbot (§ 212 StGB). Es ist aber alles andere als geklärt, wie die Veränderung zu beschreiben ist (1.) und warum sie stattfindet (2.). Auch die Frage, inwiefern Strafrecht durch die neueren Entwicklungen möglicherweise andere Funktionen erfüllt als bisher (3.), ist nicht abschließend geklärt. Nach Klärung dieser Fragen müssen herkömmliche Problemanalysen und Lösungsansätze überdacht und neu justiert werden (4.).[2]

1 Beschreibung des Phänomens aus strafrechtswissenschaftlicher Sicht

1.1 Bestandsaufnahme

Dass die Strafgesetzgebung sich gewandelt hat, ist so unumstritten, dass ein paar Beispiele genügen sollen. Die ersten Jahrzehnte der Bundesrepublik waren von Entkriminalisierungen und der Ausweitung der Rechte des Einzelnen im Rahmen des Strafverfahrens ebenso wie in Bezug auf die Sanktionen geprägt. Beispielsweise wurden einige Sexualdelikte wie das Verbot der Kuppelei[3] abgeschafft. In den 1960er Jahren wurden die Rechte des Verteidigers und des Beschuldigten stark ausgeweitet, etwa das Recht zum Kontakt mit dem Beschuldigten (§§ 147, 148 StPO) und die Pflicht zur umfassenden Belehrung des Beschuldigten

---

1   Vorbereitung einer schweren staatsgefährdenden Gewalttat gem. § 89a Abs. 2a Strafgesetzbuch (StGB).

2   Dieser Beitrag beruht auf Vorüberlegungen (Brunhöber 2014b; dies. 2015), die aber im Hinblick auf die Kategorisierung und Analyse fortentwickelt werden.

3   Das allgemeine Verbot der Kuppelei gem. § 180 StGB a.F. wurde mit Gesetz v. 23.11.1973 (BGBl. I, S. 1725) auf die Förderung sexueller Handlungen von Minderjährigen reduziert.

über sein Aussageverweigerungsrecht (§§ 136, 163a, 243 Abs. 4 StPO).[4] Hinsichtlich der Sanktionen lässt sich eine Liberalisierung exemplarisch mit dem Bundesverfassungsgerichtsurteil zur lebenslangen Freiheitsstrafe (BVerfGE 45, 187) aus dem Jahr 1977 verdeutlichen, das am Schluss einer langen Debatte stand und zu einer faktischen Begrenzung auf 15 Jahre Freiheitsstrafe für die überwiegende Zahl der Inhaftierten führte.

Seit den 1970er Jahren mehren sich aber Gesetze, die den Bereich strafbaren Verhaltens ausweiten. So führte das 1976 eingeführte Verbot der Bildung einer terroristischen Vereinigung[5] dazu, dass nicht erst ein verübter Terroranschlag, sondern bereits der Zusammenschluss mit anderen mit dem Ziel, einen Anschlag zu planen, strafrechtlich verfolgt werden kann. Aktuell sind einige weitere Handlungen zur Vorbereitung terroristischer Anschläge kriminalisiert worden, beispielsweise die eingangs erwähnte Ausreise zur Ausbildung in einem „Terrorcamp".[6] Zu beobachten ist zudem eine Ausweitung insofern, als dass immer mehr Lebensbereiche strafrechtlich reguliert werden. Exemplarisch hierfür ist die Einführung eines Umweltstrafrechts oder die stetige Ausdehnung des Wirtschaftsstrafrechts.[7]

Auch im Strafprozessrecht lässt sich seit den 1970er Jahren ein Wandel beobachten. Insbesondere führt die Kriminalisierung bloßer Vorbereitungshandlungen dazu, dass der Staat die grundrechtsintensiven Mittel der Strafverfolgung bereits weit im Vorfeld einer Rechtsverletzung einsetzen kann. So darf der 1998 eingeführte „Große Lauschangriff" (akustische Wohnraumüberwachung)[8] nicht nur eingesetzt werden, um einen verübten Terroranschlag aufzuklären, sondern bereits, um wegen der Bildung einer terroristischen Vereinigung zu ermitteln (§ 100c Abs. 2 Nr. 1b StPO). Neu ist außerdem, dass im Strafverfahren nicht mehr nur Erkenntnisse gesammelt werden dürfen, um einen konkreten Tatverdacht zu erhärten. Vielmehr dürfen auch vorbeugend Kenntnisse gespeichert werden, die einer möglichen künftigen Verfolgung dienen können, falls der Beschuldigte wieder eine Straftat begeht (sog. Strafverfolgungsvorsorge, z.B. Fingerabdrücke (§ 81b Alt. 2 StPO)). Im Sanktionsrecht wurde die Freiheitsstrafe als Sanktion zwar

---

4   Strafprozessänderungsgesetz v. 19.12.1964 (BGBl. I, S. 1067).

5   § 129a StGB eingef. durch Art. 1 Nr. 1 Gesetz v. 18.8.1976 (BGBl. I, S. 218).

6   Vorbereitung einer schweren staatsgefährdenden Gewalttat gem. § 89a StGB umfasst die Ausreise zur Ausbildung in einem „Terrorcamp" und wurde mit Gesetz vom 30.7.2009 (BGBl. I, S. 2437) eingeführt.

7   Überbl. bei Götz 2006, Rn. 14 Fn. 47, z.B. Gesetz zur Bekämpfung der Umweltkriminalität v. 28.3.1980 (BGBl. I, S. 373); Gesetz zur Bekämpfung der Wirtschaftskriminalität v. 15.5.1986 (BGBl. I, S. 721).

8   Gesetz zur Änderung des Grundgesetzes v. 26.3.1998 (BGBl. I, S. 610) und § 100c StPO, eingeführt mit Gesetz v. 24.6.2005 (BGBl. I, S. 1846).

weitgehend zurückgedrängt. Allerdings wurden Maßnahmen zur Besserung und Sicherung so erheblich ausgeweitet, dass sie oft schwerer wiegen als eine Freiheitsstrafe. Exemplarisch dafür ist die stetige Ausweitung der Sicherungsverwahrung etwa mit der Aufhebung des Höchstmaßes von 10 Jahren für die erste Unterbringung im Jahr 1998 (Gesetz v. 26.1.1998, BGBl. I, S. 160), die dazu führen kann, dass der Verwahrte letztlich lebenslänglich eingesperrt wird. Anknüpfungspunkt ist auch hier nicht mehr die begangene Tat, sondern die Prognose der Gefahren, die von dem Betroffenen künftig ausgehen (§ 67d Abs. 3 StGB i.d.F. v. 26.1.1998).

Der folgende Beitrag konzentriert sich auf das materielle Strafrecht. Strafprozess- und Sanktionsrecht werden nur insofern in den Blick genommen, als dass Änderungen des materiellen Strafrechts auf diese Bereiche wie beschrieben durchschlagen.

1.2   Verbreitete Beschreibung: Repressives vs. präventives Strafrecht

Eine der ersten Reaktionen der Strafrechtswissenschaft auf die beschriebenen Strafrechtsreformen war es, aufzuzeigen, dass die Reformen ein andersartiges Strafrecht hervorbringen. Überraschenderweise gelangen Autoren, die sich entgegengesetzten Richtungen zuordnen lassen, letztlich zu ähnlichen Kategorisierungen. Freilich bewerten sie die Kategorien unterschiedlich.

Einer der ersten, der aufgezeigt hat, dass die neueren Entwicklungen zu einer Vorverlagerung führen, war Jakobs (1985, S. 751ff.; dazu Prittwitz 2005, S. 169ff.). Er nennt diese Art von Strafrecht „Feindstrafrecht". Es ist umstritten[9], ob er das „Feindstrafrecht" nur beschreibt oder zu legitimieren sucht.[10] Unter dem Aspekt der Kategorisierung kann dies dahingestellt bleiben. Nach Jakobs ist das Besondere am idealtypischen „Feindstrafrecht", dass es den Täter als Gefahrenquelle behandelt. Es wartet also nicht – wie das „Bürgerstrafrecht" – ab, bis eine Schädigung eintritt oder unmittelbar droht, sondern greift weit im Vorfeld ein. Und die Sanktion richtet sich nicht nach der Schuld, sondern nach der drohenden Gefahr.

Überraschenderweise stammen aus der entgegengesetzten Richtung, nämlich der Frankfurter Schule, im Wesentlichen ähnliche Kategorisierungen. Freilich fällt ihre Bewertung eindeutig negativ aus. So unterscheidet Naucke das „präventive" vom „rechtsstaatlichen" Strafrecht. Dem präventiven Strafrecht gehe es nicht

---

9   Ausf. Brunhöber 2012, S. 163ff.; s.a. Ambos 2006, S. 18ff.; Hörnle 2006, S. 80ff.
10   Etwa Jakobs 2004, S. 88, 93. Wie hier Ambos 2006, S. 12f.; Gierhake 2008, S. 337, 358f.; Paeffgen 2009, S. 81, 84; w.N. Greco 2010, S. 19.

mehr – wie dem in der aufklärerischen Gesellschaftsvertragstheorie verankerten Strafrecht seit Mitte des 19. Jahrhunderts (Naucke 1990, S. 244, 250f.; ders. 1993a, S. 135, 143) – um „Repression des Unrechts", sondern um „Prävention der Gefahr" (Naucke 1993, S. 135, 144f.). Ähnlich unterscheidet Hassemer zwischen „klassischem" und „modernem" Strafrecht: Das klassische aufklärerische Strafrecht reagiere auf begangenes Unrecht (Hassemer 1991, S. 130, 137; ders. 1992, S. 378, 379; ders. 1996, S. 3ff.); das moderne Strafrecht ziele dagegen darauf ab, riskanten Verhaltensweisen vorzubeugen.[11]

Zusammenfassend lässt sich festhalten, dass die überwiegende Strafrechtswissenschaft als erste Reaktion auf die Gesetzesentwicklungen zwei Kategorien unterscheidet: ein repressives, an eine konkrete begangene Rechtsverletzung anknüpfendes Strafrecht einerseits und ein präventives, auf die Verhinderung künftiger Rechtsverletzungen ausgerichtetes Strafrecht andererseits.

1.3   Kritik an der Entgegensetzung repressives vs. präventives Strafrecht

An diesen Klassifizierungen ist erstens zu kritisieren, dass sie teilweise nicht zwischen Kategorisierung und Bewertung differenzieren. Jakobs' Feindstrafrecht weckt heftige Assoziationen – der Feind gehört eliminiert – und ist deshalb für eine wissenschaftliche Auseinandersetzung nicht sinnvoll.[12] Aber auch wenn man mit Naucke zwischen „präventivem" und „rechtsstaatlichem" Strafrecht unterscheidet, nimmt man die Bewertung schon vorweg: Nur ein rechtsstaatliches Strafrecht ist ein gutes Strafrecht.

Zweitens ist es nicht überzeugend, zeitliche Begrifflichkeiten zu wählen, wie es Hassemer (ähnl. Naucke 1993, S. 135, 157f.) mit der Bezeichnung als „klassisches" und „modernes" Strafrecht macht. Es gab nämlich keine Epoche, in der es de lege lata ein rein nicht-präventives Strafrecht gab (Schünemann 1995, S. 201, 212), was auch Hassemer letztlich sieht. Abstrakte Gefährdungsdelikte kennt auch schon das Strafrecht des 19. Jahrhunderts. Die Verwendung *zeitlicher* Begriffe kann hier zu unzutreffenden Annahmen verleiten.

Drittens muss der Gegenstand der Kategorie genauer geklärt werden. Die bisherigen Kategorisierungen trennen nicht exakt genug zwischen Verhaltensverboten

---

11   Hassemer 2000, S. 160ff.; ders. 1992, S. 378, 381; ders. 2001, S. 1001, 1006; ders. 2002, S. 133, 164; ders. 2006, S. 130, 138ff. Dazu Wohlers 2000, S. 29ff.

12   Greco 2010, S. 49ff.; Hörnle 2006, S. 80, 94f.; Schünemann 2001, S. 205, 211f.; Saliger 2006, S. 756, 760f.; Sinn 2006, S. 107, 112ff.

einerseits und den Sanktionszwecken andererseits (Burghardt 2014, S. 83, 89f.; ähnl. Pawlik 2004, S. 18ff.; Walther 1999, S. 123, 128). Häufig wird gesagt, dass das Besondere der in den Blick genommenen Strafvorschriften darin bestehe, dass sie nicht mehr wie das „klassische" Strafrecht auf begangenes Unrecht reagieren, sondern künftigem Unrecht vorbeugen sollen.[13] Der Prävention künftiger Taten dient aber auch schon das „klassische" Strafrecht (Kaspar 2014). Das klassische, repressive Tötungsverbot soll auch präventiv verhindern, dass künftige Taten dieser Art begangen werden (z.b. durch Abschreckung der Bevölkerung oder dauerhaftes Einsperren des Täters). Und auch die „modernen" Strafvorschriften reagieren repressiv auf begangenes Unrecht. So knüpft das Verbot der Bildung einer terroristischen Vereinigung (§ 129a StGB) die Strafe daran, dass der Täter eine terroristische Vereinigung gegründet, also im Tatbestand typisiertes Unrecht begangen hat. Das Verbot greift nicht, wenn beispielsweise bloß die Gefahr besteht, dass eine Person eine terroristische Vereinigung gründen wird, oder wenn jemand sich damit brüstet. Wie im „klassischen, repressiven" Strafrecht knüpft die Sanktion also an eine begangene Tat an.

Bei der Analyse müssen also zwei Gegenstände der Veränderung unterschieden werden: die Verhaltensvorgaben einerseits und die Sanktionsreaktion andererseits. Straftatbestände lassen sich analytisch aufschlüsseln in eine Verhaltens- und in eine Sanktionsvorschrift (zuerst Binding 1916, S. 4ff., 35ff.). Die Verhaltensvorschrift verbietet oder gebietet ein bestimmtes Verhalten (z.b. „Du sollst nicht töten!"). Die Sanktionsvorschrift bestimmt die staatliche Reaktion auf die Übertretung der Verhaltensvorschrift (z.B. „Tötung wird mit Freiheitsstrafe nicht unter fünf Jahren bestraft."). Die Unterscheidung von Repression und Prävention bestimmt die strafrechtswissenschaftliche Diskussion über die Frage, welchen Zwecken die Sanktion dient (sog. Strafzweckdiskussion, dazu Hörnle 2011). Es wird darüber gestritten, ob die Strafe nur dazu dient, begangenes Unrecht zu vergelten, oder ob sie (jedenfalls auch) dazu dient, künftigen Straftaten vorzubeugen (z.B. durch Resozialisierung des Täters und Abschreckung der Bevölkerung). Es mag sein, dass sich auch die mit der Sanktion verfolgten Zwecke geändert haben, insbesondere dass sie stärker auf Prävention ausgerichtet sind (was meist durch eine Verlagerung in die Maßnahmen zur Besserung und Sicherung erreicht wird, z.B. durch die Ausweitung der Sicherungsverwahrung). Im Mittelpunkt der hiesigen Überlegungen stehen aber die Verhaltensvorschriften als Gegenstand der Veränderung.

---

13   So auch Verf. selbst in früheren Beiträgen (Brunhöber 2014b; dies. 2015).

1.4   Divergente Deliktsstruktur: Verbot verletzenden Verhaltens vs. Verbot riskanten Verhaltens

Danach stellt sich die Frage, ob und inwiefern sich die strafrechtlichen Verhaltensvorgaben verändert haben. Was ist also der Unterschied zwischen einer Vorschrift, die es verbietet, einen Menschen zu töten (§ 212 StGB), und einer Vorschrift, die es verbietet, eine terroristische Vereinigung zu bilden (§ 129a StGB)?

An dem Beispiel wird deutlich, dass das tatbestandliche Verhalten (töten, Vereinigung bilden) unterschiedlich gefasst ist. Mit anderen Worten: Das Besondere an den in den Blick genommenen Strafvorschriften ist die Deliktsstruktur. Die klassischen Delikte haben eine (zumindest unmittelbar drohende) Schädigung zum Inhalt, z.B. die Tötung eines Menschen. Dagegen haben die „modernen" Vorschriften ein Verhalten zum Inhalt, das bloß das (vermeintliche) Risiko einer Schädigung birgt. Zum Beispiel birgt die Bildung einer terroristischen Vereinigung das Risiko der Tötung eines Menschen bei einem Attentat (Bäcker 2011, S. 331, 333; Burghardt 2014, S. 83, 90; Weißer 2009, S. 131, 136). Das Besondere der gewandelten Vorschriften liegt also – so kann man in einem ersten Zugriff feststellen – gerade in der „Vorfeldkriminalisierung". Dies hat Jakobs bereits herausgearbeitet, allerdings mit der problematischen Kategorisierung als Feindstrafrecht und der ebenfalls problematischen möglichen Affirmation (s.o. 1.2.). Es werden Verhaltensweisen kriminalisiert, die weit im Vorfeld der eigentlich ins Auge gefassten Rechtsverletzung liegen. Die Bildung einer terroristischen Vereinigung liegt weit im Vorfeld eines möglicherweise tödlichen Attentats, das letztlich durch das Verbot verhindert werden soll.

Diese Differenzierung der Gegenstände des Wandels mag im Übrigen auch erklären, warum die meisten Kritiker des „modernen präventiven" Strafrechts zugleich Anhänger von Strafzwecktheorien sind, die den Zweck von Strafe in der General- oder Spezialprävention sehen (z.B. Abschreckung der Bevölkerung, Resozialisierung des Täters; so etwa Hassemer und Neumann 2003, Rn. 101ff.). Differenziert man wie hier, entsteht nicht der Widerspruch, der Kritikern wie Hassemer häufig vorgeworfen wird (z.B. Kaspar 2014).

Das Besondere an den in den Blick genommenen Strafvorschriften ist demnach, dass sie (vermeintliche) Risiken vermeiden sollen: Es werden als riskant angesehene Handlungen verboten, die weit im Vorfeld der Rechtsverletzung liegen, um deren Verhinderung es eigentlich geht (vgl. Puschke 2010, S. 9, 10ff., Beispiele s.u. 4.3.).

1.5   Die Kategorisierung als Risikostrafrecht

Danach stellt sich zunächst die Frage nach der Bezeichnung. Es gilt, eine neutrale und nicht-historisierende Bezeichnung zu finden, die gerade die strukturelle Besonderheit der kritisierten Strafvorschriften umschreibt. Als wertend sind sowohl Kategorisierungen wie Feind-/Bürgerstrafrecht als auch rechtsstaatliches/präventives Strafrecht abzulehnen. Die Bezeichnung als präventives Strafrecht ist zudem deshalb irreführend, weil sie die Abgrenzung zur Strafzweckdiskussion erschwert. Außerdem dient auch das klassische Tötungsverbot der Prävention, weil es Tötungstaten vorbeugen soll. Als zu sehr auf einen historischen Wandel fixierte Bezeichnung ist die Kategorisierung klassisches/modernes Strafrecht zu verwerfen. In einem ersten Zugriff böte sich die Bezeichnung als Vorfeldkriminalisierung an, die in der Strafrechtswissenschaft heute weitgehend verwendet wird. Im Folgenden soll aufgezeigt werden, dass die Besonderheit des gewandelten Strafrechts aber darin besteht, dass es Risiken steuern soll. Deshalb bietet es sich an, auf den von Prittwitz eingeführten Begriff des Risikostrafrechts (1993) zurückzugreifen.[14]

2   Ursachen für den Wandel des Strafrechts

2.1   Herkömmlicher Ansatz: Das Entstehen neuer Risiken

Viele Autoren erklären den Wandel des Strafrechts mit Becks These (1986, S. 25ff.), dass sich die heutige Gesellschaft zur „Risikogesellschaft" entwickelt hat.[15] Dieser Ansatz wurde für das Strafrecht von Prittwitz fruchtbar gemacht.[16] Er geht davon aus, dass der technische Fortschritt zu andersartigen Bedrohungen („Großgefahren") geführt hat (Prittwitz 1993, S. 377ff.; ebenso Hilgendorf 1993, S. 26f.). Zusammenhänge seien komplexer geworden und Unfälle beträfen nicht mehr nur Einzelne (z.B. ein Super-GAU). Der wissenschaftliche Fortschritt mache

---

14   Insofern gibt Verf. hier auch ihre frühere Bezeichnung als Präventionsstrafrecht auf (vgl. Brunhöber 2014a; dies. 2014b).

15   Vgl. etwa Albrecht 1988, S. 182, 184; Baratta 1993, S. 393, 402; Frehsee 1996, S. 222, 224; Hassemer 1989, S. 553, 557f.; Herzog 1991; Hilgendorf 1993; Kindhäuser 1992, S. 227; Preuß 1989, S. 2, 8f.; Sieber 2007, S. 1, 3. Zum Folgenden Wohlers 2000, S. 39ff.

16   Prittwitz 1993, bes. S. 57ff. und ders. 2005, S. 131ff. unter Bezug v.a. auch auf Luhmann 1991; krit. Kuhlen 1994, S. 347, 356ff.; Schünemann 1995, S. 201, 211; Hefendehl 2002, S. 165ff. Zu Risiko und Strafrecht bereits zuvor Frisch 1983; ders. 1988; Kratzsch 1985; Roxin 1962, S. 411ff.; Wolter 1981.

Bedrohungen aber auch als Risiken berechenbar (Prittwitz 1993, S. 56; ähnl. Silva Sánchez 2003, S. 17f.). Sie würden dann nicht mehr als „Unglück", sondern als „Unrecht" verarbeitet (Prittwitz 1993, S. 378, s.a. S. 310ff., 377ff.). Wir könnten heute alle möglichen Unglücksverläufe vorhersagen. Es erscheine uns deshalb als Unrecht, erkannte Unglücksverläufe nicht zu vermeiden (z.B. die Ansteckung mit Aids; Prittwitz 1993, S. 380, s.a. S. 286ff.). Zudem sei nach sozialpsychologischen Erkenntnissen bei großen Bedrohungen das Bedürfnis nach einem Verantwortlichen besonders stark ausgeprägt (Prittwitz 1993, S. 381f.). Dies begünstige es, hierauf auch mit strafrechtlichen Verboten zu reagieren. Dadurch werde das Strafrecht auf riskante Verhaltensweisen ausgedehnt, deren Sozialwidrigkeit erst durch die Kriminalisierung begründet werde, etwa im Umweltstrafrecht (Prittwitz 1993, S. 174ff.). Zudem würden als Folge die Hürden für die individuelle Zurechnung herabgesetzt, z.B. durch abstrakte Gefährdungsdelikte (Prittwitz 1993, S. 261ff.).

Heute wird von der Strafrechtswissenschaft auf dieser Grundlage überwiegend angenommen, dass die Veränderungen drei Ursachen haben: neue „Großrisiken", ein erhöhtes Sicherheitsbedürfnis der Bevölkerung und die Erwartung, gesellschaftliche Entwicklungen mit Strafrecht steuern zu können (Hassemer 2006, S. 130, 133; Hilgendorf 1993, S. 26f.; Silva Sánchez 2003, S. 7ff.; Schünemann 1995, S. 201, 211; Sieber 2009, S. 353).

2.2 Eigener Ansatz: Veränderung des Umgangs mit Risiken

Die angeführten Ursachen weisen zwar in die richtige Richtung, treffen aber noch nicht den Kern. Das gilt zunächst für die Annahme, wir seien heute größeren Bedrohungen ausgesetzt. Wenn man an Pestepidemien, die Kindersterblichkeit oder den Dreißigjährigen Krieg denkt, sind die Lebensrisiken heute viel geringer als früher. Risiken der Produktionsform gab es schon vor zweitausend Jahren. Man denke nur an die komplette Abholzung der heutigen italienischen Inseln durch die Römer.

Außerdem ist zu vermuten, dass das Sicherheitsbedürfnis der Bevölkerung nicht ohne Grund heute größer ist als früher. Vielmehr liegt es nahe, dass das Unsicherheitsgefühl und das Bedürfnis danach, dass der Staat Sicherheit auch durch Strafrecht garantiert, angewachsen ist, weil wir meinen, Risiken prognostizieren und beherrschen zu können.

Ferner bestand schon immer der Anspruch mithilfe des Strafrechts auch gesellschaftliche Entwicklungen zu steuern. Dies wird besonders am klassischen Sexualstrafrecht deutlich, das bestimmte Praktiken (z.B. Kuppelei, sexuelle Handlungen unter Männern) verbat, um deren Ausbreitung zu vermeiden, also die gesellschaftliche Entwicklung des menschlichen Intimlebens zu lenken.

Hintergrund der Veränderung ist letztlich nicht eine Änderung der äußeren Umweltbedingungen wie insbesondere größere Bedrohungen, sondern dass sich die Art geändert hat, wie mit Bedrohungen umgegangen wird. Auf diesen Punkt hat Prittwitz bereits aufmerksam gemacht (1993, S. 56; ebenso Singelnstein 2014, S. 41, 48ff.; ders. und Stolle 2012, S. 25ff.); er ist aber in der Rezeption weitgehend verblasst. Der veränderte Umgang mit Risiken hat wiederum einerseits das allgemeine Sicherheitsbedürfnis und andererseits die Einschätzung von Steuerungsmöglichkeiten verändert. Diese Veränderung ist keineswegs auf das Strafrecht begrenzt. Es handelt sich vielmehr um eine allgemeingesellschaftliche Entwicklung, die auf das gesamte Recht ebenso wie die Politik Einfluss hat – häufig wird sie als Entwicklung zum Präventionsstaat bezeichnet (allg. Grimm 1991, S. 197ff.; Heun 2011, S. 376ff.; Huster und Rudolph 2008; s.a. Brunhöber 2014a).

Für die polizeiliche Kriminalprävention und die Strafverfolgung haben Bäcker (2011, S. 331ff.) und Singelnstein (2014, S. 41, 48ff.; ders. und Stolle 2012, S. 25ff.) das Phänomen beschrieben. Es lasse sich eine Erweiterung der Handlungskonzepte von Polizei und Strafverfolgungsorganen beobachten. Während sie klassischerweise auf einen konkreten Einzelfall reagierten, spiele nun auch die strategische Überwachung bestimmter Strukturen zu einem proaktiven Zweck eine immer größere Rolle. Die Polizei darf auch heute noch grundsätzlich nur zur Gefahrenabwehr eingreifen, wenn eine *konkrete* Gefahr vorliegt.[17] Strafverfolgungsorgane dürfen in der Regel nur ermitteln, wenn ein konkreter Tatverdacht gegeben ist, also auf eine *konkrete* begangene Straftat reagieren (§ 152 Abs. 2 StPO). Die Handlungskonzepte sind jedoch stetig erweitert worden. Die Polizei kann heute beispielsweise bestimmte Orte auch anlasslos per Video überwachen und die Strafverfolgungsorgane können Erkenntnisse auch für künftige Verfahren sammeln[18]. Die Erweiterung führt dazu, dass die Handlungskonzepte strukturstatt einzelfallbezogen und proaktiv statt reaktiv sind. Diese Analyse lässt sich auf die strafrechtlichen Verhaltensverbote, die hier im Mittelpunkt stehen, übertragen.

Die risikostrafrechtlichen Verhaltensverbote sind erstens nicht einzelfallbezogen, sondern richten sich gegen risikobehaftete Gruppen oder Situationen. Ein Beispiel aus dem materiellen Strafrecht sind die neuen Vorschriften zur Terrorbekämpfung, die sich gegen die Gruppe der sog. „Gefährder" richten, wie etwa das Verbot der Ausreise zur Ausbildung in einem „Terrorcamp"[19]. Auch die klassischen abstrakten Gefährdungsdelikte sind hier zu verorten, denn sie pönalisieren ein Verhalten, von dem der Gesetzgeber vermutet, dass es typischerweise riskant

---

17   In den jeweiligen Landespolizeigesetzen geregelt.

18   Z.B. Fingerabdrücke gem. § 81b Alt. 2 StPO (sog. Strafverfolgungsvorsorge).

19   Vorbereitung einer schweren staatsgefährdenden Gewalttat gem. § 89a Abs. 2a StGB.

ist (z.B. Trunkenheitsfahrt gem. § 316 StGB). Anknüpfungspunkt ist hier eine bestimmte Situation, von der vermutet wird, dass sie besonders risikoanfällig ist. Der
Strukturbezug ist Folge davon, dass Risiken nach bestimmten Wahrscheinlich-
keiten in Gruppen oder Situationen ermittelt werden.

Risikostrafrechtliche Verhaltensverbote sollen zweitens menschliches Verhalten proaktiv steuern. Das Besondere ist, dass ganze Lebensbereiche bereits in ihrer
Entwicklung gelenkt werden sollen.[20] Beispielhaft dafür ist, dass das Embryonen-
schutzgesetz das Klonen von Menschen bereits Jahre vor dem Klonschaf Dolly
und Jahrzehnte vor dem ersten Menschenklon untersagte und so steuernd in die
biomedizinische Forschung hineinwirkte.[21] Dies liegt daran, dass Risiken ermittelt
werden, um künftige Abläufe in einer bestimmten gewünschten Weise zu lenken.

Über die Analyse von Bäcker und Singelnstein hinaus, lässt sich zudem eine dritte Veränderung feststellen: Die einschlägigen Verhaltensverbote machen Einzelne
für Risiken verantwortlich, für die sie nach den herkömmlichen strafrechtlichen
Zurechnungsregeln nicht verantwortlich sind. Allgemein formuliert: Die Risikoallokation hat sich verändert (Burghardt 2014). Nach den hergebrachten strafrechtlichen Zurechnungsregeln ist grundsätzlich jeder nur für seine Handlungen haftbar,
es sei denn, bestimmte allgemeine Regeln sehen ausnahmsweise eine Zurechnung
der Handlungen anderer vor (z.B. Mittäterschaft gem. § 25 Abs. 2 StGB). Die betreffenden Verhaltensvorschriften sind jedoch so formuliert, dass die Verantwortlichkeit des Einzelnen für bestimmte strukturelle Risiken unmittelbar aus der
Norm folgt. Grundstruktur der erfassten Delikte ist es, den Einzelnen für Handlungen anderer in die Haftung zu nehmen (z.B. weil er Teil einer risikobehafteten
Gruppe ist) – siehe näher dazu unten 4.3. Hintergrund ist der Strukturbezug seines
Verhaltens und dass Risiken aufgrund dieses Strukturbezugs ermittelt werden.

3   Funktionswandel des Strafrechts in der Sicherheits-
gesellschaft

Auf dieser Basis lässt sich feststellen, dass sich die Funktionen, die Strafrecht im
Allgemeinen und die strafrechtlichen Verhaltensverbote im Besonderen erfüllen,
jedenfalls stark erweitert haben. Klassischerweise sollen strafrechtliche Verhal-

---

20 Herzog 1991, S. 54ff., bes. S. 55, 58, 69 erklärt dies mit der „Orientierungsunsicher-
heit" in Bereichen, in denen es noch an allgemein konsentierten Wertvorgaben fehlt,
weil sie sich neu entwickelt haben; ebenso Silva Sánchez 2003, S. 10ff.; vgl. auch
Vormbaum 1995, S. 734, 740f.

21 § 6 Abs. 1 ESchG wurde am 13.12.1990 erlassen (BGBl. I, S. 2746). Dolly wurde

tensverbote Menschen davon abhalten, sich schädigend zu verhalten, also andere Menschen zu töten, zu verletzen, zu bestehlen etc. Die in den Blick genommenen Strafvorschriften sollen nicht mehr nur Rechtsverletzungen bzw. die unmittelbare Gefahr von Rechtsverletzungen abwenden. Vielmehr geht es auch darum, Risiken zu ermitteln und (vermutete) Risiken möglichst frühzeitig auszuschalten. Dies führt zu einer Funktionserweiterung.

Erstens sollen die betreffenden Vorschriften häufig Beweisschwierigkeiten beseitigen. Paradebeispiel für diesen Funktionswandel sind die Besitzdelikte. Es ist sehr viel leichter, den Besitz von Betäubungsmitteln zu beweisen als beispielsweise den Verkauf. Denn für Ersteres genügt es, wenn der Täter mit Betäubungsmitteln in der Hosentasche angetroffen wird, während für Letzteres lange Observationen nötig sind, um den Täter gerade im Zeitpunkt der Übergabe zu beobachten. Ein weiteres Beispiel ist das neue Verbot geschäftsmäßiger Suizidförderung (§ 217 StGB). Die Mitwirkung an einem unfreiwilligen Suizid war auch nach bisheriger Rechtslage strafbar, sogar wenn der Mitwirkende die Unzurechnungsfähigkeit des Suizidenten nur pflichtwidrig verkannt hat. In diesem Fall konnte sich der Mitwirkende wegen fahrlässiger Tötung (§ 222 StGB) strafbar machen. Allerdings setzte dies den Beweis der Unzurechnungsfähigkeit des Suizidenten voraus, was insbesondere bei erfolgreichen Suiziden schwierig ist. Der Betroffene kann nicht mehr befragt werden. Das Verbot geschäftsmäßiger Suizidförderung erfasst auch die Mitwirkung an einem unfreiwilligen Suizid, hat aber tatbestandlich die Unfreiwilligkeit nicht zur Voraussetzung, sodass die Beweisschwierigkeiten beseitigt sind.

Zweitens dienen risikostrafrechtliche Strafvorschriften oft auch dazu, die Tür für strafprozessuale Ermittlungsmaßnahmen möglichst früh zu öffnen und möglichst breit anzuwenden. Wenn erst das terroristische Attentat strafbar ist, können die grundrechtsintensiven Ermittlungsmaßnahmen des Strafprozessrechts (z.B. Telefonüberwachung gem. § 100a StPO) erst nach der Tötungstat eingesetzt werden. Sie dürfen sich grundsätzlich nur gegen den Attentäter und unmittelbar an dem Attentat Beteiligte richten. Wenn bereits die Bildung einer terroristischen Vereinigung strafbar ist, können die Maßnahmen bereits beim ersten Telefonat der vermutlichen Mitglieder eingesetzt werden.[22] Es können auch Personen überwacht werden, die nur dem Unterstützerumfeld zuzurechnen sind, die also an einem späteren Attentat nicht beteiligt sein sollen.

1996 geklont. Auf das Beispiel des Embryonenschutzgesetzes verweist Herzog 1993, S. 727ff.; ähnl. Wohlers 2000, S. 203ff.

22   Telekommunikationsüberwachung ist nur wegen bestimmter normierter schwerer Straftaten zulässig; dazu gehört auch die Bildung einer terroristischen Vereinigung gem. § 129a StGB (§ 100a Abs. 2 Nr. 3 StPO).

Drittens können und sollen durch das frühere Eingreifen und die größere Streubreite der Ermittlungsmaßnahmen nicht nur Einzelfälle aufgeklärt werden. Vielmehr können auch bestimmte Strukturen analysiert werden (z.b. Zusammenhänge, Kommunikationswege, Finanzierungsquellen). Dadurch können wiederum bestimmte Risikogruppen, risikoanfällige Orte oder Situationen etc. ermittelt und es kann möglicherweise mit entsprechenden Strafvorschriften reagiert werden.

Viertens erfüllen die betrachteten Strafvorschriften auch eine Sicherungsfunktion. So sollen Risiken möglichst früh abgefangen werden. Es soll gar nicht erst zu einem Schaden kommen. Dies wird dadurch erreicht, dass allein schon weit im Vorfeld der eigentlichen Rechtsverletzung liegende Verhaltensweisen kriminalisiert und mit hohen Haftstrafen geahndet werden. Die von Angehörigen bestimmter Gruppen drohenden Risiken können so ausgeschaltet werden. Wenn sog. Gefährder beispielsweise bereits bei der Ausreise an einen Ort, an dem sie eine Terrorausbildung absolvieren wollen, festgesetzt werden, ist das Risiko eines Attentats minimiert. Der Täter kann mit Freiheitsstrafe von sechs Monaten bis zu zehn Jahren bestraft und daher für lange Zeit aus dem Verkehr gezogen werden (§ 89a Abs. 2a i.V.m. Abs. 1 S. 1 StGB).

4 Problemanalyse und Lösungsansätze

4.1 Die Trennungsthese und ihre Nebenwirkungen

Viele Strafrechtswissenschaftler befürchten, dass das Risikostrafrecht die rechtsstaatlichen Garantien des übrigen Strafrechts aushöhlen. Sie plädieren deshalb dafür, sie vom übrigen Strafrecht zu trennen. So hält Jakobs das „Feindstrafrecht" zwar etwa in den Bereichen des Terrorismus, der Drogenkriminalität und der organisierten Kriminalität für erforderlich (2000, S. 47, 51f.; 2004, S. 88, 93). Er argwöhnt aber, dass bei der momentanen gemeinsamen Normierung mit dem „Bürgerstrafrecht" Präventionsaspekte auf Bereiche übergreifen, in denen sie nicht notwendig sind (1985, S. 751, 764, 784). Zwar sehen die Frankfurter, etwa Hassemer und Albrecht, die präventiven Strafnormen kritischer. Soweit sie sie dennoch für erforderlich halten, treten sie aber dafür ein, sie im Verwaltungsrecht oder de lege ferenda in einem „Interventionsrecht" zu normieren, um die Rechtsstaatsprinzipien für das übrige „klassische" „Kernstrafrecht" zu erhalten.[23]

---

23 Albrecht 1993, S. 163, 180; Hassemer 1996, S. 22f.; ders. 1992, S. 378, 383. Dazu Wohlers 2000, S. 49ff. Trennungsthesen mit and. Begründung formulieren etwa Gierhake 2013, S. 451ff.; Murmann 2010, S. 189, 207f. sowie Kindhäuser 1989, S. 336ff.

Es scheint jedoch geboten, sich besonders aus kritischer Sicht stärker auf die normativen Grenzen des Risikostrafrechts zu konzentrieren.[24] Selbst Hassemer nimmt heute an, dass die Trennungsthese dazu beigetragen hat, dass spezifische Schranken präventiver Strafvorschriften selten ins Blickfeld kritischer Autoren geraten.[25] So hat Hassemer etwa die Schranken des „Interventionsrechts" nicht näher erläutert. Hinzukommt, dass auch Verwaltungsrecht für schwerere Übertretungen in der Regel strafrechtliche Sanktionen vorsieht, so dass eine Aussonderung ins Leere läuft. Schließlich können nicht-strafrechtliche Rechtsfolgen entgegen der landläufigen Ansicht viel schwerer wiegen als strafrechtliche Sanktionen. So wirkt sich eine geringfügige Geldstrafe viel weniger auf das Leben des Betroffenen aus als beispielsweise der Entzug der Gewerbeerlaubnis für ein Gewerbe, das seine Lebensgrundlage ist.

4.2   Die Kritik an bloß scheinbaren Rechtsgütern

Viele Autoren sehen auf der Grundlage der Rechtsgutstheorie (Überbl. bei Roxin 2003, § 2; s.a. Schünemann 2003, S. 133ff.) das Hauptproblem der betrachteten Strafvorschriften darin, dass sie illegitime, nur scheinbare Kollektivrechtsgüter schützen (statt vieler Roxin 2003, § 2 Rn. 46, 69 m.w.N.; ders. 2010, S. 573, 579). Sie sehen also das wesentliche Begrenzungskriterium darin, ob das jeweilige Schutzgut legitim ist, und streiten entsprechend vorrangig darüber, ob und inwiefern Kollektivrechtsgüter strafrechtlich geschützt werden dürfen (Überbl. bei Hefendehl 2003, S. 59ff. m.w.N.). Ein verbreiteter – prominent von der personalen Rechtsgutslehre Hassemers vertretener – Ansatz geht davon aus, dass Strafrecht grundsätzlich nur Individualrechtsgüter schützen soll (Hassemer und Neumann 2003, Rn. 131ff., 138). Kollektivrechtsgüter seien nur strafschutzwürdig, soweit sie auf den Individualschutz rückführbar seien. Dieser Ansatz kann zum einen zu einer restriktiven Auslegung führen, z.B. die Begrenzung der Umweltdelikte (Hassemer und Neumann 2003, Vor § 1 Rn. 136). Zum anderen werden anhand dessen diejenigen Strafvorschriften identifiziert, die, da sie kein legitimes Rechtsgut schützen, nicht zum „Kernstrafrecht" gehören und gesondert geregelt werden

---

24   Aus affirmativer Sicht befasst sich bspw. Pawlik 2008, S. 43ff. mit dem hier sog. Risikostrafrecht.

25   Hassemer 2006, S. 130, 143; ebenso Stratenwerth 1993, S. 679, 687. Auch Jakobs entwickelt keine Grenzen des Feindstrafrechts, da er es als außerhalb des Rechts ausgeübten Zwang ansieht, 2005, S. 839, 845; ders. 2004, S. 88, 93. Trotz Trennungsthese entwickelt bspw. Gierhake Begrenzungskriterien, 2013, S. 338ff.

sollen (Hassemer 1992, S. 379, 383). Dies gilt beispielsweise für das Betäubungs-
mittelstrafrecht mit seinem Schutzgut der allgemeinen Volksgesundheit (Hassemer 2000, S. 229, 247).

4.3 Unterschiedliche Legitimationshürden für unter-
schiedliche Deliktstypen

Mit Wohlers muss hier allerdings darauf hingewiesen werden, dass über die durchaus relevante Frage der Legitimität des Normzwecks hinaus entscheidend ist, ob es
legitim ist, den Verbotsadressaten gerade auf diese Art und Weise für ein Risiko
verantwortlich zu machen (Schünemann 2006, S. 18, 27f.; von Hirsch und Wohlers 2003, S. 196ff.; Wohlers 2003, S. 281ff.). Die Art und Weise der Zurechnung
hängt von der jeweiligen Deliktsstruktur ab. Leitlinie kann hier zunächst sein: Je
weiter das verbotene Verhalten von der vollendeten Schädigung entfernt ist, desto
rechtfertigungsbedürftiger ist die Norm (Schünemann 2006, S. 18, 27). Dies kann
damit begründet werden, dass die in den Blick genommenen Strafvorschriften
bloß *potenzielle* Rechtsverletzungen vermeiden sollen, wie z.B. einen möglichen
späteren Terroranschlag. Sie sollen (vermutete) Risiken minimieren.[26] Sie tun dies,
wie alle Strafvorschriften, aber mittels eines *aktuellen* Freiheitseingriffs. Denn
sie verbieten dem Normadressaten ein bestimmtes Verhalten, z.B. die Reise nach
Syrien. Für dieses Unterfangen müssten die risikostrafrechtlichen Strafvorschriften in Deliktstypen unterteilt und darüber Einigkeit erzielt werden, wie hoch die
Legitimationshürden sind.

Weithin anerkannt ist die Klassifikation in Vorbereitungs-, Organisations- und
abstrakte Gefährdungsdelikte. Die abstrakten Gefährdungsdelikte und die Vorbereitungsdelikte können aber noch weiter ausdifferenziert werden, um verschiedene Legitimationshürden zu bestimmen. Das Folgende muss sich auf einige An-
regungen beschränken.

Abstrakte Gefährdungsdelikte sind Straftatbestände, die ein Verhalten verbieten, von dem der Gesetzgeber annimmt, dass es typischerweise zu bestimmten Rechtsverletzungen führt, ohne dass es zu dieser Rechtsverletzung oder zumindest zu einer konkreten Gefährdung kommen muss.[27] So ist es verboten, eine
Räumlichkeit, die der Wohnung von Menschen dient, anzuzünden (§ 306a Abs.

---

26 Ausführl. Brunhöber 2014b. In diese Richtung, aber mit and. Begründung auch Schü-
    nemann 2006, S. 18, 27.

27 Dazu Roxin 2003, § 11 Rn. 146ff.; s. Wohlers 2003, S. 285 zu konkreten Gefährdungs-
    delikten.

1 Nr. 1 StGB). Dies gilt auch, wenn sich zu dieser Zeit keine Menschen dort aufhalten, weil der Gesetzgeber vermutet, dass ein Brand in einer Wohnräumlichkeit typischerweise dazu führt, dass Menschen an Leib und Leben gefährdet werden. Es gibt bereits eine Fülle von Vorschlägen, wie abstrakte Gefährdungsdelikte eingeschränkt werden können (exemplarisch Hefendehl 2002, S. 147ff., 208ff.; Wohlers 2003, S. 281ff.). Insbesondere sollen die Ausnahmefälle ausgegrenzt werden, in denen sicher ausgeschlossen werden kann, dass überhaupt eine Gefahr bestand.

Für die Bestimmung von Legitimationshürden ist anzuregen, abstrakte Gefährdungsdelikte weiter auszudifferenzieren. So verlangen sog. „Eignungsdelikte"[28] die konkrete Schädigungseignung der gefährlichen Handlung und sind deshalb weniger legitimierungsbedürftig. Beispielsweise setzt das Verbot der Luftverunreinigung beim Betrieb einer Anlage (§ 325 StGB) voraus, dass die Luftveränderung tatsächlich geeignet ist, die Gesundheit eines anderen, Tiere, Pflanzen o.Ä. außerhalb des Betriebsgeländes zu schädigen. Dagegen sind sog. „Kumulationsdelikte"[29] abstrakte Gefährdungsdelikte, die besonderem Rechtfertigungsdruck ausgesetzt sind. Dies sind Delikte, die ein Verhalten kriminalisieren, das nur dann zu einer rechtlich relevanten Beeinträchtigung führt, wenn es gehäuft auftritt. Exemplarisch ist das Verbot, unbefugt ein Gewässer zu verunreinigen (§ 324 StGB). Zwar kann auch die Einleitung einer geringen Menge Altöl in die Ostsee zu einer Gewässerverschmutzung führen. Aber erst wenn viele ihr Altöl einleiten, droht eine rechtlich relevante Beeinträchtigung. Die hohe Legitimierungsbedürftigkeit rührt hier daher, dass Kumulationsdelikte Verhaltensweisen kriminalisieren, die, blieben sie ein Einzelfall, keine rechtlich relevante Beeinträchtigung nach sich ziehen (von Hirsch und Wohlers 2003, S. 196ff.). Eine so starke Freiheitseinschränkung kann nur gerechtfertigt sein, wenn das Verbot als besonders hochwertig anerkannte Allgemeinbelange schützen soll (wie dies beim Gewässerschutz durchaus vertretbar ist).

Auch die Vorbereitungsdelikte müssen weiter untergliedert werden, um die jeweilige Rechtfertigungsbedürftigkeit bestimmen zu können. Vorbereitungsdelikte sind Vorschriften, die an sich harmlose Handlungen kriminalisieren, wenn bzw. weil sie dazu dienen (können), spätere Straftaten vorzubereiten (dazu Puschke 2010, S. 9ff.). Ein Teil der Vorbereitungsdelikte setzt die Absicht des Vorbereitenden voraus, die spätere Straftat zu begehen. Zum Beispiel wird die Ausreise in

---

28 Schünemann 2002, S. 37, 57f. in der Folge von Hoyer 1987, S. 16ff., 197ff.; krit. Hefendehl 2002, S. 159ff. Zum „potenziellen" Gefährdungsdelikt s. Zieschang 1998, S. 64ff., 101; krit. Hefendehl 2002, S. 161ff.

29 Grundlegend Kuhlen 1986, S. 389, 399ff.; s.a. Hefendehl 2002, S. 183ff.; Wohlers 2003, S. 318ff.; krit. Schünemann 2003, S. 133, 154.

ein Land, in dem Unterweisungen im Umgang mit Waffen angeboten werden, nur bestraft, wenn der Ausreisende vorhat, eine schwere staatsgefährdende Gewalttat zu begehen (§ 89a Abs. 2a StGB). Ein anderer Teil der Vorbereitungsdelikte pönalisiert aber mögliche Vorbereitungshandlungen, ohne dass der Handelnde Deliktsbegehungsabsichten hat. Exemplarisch sind die sog. Besitzdelikte (dazu Eckstein 2001). So ist der Besitz von Waffen (§ 51 Abs. 1, § 52 Abs. 1 Nr. 1, Nr. 2b Waffengesetz) oder Betäubungsmitteln (§ 29 Abs. 1 Nr. 3 BtMG) grundsätzlich verboten, auch wenn der Besitzende damit keine Zwecke verfolgt, die andere gefährden. Begründet wird dies damit, dass der Besitz typischerweise gerade dazu dient, Straftaten zu begehen, also die Waffe gegen Menschen einzusetzen oder die Betäubungsmittel zu verkaufen. Absichtslose Vorbereitungsdelikte unterliegen höheren Rechtfertigungshürden. Denn derjenige, der die Waffen nicht verwenden oder die Betäubungsmittel nicht verkaufen will, wird hier in Haftung dafür genommen, dass andere Besitzer dies typischerweise tun. Dies gerät in Konflikt mit dem Schuldgrundsatz, nach dem jeder grundsätzlich nur für sein eigenes Verhalten verantwortlich gemacht werden darf.

5   Spezifizierung der Kritik

Die betrachteten Strafvorschriften sind zu kritisieren, weil sich die Begründungsstruktur grundlegend ändert (Ramsay 2012, S. 84ff.). Eine Vorschrift wie beispielsweise das Verbot der Ausreise zur Ausbildung in einem „Terrorcamp" wird nicht mehr damit begründet, dass die Ausreise anderen schaden bzw. Rechte verletzen könnte. Vielmehr wird sie damit begründet, dass der Ausreisende einer risikobehafteten Gruppe – der Gruppe der sog. „Gefährder" – angehört und deshalb nicht mehr so frei reisen darf wie jeder andere, um alle anderen in ihrer Freiheit zu schützen.

Die in den Blick genommenen Strafvorschriften führen dazu, dass immer mehr Lebensbereiche strafrechtlich reguliert werden (Silva Sánchez 2003, S. 1ff.), etwa umweltrelevantes wirtschaftliches Handeln. Zu kritisieren ist hier, dass es zweifelhaft erscheint, die in diesen Bereichen auftretenden schwierigen gesellschaftlichen Probleme und Konflikte mit dem Strafrecht zu lösen. Dem Schutz der Gewässer ist vermutlich eher gedient, wenn man sämtlichen Unternehmen hohe (verwaltungsrechtliche) Vorgaben zum Umweltschutz auferlegt, als wenn man einzelne Gewässerverschmutzungen strafrechtlich ahndet.

Weiter ist zu kritisieren, dass gerade die spezifische Deliktsstruktur der betrachteten Strafvorschriften dazu führt, dass die rechtsstaatlichen Hürden des Strafrechts ausgehöhlt werden. Dieser Einwand steht gemeinhin im Mittelpunkt der herkömmlichen Kritik. Allerdings kann die vorgeschlagene Lösung, nämlich die gesonderte Normierung (als „Feindstrafrecht", als „Interventionsrecht" o.Ä.) nicht überzeugen. Denn dies beseitigt das Problem der fehlenden Begrenzung nicht. Die Erfahrung zeigt, dass im gesamten sog. Nebenstrafrecht deshalb die allgemeinen Hürden des Strafrechts keine Beachtung finden, weil sich nur wenige mit dem Nebenstrafrecht beschäftigen und der Gesetzgeber hier ohne weiteres die strikten Vorgaben des Allgemeinen Teils aushebeln kann. Meist erfolgt dies über die Formulierung des Tatbestandes. Sehr verbreitet ist z.b. die Formulierung „wer es unternimmt, …". Solchen „Unternehmensdelikten" ist zu eigen, dass eine Abgrenzung zum Versuch unmöglich ist, denn die tatbestandliche Handlung umschreibt ein Verhalten, das nach den allgemeinen Regeln eigentlich bloß als Versuch zu behandeln ist, der nur unter bestimmten Bedingungen strafbar ist und der eine fakultative Strafmilderung vorsieht (§ 23 Abs. 1 und 2 StGB).

Es ist zweifelhaft, ob die betrachteten Vorschriften erreichen können, dass das allgemeine Sicherheitsgefühl der Bevölkerung gesteigert wird (Ramsay 2012, S. 212ff.; Silva Sánchez 2003, S. 10ff.). Vielmehr ist zu vermuten, dass die Vorschriften eher ein Unsicherheitsgefühl hervorrufen. Denn die Anzahl der Straftaten steigt automatisch mit der Ausweitung strafbaren Verhaltens. Dem Risikodenken ist zudem immanent, in allen möglichen Bereichen, Gruppen und Situationen drohende Schadensverläufe zu sehen, was nicht ohne Folgen auf die allgemeine Einstellung bleiben dürfte.

Zudem wird gemeinhin angenommen, dass Grundlage risikostrafrechtlicher Vorschriften die empirische Berechnung eines Risikos ist (z.B. dass Ausreisende nach Syrien ein erhöhtes Risiko bergen, sich dort in terroristischen Aktivitäten auszubilden, um in Deutschland schwere Straftaten zu begehen). Allerdings sind Risikoermittlungen keine rein mathematischen Operationen. Zum einen ist bereits die Auswahl der Bedrohungen, die mittels Strafrecht vermieden werden sollen, eine Wertung. So bedarf es beispielsweise einer Wertung, wenn man die Frage beantworten möchte, ob Todesfälle im Straßenverkehr möglichst weitgehend strafrechtlich verarbeitet oder aber durch Geschwindigkeitsbegrenzungen, Alkoholkontrollen etc. bekämpft werden sollen. Zum anderen handelt es sich letztlich um Zuschreibungen: Wer soll wie zur Vermeidung eines Risikos herangezogen werden? Sollen neben dem unmittelbar Verletzenden noch weitere Personen dafür herangezogen werden, eine Bedrohung zu vermeiden (z.B. neben dem Attentäter auch sämtliche Personen, die eine Waffe besitzen)? Ferner darf nicht übersehen werden, dass die technischen Möglichkeiten der Auswertung von Informationen tendenziell überschätzt werden. Hier bleibt vor allem immer entscheidend, welche Informationen überhaupt zur Grundlage der Berechnung gemacht werden. Dies ist abhängig von der jeweiligen Zugänglichkeit, von den

Ressourcen zur Datenverarbeitung, aber vor allem auch von den Einstellungen der Datenverarbeitenden.

6   Fazit

Der Wandel des Strafrechts ist kein Trend zur Gefahrenabwehr mit den Mitteln des Strafrechts. Es ist vielmehr ein Trend zur Risikosteuerung durch Strafrecht. Dieser Trend hat zu einer wachsenden Zahl von risikosteuernden Strafvorschriften geführt. Die Antwort der Strafrechtswissenschaft sollte nicht dabei stehen bleiben, diese Vorschriften aus dem Strafrecht auszugrenzen. Vielmehr gilt es, normative Schranken für risikosteuernde Strafvorschriften zu entwickeln. Diese richten sich nach der jeweiligen Deliktsstruktur. Je weiter das verbotene Verhalten von der vollendeten Schädigung entfernt ist, desto rechtfertigungsbedürftiger ist die Norm. Dabei darf nicht übersehen werden, dass es im Kern um die normative Frage geht, wer in welcher Weise für Risiken haften soll.

Literatur

Albrecht, P.-A., 1988: Das Strafrecht auf dem Weg vom liberalen Rechtsstaat zum sozialen Interventionsstaat. *Kritische Vierteljahresschrift für Gesetzgebung und Rechtsprechung*: S. 182-209.

Albrecht, P.-A., 1993: Erosionen des rechtsstaatlichen Strafrechts. *Kritische Vierteljahresschrift für Gesetzgebung und Rechtsprechung*: S. 163-182.

Ambos, K., 2006: Abhandlungen – Etudes – Feindstrafrecht. *Schweizerische Zeitschrift für Strafrecht*. 124 (1): S. 1-30.

Bäcker, M., 2011: Kriminalpräventives Strafrecht und polizeiliche Kriminalprävention. In: *Staat, Verwaltung und Rechtsschutz: Festschrift für Wolf-Rüdiger Schenke*, hrsg. P. Baumeister, S. 331-354. Berlin: Duncker & Humblot.

Baratta, A., 1993: Jenseits der Strafe. Rechtsgüterschutz in der Risikogesellschaft – Eine Neubewertung der Funktionen des Strafrechts. In: *Strafgerechtigkeit: Festschrift für Arthur Kaufmann*, hrsg. F. Haft, S. 393-416. Heidelberg: C.F. Müller.

Beck, U., 1986: *Risikogesellschaft*. Frankfurt a.M.: Suhrkamp.

Binding, K., 1916: *Die Normen und ihre Übertretung* (Bd. 1, 3. Aufl.). Leipzig: Felix Meiner Verlag.

Brunhöber, B., 2012: Staatsräson als strafrechtliches Argument? Zur demokratietheoretischen Kritik des „Feindstrafrechts". In: *Staatsräson. Steht die Macht über dem Recht?*, hrsg. R. Voigt, S. 163-182. Baden-Baden: Nomos.

Brunhöber, B. (Hrsg.), 2014a: *Strafrecht im Präventionsstaat*. Stuttgart: Franz Steiner Verlag.

Brunhöber, B., 2014b: Von der Unrechtsahndung zur Risikosteuerung durch Strafrecht und ihre Schranken. In: *Festschrift für Bernd Schünemann. Streitbare Strafrechtswissenschaft*, hrsg. R. Hefendehl et al., S. 3-15. Berlin: De Gruyter Verlag.

Brunhöber, B., 2015: Die präventive Wende in der Strafgesetzgebung. Gebotene Akzentverschiebung in der strafrechtswissenschaftlichen Entgegnung, In: *Grundlagen und Grenzen des Strafens*, hrsg. M. Asholt et al., S. 5-25. Baden-Baden: Nomos.

Burghardt, B., 2014: Was ist das Problem mit der Prävention im Strafrecht?, In: *Strafrecht im Präventionsstaat*, hrsg. B. Brunhöber, S. 83-108. Stuttgart: Franz Steiner Verlag.

Eckstein, K., 2001: *Besitz als Straftat*. Berlin: Duncker und Humblot.

Frehsee, D., 1996: Die Strafe auf dem Prüfstand des Strafrechts angesichts gesellschaftlicher Modernisierungsprozesse. *Strafverteidiger*: S. 222-230.

Frisch, W., 1983: *Vorsatz und Risiko*. Köln u.a.: Carl Heymanns Verlag.

Frisch, W., 1988: *Tatbestandsmäßiges Verhalten und Zurechnung des Erfolgs*. Heidelberg: C.F. Müller.

Gierhake, K., 2008: Feindbehandlung im Recht? *Archiv für Rechts- und Sozialphilosophie*: S. 337-361.

Gierhake, K., 2013: *Der Zusammenhang von Freiheit, Sicherheit und Strafe im Recht*. Berlin: Duncker & Humblot.

Götz, V., 2006: Innere Sicherheit. In: *Handbuch des Staatsrechts* (Bd. IV), hrsg. J. Isensee et al., § 85. Heidelberg: C.F. Müller.

Greco, L., 2010: *Feindstrafrecht*. Baden-Baden: Nomos.

Grimm, D., 1991: *Die Zukunft der Verfassung*. Frankfurt a.M.: Suhrkamp.

Hassemer, W./Neumann, U., 2003: Vorbemerkungen zu § 1. In: *Strafgesetzbuch Kommentar* (3. Aufl.), hrsg. U. Kindhäuser et al. Baden-Baden: Nomos.

Hassemer, W., 1989: Symbolisches Strafrecht und Rechtsgüterschutz. *Neue Zeitschrift für Strafrecht*: S. 553-559.

Hassemer, W., 1992: Kennzeichen und Krisen des modernen Strafrechts. *Zeitschrift für Rechtspolitik*: S. 378-383.

Hassemer, W., 1996: *Produktverantwortung im modernen Strafrecht* (2. Aufl.). Heidelberg: C.F. Müller.

Hassemer, W., 2000: *Strafen im Rechtsstaat*. Baden-Baden: Nomos.

Hassemer, W., 2001: Das Symbolische am symbolischen Strafrecht. In: *Festschrift für Claus Roxin*, hrsg. B. Schünemann et al., S. 1001-1019. Berlin u.a.: De Gruyter Verlag.

Hassemer, W., 2002: Welche Zukunft hat das Strafrecht. In: *Gedächtnisschrift für Ellen Schlüchter*, hrsg. G. Duttge, S. 133-160. Köln u.a.: Carl Heymanns Verlag.

Hassemer, W., 2006: Sicherheit durch Strafrecht. *Onlinezeitschrift für Höchstrichterliche Rechtsprechung im Strafrecht* 7 (4): S. 130-143.

Hefendehl, R., 2002: *Kollektive Rechtsgüter im Strafrecht*. Köln u.a.: Carl Heymanns Verlag.

Hefendehl, R. (Hrsg.), 2003: *Die Rechtsgutstheorie*. Baden-Baden: Nomos.

Herzog, F., 1991: *Gesellschaftliche Unsicherheit und strafrechtliche Daseinsvorsorge.* Heidelberg: R. von Decker's Verlag.

Herzog, F., 1993: Gentechnologie – Forschungskontrolle durch Strafrecht? *Zeitschrift für die gesamte Strafrechtswissenschaft* (105): S. 727-751.

Heun, W., 2011: Staatliche Risikosteuerung und Verfassung. *Zeitschrift für rechtswissenschaftliche Forschung*: S. 376-397.

Hilgendorf, E., 1993: *Strafrechtliche Produzentenhaftung in der „Risikogesellschaft".* Berlin: Duncker & Humblot.

Hirsch von, A./Wohlers, W., 2003: Rechtsgutstheorie und Deliktsstruktur. In: *Die Rechtstheorie*, hrsg. R. Hefendehl, S. 196-214. Baden-Baden: Nomos.

Hörnle, T., 2006: Deskriptive und normative Dimensionen des Begriffs „Feindstrafrecht". *Goltdammer's Archiv für Strafrecht*: S. 80-95.

Hörnle, T., 2011: *Straftheorien*. Tübingen: Mohr Siebeck.

Hoyer, A., 1987: *Die Eignungsdelikte*. Berlin: Duncker & Humblot.

Huster, S./Rudolph, K. (Hrsg.), 2008: *Vom Rechtsstaat zum Präventionsstaat?* Frankfurt a.M.: Suhrkamp.

Jakobs, G., 2000: Das Selbstverständnis der Strafrechtswissenschaft vor den Herausforderungen der Zukunft. In: *Die deutsche Strafrechtswissenschaft vor der Jahrtausendwende*, hrsg. A. Eser et al., S. 47-56. München: C.H. Beck.

Jakobs, G., 1985: Kriminalisierung im Vorfeld einer Rechtsgutsverletzung. *Zeitschrift für die gesamte Strafrechtswissenschaft* 97: S. 751-785.

Jakobs, G., 2004: Bürgerstrafrecht und Feindstrafrecht. *Onlinezeitschrift für Höchstrichterliche Rechtsprechung im Strafrecht* 5 (3): S. 88-95.

Jakobs, G., 2005: Terroristen als Personen im Recht? *Zeitschrift für die gesamte Strafrechtswissenschaft*: S. 839-851.

Kaspar, J., 2014: Schuldstrafrecht oder Präventionsstrafrecht? In: *Strafrecht im Präventionsstaat*, hrsg. B. Brunhöber, S. 61-82. Stuttgart: Franz Steiner Verlag.

Kindhäuser, U., 1989: *Gefährdung als Straftat*. Frankfurt a.M.: Klostermann.

Kindhäuser, U., 1992: Sicherheitsstrafrecht – Gefahren des Strafrechts in der Risikogesellschaft. *Universitas*: S. 227-235.

Kratzsch, D., 1985: *Verhaltenssteuerung und Organisation im Strafrecht*. Berlin: Duncker & Humblot.

Kuhlen, L., 1986: Der Handlungserfolg der strafbaren Gewässerverunreinigung. *Goltdammer's Archiv für Strafrecht*: S. 389-408.

Kuhlen, L., 1994: Zum Strafrecht der Risikogesellschaft. *Goltdammer's Archiv für Strafrecht*: S. 347-367.

Luhmann, N., 1991: *Soziologie des Risikos*. Berlin u.a.: De Gruyter Verlag.

Murmann, U., 2010: Kritik des funktionalen Strafrechts. In: *Grundfragen des Strafrechts, Rechtsphilosophie und die Reform der Juristenausbildung: Wissenschaftliches Kolloquium aus Anlass des 70. Geburtstages von Prof. Dr. Fritz Loos am 23. Januar 2009*, hrsg. H. Koriath, S. 189-208. Göttingen: Universitätsverlag.

Naucke, W., 1990: Über die Zerbrechlichkeit des rechtsstaatlichen Strafrechts. *Kritische Vierteljahrsschrift für Gesetzgebung und Rechtsprechung*: S. 244-259.

Naucke, W., 1993: Schwerpunktverlagerung im Strafrecht. *Kritische Vierteljahresschrift für Gesetzgebung und Rechtsprechung*: S. 135-162.

Paeffgen, H.-U., 2009: Bürgerstrafrecht, Vorbeugungsstrafrecht, Feindstrafrecht? In: *Grundlagen des Straf- und Strafverfahrensrechts: Festschrift für Knut Amelung*, hrsg. M. Böse, S. 81-124. Berlin: Duncker & Humblot.

Pawlik, M., 2004: *Bürger: zur Legitimation von Strafe*. Berlin: Duncker & Humblot.

Pawlik, M., 2008: *Der Terrorist und sein Recht*. München: C.H. Beck.

Preuß, U. K., 1989: Sicherheit und Recht – Rationalitätsgrenzen eines Konzepts. *Kritische Vierteljahresschrift für Gesetzgebung und Rechtsprechung*: S. 3-26.

Prittwitz, C., 1993: *Strafrecht und Risiko*. Frankfurt a.M.: Klostermann.

Prittwitz, C., 2005: Risikogesellschaft und Strafrecht. In: *Kritik und Rechtfertigung des Strafrechts*, hrsg. Ullfrid Neumann et al., S. 131-174. Frankfurt a.M. u.a.: Peter Lang.

Puschke, J., 2010: Grund und Grenzen des Gefährdungsstrafrechts am Beispiel der Vorbereitungsdelikte. In: *Grenzenlose Vorverlagerung des Strafrechts?*, hrsg. R. Hefendehl, S. 9-40. Berlin: Berliner Wiss.-Verl.

Ramsay, P., 2012: *The Insecurity State*. Oxford: Oxford University Press.

Roxin, C., 2010: Zur neueren Entwicklung der Rechtsgutsdebatte. In: *Festschrift für Winfried Hassemer*, hrsg. F. Herzog, S. 573-598. Heidelberg: C.F. Müller.

Roxin, C., 1962: Pflichtwidrigkeit und Erfolg bei fahrlässigen Delikten. *Zeitschrift für die gesamte Strafrechtswissenschaft* 74: S. 411-444.

Roxin, C., 2003: *Strafrecht Allgemeiner Teil*. München: C.H. Beck.

Saliger, F., 2006: Feindstrafrecht: Kritisches oder totalitäres Strafrechtskonzept? *Juristenzeitung*: S. 756-762.

Schünemann, B., 1995: Kritische Anmerkungen zur geistigen Situation der deutschen Strafrechtswissenschaften. *Goltdammer's Archiv für Strafrecht*: S. 201-229.

Schünemann, B., 2001: Die deutsche Strafrechtswissenschaft nach der Jahrtausendwende. *Goltdammer's Archiv für Strafrecht*: S. 205-225.

Schünemann, B., 2002: Unzulänglichkeiten des Fahrlässigkeitsdelikts in der modernen Industriegesellschaft – eine Bestandsaufnahme. In: *Gedächtnisschrift für Dieter Meurer*, hrsg. E. Graul et al., S. 37-64. Berlin: De Gruyter Verlag.

Schünemann, B., 2003: Das Rechtsgüterschutzprinzip als Fluchtpunkt der verfassungsrechtlichen Grenzen der Straftatbestände und ihrer Interpretation. In: *Die Rechtsgutstheorie*, hrsg. R. Hefendehl et al., S. 133-154. Baden-Baden: Nomos.

Schünemann, B., 2006: Rechtsgüterschutz, ultima ratio und Viktimodogmatik. In: *Mediating Principles*, hrsg. von Hirsch et al., S. 18-35. Baden-Baden: Nomos.

Sieber, U., 2007: Grenzen des Strafrechts. *Zeitschrift für die gesamte Strafrechtswissenschaft* 119: S. 1-68.

Sieber, U., 2009: Legitimation und Grenzen von Gefährdungsdelikten im Vorfeld terroristischer Gewalt. *Neue Zeitschrift für Strafrecht*: S. 353-364.

Silva Sánchez, J.-M., 2003: *Die Expansion des Strafrechts*. Frankfurt a.M.: Klostermann.

Singelnstein, T./Stolle, P., 2012: *Die Sicherheitsgesellschaft* (3. Aufl.). Wiesbaden: VS Verl. für Sozialwiss.

Singelnstein, T., 2014: Logik der Prävention – Eine kriminologische Perspektive auf das Strafrecht und andere Formen sozialer Kontrolle. In: *Strafrecht im Präventionsstaat*, hrsg. B. Brunhöber, S. 41-60. Stuttgart: Franz Steiner Verlag.

Sinn, A., 2006: Moderne Verbrechensverfolgung – auf dem Weg zu einem Feindstrafrecht. *Zeitschrift für Internationale Strafrechtsdogmatik*: S. 107-117.

Stratenwerth, G., 1993: Zukunftssicherung mit den Mitteln des Strafrechts. *Zeitschrift für die gesamte Strafrechtswissenschaft* 105: S. 679-696.

Vormbaum, T., 1995: „Politisches" Strafrecht. *Zeitschrift für die gesamte Strafrechtswissenschaft* 107: S. 734-760.

Walther, S., 1999: Was soll „Strafe"? *Zeitschrift für die gesamte Strafrechtswissenschaft* 111: S. 123-144.

Weißer, B., 2009: Über den Umgang des Strafrechts mit terroristischen Bedrohungslagen. *Zeitschrift für die gesamte Strafrechtswissenschaft*: S. 131-161.

Wohlers, W., 2000: *Deliktstypen des Präventionsstrafrechts*. Berlin: Duncker & Humblot.

Wolter, J., 1981: *Objektive und personale Zurechnung von Verhalten, Gefahr und Verletzung in einem funktionalen Straftatsystem*. Berlin: Duncker & Humblot.

Zieschang, F., 1998: *Die Gefährdungsdelikte*. Berlin: Duncker & Humblot.

Konturen einer „Sicherheitsgesellschaft"

Diskursanalytische Hinweise am Beispiel Jugendkriminalität

Bernd Dollinger, Dirk Lampe und Henning Schmidt-Semisch

Zusammenfassung

Debatten über eine punitive Wende des Strafrechts sowie eine verstärkte Versicherheitlichung der Innenpolitik prägen den kriminologischen Diskurs bereits seit einigen Jahren. Auf Basis einer Analyse von parlamentarischen Debatten über Jugendkriminalität in den vergangenen vier Jahrzehnten geht der vorliegende Beitrag exemplarisch der Frage nach, ob eine Verschärfung strafrechtlicher Debatten in der jüngeren Vergangenheit festzustellen ist und inwiefern sich Parallelen zur u.a. von Singelnstein und Stolle (2012) beschriebenen „Sicherheitsgesellschaft" finden lassen. Es wird aufgezeigt, dass in der Tat eine Zunahme exkludierender und bestrafender Reaktionsformen zu beobachten ist, die zurzeit allerdings auf bestimmte „Hochrisikogruppen" beschränkt bleibt. Auch wenn die gegenwärtige Jugendstrafrechtspolitik somit weiterhin stark in wohlfahrtsstaatlichen Traditionen verwurzelt bleibt, ist ein zunehmender Fokus auf Sicherheit, Risikokontrolle und Vorbeugung nicht zu verkennen. Konturen einer Sicherheitsgesellschaft zeigen sich auch in aktuellen Auseinandersetzungen um das Jugendstrafrecht.

Schlüsselwörter

Jugendkriminalität, Kriminalpolitik, Diskurs, Parlamentsdebatten, Jugendstrafrecht, Intensivtäter

1 Einleitung

Die Konturierung einer Sicherheitsgesellschaft bzw. das Auftreten einer verstärkten Sicherheitsorientierung in der Bundesrepublik (Legnaro 1997; Singelnstein und Stolle 2012) wurde bezüglich der jüngeren Vergangenheit[1] immer wieder mit einer risiko-orientierten und strafverschärften, im weitesten Sinne punitive(re)n Kriminalpolitik in Verbindung gebracht (Albrecht 2010; Ostendorf 2011; Trotha 2010). Es wird angenommen, dass zeitgleich mit einer aktivierungspolitischen, sozialinvestiven Transformation wohlfahrtsstaatlicher Regime eine grundlegende Veränderung des gesellschaftlichen Umgangs mit Abweichung einhergegangen sei (Beckett und Western 2001; Dollinger 2010a; Klimke 2008; Haffke 2005; Stehr 2008). An die Stelle inkludierender und auf Resozialisierung ausgerichteter Reaktionen auf strafrechtlich relevante Verhaltensweisen seien zunehmend repressive Rationalitäten und Maßnahmen der Ausgrenzung, teilweise bis hin zur justiziellen „Unschädlichmachung", getreten (Kunz 2010; Sack 2006a; grundlegender aus internationale Perspektive: Garland 2001; Garland 2004; Wacquant 2009).

Besonders markant sind Neuorientierungen der Kriminalpolitik in den USA und Großbritannien nachzuvollziehen, die in den vergangenen Jahren Gegenstand zahlreicher kriminologischer und juristischer Fachdebatten waren (u.a. Alexander 2010; Pratt et al. 2005; Simon 2007; Tonry 2007). So verfünffachte sich beispielsweise in den Vereinigten Staaten – nach einer eher an Haftvermeidung orientierten Epoche in den 50ern und 60ern (Horsfield 2015) – die Inhaftierungsrate im Zeitraum von 1972 bis 2007 von 161 Personen je 100.000 Einwohner auf 767 Personen je 100.000 Einwohner. Zwar ergeben sich seit 2011 leichte Reduktionen, allerdings verbleibt die Gefangenenrate der USA auf einem historisch, neuartigen, international außergewöhnlichen Niveau (Travis et al. 2014, S. 33). Bedeutsam für den vorliegenden Beitrag ist dabei die Erkenntnis, dass für diese sogenannte „Masseninhaftierung" nicht veränderte Kriminalitätsraten,[2] sondern im Wesentlichen „changes in sentencing policy" (ebd., S. 69) verantwortlich gemacht werden, d.h. Wandlungsprozesse vorrangig im politischen Umgang mit Abweichung, Devianz und Kriminalität (vgl. Tonry 2016).

---

1 Was unter „jüngerer Vergangenheit" zu verstehen ist, wird dabei unterschiedlich konturiert. Oftmals wird als Bezugspunkt etwa die Zeit der 1960er und 1970er Jahre gewählt (vgl. hierzu Dollinger u.a. 2012). Offenkundig ist ein derartiger Zuschnitt nicht frei von normativen Zurechnungen – dies zumal angesichts der langfristigen obrigkeitsstaatlichen, „policeylichen" und kriegerischen Traditionen Deutschlands.

2 Zum spezifischen Zusammenhang bzw. zur Unabhängigkeit von Kriminalitäts- und Inhaftierungsraten insgesamt siehe auch Aebi et al. 2015.

Es ist allerdings umstritten, inwieweit derartige Veränderungen international und speziell für Deutschland aussagekräftig sind. Einzelne AutorInnen glauben diesbezüglich, für Deutschland Parallelen zu den Vorgängen in angelsächsischen Ländern erkennen zu können (Schlepper 2014; Sack 2013). Es gilt allerdings das Prinzip, dass kriminalpolitische Entscheidungen in komplexe Kontextbedingungen eingebunden sind. Beispielsweise können beim konkreten Umgang mit Devianz und Abweichung eine mehr oder weniger aggressive Medienlandschaft (Green 2008), besondere organisationale und professionelle Bedingungen der Kriminaljustizsysteme (Savelsberg 2000; Lynch 2011) oder spezifische wohlfahrtsstaatliche Traditionen (Downes und Hansen 2006; Muncie 2005) eine Rolle spielen.[3] Ebenso wie Inhaftierungsraten unterscheiden sich kriminalpolitische Systeme im internationalen Vergleich nach wie vor nach landesspezifischen, pfadabhängig-etablierten Besonderheiten. Entsprechende Befunde lassen sich beispielsweise in komparativer Hinsicht sowohl in historisch-qualitativ angelegten Vergleichsstudien (Oberwittler 2000; Whitman 2003) als auch statistischen Analysen (Lappi-Seppälä 2014; Sutton 2004) und theoretischen Auseinandersetzungen (Lacey 2012) wiederfinden. Dies bedeutet nicht, dass keine internationalen länderübergreifenden Transformationen möglich seien, doch muss zumindest davon ausgegangen werden, dass diese in lokalen Kontexten nachhaltig rekonfiguriert werden (Muncie 2015, S. 383).[4] Dies trifft sich mit Analysen insbesondere auf der Grundlage von Kriminalstatistiken, denen zufolge in Deutschland eher von stabilen denn von insgesamt dramatisch punitiv gewendeten Formen des Umgangs mit Kriminalität auszugehen ist. So konstatiert etwa Heinz (2011, S. 27), „dass die These von der ‚neuen Lust am Strafen' für die deutsche Sanktionierungspraxis aufgrund der Aggregatdaten der Strafrechtspflegestatistik empirisch nicht bestätigt werden kann. (…) Richtig ist, dass es eine auf bestimmte, in quantitativer Hinsicht insgesamt sehr kleine Straftäter- und Deliktsgruppe beschränkte Tendenz zu mehr Punitivi-

---

3   Hohe Inhaftierungsraten werden u.a. mit einer relativ aggressiven Medienlandschaft, mit gewählten statt verbeamteten Staatsanwälten und Richtern, mit dualistischen und wenig koalitionsorientierten politischen Systemen sowie mit einem relativ geringen wohlfahrtsstaatlichen Leistungsniveau assoziiert.

4   In typisierenden Vergleichsstudien lassen sich einzelne Ländergruppen mit gewissen Ähnlichkeiten der Kriminalpolitik nachzeichnen, indem z.B. ein „skandinavisches" Modell mit relativ geringer Inhaftierung kontrastiert wird durch „liberale" oder osteuropäische Länder mit höherer Inhaftierungsbereitschaft (zu verschiedenen entsprechenden Modellen Cavadino und Dignan 2006; Lappi-Seppälä 2010; Winterdyk 2002). Dennoch weisen die jeweiligen Typen eine nur mehr oder weniger große innere Homogenität auf; der Umgang mit Kriminalität bleibt eine in vergleichsweise hohem Maße landesspezifische Aufgabe und Angelegenheit (entsprechend die detaillierten Länderstudien in Dünkel et al. 2010).

tät gibt, die freilich teilweise sogar wieder rückläufig zu sein scheint (s.a. Dünkel 2011; Oberwittler und Höfer 2005).[5] Somit ist bei der überwiegenden Mehrheit von Tätern eine in hohem Maße konstante und im internationalen Vergleich mittlere bis eher niedrige Sanktionshärte zu konstatieren. Allerdings sind bei Gewalt- und Sexualkriminalität durchaus Verschärfungen der Sanktionierungen eingetreten. Auf Basis dieser Erkenntnis erscheint es sinnvoll, sich den spezifischen Wandlungsprozessen der deutschen Strafrechtspolitik genauer zuzuwenden. Zwar nicht allgemein, aber gerade bei Delikten, die besonders „medienwirksam" sind und die mit einer relativ direkten, physischen Schädigung Dritter assoziiert sind, scheint es beachtenswerte Veränderungen gegeben zu haben, die möglicherweise plausibel als eine „Versicherheitlichung" zu deuten sein könnten. Eventuell ist gerade in diesen Bereichen eine jüngst (wieder) verstärkte Sicherheitsorientierung relevant geworden.

2   Forschungsfrage und Methodik

Aktuell liegen kaum empirische Analysen der deutschen Kriminalpolitik vor, die über die Betrachtung einzelner Gesetztestexte und -veränderungen oder singulärer politischer Kampagnen hinausgehen.[6] Um diese Forschungslücke zu schließen, werden im Rahmen dieses Beitrages Befunde des von der DFG geförderten Projekts „Jugendkriminalität im politischen Interdiskurs" vorgestellt. In dessen Verlauf wurden von 1970 bis 2012 alle Debatten zu Jugendkriminalität im Deutschen Bundestag und Bundesrat sowie den Landesparlamenten von Bayern, Hamburg, Schleswig-Holstein und, beginnend 1990, Sachsen-Anhalt analysiert.[7] Ergänzend

---

5   Zum Indiz der Entwicklung von Inhaftierungsraten in Europäischen und weiteren westlichen Ländern Hofer (2004); Lappi-Seppälä (2014). Obwohl diese Raten nur ein rudimentärer Bezugspunkt für komparative Bezüge sind, illustriert die Rate von 77 deutschen Inhaftierten im Vergleich zu 707 (USA), 148 (England/Wales) und 58 (Finnland) (Travis et al. 2014, S. 36; USA bezogen auf 2012; andere Länder 2011 bis 2013), dass nationale Unterschiede ernst zu nehmen sind.

6   Mitunter wird in diesem Zusammenhang auf den Bundestagswahlkampf 1998 von Gerhard Schröder, die „Episode Schill" in der Hamburger Kriminalpolitik und/oder den Hessischen Wahlkampf von Roland Koch im Jahr 2007/08 verwiesen und dort sichtbare Diskurspositionen werden für eine Abschätzung der Entwicklung der Kriminalpolitik als Ganzes genutzt. Zu Gründen, warum ein solcher Blickwinkel zu kurz greift, s. Dollinger et al. 2015.

7   Das geplante Ende der Auswertungen bezog sich auf das Jahr 2009. Bis dahin wurden insgesamt 550 Debatten ausgewertet. Danach wurden weitere Gesetzesänderungen bis einschließlich 2012 analysiert, etwa die Diskussion um das am 7.3.2013 in Kraft ge-

wurden insbesondere bei wichtigen Gesetzesentscheidungen weitere Materialien wie beispielsweise Ausschussprotokolle[8] hinzugezogen. Ein entsprechendes Vorgehen erlaubte eine Längsschnittanalyse der politischen Thematisierung und Diskussion von Jugendkriminalität über die vergangenen vier Jahrzehnte bezüglich ihrer Wandlungsprozesse wie auch Kontinuitäten.[9]

Die Fokussierung auf Jugendkriminalität lag dabei in der Erkenntnis begründet, dass es sich bei Debatten um Devianz und Abweichung von Jugendlichen um einen hoch sensiblen und hochgradig öffentlichkeitswirksamen Bereich handelt (Walter und Neubacher 2011), in dem allgemeine politische und ideologische Überzeugungen aufeinandertreffen (Pearson 1983, S. 183; Groenemeyer und Hoffmann 2014) und dem zudem eine gewisse „Signalwirkung" zu eigen ist. In diesem Sinne gilt Jugendkriminalität als Spiegelbild für die Art und Weise, wie soziale Probleme und speziell Kriminalität allgemein konzipiert und verstanden werden (Dollinger 2010b, S. 11-21). Die Auswahl von Parlamentsdebatten als Untersuchungsgegenstand ist auf die ungebrochene Bedeutung parlamentarischer Vorgänge als Knotenpunkte für die öffentliche Kommunikation und Legitimation politischer Entscheidungen und Vorstellungen zurückzuführen (Ozan 2010; Wagner 2006). In ihnen treten Deutungsmuster, Überzeugungen und präferierte Lösungsansätze politischer Akteure gebündelt und publikumswirksam auf (Zeh 1989, S. 920).

Basierend auf diesem Verständnis parlamentarischer Debatten wurde als Untersuchungsmethode eine modifizierte Variante der Interdiskursanalyse nach Jürgen Link (2011) angewandt, die es erlaubt, insbesondere hoch symbolisch aufgeladene Diskursfelder – wie eben parlamentarische Debatten – zu analysieren (Dollinger 2014).[10] Im Fokus der Betrachtungen standen vier Sinnebenen des politischen Re-

---

tretene „Gesetz zur Erweiterung der jugendgerichtlichen Handlungsmöglichkeiten" (s.u.). Insgesamt wurden im Laufe des Projektes ca. 550 parlamentarische Debatten und Vorgänge betrachtet. Genauere inhaltliche Differenzierungen z.B. nach einzelnen Parteien, Wahlperioden, Landesparlamenten oder auch bestimmten Politikern sind im Rahmen dieses Beitrages nicht zu leisten.

8   So unter anderem beim 1. JGGÄndG 1990 oder dem Gesetz zur Erweiterung jugendgerichtlicher Handlungsmöglichkeiten 2012.

9   Die wissenschaftliche Diskussion der Relevanz parlamentarischer Kommunikation soll hier nicht rekapituliert werden. Es soll genügen auf die nach wie vor zentrale Bedeutung der Rede in Parlamenten für die politische Kommunikation hinzuweisen. Veränderungen insbesondere durch neuere massenmediale und computergestützte Kommunikationsformen sind natürlich anzuerkennen. Gleichwohl verbleiben Parlamente als entscheidende Arenen, in denen politische Entscheidungen öffentlich begründet und diskutiert werden und werden müssen (hierzu etwa Burkhardt 2003; Burkhardt und Pape 2000; Dörner und Vogt 1995; Sarcinelli 2011).

10   Ausführlicher zur Methodologie bzw. Methodik vgl. Dollinger und Urban 2012.

dens und Denkens über Jugendkriminalität: Es wurde erschlossen, welches Täter-bzw. Menschenbild und welche Kriminalitätsbilder von den politischen Akteuren beschrieben wurden, welche Interventionen bzw. Lösungsstrategien sie empfahlen und welches politische Selbstverständnis von ihnen entworfen wurde.

Im Folgenden erfolgt eine fokussierte Darstellung der so gewonnen Projekt-ergebnisse, die sich vorrangig auf langfristige Entwicklungen auf Bundesebene konzentriert. Dies entspricht der Tatsache, dass entscheidende Gesetzeskompeten-zen zum Umgang mit devianten Jugendlichen weiterhin auf dieser Ebene ange-siedelt sind.[11] Insgesamt stehen dabei zwei zentrale Aspekte im Mittelpunkt des Interesses: Es soll betrachtet werden, ob auf der Ebene von Interventionsmaximen eine zunehmende Bereitschaft zu „harten" Strafen sowie eine Ausweitung risiko-orientierter Ansätze des Schutzes der öffentlichen Sicherheit zu beobachten sind. Hiermit eng verbunden ist der zweite Aspekt: Der Wandel (oder die Konstanz) der Täter- bzw. Menschenbilder und mit ihnen assoziierter Zuschreibungen be-stimmter Kriminalitätsursachen. Ein solches Vorgehen erlaubt eine Analyse der Frage, inwiefern Täter z.B. eher als hilfebedürftig oder – gemäß der Annahmen von Punitivierung und „Versicherheitlichung" der Gesellschaft (Singelnstein und Stolle 2012, S. 34-45) – eher als Risiko für die allgemeine Sicherheit identifiziert werden, was „harte" bzw. ausschließende Maßnahmen favorisieren würde.[12]

3   Befunde

Um mögliche Verschiebungen kriminalpolitischer Positionen zu rekonstruieren, werden nachfolgend aus dem umfangreichen Datenmaterial jeweils Debatten und Auseinandersetzungen mit besonderer Aussagekraft ausgewählt, um an ihrem Bei-

---

11   Die hat auch trotz der Föderalismusreform von 2006 (z.B. Dünkel, Schüler und Sprin-gorum 2006) weiterhin Gültigkeit.

12   Die entsprechenden Zusammenhänge von Ursachenkonstruktionen, Täterbildern und Interventionsforderungen lassen sich attributionstheoretisch konzipieren: Wird davon ausgegangen, dass Menschen für ein Problem, von dem sie betroffen sind, nicht selbst verantwortlich sind, da es z.B. durch ihre Sozialisation bedingt ist, werden sie vorran-gig als hilfebedürftige Opfer wahrgenommen. Werden sie hingegen als selbstverant-wortliche Akteure identifiziert, etwa da sie egoistische oder hedonistisch begründete Entscheidungen getroffen haben, so wird eher Strafe als Hilfe nahegelegt (Dollinger 2008; Oorschot 2006; grundlegend Loseke 2003, S. 75-96). Bestrafungswünsche zu begründen, ist in politischer Kommunikation in dieser Hinsicht keine besonders große Herausforderung. Schwieriger zu erschließen ist die Frage, weshalb entsprechende Po-sitionen in der Öffentlichkeit unterstützt werden oder nicht (hierzu Green 2008).

spiel Täter- und Kriminalitätsbilder zu beschreiben. Die Darstellung folgt dabei grob einer chronologischen Einteilung nach den betrachteten Jahrzehnten.

3.1 Die „Seuche" jugendlicher Abweichung und der „Steppenbrand" des Drogenkonsums

In den 1960er und 1970er Jahren wurde die Kriminalität Jugendlicher, und dabei speziell Drogenkonsum, zu einem zentralen öffentlichen und politischen Thema (Reinke und Schierz 2010; Weinhauer 2005; Lampe 2016). Insbesondere bei der seit der Regierungsübernahme Willy Brandts oppositionellen CDU/CSU verdichtete sich der Eindruck, dass sich die Verwendung von Rauschmitteln immer weiter zu einem Problem entwickle und „neue Spielarten der Gewaltkriminalität" (BT, Verhülsdonk, CDU/CSU, 1977, 08/56, 4340) bis hin zur Organisierten Kriminalität zu beobachten seien. Ab Mitte der 1970er Jahre wurden entsprechende Thematiken im Bundestag einschlägig diskutiert. Dabei schloss der Bundestag an eine allgemeine Entwicklung in den parlamentarischen Debatten zur Jugendkriminalität an, denn auch in den Länderparlamenten war seit Beginn der 1970er von einer „Seuche jugendlicher Gewalttätigkeit" die Rede (HH, Weber, FDP, 1973, 07/49, 4933), die in Kombination mit gestiegenem Alkohol- und Drogenkonsum sowie hohen Suizidraten einer Naturkatastrophe gleich über die Bundesrepublik hineingebrochen sei.[13] So sprachen Unionspolitiker im Rahmen einer großen Anfrage im Jahr 1973 von einem „Steppenbrand" (BT, Rollmann, CDU/CSU, 07/40, 2207) oder einer „Drogenepidemie." Über die Parteigrenzen hinweg wurde entsprechend dieser Bilder eine dramatische Notsituation beschrieben, die nicht nur die betroffenen Individuen, sondern die gesamte Gesellschaft bedrohen würde (BT, Eimer, FDP, 1977, 08/56, 4331). Allerdings wurde die Verantwortlichkeit für diese Entwicklung nicht den Jugendlichen bzw. den Konsumenten zugeschrieben, sondern in umfassenden sozialen Wandlungsprozessen verortet.[14] Bei der Drogen- und Gewaltepidemie handle es sich nicht um eine individuelle Pathologie, sondern um eine „Krankheit der gesamten Gesellschaft" (HH, Weber, FDP, 1971, 07/46, 2305) bzw. eine „soziale Epidemie" (BT, Westphal, SPD, 1973, 08/56, 2213).

---

13 In der Hamburger Bürgerschaft sprach ein SPD-Politiker in diesem Zusammenhang beispielsweise auch von einer „Haschwelle" (HH, Krön, SPD, 1971, 7/29).

14 Was diese sozialen Wandlungsprozesse letztendlich auslöste, war zwischen den Parteien höchst umstritten und reichte von marxistischen Lehrern bis zum Totalversagen des Kapitalismus.

Angesichts der gesellschaftlichen Ursachen wurde in den Parlamenten eher Hilfe als Strafe gefordert. Selbst die sich gerne restriktiv gebende Union konstatierte, soweit es beispielsweise um Drogenkonsumenten ging, dass „*flächendeckende Beratung und Behandlung*" notwendig seien; die betroffenen Jugendlichen erschienen als „Gefährdete und Kranke" bzw. allgemein als Opfer sozialer Umstände, die ins Elend „getrieben werden" (BT, Rollmann, CDU/CSU, 1973, 07/40, 2209). Als „labile junge Menschen" (BT, Zander, SPD, 1976, 07/229, 15967) könnten sie leicht zu Devianz verführt werden, so dass eher die Verführer, aber nicht die Jugendlichen selbst Strafe verdient zu haben schienen. Ein härteres Durchgreifen der Polizei, so der Hamburgische Innensenator Ruhnau (SPD, 1972, 07/75, 3953), könne die hintergründigen sozialen Probleme nicht lösen.[15] Auch Unionspolitiker äußerten, dass im Umgang mit Jugendkriminalität bisher zu viele Akten angelegt worden seien, anstatt sich den Jugendlichen zuzuwenden und sich um diese helfend zu kümmern (HH, Raulf, CDU, 1980, 09/51, 2861). Einigkeit bestand, dass die Inhaftierung von Jugendlichen soweit wie möglich vermieden werden sollte, auch wenn sich insbesondere die Union von dieser „*ultima ratio*" (SH, Schwarz, CDU, 1978, 08/70, 4755) nicht gänzlich verabschiedete. Jedoch ließen hohe Rückfallziffern und der Misserfolg der bisher praktizierten Ansätze auch neue, im weitesten Sinne inkludierende Ansätze sowie eine Neuordnung des Vollzugs – in dem Jugendliche bisher nur „ziellos herumgammeln" (HH, Knickrehm, CDU, 1971, 07/31, 1606) würden – als unausweichlich erscheinen (BT, Schneider, CDU/CSU, 1970, 06/75, 4226).[16]

Die sozialen Ursachen von Drogenkonsum und Kriminalität ließen somit vor allem sozialpolitische Gegenmaßnahmen notwendig erscheinen, wobei ein besonderer Fokus auf sozialpädagogische im Gegensatz zu polizeilichen Bearbeitungsstrategien gelegt wurde.[17] Während allerdings die SPD in diesem Zusammenhang auf eine „emanzipatorische" (BT, Westphal, SPD, 1973, 08/56, 2213) Sozialpolitik

---

15 Manche seiner Parteikollegen sprachen bezüglich Repression von „einem Fass ohne Boden", in das es sich nicht zu investieren lohne (SH, Börnsen, SPD, 1978, 08/70, 4770).

16 Wesentlich drastischer sprachen in diesem Zusammenhang manche SPD-Politiker von einer Massenabfertigung in „*Menschensilos*" nach dem „*Prinzip der Herdenorganisation*" (SH, Börnsen, SPD, 1978, 08/70, 4771) und fataler panoptischer Planung (HH, Damkoswksi, SPD, 1971, 07/31, 1607).

17 Siehe hierzu u.a. SH, Ruge, FDP, 1978, 08/70, 4768; HH, Apel, SPD, 1972, 07/75, 3955; HH, Neubüser, CDU, 1972, 07/70, 3671 oder HH, Damkowski, SPD, 1971, 07/33, 1745. Dass an dieser Stelle vermehrt Politiker aus Landesparlamenten zitiert werden, liegt in der Tatsache begründet, dass spezifische Bearbeitungsmaßnahmen vorrangig in den für sie zuständigen Landesparlamenten diskutiert wurden.

mit dem Ziel aufgeklärter und selbstbewusster junger Menschen setzen wollte und die FDP unter anderem für drogenkonsumierende Jugendliche „Beratung, Aufklärung und therapeutische Behandlung" (BT, Christ, FDP, 1973, 07/40, 221) empfahl, setzten Unionspolitiker auf eher präventiv-autoritäre Erziehungsmodelle.[18]

Die Debatte der 1970er war auf die geschilderte Weise stark von integrativen, wohlfahrtsstaatlichen Maximen geprägt. Allerdings bedeutete dies nicht das gänzliche Verschwinden repressiver bzw. punitiver Interventionsforderungen. Auch über die Union hinaus stand besonders für das Feld der Drogenpolitik fest: „*ganz ohne Strafe geht es nicht*" (HH, Ruhnau, SPD, 1971, 07/29, 1469). Dass Drogenkonsum – u.a. wegen der antizipierten hohen gesellschaftlichen Folgekosten (BT, Baum, FDP, 07/40, 2224) – nicht geduldet werden könne, repräsentierte parlamentarischen Konsens. Hierbei spielte das exponierte Feindbild des „Dealers" (Paul und Schmidt-Semisch 1998) eine bedeutsame Rolle; in den Debatten wurde er regelmäßig als rein ökonomisch motivierter Täter thematisiert, der Drogenkonsum gewissenlos verbreiten würde. Da diese Drogenhändler vor allem aus Sicht der Union „mit allen geeigneten Mitteln" (BT, Burger, CDU/CSU, 1973, 07/40, 2218) aufgehalten werden sollten, waren repressive Maßnahmen nach wie vor relevant.

3.2 Ambulantisierung und Kampf um die Ausnahme

Das als verändert wahrgenommene Verhalten bundesdeutscher Jugendlicher war für die Parteien auf Bundesebene ein Beispiel für weitreichende gesellschaftliche Probleme, die sich in Abweichung, Kriminalität und Drogenkonsum spiegelten. Die Debatten der 1970er Jahre führten dabei auch vor Augen, dass das Verhältnis von Repression und helfender Zuwendung in Anbetracht einer veränderten sozialen Lage[19] explizit neu verhandelt werden musste. Besonders deutlich lässt sich dies in der Folgezeit an den politischen Auseinandersetzungen um das Erste Gesetz zur Änderung des Jugendgerichtsgesetzes (1. JGGÄndG) ablesen.[20] Ihm vorausgehend waren längere Zeit rechtliche Modifikationen eingefordert worden, die aber vor allem aufgrund von Kostenbedenken der Bundesländer nicht umge-

---

18 Entsprechende Debatten wurden dabei mit auch heute noch bekannten Redewendungen wie „Mut zur Erziehung" (SH, Olderog, 1978, 08/70, 4760) unterfüttert.

19 So kam das auf Wachstum angelegte „Geschäftsmodell" der frühen Nachkriegsrepublik spätestens mit dem „Ölpreisschock" und steigenden Arbeitslosenzahlen in eine Krise. Eine grundsätzliche Debatte über die politische Steuerbarkeit der Gesellschaft war die Folge (im Näheren z.B. Doering-Manteuffel und Raphael 2012).

20 Zwar wurde das Gesetz erst 1990 verabschiedet, Entwürfe gab es jedoch seit 1983 (Lampe und Rudolph 2016).

setzt wurden. In der Konsequenz ergaben sich Reformen primär „von unten", d.h. aus der strafrechtlichen Praxis, die zudem durch wissenschaftliche Befunde unterstützt wurden. Mit dem 1. JGGÄndG fanden diese Praxen und Befunde im Jahr 1990 letztendlich gesetzgeberische Anerkennung (Heinz 1991; Laubenthal et al. 2015, S. 22f.). Im Vordergrund standen mit ihm die Zurückdrängung stationärer Maßnahmen und der gleichzeitige Ausbau von Möglichkeiten erzieherischer und konfliktschlichtender Interventionen bzw. die Stärkung von Optionen der Diversion, d.h. der Ableitung aus dem formalen Prozess der Strafverfolgung und -vollstreckung. Es wurde anerkannt, dass „harte" Maßnahmen kaum zur Rückfallvermeidung führten, wobei grundlegende, strukturelle Reformen – etwa die Abschaffung des Jugendarrestes oder von Untersuchungshaft bzw. Jugendstrafe für besonders junge Täter – vermieden wurden. Eine von zahlreichen Wissenschaftlern geforderte und „gebotene jugendstrafrechtliche Neukonzeption" erfolgte, so Heinz (1991, S. 186), „nicht".

Die Bundestagsdebatte vom 20. Oktober 1989 illustriert das zur Zeit der Reformdiskussionen vorherrschende Täter- und Kriminalitätsbild beispielhaft. Im Kern waren sich die Opposition aus SPD und den sich parlamentarisch etablierenden Grünen mit den Regierungsparteien von CDU/CSU und FDP einig: Angesichts gesellschaftlicher Probleme, die junge Menschen zu Devianz führen, waren soziale Maßnahmen in besonderer Weise geeignet, Kriminalitätsbelastungen zu reduzieren. Der noch in den Debatten der 1970er antizipierte *„Verfall der gesamten Gesellschaft"* (SH, Stäcker, CDU, 1979, 8/78, 5345) war nicht eingetreten[21] und allmählich etablierte sich eine Wahrnehmung von Devianz als „normales", ubiquitäres und passageres Problem mit vergleichsweise wenig Bedrohungspotenzial (BT, PStS. Jahn, BMJ, 1989, 11/168, 12749). Entsprechend wurde anerkannt, dass Strafverfolgung nur „auf die wirklich eklatanten Fälle" (BT, Seesing, CDU/CSU, 1989, 11/168, 12744) zu reduzieren war – wobei darüber hinaus von konservativer Seite auch Interventionsmittel betont wurden, die im Sinne einer autoritativen Erziehung auf Vorbildfunktionen, auf Erziehung in der Familie und Schule und z.B. die Berufsausbildung hinwiesen. Jugendkriminalität war demnach eine Frage der führenden Erziehung und der gesteuerten Sozialisation. Wo sie nachhaltig gestört waren, bedurfte es eines Richters, der angesichts der individuellen Unterschiede von Jugendlichen und Heranwachsenden etwa durch Untersuchungshaft

---

21 Zwar lösten sich die sozialen Probleme der Bundesrepublik auch in den 1980ern nicht und verschärften sich sogar noch, was beispielsweise an der Debatte über die *„Zwei-Drittel-Gesellschaft"* ablesbar ist (Faulstich 2005; Hinrichs und Giebel-Falten 20002), doch erschien die BRD in den strafrechtspolitischen Debatten als stabiler als noch zu Beginn der 1970er Jahre befürchtet worden war. Dementsprechend verloren die kommunizierten innergesellschaftlichen Bedrohungsszenarien wohl etwas an Bedeutung.

auch auf relativ eingriffsintensive Maßnahmen zurückgreifen konnte. Verglichen wurde dies mit einer „Therapie" (BT, Seesing, CDU/CSU, 1989, 11/168, 12745), die auch bei Jugendlichen im Alter von 14 oder 15 Jahren notwendig sein könne. Unabhängig von der rechtlichen Problematik, dass Untersuchungshaft damit zu einem erzieherischen Zweck eingesetzt werden sollte (hierzu kritisch Ostendorf 2013, S. 488-489), waren derartig „harte" Maßnahmen gerade bei Personen im genannten Alter umstritten, selbst in der Regierungskoalition. So wurde von Seiten der FDP bei schweren Delikten die Notwendigkeit von Maßnahmen außerhalb strafrechtlicher Institutionen betont (BT, Irmer, FDP, 1989, 11/168, 1247).

Um dies zu unterstreichen, wurde durch die FDP – wie auch durch die Opposition (BT, Däubler-Gmelin, SPD, 1989, 11/168, 12743; Nickels, Grüne, 1989, 11/168, 12746) – ein maximaler Kontrast aufgebaut: Es wurde von „Kindern" gesprochen, die vor restriktiven Maßnahmen zu schützen seien. Interessanterweise wurde ein drastischer Fall – Irmer nahm Bezug auf einen zweifachen Mord durch einen 14-Jährigen – konstruiert, um nicht etwa eine Strafverschärfung zu fordern, sondern um im Gegenteil die Sinnlosigkeit rigider Maßnahmen nachzuweisen, denn der dramatische Fall wurde als spezifische Ausnahme geschildert. Sie sollte begründen, dass die Bevölkerung wirksam vor Kriminalität zu schützen war, indem Hilfe statt Strafe zur Anwendung kam. Junge Täter bedürften demnach primär der Hilfe; auch wenn sie gegebenenfalls restriktiv konzipiert war – Irmer favorisierte im genannten Fall eine therapeutische geschlossene Unterbringung statt Untersuchungshaft –, so sollte bewusst nicht ein Ausbau punitiver Maßnahmen propagiert werden. Denkzettel und spürbare Interventionen waren für die CDU/CSU sinnvoll, aber die Union war mit dieser Forderung in einer Defensive. Selbst wo ungewöhnliche Fälle von Delinquenz auftraten, schienen sie eher Hilfe denn rigide Sanktionen zu verlangen.

Dies beschreibt eine wesentliche Differenz zu der vorausgehend geschilderten Debatte im Kontext des Drogenkonsums: Dort gab es mit dem „gewissenlosen Dealer" eine Figur, die härteste Maßnahmen rechtfertigte; Dealer waren zwar in der Regel erwachsen, aber sie symbolisierten eine schwerwiegende Bedrohung, so dass im Kampf gegen Drogenkonsum repressive Maßnahmen legitim erschienen. Ein entsprechendes Äquivalent fehlt in der geschilderten Debatte zum 1. JGGÄndG. Sie kennt keine in sich bösartigen, „reiner" Strafe bedürftigen Täter; Jugendkriminalität schien stattdessen insgesamt eine Frage problematischer Erziehung und Sozialisation zu sein. Diese konnten sich in einigen, wenigen Fällen zu schwerwiegender Kriminalität auswachsen, jedoch machte dies die Täter nicht vorrangig zu Sicherheitsproblemen, die Resozialisierung irrelevant erscheinen oder in den Hintergrund treten ließen. Im Kontrast zur Figur eines Dealers blieben die Betreffenden sozial beschädigte junge Menschen. In diesem Sinne wurde von der SPD, unter Rekurs auf eine Rede von Rita Süssmuth, eine „*Verantwortung der Gesellschaft für jugendliche Straftäter*" (BT, Däubler-Gmelin, SPD, 1989, 11/168, 12741) hervorgehoben – und nicht etwa für die Opfer von Kriminalität oder für die Allgemeinbevölkerung, deren Schutz die Missachtung von Interessen eines Täters notwendig machen würde.

3.3   „Härte" als Argument

Die noch in den Debatten zum 1. JGGÄndG angestrebte rasche Verabschiedung eines 2. Änderungsgesetzes mit weitergehenden Liberalisierungen im Umgang mit Jugendkriminalität erfolgte in den 1990ern nicht. Stattdessen kam es aus Sicht vieler wissenschaftlicher Beobachter zu einer wachsenden öffentlichen Thematisierung von Jugendgewalt (Boers 2000) und zu einer Verschärfung der kriminalpolitischen Tonlage (Dollinger 2014).[22] Entsprechend lässt sich auf Bundesebene eine Veränderung der Argumentation bei den Unionsparteien feststellen. Beispielhaft ist dieser Wandel an der Person des Abgeordneten Seesing zu illustrieren, der im Jahr 1994 folgende Aussagen tätigte:

> „*Ich habe lange in dem Glauben gelebt, daß man die Kriminalität der Jugend allein mit Erziehung in den Griff bekommen könnte. Freiheitsstrafen sollten wirklich das allerletzte Mittel im Umgang mit Jugendlichen sein. Die Möglichkeiten der Erziehung sehe ich bei bestimmten Jugendlichen allerdings äußerst eingeschränkt. (…) Es gilt also zu unterscheiden zwischen der – wie ich es nennen will – normalen Jugendkriminalität und den Ausdrücken rohester Gewaltanwendung.*" (BT, Seesing, CDU/CSU, 1994, 12/243, 21742)

Unter dem Eindruck steigender Kriminalitätskennziffern, rechtsgerichteter Gewalttaten vornehmlich auch durch Jugendliche und den Konsequenzen der deutschen Wiedervereinigung kündigten CDU und CSU den stark integrativen Konsens auf und wandten sich wieder repressiveren Strafforderungen zu. Eng verbunden war hiermit die Etablierung einer bis heute wirkmächtigen Diskursfigur: des (ausländischen) Intensivtäters. Ihm gegenüber schienen gleichsam „lasche"

---

22   Unter anderem hatte in diesem Kontext der damalige Bundesinnenminister Manfred Kanther 1993 ein „Sicherheitspaket ´94" vorgestellt, mit dem auch ein verschärfter Kampf gegen jugendliche Gewaltanwendung angedacht wurde. Es solle, so teilte er mit, das JGG neben dem Erziehungsgedanken „um das zusätzliche Präventionsziel des Schutzes der Allgemeinheit vor Gewalttätern" (1993, S. 4) ergänzt werden.

Gesetze und eine *Kuschelpädagogik*[23] wirkungslos zu sein. Es handele sich, so ein CDU-Politiker aus Hamburg, um „erfahrene Kriminelle" (HH, Karpen, CDU, 1999, 16/154, 2586), die nicht mehr als Jugendliche oder Heranwachsende zu verstehen seien. Vielmehr seien es „schwere Jungs", die auch in 20 Jahren noch kriminell sein würden, sofern die traditionellen Hilfsangebote nicht überarbeitet werden. Zwar bedürfe es auch weiterhin der Betreuung, aber mehr noch der Härte und des klaren Aufzeigens von Grenzen (ebd.). Gestützt durch dramatisierende Berichterstattungen in Teilen der Medien gelang es der Union, mit derartigen Forderungen andere Parteien unter Druck zu setzen. Diese versuchten zunächst an Diversion und ambulanten Reaktionsformen festzuhalten und proklamierten, dass die Jugend nicht „zum Prügelknaben politischer Versäumnisse gemacht werden" dürfe (BT, Meyer, SPD, 1994, 12/243, 21742). Es bedürfte keines härteren Strafrechts, sondern einer besseren Sozial-, Jugend-, Familien-, Schul- und Ausländerpolitik (ebd.).[24]

Wie sehr die „klassischen" Konzepte der wohlfahrstaatlichen Integration jugendlicher Straftäter nun in Bedrängnis geraten waren, kann an der kriminalpolitischen Debatte im Vorfeld des Antritts der rot-grünen Regierungskoalition im Oktober 1998 abgelesen werden. Die entsprechende Zeitspanne ist besonders erkenntnisreich, da im Kontext des Wahlkampfes des späteren Bundeskanzlers Gerhard Schröder – seinem Vorbild Tony Blair und der Politik von „New Labour" folgend – auch eine Kampagne zur Verschärfung des Strafrechts lanciert wurde. So prangerte Schröder medial breitenwirksam den bisherigen Umgang mit Sexualstraftätern und ausländischen Tatverdächtigen an und beklagte eine zu große Milde auch des Jugendstrafrechts (Dollinger et al. 2015). Im Rahmen dieser umfassenderen Thematisierung von Kriminalität wurde im November 1997 in Folge einer Großen Anfrage der SPD zum Thema „Jugendstrafrecht und Präventionsstrategien" diskutiert. Zuvor hatte Schröder im Bundesrat am 5. September 1997 in direkter Auseinandersetzung mit Edmund Stoiber pointierte Positionen eingenommen, indem er u.a. angesichts „immer jünger" werdender Täter und Opfer von

---

23 Der entsprechende Fokuswechsel in der Argumentation der Union ist mit anti-sozialpädagogischen Ansätzen verbunden. Erschien die Soziale Arbeit in den 1970ern und 1980ern noch nahezu als Wunderwaffe gegen jugendliche Devianz, so wandelte sich dieses Bild auf konservativer Seite und es schien nun, als habe die Sozialpädagogik bei der Genese der wahrgenommenen Kriminalitätsprobleme sogar eine ursächliche Rolle gespielt.

24 Gerade der letztgenannte Punkt stellt eine entscheidende Veränderung des Diskurses über Jugendkriminalität in den 1990ern dar. Erstmalig wurden die Diskurse über Migration und Kriminalität auch im Jugendbereich miteinander verbunden, was entscheidenden Anteil an der Etablierung des „Intensivtäter"-Konzepts gehabt haben dürfte.

Kriminalität eingriffsintensive Maßnahmen wie die „Einweisung in geschlossene Heime" schon bei zwölfjährigen Delinquenten empfahl (BR, Schröder, SPD, 1997, 715. Sitzung, 342). Außerdem wies er auf „hochgefährliche Formen" (BR, Schröder, SPD, 1997, 715. Sitzung, 340) der von Ausländern in Deutschland verübten Kriminalität hin. Auch Stoiber hatte eine wachsende „Ausländerkriminalität" angeprangert und gefordert, delinquenten bzw. delinquenzgefährdeten Jugendlichen müssten „deutliche Grenzen gezogen werden" (BR, Stoiber, CDU/CSU, 1997, 715. Sitzung, 338). Diese Positionen illustrieren eine veränderte Tonlage, von der offenkundig öffentliche Zustimmung in Zeiten des Wahlkampfs erwartet wurde: Jugendkriminalität sollte nun nicht mehr mit größerer Liberalität, sondern mit mehr Strenge angegangen werden, und die entsprechenden Maßnahmen waren zu einem Wahlkampfthema mutiert.

Vor diesem Hintergrund ist die angesprochene Bundestagsdebatte zu sehen. Auf Seiten der Regierungskoalition wurde nun mit markanten Feindbildern argumentiert, wie sie in der Debatte zum 1. JGGÄndG nicht zu bemerken waren. Freiherr von Stetten gibt ein Beispiel:

> *„Wir haben es doch schon mit Banden rumänischer Kinder zu tun. Wir haben es in Frankfurt mit marokkanischen Kinderbanden zu tun, die Heroin verteilen. Sie wollen doch nicht behaupten, daß sie kein Unrechtsbewußtsein haben! Sagen Sie, wie Sie diese Kinder von der Straße bekommen und die Bürger vor ihnen schützen wollen, wenn Sie kategorisch irgendeine Strafsanktion gegen diese Kinder ablehnen"* (BT, Stetten, CDU/CSU, 1997, 13/203, 18285).

Die Symbolik der jungen ausländischen Kriminellen vereint die beiden zentralen, oben genannten Punkte, mit denen gemäß der Attributionsforschung Hilfe negiert werden kann (Oorschot 2006): Die Delinquenten scheinen ihr Handeln unter Kontrolle zu haben, da sie ein „Unrechtsbewußtsein" besitzen; zudem scheinen sie fremdartig zu sein, also gleichsam nicht „zu uns" zu gehören. Die Delinquenten scheinen willentlich eine Bedrohung „unserer" Sicherheit zu generieren, und dies wirkt umso dramatischer, als Heroin ein hohes Suchtpotential zugeschrieben wird. Es scheint von ausländischen jungen Menschen bandenmäßig „verteilt" zu werden, was einen hohen Organisationsgrad und damit eine zusätzliche Bedrohung der Sicherheit illustriert. Ein Jugendstrafrecht, das diese Menschen vor Strafe schützt, weil ihr Alter unterhalb der Grenze der Strafmündigkeit von 14 Jahren liegt, scheint demgegenüber naiv und wirkungslos zu sein. Eine Absenkung dieser Grenze der Strafmündigkeit war zwar kein Konsens innerhalb der Regierung; etwa Eckart von Klaeden wies die entsprechende Forderung zurück (BT, Klaeden, CDU/CSU 1997, 13/203, 18287). Allerdings solle, so Klaeden, bei älteren

Tätern (d.h. Heranwachsenden im Alter zwischen 18 bis 20 Jahren) differenziert werden: Es gebe Taten, in denen sich die Unreife eines Täters wiederspiegele, wie auch ein bewusst brutales Vorgehen, das härtere Strafen als bislang notwendig mache. Eine differenzierte Verschärfung der Gesetzeslage war demnach ratsam, da es junge Menschen gebe, die bewusst und unnachsichtig Gewalt anwenden. Umstritten war demnach nicht länger eine optionale Abmilderung von Strafen, sondern der entscheidende Diskussionspunkt lag bei dem notwendigen Ausmaß einer Strafverschärfung angesichts drängender Sicherheitsbedrohungen. Sollte sie nicht weitgehend realisiert werden, so musste dies explizit begründet werden, zumindest innerhalb der regierenden Koalition, innerhalb derer, wie beschrieben, selbst drastische Vorschläge wie die einer Kriminalisierung von unter 14-Jährigen kommuniziert wurden. Zur Verteidigung des bestehenden JGG – und nicht wie zuvor als Argument zu seiner Kritik – wurde nun drauf hingewiesen, dass es teilweise „härter wirkende Strafen als im Erwachsenenstrafrecht" ermögliche, wie der Bundesjustizminister feststellte (BT, Schmidt-Jortzig, FDP, 1997, 13/203, 297). Dass junge Täter zumindest teilweise rigide Maßnahmen und Strafen benötigen, war demnach Konsens und konnte zur Rechtfertigung des JGG vorgebracht werden. Und dass Jugendkriminalität in besonderer Weise mit Nicht-Deutschen und Spät-Aussiedlern verbunden war, wurde in diesem Kontext regelhaft vorgebracht.

Von Seiten der Opposition wurden Strafverschärfungen, auch innerhalb der SPD gegen die entsprechende Kampagne Schröders, in der Debatte nicht propagiert. Gleichwohl wurde auch in ihrem Rahmen als Problem kommuniziert, dass „eine nicht unwesentliche Zahl von Kindern straffällig wird, und das serienweise" (BT, Krüger, SPD, 1997, 13/203, 18304). In diesem Hinweis klingt – wiederum mit der Personenkategorie „Kind" – an, dass rigide Strafen nicht an sich sinnvoll sind und junge Täter vor allem soziale Maßnahmen und Erziehung anstelle bloßer Strafe benötigen. Aber es wurde gleichwohl ein drängendes Kriminalitätsproblem bei jungen Menschen anerkannt, so dass punitive Maßnahmen in dem nun illiberal gewendeten kriminalpolitischen Klima durchaus als Möglichkeit zustimmungsfähig erschienen. In der früheren Debatte zum JGG war von Seiten der SPD noch eine klare Trennung von Erziehung und Strafe gefordert worden: „Man muß sich entscheiden, was man will: erziehen oder strafen" (BT, Däubler-Gmelin, SPD, 1989, 11/168, 12742); beides haben zu wollen, sei eine „verhängnisvolle Vermischung". Eine derartige Vermischung repräsentierte nun allerdings die Haltung der SPD, denn man benötige „Erziehung und Strafe" (BT, Meyer, SPD, 1997, 13/203, 18284), wie es nun hieß. Strafe musste nun also sein, wenn auch nur als Teildimension von Maßnahmen gegen Jugendkriminalität, wie zudem die Grünen verstärkt forderten. Bestand also zu Beginn der 1990er weitestgehend Einigkeit zwischen den Parteien bezüglich Täter- und Kriminalitätsbildern sowie den darauf abgestimmten

Reaktionsmöglichkeiten, so hatte zum Ende des Jahrzehnts eine neuerliche Zeit der Suche nach den „passenden" Maßnahmen gegen Jugendkriminalität begonnen. Zu wesentlichen Teilen bedeutete dies, dass repressive Maßnahmen nun auf der Tagesordnung standen und vielfach gefordert wurden.

3.4   Von präventiven Warnschüssen, Geschwindigkeit und Kooperationen

Einschlägige Kriminalitätskennziffern sanken spätestens seit der Mitte der 2000er Jahre. Dennoch wirkte sich die Enttabuisierung legislativer Härte in Richtung von (weiteren) Strafverschärfungen aus. Für die hier verfolgte Thematik ist vor allem das „Gesetz zur Erweiterung der jugendgerichtlichen Handlungsmöglichkeiten" aus dem Jahr 2013 interessant.[25] Mit ihm wurden drei Veränderungen des JGG implementiert: Bei Heranwachsenden wurde unter bestimmten Voraussetzungen bei Mord die maximale Dauer einer Jugendstrafe auf 15 Jahre erhöht, das Institut der Vorbewährung wurde reguliert und, was besonders umstritten war, es wurde mit dem sogenannten „Warnschussarrest" die Möglichkeit eingeräumt, eine zur Bewährung ausgesetzte Jugendstrafe mit einem Jugendarrest zu koppeln.[26]

Als Begründung für die Notwendigkeit dieses Gesetzes führten CDU/CSU und FDP u.a. veränderte Täterpersönlichkeiten an. So wurde angeführt, dass die quantitative Bedrohung durch Jugendkriminalität abgenommen habe, gleichwohl sei eine neue Qualität insbesondere bei Gewaltdelikten festzustellen (BR, Bodden-berg, CDU/CSU, 2012, 899. Sitzung, 330). Erzieherische Zuwendung sollte aus konservativer Sicht zwar nicht aufgehoben werden, aber sie sollte nun in einer „intensiven" Weise erfolgen, also für den Delinquenten merklich repressive Züge annehmen. So sollte Erziehung mit dem für diese Tätergruppe zentralen Motiv des

---

25   Zu weiteren neueren Gesetzesänderungen im Kontext des Jugendstrafrechts bezüglich der Sicherungsverwahrung, der Föderalismusreform oder der Definition des Erziehungsbegriffs im JGG Dollinger und Schabdach (2013, S. 231-237); Dünkel und Schüler-Springorum (2006); Feest und Bammann (2011); Goerdeler (2008); Nix et al. (2011, S. 119-130); Ostendorf (2011).

26   Angesichts der hohen Rückfallquoten des Jugendarrestes, einer kaum sinnvollen sozialpädagogischen Gestaltbarkeit dieser relativ kurzen stationären Unterbringung sowie einer meist schon bestehenden Erfahrung mit Arrest bei der in Frage kommenden Klientel wurde der „Warnschussarrest" durch die Kriminologie einhellig abgelehnt (Dollinger 2012; Kreuzer 2012). Im Kontext von Debatten zum 1. JGGÄndG im Jahr 1990 war – wie 2012 in der Regierungszeit einer schwarz-gelben Koalition – kriminologisches Wissen relativ breit nachgefragt worden; nun wurde es kaum ernst genommen

Bevölkerungsschutzes kombiniert werden. Außer Frage schien dabei zu stehen, dass Jugendliche angesichts einer steigenden Gewaltbereitschaft zu einem Risiko für die öffentliche Sicherheit geworden waren (BT, van Essen, FDP, 2012, 17/176, 20943): Es gebe, wie es im Bundestag hieß, einige junge Täter, die mit „ambulanten Maßnahmen nicht oder jedenfalls nicht mehr zu erreichen sind" und bei denen es „nun einmal einer nachdrücklichen und repressiven Reaktion" (BT, Voßhoff, CDU/CSU, 2012, 17/184, 21928f.) bedürfe. Zumindest einige Jugendliche schienen als „Einzelfälle" (BT, Stadler, FDP, 2012, 17/184, 21924), wie es von Seiten der mitregierenden FDP hieß, ein Risiko für die Allgemeinheit zu sein. „Harte" Maßnahmen wie eine zuvor nicht mögliche Arrestierung bei gleichzeitiger Bewährungsstrafe oder eine längere Inhaftierungsdauer unter bestimmten Voraussetzungen erschienen demnach als geeignete Antworten auf die betreffenden Persönlichkeitsstrukturen.

Auffällig an den einschlägigen Bundestagsdebatten ist, dass die Oppositionsparteien (hier vornehmlich Grüne und SPD) sich im Verlauf der Jahre den Problemdeutungen der Unionsparteien angepasst hatten. Auch sie gingen von Tätern aus, deren „erhebliche Erziehungsmängel" ohne nachhaltige Intervention erwarten lassen würden, dass „weitere schwere Straftaten" (BR, Kutschaty, SPD 2012, 899. Sitzung, 332) begangen werden, vor denen die Bevölkerung geschützt werden müsse.[27] „Deutliche Reaktionen der Justiz" seien in diesem Zusammenhang normal und notwendig (HH, Steffen, GAL, 2010, 19/57, 3549). Gleichwohl verweigerten Grüne, Linkspartei und SPD den Gesetzesveränderungen ihre Zustimmung. Zur Bearbeitung der genannten Probleme seien Maßnahmen wie der „Warnschussarrest" angesichts kriminologischer Befunde eher „schädlich" (BT, Lamprecht, SPD, 2012, 17/184, 21972; auch BT, Wawzyniak, Die Linke, 2012, 21929). Zwar wurden weitergehende Liberalisierungen auch von diesen Parteien nicht thematisiert, aber sie waren sich zumindest in der Hinsicht einig, dass eine Verschärfung der Gesetzeslage über das Bestehende hinaus kontraproduktiv sei. Im Gegenzug wurde auf eine „längere Gesamterziehung" gesetzt, um die „massiven Sozialisationsdefizite" der jugendlichen (Gewalt-)Täter zu konterkarieren (BR, Kutschaty, SPD, 2012, 899. Sitzung, 332). Insofern bestand auf Interventionsebene im Umgang mit der zahlenmäßig kleinen Gruppe der „Mehrfach- und Intensivtäter" Dissens zwischen den Parteien. Für die große Gruppe an Jugendlichen, bei denen Abweichung nur als ein vorübergehendes Phänomen verstanden wurde, wollten jedoch alle Parteien

---

27 Auch grüne Politiker nutzten die Diskursfigur des ausländischen Intensivtäters teilweise ohne größere Bedenken (BT, Künster, Grüne, 2008, 16/135, 14235) und lobten sich beispielsweise im Falle von rot-grün für eine Verschärfung der Abschiebungspraxis (BT, Reichenbach, SPD, 2008, 16/135, 14251).

an den bewährten Maßnahmen des Jugendgerichtsgesetzes festhalten (BT, Stadler, FDP, 2012, 17/184, 21924).

In diesem Sinne wurde eine Hierarchie der Gefährlichkeit von Jugendkriminalität bzw. jungen Tätern konzipiert bzw., angesichts älterer Gefährlichkeitskonstruktionen, reaktiviert (zu früheren Zeiträumen z.b. Baumann 2006; Becker 2002; Hofinger 2015; Oberwittler 2000). Da das Verhalten der zahlenmäßig größeren Gruppe als wenig bedrohlich interpretiert wurde, sahen sich die Parteien diesbezüglich nicht veranlasst, Veränderungen vorzunehmen. Für die kleine Gruppe der so genannten „Intensivtäter"[28] jedoch bedurfte es von konservativer Seite aus einer Rejustierung des Umgangs mit ihnen, während Sozialdemokraten, Grüne und Linkspartei zwar die Problemdeutungen teilten, aber nicht in gleichem Ausmaß eine Verschiebung der gesetzlichen Reaktionsmöglichkeiten in Richtung „härterer" Maßnahmen mittragen wollten.

Unabhängig von dieser Uneinigkeit speziell in Bezug auf „Intensivtäter" entwickelte sich über die Jahre eine gewisse Übereinstimmung, wie mit Jugendkriminalität prinzipiell umzugehen sei. Über Parteigrenzen hinweg wurde proklamiert, Delinquenz *präventiv* und *kooperativ* zu begegnen und im Falle einer Straftat *rasch* zu reagieren. Neu war diesbezüglich nicht die Idee der präventiven Vorbeugung an sich, sondern der umfangreich geäußerte Konsens in dieser Richtung sowie ein veränderter Fokus. Wurde Prävention in den 1970er und 1980er Jahren vor allem noch als soziale Prävention im Sinne einer inkludierenden Sozialpolitik verstanden, so wurde dies nun individuell gewendet. Ein Musterbeispiel für entsprechende Ansätze lieferte der Grünen-Politiker Gehring in einer Bundestags-Debatte aus dem Jahr 2008:

> „Wir müssen **früh ansetzen und schneller reagieren**. Diese Lehre müssen wir aus den Zahlen, die uns vorliegen, ziehen. Früher heißt: **Prävention für alle von Anfang an** und frühzeitig intervenieren. Schneller reagieren heißt, dass junge Gewalttäter **zügig mit den Folgen ihrer Tat konfrontiert werden**, zum Beispiel durch mehr Täter-Opfer-Ausgleich oder vor Gericht." (BT, Gehring, GRÜNE, 2008, 16/35, 14244, Hervorh. d.A.)

Die Grundidee lag bzw. liegt darin, kriminelle Karrieren möglichst frühzeitig durch Interventionen mit potentiell devianten und gefährlichen Individuen zu verhindern oder schnell zu beenden. Geschehen sollte dies im Rahmen kooperativer Strukturen, welche die Zusammenarbeit aller relevanten Akteure, Institutionen

---

28 Zu einer kritischen Analyse des Begriffs aus kriminologischer Sicht etwa Dollinger (2014) und Walter (2003).

oder Behörden umfassen sollte.[29] Diese Ansätze konnten auf verschiedenen Ebenen angesiedelt sein und reichten von Sicherheitspartnerschaften bzw. Sicherheitskonferenzen über Landespräventionsräte oder lokale Präventionsgremien bis hin zu gemeinsamen Fallkonferenzen oder den sog. Häusern des Jugendrechts. Insbesondere die bis in die 1990 Jahre von Seiten der Sozialen Arbeit noch betonte Trennung von Pädagogik und Polizeiarbeit sollte hierdurch überwunden werden. Ebenso wie die Polizei sich sozialpädagogischen Konzepten gegenüber öffnen müsse, wurde nun von der Sozialen Arbeit verlangt, an der Sicherheitsproduktion aktiv und zielgerichtet zu partizipieren.[30]

Der dritte Aspekt – die Geschwindigkeit – war seit Ende der 1990er in der Diskussion und eng verbunden mit der Beschleunigungsdebatte im Strafrecht. Sie wurde mittels des Schlagworts „*Nur schnelles Recht ist gutes Recht*" (SA, Wolpert, FDP, 2005, 4/66, 4741) geführt, dies trotz akademischen Widerspruchs (Degener 2015; Paeffgen 2015) und eher problematischer Evaluationsergebnisse (Ohder und Tausendteufel 2015; Bliesener und Thomas 2012). Grundlegend für entsprechende Vorstellungen und Modelle ist die Annahme, dass „sich jugendliche Gewalttäter von härteren Strafen kaum abschrecken lassen würden"; vielmehr sei es – so die behavioristische These – nach dem „Erwischen" durch die Polizei von zentraler Bedeutung „von den Gerichten schnell verurteilt zu werden" (BT, Dyckmanns, FDP, 2008, 16/135, 14328). Nur die unmittelbare und schnelle Konfrontation mit den Folgen einer Tat könne – gestützt auf die Kooperation der beteiligten Dienste – „problematische" Jugendliche zu einem Überdenken ihrer Handlungen bringen (SH, Schlosser-Keichel, SPD, 2008, 16/100, 7468).[31]

---

29 Der Hamburger Politiker von Frankenberg forderte beispielsweise in diesem Zusammenhang die „Zusammenarbeit der verschiedenen Behörden, der Innenbehörde, der Sozialbehörde, der Justizbehörde und der Bezirksämter." Sein Konzept setze dabei auf „frühe Prävention, angemessene Intervention und spürbare Sanktionen." (HH, von Frankenberg, CDU, 2010, 19/57, 3456).

30 Es gelte, so beispielsweise der CDU-Politiker Lehnert, die ideologischen Grabenkämpfe der Vergangenheit zu überwinden (SH, Lehnert,, CDU, 2008, 16/77, 560.

31 Wie weit entsprechende Ideen und Vorstellung mittlerweile im jugendkriminalpolitischen Diskurs der Republik verankert sind, lässt sich auch daran zeigen, dass selbst Politiker der sich ansonsten gerne oppositionell gebenden Linkspartei konstatierten, dass auf straffälliges Verhalten eine schnelle Reaktion folgen müsse – „Sonst verpufft die Wirkung." (SA, von Angern, Linkspartei.PDS, 2005, 4/66, 4742).

4   Diskussion und Fazit

Der kurze, vorausgehende Überblick soll verdeutlichen, dass es im betrachteten Zeitraum in der Tat zu einer Veränderung der jugendkriminalpolitischen Diskurse in der Bundesrepublik gekommen ist. Zumindest in Bezug auf die Teilgruppe der „Intensivtäter" wurden strafverschärfende und exkludierende Sanktionen diskursfähig und von konservativer Seite eingefordert. Dies sollte allerdings (zumindest noch) nicht mit einer generellen Abkehr von wohlfahrtsstaatlich-inkludierenden Interventionsformen gleichgesetzt werden. So nehmen sich die gesetzlichen Veränderungen und Forderungen deutscher Strafrechtspolitiker im Vergleich mit Maßnahmen wie *Boot-Camps* oder *zero-tolerance-policing* in den USA meist weniger eingriffsintensiv aus. In Deutschland sind rein retributive bzw. nur auf Bestrafung (*just deserts)* ausgerichtete Maßnahmen nicht im gleichen Maße mehrheitsfähig wie in manchen anderen Ländern (im Vergleich z.B. Dünkel und Pruin 2010). So wurden die oben genannten Strafverschärfungen des Jahres 2013 seitens Union und FDP gerade nicht als eben solche präsentiert, sondern – zumindest im Rahmen der von uns analysierten parlamentarischen Debatten – als Fortsetzung und Erweiterung der etablierten pädagogischen Ausrichtung des JGG inszeniert bzw. beschönigt (etwa BT, Stadler, FDP, 2012, 17/184, 21924). In Kombination mit den langfristig nur bedingt erfolgreichen populistischen Kampagnen beispielsweise eines Roland Koch 2007/08 scheint es der Fall zu sein, dass eine Abkehr vom institutionalisierten Erziehungsgedanken des JGG nicht ohne weiteres möglich oder der Öffentlichkeit gegenüber legitimierbar ist. In diesem Sinne besteht – je nach Diskussionsort – eine zumindest rhetorische Notwendigkeit, an den Grundzügen wohlfahrtsstaatlicher Ideale festzuhalten, wobei in Rechnung zu stellen ist, dass die Interpretation dessen, was als „Erziehung" verstanden werden kann, historisch und gegenwärtig sehr offen ist (vgl. Dollinger und Schabdach 2013; Gerken und Schumann 1988; Oberwittler 2000). Die jugendstrafrechtliche Erziehungsrhetorik ist breit und flexibel – man könnte auch sagen: inhaltsleer – genug, um die jüngst etablierte Trias von Prävention, Kooperation und Geschwindigkeit in die zuvor etablierten Diskurspositionen zu integrieren.

Für die Frage nach einer Sicherheitsgesellschaft bedeutet dies, dass „problematische" Jugendliche bzw. „Intensivtäter" zwar teilweise deutlich „härter" angegangen werden (sollen) als noch in den 1970er oder 1980er Jahren. Aber dies lässt sich je nach Publikum als neue Unnachgiebigkeit oder, alternativ, als Weiterführung etablierter Erziehungsmaximen inszenieren. Wie auch immer die betreffende rhetorische Übung ausfällt: Nicht zu übersehen ist, dass der Schutz vor (vermuteter) Gefährlichkeit sukzessive ein zentrales Motiv politischer Akteure wurde. „Intensivtäter" sollen nun weitgehend konsensuell anhand von Risikofaktoren erkannt und präventiv-kooperativ im Dienste des Bevölkerungsschutzes unter Kontrolle gebracht werden. Die hiermit verbundenen Individualätiologien lassen bestimmte Jugendliche nicht mehr vorrangig als Opfer sozialer Umstände in den Blick geraten, sondern diese gelten als weitgehend selbstverantwortlich für ihr Handeln und zugleich als in hohem Maße kontrollbedürftig. Damit scheint sich ein (neo-)liberales Risikomanagement mit (neo-)konservativen Moralvorstellungen zu vereinen: Unter Anerkennung der Ubiquität „normaler" Abweichung findet eine Fokussierung auf eine u.a. anhand statistischer Merkmale identifizierte Hochrisikogruppe statt. Im Zugriff auf sie spielt strafrechtliche Härte nicht per se eine zentrale Rolle, wohl aber liegt diese stets im Rahmen des Möglichen. Schlagworte bzw. Maximen wie Prävention, Kooperation und Geschwindigkeit müssen demnach nicht per se zu mehr Punitivität führen; aber sie sind assoziiert mit einem extensiven Interesse an Sicherheit, das unterschiedliche institutionelle Akteure gleichsam zusammenbindet und sie – im „Kampf" gegen Jugendkriminalität (vgl. Dollinger und Rudolph 2016) – in den Dienst des Gesellschaftsschutzes stellt.

Literatur

Aebi, M./Linde, A./Delgrande, N., 2015: Is There a Relationship Between Imprisonment and Crime in Western Europe. *European Journal of Crime Policy Research* 21 (1), S. 1-21.

Albrecht, P.-A., 2010: *Der Weg in die Sicherheitsgesellschaft*. Berlin.

Alexander, M., 2010: *The New Jim Crow*. New York.

Baumann, I., 2006: *Dem Verbrechen auf der Spur. Eine Geschichte der Kriminologie und Kriminalpolitik in Deutschland, 1880 bis 1980*. Göttingen.

Becker, P., 2002: *Verderbnis und Entartung. Eine Geschichte der Kriminologie des 19. Jahrhunderts als Diskurs und Praxis*. Göttingen.

Becket, K./Western, B., 2001: Governing Social Marginality: Welfare, Incarceration, and the Transformation of State Policy. *Punishment and Society*, 3 (1), S. 43-59.

Bliesener, T./Thomas, J., 2012: Wirkt Strafe, wenn sie der Tat auf dem Fuße folgt? Zur psychologisch-kriminologischen Evidenz des Beschleunigungsgebotes. *Zeitschrift für Jugendkriminalrecht und Jugendhilfe*, 23 (4), S. 382-389.

Boers, K., 2000: Jugend und Gewalt. Entwicklungen und Erklärungen seit der Wende. *Neue Kriminalpolitik*, 12 (1), S. 7-10.

Burkhardt, A., 2003: *Das Parlament und seine Sprache*. Tübingen.

Burkhardt, A./Pape, K., 2000: *Sprache des deutschen Parlamentarismus*. Wiesbaden.

Cavadino, M./Dignan, J., 2006: *Penal systems: A comparative Approach*. London.

Degener, J., 2015: Zur so genannten Ambivalenz des strafprozessualen Beschleunigungsgebotes. *Zeitschrift für Jugendkriminalrecht und Jugendhilfe*, 26 (1), S. 4-8.

Doering-Manteuffel, A./Raphael, L., 2012: *Nach dem Boom. Perspektiven auf die Zeitgeschichte seit 1970*. 3. Aufl., Göttingen.

Dollinger, B., 2008: Problem attribution and intervention. *European Journal of Social Work*, 11 (3), S. 279-294.

Dollinger, B., 2010a: Jugendkriminalität zwischen Sozial- und Kriminalpolitik. Ein lebenslaufbezogener Blick auf den Umgang mit sozialer Auffälligkeit. In: Dollinger, B./ Schmidt-Semisch, H. (Hrsg.), *Handbuch Jugendkriminalität*, Wiesbaden, S. 125-135.

Dollinger, B., 2010b: *Jugendkriminalität als Kulturkonflikt*. Wiesbaden.

Dollinger, B., 2012: Das Risiko politischer Steuerung. *Aus Politik und Zeitgeschichte*, 62, S. 28-34.

Dollinger, B., 2014: „Intensivtäter" zwischen kriminalpolitischem Interesse und empirischen Befunden. Kritische Anmerkungen. *Diskurs Kindheits- und Jugendforschung*, 9 (1), S. 81-91.

Dollinger, B./Lampe, D./Rudolph, M./Schmidt-Semisch, H., 2015: Ist die deutsche Kriminalpolitik populistisch? *Kriminologisches Journal*, 47 (1), S. 3-21.

Dollinger, B./Rudolph, M., 2016: Der „Kampf" gegen Jugendkriminalität im historischen Wandel: Vom Schutz junger Menschen zur Aufwertung gesellschaftlicher Sicherheitserwartungen. *Zeitschrift für Diskursforschung*, 4 (1), S. 51-70.

Dollinger, B./Rudolph, M./Schmidt-Semisch, H./Urban, M., 2012: Ein goldenes Zeitalter der Integration? Die Repräsentation von Jugendkriminalität in polizeilichen und sozialpädagogischen Zeitschriften der 1970er Jahre. *Kriminologisches Journal*, 44 (4), S. 279-297.

Dollinger, B./Schabdach, M., 2013: *Jugendkriminalität*. Wiesbaden.

Dollinger, B./Urban, M., 2012: *Die Analyse von Interdiskursen als Form qualitativer Sozialforschung*. Forum Qualitative Sozialforschung 13. URL: http://www.qualitative-research.net/index.php/fqs/article/view/1786. Zugegriffen: 9. Februar 2016.

Dörner, A./Vogt, L., 1995: *Sprache des Parlaments und Semiotik der Demokratie*. Berlin.

Dünkel, F., 2011: Werden Strafen immer härter? In: Bannenberg, B./Jehle, J.-M. (Hrsg.), *Gewaltdelinquenz, Lange Freiheitsentziehung, Delinquenzverläufe*, Mönchengladbach, S. 209-243.

Dünkel, F./Pruin, I., 2010: Young adult offenders in the criminal justice systems of European countries. In: Dünkel, F./Grzywa, J./Horsfield, P./Pruin, I. (Hrsg.), *Juvenlie justice systems in Europe*, Band 4. Mönchengladbach.

Dünkel, F./Grzywa, J./Horsfield, P./Pruin, I., 2010: *Juvenile justice systems in Europe* (4 Volumes). Mönchengladbach.

Dünkel, F./Schüler-Springorum, H., 2006: Strafvollzug als Ländersache? *Zeitschrift für Strafvollzug und Straffälligenhilfe*, 55 (2), S. 145-149.

Faulstich, W., 2005: Überblick: Wirtschaftliche, politische und soziale Eckdaten des Jahrzehnts. In: Faulstich, W. (Hrsg.), *Die Kultur der 80er Jahre*, München, S. 7-20.

Feest, J./Bammann, K., 2011: Jugendstrafvollzugsgesetze: Anspruch und Umsetzung. In: Dollinger, B/Schmidt-Semisch, H. (Hrsg.), *Handbuch Jugendkriminalität*, 2. Aufl., Wiesbaden, S. 535-543.

Garland, D., 2001: *The culture of control: crime and social order in contemporary society*. Chicago.

Garland, D., 2004: Beyond the culture of control. In: *Critical Review of International Social and Political Philosophy*, 7 (2), S. 160-189.

Gerken, J./Schumann, K.F., 1988: *Ein trojanisches Pferd im Rechtsstaat. Der Erziehungsgedanke in der Jugendgerichtspraxis*. Pfaffenweiler.

Goerdeler, J., 2008: Das „Ziel der Anwendung des Jugendstrafrechts" und andere Änderungen des JGG. *Zeitschrift für Jugendkriminalrecht und Jugendhilfe*, 19 (2), S. 137-147.

Green, D., 2008: *When children kill children. Penal populism and political culture*. Oxford.

Groenemeyer, A./Hoffmann, D., 2014: *Jugend als soziales Problem – Probleme der Jugend?* Weinheim.

Haffke, B., 2005: Vom Rechtsstaat zum Sicherheitsstaat. *Kritische Justiz*, 38 (1), S. 17-35.

Heinz, W., 1991: Das Erste Gesetz zur Änderung des Jugendgerichtsgesetzes (1. JGGÄndG). *Zeitschrift für Rechtspolitik*, 24 (5), S. 183-189.

Heinz, W., 2011: Neue Straflust der Strafjustiz – Realität oder Mythos? *Neue Kriminalpolitik* 23 (1), S. 14-27.

Hinrichs, J./Giebel-Falten, E., 2002: *Die Entwicklung des Arbeitsmarktes 1962-2001*. Arbeitspapier (82), hrsg. von der Konrad-Adenauer-Stiftung e.V. Sankt-Augustin.

Hofer, H. von, 2004: Die Entwicklung der Gefangenenraten in achtzehn europäischen Ländern, 1983-2002 – ein Ausdruck für neue Straflust? In: Lautmann, R./Klimke, D./Sack, F. (Hrsg.), *Punitivität*, Weinheim, S. 193-202.

Hofinger, V., 2015: *Die Konstruktion des Rückfalltäters*. Weinheim.

Horsfield, P., 2015: *Jugendkriminalpolitik in England und Wales – Entwicklungsgeschichte, aktuelle Rechtslage und jüngste Reformen*. Mönchengladbach.

Kanther, M., 1993: *Innere Sicherheit geht alle an. Sicherheitspaket ‚94. Bonn*. Presserefrat im Bundesministerium des Inneren.

Klimke, D., 2008: *Wach- und Schließgesellschaft Deutschland. Sicherheitsmentalitäten in der Spätmoderne.* Wiesbaden.

Kreuzer, A., 2012: Warnschussarrest ist ein kriminalpolitischer Irrweg. *Die Zeit* (online, vom 27.04.2012). Verfügbar unter: http://www.zeit.de/politik/deutschland/2012-04/warnschussarrest-bundestag. Zugegriffen: 9. Februar 2016.

Kunz, K.-L., 2010: Strafrechtsmodelle und Gesellschaftsstruktur. *Kriminologisches Journal*, 42 (1), S. 9-22.

Lacey, N., 2012: Punishment in the Perspective of Comparative Political Economy. *Kriminologisches Journal*, 44 (1), S. 9-31.

Lampe, D., 2016: Ein goldenes Zeitalter des Jugendstrafrechts? Politische Debatten über Jugendkriminalität in den 1970er und 1980er Jahren in der Bundesrepublik. *Soziale Probleme*, 26 (1), S. 96-119.

Lampe, D./Rudolph, M., 2016: Jugendkriminalität als Ergebnis politischer Konstruktionsprozesse. Eine Analyse der Jugendstrafrechtsreformen in den Jahren 1990 und 2012. In: Luedtke, J./Wiezorek, C. (Hrsg.), *Jugendpolitiken. Wie geht Gesellschaft mit „ihrer" Jugend um?* Weinheim, S. 91-117.

Lappi-Seppälä, T., 2010: Vertrauen, Wohlfahrt und politikwissenschaftliche Aspekte. In: Dünkel, F./Lappi-Seppälä, T./Morgenstern, C./van Zyl Smit, D. (Hrsg.), *Kriminalität, Kriminalpolitik, strafrechtliche Sanktionspraxis und Gefangenenraten im europäischen Vergleich*, Mönchengladbach, S. 937-996.

Lappi-Seppälä, T., 2014: Imprisonment and penal demands. In: Body-Gendrot, S./Hough, M./Kereszi, K./Lévy, R./Snacken, S. (Hrsg.), T*he Routledge handbook of European criminology*, London, S. 295-336.

Laubenthal, K./Baier, H./Nestler, N., 2015: *Jugendstrafrecht.* Berlin.

Legnaro, A, 1997: Konturen der Sicherheitsgesellschaft: Eine polemisch-futurologische Skizze. In: *Leviathan*, 25 (2), S. 271-284.

Loseke, D. R., 2003: *Thinking about Social Problems: An Introduction to Constructionist Perspectives.* 2. Aufl., New York.

Lynch, M., 2011: Mass incarceration, legal change, and locale. *Criminology & Public Policy*, 10 (3), S. 673-698.

Muncie, J., 2005: The globalization of crime control – the case of youth and juvenile justice: Neo-liberalism, policy convergence and international conventions. *Theoretical Criminology*, 9 (1), S. 35-64.

Muncie, J., 2015: *Youth & Crime.* 4. Aufl., London.

Oberwittler, D., 2000: *Von der Strafe zur Erziehung? Jugendkriminalpolitik in England und Deutschland (1850 – 1920).* Frankfurt a.M.

Oberwittler, D./Höfer, S., 2005: Crime and Justice in Germany: An Analysis of Recent Trends and Research. *European Journal of Criminology*, 2 (4), S. 465-508.

Ohder, C./Tausendteufel, H., 2015: Evaluation des Neuköllner Modells. *Zeitschrift für Jugendkriminalrecht und Jugendhilfe*, 26 (1), S. 38-42.

Oorschot, W. van, 2006: Making the difference in social Europe: deservingness perceptions among citizens of European welfare states. *Journal of European Social Policy*, 16 (1), S. 23-42.

Ostendorf, H., 2011: Strafverschärfungen im Umgang mit Jugendkriminalität. In: Dollinger, B./Schmidt-Semisch, H. (Hrsg.), *Handbuch Jugendkriminalität*, 2. Aufl., Wiesbaden, S. 91-104.

Ostendorf, H., 2013: *Jugendgerichtsgesetz.* 9. Aufl., Baden-Baden.

Ozan, D., 2010: *Parteiliche Kommunikation am politischen Wendepunkt: der EU-Beitritt der Türkei in deutschen und türkischen Parlamentsdebatten.* Wiesbaden.

Paeffgen, H.-U., 2015: Zur historischen Entwicklung des „Beschleunigungsdenkens" im Straf(prozeß)recht. *Zeitschrift für Jugendkriminalrecht und Jugendhilfe,* 26(1), S. 9-19.

Paul, B./Schmidt-Semisch, H., 1998: *Drogendealer. Ansichten eines verrufenen Gewerbes.* Freiburg i.Br.

Pearson, G., 1983: *Hooligan. A history of respectable fears.* Basingstoke.

Pratt, J./Brown, D./Brown, M./Hallsworth, S./Morrison, W., 2005: *The new punitiveness.* Cullompton.

Reinke, H./Schierz, S., 2010: Konjunkturen der Gefährlichkeit? Das wissenschaftliche und praxisbezogene Sprechen über kriminelle Jugendliche in den 1970er Jahren in der Bundesrepublik. In: Böllinger, L./Jasch, M./Krasmann, S./Pilgram, A./Prittwitz, C./Reinke, H./Rzepka, D. (Hrsg.), *Gefährliche Menschenbilder,* Baden-Baden, S. 356-373.

Sack, F., 2006: Deutsche Kriminologie auf eigenen (Sonder)Pfaden? Zur deutschen Diskussion der kriminalpolitischen Wende. In: J. Obergfell-Fuchs/M. Brandenstein (Hrsg.), *Nationale und internationale Entwicklungen in der Kriminologie, Festschrift für Helmut Kury zum 65. Geburtstag,* Frankfurt a.M., S. 35-71.

Sack, F., 2013: Social structure and crime policy: The German case. *Punishment & Society,* 15 (4), S. 367-381.

Sarcinelli, U., 2011: *Politische Kommunikation in Deutschland. Zur Politikvermittlung im demokratischen System.* 3. Aufl., Wiesbaden.

Savelsberg, J., 2000: Kulturen staatlichen Strafens: USA und Deutschland. In: Gerhards, J. (Hrsg.), *Die Vermessung kultureller Unterschiede,* Wiesbaden, S. 189-209.

Schlepper, C., 2014: *Strafgesetzgebung in der Spätmoderne. Eine empirische Analyse legislativer Punitivität.* Wiesbaden.

Simon, J., 2007: *Governing through crime.* Oxford.

Singelnstein, T./Stolle, P., 2012: *Die Sicherheitsgesellschaft.* 3. Aufl., Wiesbaden.

Stehr, J., 2008: Soziale Ausschließung durch Kriminalisierung: Anforderungen an eine kritische Soziale Arbeit. In: Anhorn, R./Bettinger, F./Stehr, J. (Hrsg.), *Sozialer Ausschluss und Soziale Arbeit: Positionsbestimmungen einer kritischen Theorie und Praxis Sozialer Arbeit,* Wiesbaden, S. 319-332.

Sutton, J., 2004: The Political Economy of Imprisonment in Affluent Western Democracies, 1960-1990. *American Sociological Review,* 69, S. 170-189.

Tonry, M., 2007: Crime, Punishment, and Politics in Comparative Perspective. *Crime and Justice,* 36 (1), S. 1-48.

Tonry, M., 2016: Sentencing Fragments. Oxford.

Travis, J./Western, B./Redburn, F./Stevens, 2014: *The growth of incarceration in the United States.* Washington.

Trotha, T. von, 2010: Die präventive Sicherheitsordnung. *Kriminologisches Journal,* 42 (1), S. 24-40.

Wacquant, L., 2009: *Punishing the poor. The neoliberal government of social insecurity.* Durham.

Wagner, W., 2006: Qualitative Inhaltsanalyse. Die soziale Konstruktion sicherheitspolitischer Interessen in Deutschland und Großbritannien. In: Siedschlag, A. (Hrsg.), *Methoden der sicherheitspolitischen Analyse,* Wiesbaden, S. 169-188.

Walter, M., 2003: Probleme einer kriminalpolitischen Gewalttäter-Typisierung: das Beispiel jugendlicher „Intensivtäter". In: Lamnek, S./Boatç, M. (Hrsg.), *Geschlecht – Gewalt – Gesellschaft*, Opladen, S. 318-330.

Walter, M./Neubacher, F., 2011: *Jugendkriminalität*. 4. Aufl., Stuttgart.

Weinhauer, K., 2005. Drogenkonsum und Jugendgewalt in bundesdeutschen Großstädten der 1960/70er-Jahre. In: Merkens, H./Zinnecker, J. (Hrsg.), *Jahrbuch Jugendforschung*, Wiesbaden, S. 71-90.

Whitman, J. Q., 2003: Harsh Justice: *Criminal Punishment and the Widening Divide between America and Europe*. New York.

Winterdyk, J. A., 2002: Introduction. In: ders. (Hrsg.), *Juvenile Justice Systems. International Perspectives*. 2. Aufl., Toronto, S. 11-40.

Zeh, W., 1989: Theorie und Praxis der Parlamentsdebatte. In: Schneider, H. P./Zeh, W. (Hrsg.), *Parlamentsrecht und Parlamentspraxis in der Bundesrepublik Deutschland: Ein Handbuch*, Berlin, S. 917-937.

Terrorismusbekämpfung durch das Strafrecht

Die Rolle des Strafrechts als Teil eines Hegemonieprojekts

Jens Puschke und Jannik Rienhoff

Zusammenfassung

Der Umgang mit dem Phänomen Terrorismus erfolgt in Deutschland vorrangig über eine Erweiterung des Strafrechts und eine Ausweitung von Befugnissen der Sicherheitsbehörden. Dieser Beitrag will den Hintergründen der Bedeutung des Strafrechts beim Umgang mit Terrorismus nachgehen. Dabei wird die Terrorismusbekämpfung durch das Strafrecht als ein kriminalpolitisches Projekt verstanden, in dessen Zug Freiheitsansprüche zurücktreten müssen. Die aktuellen Strafrechtserweiterungen (Einführung der §§ 89a, b, c und 91 StGB) dienen als Beispiele für zwei Diskurse: Strafrecht ist seit geraumer Zeit eine tiefe Hegemonie. Sicherheit hat sich in den vergangenen Jahrzehnten in einem Kampf um Hegemonie etabliert, ihre Vormachtstellung wird zudem weiter bekräftigt. Hierfür spielt das Terrorismusstrafrecht eine bedeutende Rolle. Dabei werden Staat, Gesellschaft und Justiz als Felder des Kampfes um Hegemonie ausgemacht. In Wissenschaft und Rechtsprechung zeigen sich Widersprüche, die aber keine grundsätzliche Infragestellung der aktuellen Entwicklung zulassen.

Schlüsselwörter

(Islamistischer) Terrorismus, Terrorismusbekämpfung, Terrorismusstrafrecht, Präventivgewahrsam, Gefährder, Sozialkontrolle, Vorverlagerung von Strafbarkeit, Strafrechtsverschärfungen, Sicherheit, Prävention, Hegemonie

1   Einleitung

Die sicherheitspolitische Debatte der letzten Jahre wird dominiert von dem Thema islamistischer Terrorismus und den Möglichkeiten, hiervon ausgehende Gefahren zu begrenzen. Dies geschieht ungeachtet des realen Ausmaßes der konkreten Bedrohung[1] für Leib und Leben einzelner Personen, das in Deutschland als vergleichsweise gering einzuschätzen ist und den Terrorismus als exzeptionelles Phänomen ausweist. Dennoch wird der Diskurs um Sicherheit und Freiheit regelmäßig hierüber geführt (Koch 2014, S. 135), mit der Folge, dass sich neuartige Sicherheitsbestrebungen häufig an einer (möglichen) terroristischen[2] Bedrohung orientieren. Als Sicherungsmittel stehen das Strafrecht und hiermit zusammenhängend die Befugnisse von Polizei, Geheimdiensten und der Bundeswehr an erster Stelle. Der Umgang mit dem Phänomen Terrorismus erfolgt in Deutschland vorrangig über Erweiterungen und Verschärfungen des Strafrechts und Ausweitung von Befugnissen der Sicherheitsbehörden, mithin als Bekämpfungsstrategie.

Entsprechend geprägt ist auch die gesellschaftliche Debatte. Nicht der Ruf nach Pädagogik, Aufklärung und einer veränderten Sozialpolitik oder nach außen- und entwicklungspolitischen Aktivitäten dringt durch. Der Diskurs wird stattdessen dominiert von der Forderung nach der Einführung neuer Straftatbestände, der Verbesserung des Informationsaustauschs der Sicherheitsbehörden und der Erweiterung präventiver Überwachungs- und Eingriffsbefugnisse, wie dem Ausbau der Abschiebehaft oder eines allgemeinen Präventivgewahrsams für sog. Gefährder (s. zu Letzterem die Forderung Kubiciels [2017]). Das Strafrecht übernimmt dabei eine Leitfunktion im Rahmen der Sozialkontrolle (Puschke 2017, S. 26ff.), die erklärungsbedürftig ist, da es als grundsätzlich reaktives Mittel eine umfassende Bearbeitung des Phänomens gerade nicht zu leisten verspricht (Zöller 2009, S. 216f.).

Als Folge der Relevanz des Strafrechts in diesem Bereich befassen sich auch die Strafrechtswissenschaft und Justiz mit (islamistischem) Terrorismus. Neben vielzähligen Buch- und Aufsatzveröffentlichungen wurden in den letzten Jahren auch vermehrt Verfahren gegen potenzielle Terroristinnen und Terroristen geführt. Die juristische Diskussion knüpft dabei an die Strafrechtserweiterungen der jüngeren Vergangenheit an, wobei diese von den Autorinnen und Autoren, aber auch von den Gerichten sehr unterschiedlich bewertet bzw. angewendet werden.

---

1   Für eine Auseinandersetzung mit den Begriffen Gefahr, Gefährlichkeit, Risiko als Arten von Bedrohung vgl. Puschke (2017, S. 6f.).

2   Für eine Definition des Begriffs Terror s. z.B. Zöller (2009, S. 213) und Schulte (2008, S. 20ff.).

Der Beitrag will den Hintergründen der Bedeutung des Strafrechts beim Umgang mit Terrorismus nachgehen. Dabei wird die Terrorismusbekämpfung durch das Strafrecht als ein kriminalpolitisches Projekt eines konservativ-autoritären Hegemonieprojekts von Sicherheit verstanden, dessen Dominanz Freiheitsansprüche zurücktreten lässt. Grundlage dessen ist, dass die höhere Gewichtung von Sicherheit gegenüber Freiheitsrechten hegemonial in Gesellschaft und Politik verankert ist.

2 Grundannahmen

Bevor der These, dass es sich bei der Terrorismusbekämpfung durch das Strafrecht um ein kriminalpolitisches Projekt handelt, im Einzelnen nachgegangen wird, werden die Grundannahmen des Beitrages dargelegt. Die Analyse des Strafrechts als staatliches Mittel erfordert die Bestimmung des Verständnisses von Staat und staatlichem Handeln. Zudem ist zu klären, wie in diesem Verständnis Projekte eine konkrete staatliche Maßnahme durchsetzen können.

2.1 Staat

Der folgenden Analyse liegt ein kritisch-materialistisches Verständnis von Staat und Recht zu Grunde, welche vorrangig auf politikwissenschaftliche Arbeiten der Forschungsgruppe Europa zurückgreift und sich an der historisch-materialistischen Politikanalyse (HMPA) als Methode zur Operationalisierung orientiert.

Im Gegensatz zur traditionellen Politikwissenschaft (v.a. der Governance-Ansatz) und des Staatsorganisationsrechts erkennt eine materialistische Analyse den Staat nicht als Instanz gesellschaftlicher Problemlösungen oder als Verkörperung des ideellen Allgemeinwohls (Buckel et al. 2014, S. 18, 22) an. Im Gegensatz hierzu wird der Staat als „materielle Verdichtung von Kräfteverhältnissen" begriffen (Poulantzas 2002, S. 159f.). Damit schließt mit Verweis auf Gramsci der erweiterte Staat auch die Zivilgesellschaft als Ort der Aushandlung von Hegemonie ein (Buckel et al. 2014, S. 32). Ein Staat ist der Komplex aller praktischen und theoretischen Aktivitäten, der eine Herrschaft nicht nur rechtfertigt und aufrechterhält, sondern auch den aktiven Konsens der Regierten erlangt hat (Gramsci 1996, Heft 15, § 10, S. 1725f.). Folglich ist der Staat weder Subjekt noch pures Instrument politischer Akteure, sondern Ausdruck gesellschaftlicher Kräfteverhältnisse (Buckel 2011, S. 638; Wissel 2015, S. 64). Der Staat ist nicht hierarchisch eindeutig und einheitlich organisiert, die materialistische Staatstheorie widerspricht deshalb der Konzeption eines Staates als omnipräsentes Steuerungsmoment (Buckel et al. 2014, S. 25).

Gleichzeitig weist der Staat eine relative Autonomie auf. Er hat sowohl ein Interesse an sich selbst (Offe 2006) und organisiert ein formuliertes Gesamtinteresse, welches er auch gegen einzelne Interessen innerhalb der formulierenden Fraktion durchsetzt (Demirović 2007, S. 83).

Auch Gesellschaft wird nicht als friedliche, gemeinsame und pluralistische Zusammenkunft der Menschen definiert, sondern in Anlehnung an Adorno und Marx als Zusammenfallen von Antagonismen und Widersprüchen, die von Macht- und Herrschaftsverhältnissen geprägt sind (Kannankulam und Georgi 2012, S. 4; Wissel 2015, S. 29). Durch diese Organisation wird ein Rahmen gebildet, in dem sich Widersprüche bewegen können. Dies spiegelt sich auch im Staat wider. Die gesellschaftliche Ordnung kann nicht (mehr) rein durch repressive Maßnahmen erzwungen, sondern muss vor allem über einen Konsens in der Zivilgesellschaft durch Hegemonie hergestellt und aufrechterhalten werden (Forschungsgruppe Staatsprojekt Europa 2014, S. 10; Wissel 2015, S. 29). Der Staat ist mithin auch Kohäsionsfaktor widerstreitender Interessen der Gesellschaft.

Staatliches Handeln lässt sich jenseits einer Gewaltherrschaft also nur durchsetzen, wenn ein gesellschaftliches Interesse an einer konkreten Maßnahme hergestellt wird. Die hegemoniale Stellung führt zu einem Konsens in der Gesellschaft bzgl. einer staatlichen Entscheidung. Hierfür bedarf es nach Gramsci Hegemonie in der Gesellschaft und notfalls Zwang zur Durchsetzung (vgl. auch Buckel und Fischer-Lescano 2007a). Dies gilt insbesondere auch dann, wenn Freiheitsrechte auf Grund eines Risikos eingeschränkt werden. Die gesellschaftliche und individuelle Akzeptanz einer Abgabe von Rechten kann nur mit einer Internalisierung der Einsicht in die Notwendigkeit dessen einhergehen. Wird trotzdem entgegen eines vordergründigen Allgemeininteresses gehandelt, kann Zwang in Gestalt des Strafrechts angewendet werden. Das Strafrecht ist dabei einerseits Instrument des Zwangs, andererseits aber selbst hegemonial abgesichert. Es ist ein unhinterfragtes Strukturmerkmal zur Lösung sozialer Konflikte (Buckel und Fischer-Lescano 2007b, S. 89).

Das heißt praktisch, bei einer Einschränkung beispielsweise der Allgemeinen Handlungsfreiheit durch ein Verbot, bestimmte Mittel, die potenziell für einen terroristischen Anschlag verwendet werden könnten, käuflich zu erwerben, muss in der Bevölkerung ein grundlegendes Einverständnis mit der Abgabe von Rechten zur Gewährung eines als höherwertig eingestuftes Rechts, konkret des Rechts auf Sicherheit, bestehen. Dabei muss eine Einschätzung vorliegen, dass eine Gefahr besteht, dass hiergegen vorgegangen werden muss, dass ein Verbot dieser Mittel hierzu dienlich und notwendig ist und dass Sicherheit wichtiger ist als das Recht, diese Mittel zu besitzen. Dies ist das Ergebnis eines gesellschaftlichen Prozesses und eines Diskurses, der auf verschiedene Faktoren und Positionen zurückzuführen ist. Hier zeigt sich, dass durch Hegemonie ein politisches Interesse leichter durchgesetzt werden kann.

2.2   Hegemonie

Aus dem Verständnis des Staates als materielle Verdichtung von Kräfteverhältnissen ergibt sich die Zivilgesellschaft als wesentlicher Ort zur Aushandlung von Hegemonie. Die Frage, die es zu beantworten gilt, ist, wie ein Interesse hegemonial wird.

Zunächst muss eine Universalisierung einer partikularen Position erreicht werden, indem subalterne Interessen berücksichtigt und damit in das konkrete politische Projekt integriert werden. Auf Grundlage dieses Konsenses kann die partikulare Position eine verbreitete Auffassung werden, die sich in allen gesellschaftlichen Bereichen manifestiert. In dem Fall kann von Hegemonie gesprochen werden (Buckel 2011, S. 639; Gramsci 1992, Heft 4, § 38, S. 495f.; Kannankulam und Georgi 2012, S. 34).

Der Nachweis bzw. die Analyse von Hegemonie kann nicht über einzelne kausale Auseinandersetzungen oder Handlungen von AkteurInnen gelingen. Die Untersuchung von *Hegemonieprojekten* hilft hierbei als Methode. Das Konzept der Hegemonieprojekte basiert auf der Verknüpfung unterschiedlicher Akteure, Interessen, Strategien und Taktiken, durch die die partikularen Interessen in allgemeine transformiert werden sollen (Buckel 2011, S. 640; Buckel et al. 2014, S. 44; Kannankulam und Georgi 2012, S. 34). Hegemonieprojekte verdichten sich zu einer strategischen Praxis. Sie sind ein Bündel von Strategien, die ähnliche Ziele verfolgen (Buckel et al. 2014, S. 46; Kannankulam und Georgi 2012, S. 34). Dabei sind sie kein bewusstes oder zentral organisiertes Bündnis, sondern nebeneinander laufende und z.T. unterschiedlich motivierte Strategien und Taktiken, die sich aggregieren (Kannankulam und Georgi 2012, S. 35). Verschiedene Interessen, beispielsweise ein Interesse an härterer Strafpolitik, an mehr Kameraüberwachung und an vereinfachten Abschiebungsmöglichkeiten, können zusammenwirken.

Gelingt dem Projekt eine gesellschaftliche Zustimmung, kann es *kulturelle Hegemonie* erlangen. Entwickelt es sich zu staatlichen Politiken oder rechtlichen Normen, dann wird es ein politisches oder juridisches Projekt. Setzt sich das Projekt in allen Bereichen fest und wird reproduziert und übernommen, kann es als *hegemoniales Projekt* bezeichnet werden (Buckel 2011, S. 640; Buckel et al. 2014, S. 45; Wissel 2015, S. 62). Allerdings findet die Aushandlung der Hegemoniepro-

jekte nicht auf Grund gleicher Ausgangspositionen statt. Zugangsmöglichkeiten
und Ressourcen sind verschieden verteilt. Auf Grund dieser unterschiedlichen
Ausgangspositionen der beteiligten AkteurInnen in der Zivilgesellschaft ist von
einem asymmetrischen Konsens zu sprechen (Buckel und Fischer-Lescano 2007b,
S. 89; Wissel 2015, S. 29). Das Problem eines fairen Zustandekommens einer
Norm spiegelt sich deshalb ebenso in der rechtstheoretischen Debatte, beispielsweise zum demokratischen Positivismus (hierzu: Niesen und Eberl 2008), wider.

Um partikulare Interessen zu universalisieren und damit durchzusetzen, bedarf es daher verschiedener *Strategeme* (Nonhoff 2006, S. 214). Zunächst muss
das Projekt allgemein anerkannt und anerkennbar sein, was als Äquivalenzierung
bezeichnet werden kann. Die Position muss dazu über eigene Interessen der Ar-
tikulierenden hinausgehen und kann als gemeinsames Gesamtprojekt dargestellt
werden. Dies kann sich beispielsweise im Bereich des Sicherheitsdiskurses daraus ergeben, dass eine Risikoeinschätzung zu einem gesamtgesellschaftlichen
Problem gemacht wird. Das Risiko eines terroristischen Anschlags etwa betrifft
die Allgemeinheit und den Einzelnen. Zudem kann die Beeinträchtigung jeden
treffen. Wird deutlich, dass die Gefährdung beispielsweise nur eine bestimmte
Gruppe betrifft und damit das Interesse an ihrer Beseitigung partikular ist, kann
sie demgegenüber nur schwer hegemonial werden. Ein Interesse, das auf eine
Bekämpfung des Terrors rechter Gruppierungen abzielt, kann deswegen schwerer
eine hegemoniale Stellung einnehmen, weil zwar die Gefahr höher ist als beim
Islamismus, aber die potenziellen Opfer andere sind. Fraglich ist folglich, ob ein
politisches Projekt, das auf die Verhinderung von rechter Gewalt abzielt, ebenso
erfolgreich sein kann. Hier erscheint es schwieriger, das Interesse zu universalisieren, da schlechtere Ausgangspositionen bestehen und weniger Ressourcen zur Verfügung stehen. Allerdings zeigen sich auch hier Folgen des Aushandelns und des
Einbeziehens parallellaufender Partikularinteressen. Der Überzeugungskraft der
umfassenden Bekämpfung islamistischen Terrorismus ist es zuträglich, wenn auch
Terrorismus von rechts einbezogen wird. Dies gilt insbesondere für die normative
Verankerung entsprechender Vorschriften vor allem im Strafrecht, die jedenfalls
formal eine Gleichbehandlung erfordert.

Die hegemonial werdende Position gibt mithin vor, das Allgemeine zu reprä-
sentieren. Sie wird zum exklusiven Repräsentanten des Allgemeinen. Hinter diesem Allgemeinen stehen zwar verschiedene Positionen, die jedoch vereinbar sind.

Ein Projekt muss ferner, wie bereits erwähnt, Zugeständnisse an unterlegene
Positionen machen, um diese asymmetrisch zu integrieren und dadurch eine breite
Basis zu bekommen (Zugeständnisstrategem).

Konträr zu dieser Äquivalenz muss ein Projekt eine antagonistische Zweitei-
lung vornehmen: Dem Gesamtprojekt wird eine klare Alternative gegenüberge-

stellt, die mit erheblichen Nachteilen verknüpft wird. So wird beispielsweise einer erheblichen Überwachung zur Verhinderung von Anschlägen die Alternative eines sicheren Eintritts eines Anschlags gegenübergestellt. GegnerInnen einer Überwachung werden zu Personen, die Terrorismus billigend in Kauf nähmen bzw. jedenfalls eine naive Weltsicht hätten.

3 Terrorismusbekämpfung durch Strafrecht

Aufbauend auf dem dargelegten Staatsverständnis und den Mechanismen zur Erreichung von Hegemonie wird nunmehr die Terrorismusbekämpfung durch das Strafrecht analysiert. Diese Analyse basiert wiederum auf zwei Grundprämissen: Erstens wird davon ausgegangen, dass das Strafrecht in besonderer Weise als Infrastruktur zur Durchsetzung hegemonialer Projekte geeignet ist. Zweitens wird die Terrorismusbekämpfung durch das Strafrecht als politisches Projekt durch die hegemoniale Stellung von Sicherheit begünstigt und bekräftigt diese zugleich.

3.1 Strafrecht und Staat

Eine grundlegende Annahme des Strafrechts im System des Staates ist plastisch in Thomas Hobbes' Leviathan beschrieben und kann mit einem ihm zugeschrieben Ausspruch zugespitzt werden: Der Mensch sei dem anderen ein Wolf. Im sog. Naturzustand herrsche Gewalt und Gesetzlosigkeit, da der Mensch egoistisch sei und nur vom Selbsterhaltungstrieb gesteuert würde. Um die Menschen im Zaum zu halten, sei eine mächtige, autoritäre Staatsstruktur notwendig, in der Freiheiten freiwillig in einem Gesellschaftsvertrag aufgegeben werden, um vernünftig und friedlich zusammen zu leben. Zur Durchsetzung der autoritären Staatsstruktur wird rechtstheoretisch bis heute primär das Strafrecht herangezogen (grundlegend: BVerfGE 88, 203). Eine Abtretung des Gewaltmonopols setzt dabei zumindest ein grobes Einverständnis hiermit und eine transparente Durchsetzung voraus, wenn sie nicht auf einer reinen Gewaltherrschaft basiert. Entgegen der Analyse von Hobbes muss in einem materialistischen Verständnis aber nicht nur die bürgerliche Schicht seine Herrschaftsgewalt an den Staat abtreten, stattdessen, wie dargelegt, muss ein Einverständnis mit der Funktion des Strafrechts und seine Durchsetzung durch den Staat hegemonial in der gesamten Gesellschaft sein.

    Das Strafrecht erfüllt – gerade auch wegen der ihm zugrundeliegenden Begründungsdiversität (s. hierzu auch Sinn 2011, S. 20f.) – diese Voraussetzungen. Es dient im Sinne der sog. relativen Theorien dem Rechtsgüterschutz (Zöller 2009,

S. 218 m.w.N.) und kann sich bzgl. der Wirkweise darauf berufen, sowohl die Allgemeinheit (Generalprävention) als auch die einzelnen StraftäterInnen (Spezialprävention) mit diesem Ziel zu adressieren. Darüber hinaus wird es repressiv im
Sinne absoluter Theorien zur Herstellung von Gerechtigkeit und insbesondere in
einem gesamtgesellschaftlichen Diskurs als Mittel zur Vergeltung verstanden.
Nach herrschendem Verständnis werden diese Zielrichtungen durch das Strafrecht
kumulativ verfolgt (BVerfGE 5, 187ff.), wobei auch die VertreterInnen eines absoluten Strafrechtsverständnisses regelmäßig präventive Begleiteffekte (vgl. Puschke
2017, S. 79) und die Sicherung des Erhalts der Gesellschaft anerkennen (Radbruch
1924).

Auch unter rechtsstaatlichen Gesichtspunkten bietet es durch die ihm zu-
geschriebene Ultima-ratio-Stellung und die Verfahrensgarantien weitgehende Absicherung. Die Position, die eine Notwendigkeit eines Strafrechts zur Bewältigung
sozialer Konflikte sieht, ist hegemonial in der Gesellschaft und wird kaum in Frage
gestellt. Das Monopol auf die Ausübung von *Gewalt* ist sogar – neben *Volk* und
Gebiet („Drei-Elemente-Lehre") – ein zentrales Merkmal nationaler Staatlichkeit
(vgl. auch Wissel 2015, S. 18, 34).

Hinzu kommt, dass das Recht und damit auch das Strafrecht dazu dienen, die
Interessen gesellschaftlicher Kräfte in eine Universalisierung zu übersetzen. Die
formalisierte und abstrakte Struktur des Rechts bietet sich für die Einschleusung
in die interne Struktur des Staates idealtypischerweise an (Buckel 2011, S. 639).
Der Formzwang des Rechts ermöglicht es, den sozialen Konflikt im juridischen
zu verhandeln, schließt eine andere Herangehensweise aber sogleich aus (Buckel
und Fischer-Lescano 2007b, S. 93).

Die Abstraktheit und der Formzwang des Rechts eignen sich zur Durchsetzung von Hegemonieprojekten. Die Transformation gesellschaftlicher und sozialer
Konflikte in die Sprache des Rechts, seine festgelegten Prozeduren und selbst-
referenzielle Dogmatik sind wichtige Voraussetzungen für die Umsetzung der
Interessen gesellschaftlicher Akteure (Buckel 2011, S. 641; Wissel 2015, S. 28).
Die etablierten Rechtsfiguren sind dabei Produkte vergangener Auseinandersetzungen (Buckel und Fischer-Lescano 2007b, S. 92f.). Kämpfe um das Normative
sind nicht zur Schaffung eines neuen Allgemeinen gedacht, sondern es handelt
sich um Kämpfe innerhalb der normativen Ordnung. Bei der Debatte um Strafrechtserweiterungen und -verschärfung geht es folglich nur um das „Wie" einer
Regelung, nicht (mehr) um das „Ob" – mithin um die Frage nach der Eignung des
Strafrechts als Mittel.

Das Ergebnis dieser gesellschaftlichen Kämpfe ist aber kein Ausdruck von
Gerechtigkeit oder Konsens der Gesellschaft. Hegemoniale Auseinandersetzungen werden permanent geführt (Buckel 2011, S. 648). Sie sind auf Grund der ver-

schiedenen Ausgangspositionen der Akteure auch nicht mit einem demokratischen Prozess der Mehrheitsfindung und der Kompromissbildung gleichzusetzen. Gleich wie der Staat ist das Recht eine soziale Form (zum Begriff s. Hirsch 2005, S. 24), die sich als verdinglichter Handlungszusammenhang verselbstständigt hat und zugleich eine relative Autonomie aufweist (Buckel 2011, S. 642). Recht kann nicht einfach dem Staat untergeordnet werden (Buckel et al. 2014, S. 58; Kannankulam und Georgi 2012, S. 38, 39). Die Norm ist das Ergebnis eines Prozesses, der gesellschaftliche Kräfteverhältnisse widerspiegelt. Dies zeigt die Materialität des Staates und die in ihm verdichteten gesellschaftlichen Kräfteverhältnisse. Neben Akteuren, die eine Norm unterstützen, bedarf es eben auch einer gesellschaftlichen Hegemonie, dass die Notwendigkeit der Schließung einer Regelungslücke besteht. Es ist also weder ein Staat als Subjekt, der alleine eine Norm durchsetzt, noch sind es einzelne Akteure oder Klassen, die ohne weiteres legislativ wirken können. Ebenso wenig handelt es sich um die autonome Durchsetzung des objektiv Vernünftigen (Kant) oder die pure Verwaltung im Sinne des ideellen Allgemeinwohls (Governance-Ansatz). Gleichzeitig gehen nach Schaffung der Norm die Verhandlungsprozesse primär auf juristischer Ebene weiter und werden im Rahmen der Anwendung und Auslegung der Norm geführt. Sie sichern die grundsätzliche Gültigkeit der Norm hierdurch weitgehend ab, was sich bei der Analyse von Strafverfahren wegen möglicher terroristischer Straftaten noch zeigen wird (s. unter 4.2).

Voraussetzung einer Veränderung bzw. einer Durchsetzung einer Strafnorm ist dementsprechend eine hegemoniale Position über eine Problemanalyse und eine Lösung hierfür. Dies gilt ebenso oder sogar insbesondere für das hier angesprochene Terrorismusstrafrecht[3].

3.2   Hegemonie und Sicherheit

Voraussetzung für eine hegemoniale Partizipation des Terrorismusstrafrechts ist seine Einbettung in ein größeres Gesamtkonzept. Dies geschieht durch eine Integration in den dominierenden Sicherheitsdiskurs.

Terror und Gefahrenabwehr spielen eine zentrale Rolle in der öffentlichen Debatte, nicht erst seit dem Angriff auf einen Berliner Weihnachtsmarkt Ende 2016.

---

3   Als „Terrorismusstrafrecht" werden hier die Normen des StGB aufgefasst, die als Gefährdung des demokratischen Rechtsstaats benannt werden (§§ 84-91a) oder sich explizit mit „Terrorismus" befassen oder explizit zur Verhinderung dessen eingeführt wurden (z.B. § 129a), wobei die rechtswissenschaftliche Diskussion, was Terrorismus ist, nicht abgeschlossen ist, vgl. Zöller (2009, S. 99ff.).

Der Diskurs über Terrorismus wird vor allem in Hinblick auf Sicherheit geführt. Sicherheit der Bevölkerung ist der drängendste Punkt, der bei terroristischen Anschlägen oder Anschlagsversuchen diskutiert wurde. Die Sicherheit wird damit zum universellen Interesse, das es zu schützen gilt und vornehmlich über die Abwehr terroristischer Gefahren hergestellt werden soll. Angst ist dabei sowohl Maßstab der Politik als auch Bezugspunkt der Legislative, wenngleich nach Horkheimer und Adorno den Menschen gerade die Furcht genommen werden muss, damit sie als Herren eingesetzt werden können (Horkheimer und Adorno 1980, S. 7).

Sicherheit wird als Wert an sich und zugleich Voraussetzung für die Ermöglichung von Werten verstanden (Ammicht Quinn 2014, S. 29). Rechtswissenschaftlich wird diese Diskussion oft mit dem Aufsatz von Isensee zur Konstruktion eines Grundrechts auf Sicherheit (Isensee 1983) verknüpft. Auch der frühere Innenminister Schily führte es an, um schärfere Sicherheitsgesetze zu rechtfertigen (zur Debatte um den rechtlichen Stellenwert von Sicherheit auf europäischer Ebene s. Leuschner 2016). Dabei wird in der öffentlichen Diskussion zu wenig berücksichtigt, dass Sicherheit ein Interesse ist, das sich auf die Zukunft bezieht. Die Beschränkungen durch Sicherheitsmaßnahmen, insbesondere der Freiheitsrechte, wirken hingegen unmittelbar. Schwer zu spezifizierende Risiken haben somit aktuelle Einschränkungen zur Folge. Dennoch konnte sich Sicherheit als allgemeines Interesse in den letzten Jahren etablieren. Dass Sicherheit als höchstes Gut gilt und hierfür insbesondere Freiheitsrechte zurücktreten müssen, zeigt den hegemonialen Charakter des Wertes.

3.3   Strafrecht zur Bekämpfung von Terrorismus

Das Ergebnis des Aushandlungsprozesses konkreter politischer Projekte ist zumeist ein Kompromiss bzw. nicht das ursprüngliche und unveränderte Interesse eines Hegemonieprojekts, sondern Ergebnis der Strategeme und des Diskurses, welche es durchlaufen muss. Ebenfalls müssen die Materialität der staatlichen und rechtlichen Institutionen und widerstreitende Interessen berücksichtigt werden, wenn das Ergebnis (z.B. ein neues Gesetz) analysiert wird.

Für den Bereich des Terrorismusstrafrechts soll vor allem auf die Neuregelungen in §§ 89a, 89b, 89c und 91 StGB[4] bzgl. der Vorbereitung von schweren staatsgefährdenden Gewalttaten (Gesetz zur Verfolgung der Vorbereitung von schweren staatsgefährdenden Gewalttaten BGBl. I, 2009, Nr. 49, S. 2437 und Gesetz zur

---

4   Für eine Analyse der Gesetzgebung von 1974 bis 2002 s. Schulte (2008, S. 104ff.); zur Dogmatik und Entstehungsgeschichte s. Steinsiek (2012).

Änderung der Verfolgung der Vorbereitung von schweren staatsgefährdenden Gewalttaten GVVG, BGBl. I, 2015, Nr. 23, S. 926) näher eingegangen werden. Da diese in engem Zusammenhang mit den Strafnormen der §§ 129a, 129b StGB, also der Bildung inländischer und ausländischer terroristischer Vereinigungen, stehen, wird auch hierauf Bezug genommen.

Die §§ 89a, 89b, 89c und 91 StGB betreffen die Vorbereitung einer schweren staatsgefährdenden Gewalttat. Von den Strafnormen erfasst sind somit Verhaltensweisen, die weit im Vorfeld eines terroristischen Anschlages stattfinden. Bereits das Beschaffen von Produkten, das Sammeln von Vermögenswerten, das Erlernen von Fertigkeiten oder die Aufnahme von Beziehungen zu einer terroristischen Organisation sind strafbar, sofern das Verhalten der Begehung einer schweren staatsgefährdenden Gewalttat dient. Seit der Erweiterung des § 89a StGB im Jahr 2015 wird zudem das Unternehmen der Ausreise aus der Bundesrepublik Deutschland sanktioniert, sofern es zum Zweck der Ausbildung hinsichtlich einer schweren staatsgefährdenden Gewalttat erfolgt (Versuch des Besuchs eines „Terrorcamps"). Die Normierungen im StGB gehen dabei vor allem auf zwei Resolutionen des UN-Sicherheitsrates (Resolution 2170 [2014] und 2178 [2014]) zurück, wobei sich auch hier zeigt, dass der Umgang mit Terrorismus vor allem durch Verschärfungen des Strafrechts betrieben wird (Zöller 2009, S. 215) und auch polizeiliche Eingriffsbefugnisse erweitert werden. In diesem Kontext ist auch die Aufrüstung bei Geheimdiensten zu sehen (Zöller 2009, S. 215), wie z.B. die Terrorismusbekämpfungsgesetze von 2002 und 2006 (BGBl. I, 261 und BGBl. I, 2) oder das Gemeinsame-Dateiengesetz von 2006 (BGBl. I, 3409).

§ 129a StGB ist bereits seit 1976 Bestandteil des Strafgesetzbuches (BGBl. I, 2181). Die Erweiterung auf ausländische terroristische Organisationen durch die Einfügung des § 129b StGB erfolgte im Jahr 2002 (BGBl. I, 3390). Die Strafbarkeit umfasst etwa die Gründung, die Beteiligung als Mitglied an oder das Unterstützen einer terroristischen Organisation. In gleicher Weise wie §§ 89a, 89b, 89c und 91 StGB setzen auch §§ 129a, 129b StGB weit im Vorfeld einer terroristischen Tat an. Jedoch geht es hier nicht um EinzeltäterInnen oder lose Zusammenschlüsse von Personen, sondern um angenommene Gefahren, die von Organisationsstrukturen ausgehen sollen. Ein individualisierter Schuldvorwurf bezüglich einer konkreten Tat ist dabei nicht notwendig.

Die Neuregelungen bezwecken eine Vorverlagerung der Strafbarkeit (Puschke 2015, S. 457). Hierbei spielt vor allem die Risikominimierung eine zentrale Rolle, die an dem Gefühl der *Sicherheit* anknüpft (Schulte 2008, S. 225). Die Logik des Sicherheitsdiskurses wird in das Strafrecht aufgenommen. Die Vorverlagerung orientiert sich an den weitgehend anerkannten Strafzwecken der Prävention, ist mit diesen aber nicht gleichzusetzen. Während auch das Präventionsstrafrecht grundsätzlich reaktiv ist und an vergangenes Unrecht anknüpft (Puschke 2017, S. 26), steht bei einem vorverlagerten Strafrecht die zukünftige Tat im Vordergrund. Nicht die Reaktion auf die normierten Tathandlungen (Vorbereitung einer terroristischen Gewalttat), sondern die Verhinderung der Tat selbst aus Anlass der Gefährdung ist primäres Ziel der Normierung. Durch das Instrument der Vorverlagerung des Strafrechts wird die Anbindung des Terrorismusstrafrechts an das Hegemonieprojekt Sicherheit besonders offensichtlich. Zwar bleibt die Reaktion auf Unrecht als Wesen des Strafrechts und Legitimationsquelle bedeutsam. Die Diskussion fokussiert sich jedoch auf die Verhinderung der Tat und verbindet das Strafrecht funktionell mit der *unmittelbaren* Schaffung von Sicherheit. Dennoch handelt es sich bei den unmittelbaren Folgen nicht um solche der Gefahrenabwehr, sondern des Strafrechts. An die Gefährdungstatbestände werden strafrechtliche Ermittlungen, Festnahmen und Verurteilungen angeknüpft. Es geht daher auch um das Verhindern von zukünftigen Straftaten durch die strafrechtliche Inhaftierung von Verdächtigen (Sieber 2009, S. 354).

4 Kritik des Projekts Strafrecht zur Bekämpfung des Terrorismus

Natürlich gibt es auch Kritik am politischen Projekt „Strafrecht zur Bekämpfung des Terrorismus". Jedoch wird diese Kritik zumeist nicht wirkmächtig oder in das Projekt selbst eingehegt.

4.1 Die Relevanz grundsätzlicher Einwände

Grundsätzliche Einwände beziehen sich vor allem auf die Nutzung des besonders eingreifenden Instruments des Strafrechts zur Prävention sowie auf die hiermit einhergehende Zunahme von Kontroll- und Überwachungsmechanismen (hierzu auch Brunhöber in diesem Band). Diese Einwände werden vor allem von Seiten der Rechtswissenschaft vorgebracht. Dabei stößt gerade die Vorverlagerung der staatlichen Intervention, wie sie sich im Terrorismusstrafrecht findet, auf Ablehnung. Sie führe zu einer Abkehr von dem Kern des Strafrechts, wenn nicht das Unrecht der Tat Grund für strafrechtliche Intervention sei, sondern Risiken und Gefährderzuschreibung Anlass für Strafe bilden. Damit gehe eine Aushöhlung rechtsstaatlicher Garantien einher, da vage, vor allem subjektiv geprägte Eingriffskriterien (Anschlagsabsicht) dem Bestimmtheitsgebot, dem Verhältnismäßigkeitsgrundsatz sowie dem Schuldprinzip und dem Schutz vor Eingriffen in einen Kernbereich privater Lebensgestaltung nicht hinreichend Rechnung tragen (Müller-Dietz 1992, S. 104f.). Der Orientierung an Risiko statt an Unrecht wohne zudem eine Ausweitungstendenz inne, da Risiken, die sich auf in Ausmaß und Intensität kaum vorhersagbare Gefahren beziehen, überall ausgemacht werden können, strafrechtliche Reaktionsnotwendigkeiten daher unbegrenzt erschienen (Singelnstein 2014, S. 48; s. auch Zabel in diesem Band). Zudem sei es Ziel strafrechtlicher Regelungen, ein konformes Verhalten der Bevölkerung über die Vermeidung von Rechtsgutsschädigungen hinaus zu erreichen. Abweichungen werden unterbunden, Konflikte von Anfang an vermieden. Damit wird gesellschaftliche Normalität verwaltet (Puschke 2017, S. 9 m.w.N.). Hierfür bedürfe es dann gerade nicht mehr der Durchsetzung repressiver Maßnahmen, sondern einer hegemonialen Stellung des „richtigen" und „normalen" Verhaltens und eine Einsicht, dass diese Konformität präventiv durchgesetzt werden muss (Rienhoff 2016, S. 83ff.). Dieses Präventionsparadigma mit dem Strafrecht in einer symbolischen Leitfunktion (Puschke 2017, S. 27ff.) findet sich besonders deutlich im Terrorismusstrafrecht wieder. Die Strafbarkeit einer „Vorbereitung einer schweren staatsgefährdenden Gewalttat" nach § 89a StGB basiert weniger auf der Reduzierung der Wahrscheinlichkeit für einen Anschlag, sondern verleiht der Bedrohung eine vermeintliche Berechenbarkeit und damit eine Bekämpfbarkeit, die sich in der Praxis in Überwachungs- und Eingriffsmöglichkeiten etabliert. Der Staat zeigt sich nur wehrhaft (Schulte 2008, S. 225, 235ff.).

Obwohl die Kritik prominent und breit vorgetragen und auch im Gesetzgebungsverfahren zur Einführung und Erweiterung der Vorschriften des Terrorismusstrafrechts angebracht wurde (s. etwa Jessberger 2009; Gazeas 2015), erfolgte die Umsetzung der Strafvorschriften. Ausschlaggebend für das „Erfolgsmodell" Terrorismusstrafrecht ist die Verknüpfung zweier hegemonialer Diskurse. Aufbauend auf dem Strafrecht als eine tiefe Hegemonie, das trotz entgegenstehender empirischer Erkenntnisse unangefochten als zentrales und funktionsfähiges Instrument zur Lösung sozialer Konflikte gilt, wird ein zweiter Diskurs angeschlossen. Dabei wird die Sicherheit zum Wert an sich erklärt und zu einem hochrangigen Rechtsgut erhoben und mit dem Strafrecht und seiner präventiven Zielsetzung des Rechtsgüterschutzes verbunden. Die Folge der Zusammenführung dieser Projekte ist die scheinbare Notwendigkeit des Strafrechts als wichtigstes Instrument zur Terrorismusbekämpfung und damit zur Herstellung von Sicherheit. Freiheitsrechte müssen aktuell zurücktreten, um künftige Gefahren zu verhindern und Sicherheit zu garantieren. Insbesondere die im Bereich des Terrorismus bestehenden Großrisiken lassen dabei jegliches Mittel zu ihrer Verhinderung als legitim erscheinen und hebeln Verhältnismäßigkeitserwägungen aus (s. auch Palazzo 2008, S. 21). Die Diskussion wird jedoch nicht von der Beschränkung rechtsstaatlicher Grundsätze im Strafrecht dominiert, sondern im Gegenteil, das Strafrecht, mit seinen äußerlich weiterbestehenden Garantien, wird als rechtsstaatliches Modell zum Umgang mit terroristischen Risiken wahrgenommen. Die unhinterfragt behauptete Effektivität des Einsatzes des Strafrechts ist aufgrund komplexer Risikozusammenhänge und der dem Strafrecht zugeschriebenen vielfältigen Wirkmechanismen (Abschreckung, Stärkung der Normgeltung, Interventionsgrundlage) kaum zu widerlegen.

Die besondere Bedeutung des Terrorismusstrafrechts liegt dabei jedoch weniger in seinem unmittelbaren, wenngleich regelmäßig behaupteten Beitrag zur Zurückdrängung terroristischer Aktivitäten. Dieser ist angesichts der, wenn auch eingeschränkt, weiterhin bestehenden Verfahrensgarantien und der geringen Ansprechbarkeit der Normadressaten im Terrorismusbereich als eher gering einzuschätzen. Dementsprechend bedarf es im Strafrecht auch nicht in gleichem Ausmaß wie im Gefahrenabwehrrecht der Umsetzung von Sicherheitsbestrebungen. Dass das Strafrecht insofern stärkere Beharrungskräfte gegenüber der Implementierung von Aspekten der Gefahrenabwehr aufweist (Singelnstein 2014, S. 51f.), ist kein Widerspruch zu seiner dennoch herausgehobenen Bedeutung innerhalb der Kriminalprävention. Konkret das Terrorismusstrafrecht hat eine richtungsweisende Funktion, die sich legitimierend auch für andere Bereiche der Prävention auswirkt. Insofern ist die *Rückwirkung* des Einsatzes des Strafrechts auf den Sicherheitsdiskurs relevant. Wird das Strafrecht immer weiter im Vorfeld einer Rechtsgutsschädigung eingesetzt, legitimiert es gleichzeitig Maßnahmen zur Abwehr von entsprechend definierten Risikoszenarien. Handlungen, die äußerlich als Vorbereitung eines terroristischen Anschlages dienen können, werden auf diese Weise mit dem Etikett „kriminell" versehen. Das Interesse an einer möglichst frühzeitigen Bekämpfung wird so universalisiert. Auf dieser Basis kann neben polizeigesetzlicher Überwachung weit im Vorfeld einer konkreten Gefahr z.B. auch bereits auf den Verdacht der Vorbereitung einer terroristischen Gewalttat die Ausweisung von AusländerInnen (§ 54 Nr. 2 AufenthG) als Mittel zur Verhinderung von Kriminalität gestützt werden. Auf vergleichbarer Grundlage wird die Diskussion zur Inhaftierung von *Gefährdern* geführt. Auch die Forderung nach mehr Kameraüberwachung, die von Politik und Bevölkerung mehrheitlich befürwortet wird, erhält Unterstützung.[5] Wenngleich hierdurch die Verhinderung von Anschlägen kaum erwartet werden kann, so wird zunehmend die Effektivität der Strafverfolgung ins Feld geführt. Es erfolgt somit eine zirkuläre Verstärkung der sich gegenseitig befeuernden Diskurse. Ein früher einsetzendes Strafrecht führt zwangsläufig zur Ausweitung eingreifender Präventionsmaßnahmen, wodurch die

---

5   Auch das Konzept des Predictive Policing (s. hierzu Ostermeier in diesem Band) beruht auf einer Etikettierung eines Phänomens als kriminell, das sodann mittels vermeintlich objektiver Algorithmen vorhergesagt und verhindert werden soll.

Vormachtstellung der Sicherheitsdiskurse und das hiermit verbundene Projekt des Terrorismusstrafrechts gestärkt werden.

4.2 Die Relevanz konkretisierter Einzelkritik im Rahmen strafgerichtlicher Normenumsetzung

Neben den beschriebenen grundsätzlichen Einwänden erfolgt gerade im juristischen Diskurs (nach der Einführung der strafrechtlichen Normen) ein Ringen um die Deutungshoheit, die konkrete Ausgestaltung und die Anwendung der Vorschriften, wobei Kritik an einzelnen Regelungen erhoben und Vorschläge zu ihrer eingeschränkten Anwendung unterbreitet werden. Neben der Rechtswissenschaft spielt in diesem Zusammenhang auch die Rechtsprechung eine bedeutende Rolle. Bei der Frage der Umsetzung und Ausgestaltung erscheint es fraglich, ob die Normen von den Gerichten, wie vom Gesetzgeber vorgesehen, angewendet werden. Die Analyse einschlägiger Rechtsprechung zeigt, dass die Diskussion um die konkrete Anwendung der strafrechtlichen Normen zur Bekämpfung des Terrorismus jedenfalls nicht beendet ist, sondern auf zum Teil kleinteiliger juristischer Ebene fortgeführt wird. Das Recht ist dabei ebenso durch konkurrierende Kräfteverhältnisse geprägt, weist aber zugleich eine eigene Materialität auf, die eine bedingungslose Übernahme legislativer Entscheidungen unmöglich macht. Die juristische Bearbeitung übernimmt die Projekte daher jedenfalls nicht vollständig. Auf den ersten Blick könnten hierin Widersprüche im Hegemonieprojekt gesehen werden. Jedoch kann der kritisch geführte juristische Diskurs auch zur Festigung und Absicherung des politischen Projekts „Strafrecht zur Bekämpfung des Terrorismus" beitragen. Recht ist somit Ort der Auseinandersetzung von Hegemonieprojekten (Buckel und Fischer-Lescano 2007b, S. 87), kann Ergebnis hegemonialer Projekte sein, ist aber zugleich Ort gesellschaftlicher Hegemonieproduktion. Innerhalb der Rechtssphäre arbeiten die Akteure ebenfalls wie in den gesellschaftlichen Kämpfen damit, einerseits partikulare Interessen durchzusetzen, innerhalb der dogmatischen Argumentation zu bleiben und andererseits einen Ausgleich der Interessen zu vermitteln (Buckel 2011, S. 641). Die Ergebnisse dessen spiegeln sich dann in den Auslegungen und Einzelentscheidungen wider (Buckel 2011, S. 647).

Eine Analyse von Urteilen von Oberlandesgerichten (OLG) und dem Bundesgerichtshof (BGH), bei denen nach §§ 89a, b oder c StGB oder/und §§ 129a und b StGB angeklagt und/oder verurteilt wurde, zeigen einen unterschiedlichen gerichtlichen Umgang mit dem neuen Terrorismusstrafrecht auf. Untersucht werden Entscheidungen seit dem Jahr 2009, in dem die §§ 89a ff. StGB eingeführt wurden, bis Ende 2016. Im Hinblick auf einen kritischen bzw. zurückhaltenden Umgang mit den neuen Vorschriften lassen sich vornehmlich zwei Tendenzen ausmachen: Einerseits erfolgen Verurteilungen nur in seltenen Fällen auf der Grundlage der §§ 89a ff. StGB. Andererseits neigt der BGH zu einer verfassungskonformen Beschränkung der Vorschriften.

Hinsichtlich der spärlichen Anwendung der Normen lässt sich konstatieren, dass bereits die Durchführung gerichtlicher Verfahren nur in seltenen Fällen aufgrund der §§ 89a ff. StGB erfolgt, was sich anhand der vergleichsweise geringen Anzahl von Aburteilungen im Bereich des neuen Terrorismusstrafrechts zeigen lässt. Ausweislich der Strafverfolgungsstatistik[6] gab es im Jahr 2015 vier Aburteilungen mit Bezug auf die §§ 89a oder 89b StGB. Aber auch in Fällen, in denen ein Strafverfahren wegen §§ 89a ff. StGB geführt wird, ist eine Verurteilung gem. §§ 89a ff. StGB die Ausnahme. Soweit Verurteilungen erfolgen, beziehen sich diese vorrangig auf die §§ 129a und b StGB und weniger auf die neuen §§ 89a ff. StGB, obwohl zum Teil eine Anklage darauf beruhte. Dies gilt sogar, wenn es, wie bei einem Urteil des OLG Stuttgart[7], explizit um den Besuch eines Ausbildungslagers einer islamistischen Organisation (also einem Paradefall des § 89a StGB) geht. Das Gericht verurteilte hier nur wegen einer Strafbarkeit gemäß § 129b StGB und ging auf die §§ 89a ff. StGB nicht weiter ein. In anderen Fällen wurde zwar die Einschlägigkeit von § 89a StGB angenommen. Die Tat nach § 89a StGB wird jedoch laut dem OLG München[8] von der Mitgliedschaft in einer terroristischen Vereinigung im Ausland im Wege der Gesetzeskonkurrenz verdrängt.[9] Auch in Urteilen des OLG Düsseldorf,[10] des OLG Stuttgart[11] und des OLG Frankfurt am Main[12] wurde trotz einer Anklage wegen einer Teilnahme an einer paramilitärischen Ausbildung gerade nicht eine Strafe nach §§ 89a ff. StGB verhängt, sondern auf eine Strafbarkeit gemäß §§ 129a und b StGB erkannt. Die Folge der relativen Unbedeutsamkeit der §§ 89a ff. StGB als Verurteilungsgrundlage mindert jedoch die Durchschlagskraft des neuen Terrorismusstrafrechts nicht. Die symbolische Wirkung der Regelungen und ihre Leitfunktion bleiben ebenso erhalten wie die

---

6   Statistisches Bundesamt, Fachserie 10, Reihe 3 (2015).
7   OLG Stuttgart, Urt. v. 27.3.2015 – 6-2 StE 4/14.
8   OLG München, Urt. v. 15.7.2015 – 7 St 7/14 (4).
9   Anders jedoch BGH, Beschl. v. 9.8.2016 – 3 StR 466/15.
10 OLG Düsseldorf, Urt. v. 13.11.2014 – 6 StS 1/12 – „Düsseldorfer Zelle".
11 OLG Stuttgart, Urt. v. 21.11.2016 – 5 OJs 2/16; OLG Stuttgart, Urt. v. 06.10.2016 – 3-2 StE 8/15.
12 OLG Frankfurt am Main, Urt. v. 8.11.2016 – 5-2 StE 10/16 – 9 – 2/16; OLG Frankfurt am Main, Urt. v. 7.7.2016 – 5-2 StE 3/15 – 4 – 1/15; OLG Frankfurt am Main, Urt. v. 09.05.2016 – 5-2 StE 5/15 – 1 – 2/15.

Möglichkeit, auf ihrer Basis strafrechtlich und gefahrenabwehrrechtlich zu ermitteln. Zudem erfolgt in Fällen, in denen die §§ 89a ff. StGB nicht Grundlage des Urteils sind, auch keine umfassende rechtliche Auseinandersetzung mit den Normen selbst. Widersprüche mit rechtstaatlichen Grundsätzen werden so nicht sichtbar.

Hinsichtlich der zweiten Tendenz hat der BGH in mehreren Entscheidungen eine verfassungskonforme Auslegung der Normen als notwendig angesehen. Dabei wurde § 89a StGB nur dann als mit dem Grundgesetz vereinbar angesehen, wenn der Vorsatz auf die zukünftige Begehung einer schweren staatsgefährdenden Gewalttat einen festen Entschluss beinhalte und die Tat hinreichend konkretisiert sei. Vage Anschlagsbestrebungen reichen für die Strafbarkeit demnach nicht aus.[13] Auch bei der Beurteilung eines weiteren Falles sah der BGH eine Einschränkung des § 89a StGB als notwendig an.[14] Eine Ausbildung an der Waffe in Syrien reiche alleine noch nicht für eine Strafbarkeit aus, wenn nicht eindeutig klar sei, dass die Fähigkeiten auch für einen Anschlag genutzt werden sollen, sondern ggf. nur für eine Selbstverteidigung in Syrien gedacht seien. In vergleichbaren Beschlüssen bestätigte der BGH, dass eine Unterweisung in Kampftechniken bei Al-Qaida für einen Haftbefehl weder nach § 89b StGB noch nach § 129a und b StGB ausreiche. Ein Grund sei auch die fehlende Anwendbarkeit des deutschen Strafrechts nach §§ 3 ff. StGB.[15] Anders als bei der Nichtanwendung der §§ 89a ff. StGB zeigt sich in diesen Entscheidungen das Ringen um die Deutungshoheit über die Normen auch hinsichtlich ihrer Rechtstaatlichkeit. Obwohl die Entscheidungen im konkreten Einzelfall zur Nichtanwendbarkeit der §§ 89a ff. StGB führten und zudem allgemeine Grundsätze zur eingeschränkten Auslegung der Normen aufstellten, bewegen sie sich dennoch innerhalb des politischen Projekts der Anwendung des Strafrechts zur Terrorismusbekämpfung. Einerseits stellen sie aufgrund der Kritik im Detail weder die Symbolkraft der Normen als solche in Frage noch führen sie zu einer größeren Beschränkung für strafprozessuale oder gefahrenabwehrrechtliche Ermittlungstätigkeiten. In Verbindung mit der besonderen Bedeutung der Rechtsstaatsgarantien im Strafrecht, die seine hegemoniale Stellung zur Kon-

---

13 BGH, Urt. v. 8.5.2014 –3 StR 243/13.
14 BGH, Urt. v. 27.10.2015 – 3 StR 218/15 – „Allgäuer Islamistin". Demgegenüber hat der BGH nach einer jüngeren Entscheidung keine durchgreifenden Bedenken gegen eine Strafbarkeit gem. § 89a StGB, wenn es um tatbestandliche Vorbereitungshandlungen geht, die dem Zweck dienen, sich gegen das Assad-Regime kämpfenden Oppositionsgruppe anzuschließen. Dies soll auch dann gelten, wenn diese Gruppen von der Bundesregierung unterstützt wurden oder werden (BGH, Beschl. v. 6.4.2017 – 3 StR 326/16, NJW 2017, 2928, 2930 m. Anm. Puschke).
15 BGH, Beschl. v. 2.7.2012 – 2 BGs 152/12; ähnlich auch BGH, Beschl. v. 15.12.2009 – StB 52/09.

fliktlösung bekräftigen, tragen sie zudem zur Legitimation des vorgelagerten Terrorismusstrafrechts bei, dessen Bestand vor dem Grundgesetz, wenn auch mit Beschränkungen, bestätigt wird.

5   Fazit

Die Strategie einer Terrorismusbekämpfung über das Strafrecht basiert auf zwei Projekten: Strafrecht als eine tiefe Hegemonie wird genutzt, um Sicherheit als Hegemonieprojekt weiter zu stärken, was zirkulär wiederum den erweiterten Einsatz des Strafrechts befördert. Durch die Verknüpfung der beiden Diskurse erscheint die Nutzung des Strafrechts weit im Vorfeld einer Rechtsgutsschädigung zur Bekämpfung von Terrorismus alternativlos. Hiermit im Zusammenhang stehend sind weitere Teilerfolge des Projekts der Stärkung von Sicherheit als Hegemonie über den Bereich der Terrorismusbekämpfung, wie die Überwachungsbefürwortung in der Zivilgesellschaft oder die Asylrechtsverschärfungen, zu konstatieren.

Fehlende Effektivität, kriminalpolitische Notwendigkeit oder rechtsstaatliche Bedenken werden als Argumente nicht gehört. Der Widerspruch aus Wissenschaft und Rechtsprechung dringt, sofern er grundsätzlicher Art ist, nicht durch oder wird, sofern es sich um konkretisierte Einzelkritik handelt, in das politische Projekt erfolgreich eingebunden. Die sich hieraus ergebenden Beschränkungen mit Blick auf rechtsstaatliche Grundsätze werden als Zugeständnisse hingenommen und wirken hinsichtlich des Gesamtprojektes legitimierend.

Prognostiziert werden muss daher, dass unter Berufung auf das Terrorismusstrafrecht Überwachungs- und Kontrolltendenzen weiter ausgeweitet und die Einschränkungen von bürgerlichen Freiheitsrechten weiter voranschreiten werden. Juristischer Widerstand kann allenfalls kleinteilige Erfolge in Richtung auf mehr Rechtsstaatlichkeit verbuchen. Die Erfolge werden jedoch als Beitrag zur Legitimierung des Gesamtprojektes teuer erkauft.

Literatur

Ammicht Quinn, R., 2014: Sicherheitsethik: Eine Einführung. In: R. Ammicht Quinn (Ed.), *Studien zur inneren Sicherheit: Vol. 16. Sicherheitsethik* (S. 14-47). Wiesbaden: Springer VS.

Brunhöber, B., 2017: Funktionswandel des Strafrechts in der Sicherheitsgesellschaft. In: J. Puschke & T. Singelnstein (Hrsg.), *Der Staat in der Sicherheitsgesellschaft.* S. 195-219. Wiesbaden. Springer VS.

Buckel, S., 2011: Staatsprojekt Europa. *Politische Vierteljahresschrift, 52* (4), S. 636-662.

Buckel, S./Fischer-Lescano, A. (Eds.), 2007a: *Staatsverständnisse: Bd. 11. Hegemonie gepanzert mit Zwang: Zivilgesellschaft und Politik im Staatsverständnis Antonio Gramscis.* Baden-Baden: Nomos.

Buckel, S./Fischer-Lescano, A., 2007b: Hegemonie im globalen Recht: Zur Aktualität der Gramscianischen Rechtstheorie. In: S. Buckel & A. Fischer-Lescano (Eds.), *Staatsverständnisse: Bd. 11. Hegemonie gepanzert mit Zwang. Zivilgesellschaft und Politik im Staatsverständnis Antonio Gramscis.* S. 85-104. Baden-Baden: Nomos.

Buckel, S./Georgi, F./Kannankulam, J./Wissel, J., 2014: Theorie, Methoden und Analysen kritischer Europaforschung. In: Forschungsgruppe Staatsprojekt Europa (Ed.), *Kultur und soziale Praxis. Kämpfe um Migrationspolitik. Theorie, Methode und Analysen kritischer Europaforschung.* S. 15-84. Bielefeld: transcript.

Demirović, A., 2007: *Nicos Poulantzas: Aktualität und Probleme materialistischer Staatstheorie* (2nd ed.). Münster: Westfälisches Dampfboot.

Forschungsgruppe Staatsprojekt Europa, 2014: Einleitung. In: Forschungsgruppe Staatsprojekt Europa (Ed.), *Kultur und soziale Praxis. Kämpfe um Migrationspolitik. Theorie, Methode und Analysen kritischer Europaforschung.* S. 9-12. Bielefeld: transcript.

Gazeas, N., 2015: *Schriftliche Stellungnahme für den Ausschuss für Recht und Verbraucherschutz des Deutschen Bundestages zum Gesetzesentwurf der Fraktionen CDU/CSU und SPD vom 24. Februar 2015 (BT-Drs. 18/4087) – Entwurf eines Gesetzes zur Änderung der Verfolgung der Vorbereitung von schweren staatsgefährdenden Gewalttaten (GVVG-Änderungsgesetz – GVVG-ÄndG).*

Gramsci, A., 1992: *Hefte 4-5. Gefängnishefte / Antonio Gramsci: Band 3.* Hamburg: Argument-Verlag.

Gramsci, A., 1996: *Hefte 12-15. Gefängnishefte / Antonio Gramsci: Band 7.* Hamburg: Argument-Verlag.

Hirsch, J., 2005: *Materialistische Staatstheorie: Transformationsprozesse des kapitalistischen Staatensystems.* Hamburg: VSA-Verlag.

Horkheimer, M./Adorno, T. W., 1980: *Dialektik der Aufklärung: Philosophische Fragmente.* Frankfurt am Main: Fischer Taschenbuch Verlag.

Isensee, J., 1983: *Das Grundrecht auf Sicherheit: Zu den Schutzpflichten des freiheitlichen Verfassungsstaates. Schriftenreihen der juristischen Gesellschaft e.V. Heft 0079.* Berlin: De Gruyter.

Jessberger, F., 2009: *Stellungnahme anlässlich der öffentlichen Anhörung vor dem Rechtsausschuss des Deutschen Bundestages am 22. April 2009 zu den Entwürfen eines Gesetzes zur Verfolgung der Vorbereitung von schweren staatsgefährdenden Gewalttaten – Drucksache 16/11735 und 16/12428 – sowie zum Entwurf eines Gesetzes zur Be-*

kämpfung des Aufenthalts in terroristischen Ausbildungslagern (…StrÄndG) – Druck-sache 16/7958.

Kannankulam, J./Georgi, F., 2012: *Die Europäische Integration als materielle Verdichtung von Kräfteverhältnissen: Hegemonieprojekte im Kampf um das ‚Staatsprojekt Europa'.* Arbeitspapier Nr. 30. Marburg.

Koch, H., 2014: Freiheit und Sicherheit. In: R. Ammicht Quinn (Ed.), *Studien zur inneren Sicherheit: Vol. 16. Sicherheitsethik.* S. 135-144. Wiesbaden: Springer VS.

Kubiciel, M., 2017: Präventivgewahrsam für alle Gefährder. Retrieved from http://www. lto.de/recht/hintergruende/h/terror-2016-politik-antwort-innere-sicherheit-praeventivge-wahrsam-fuer-gefaehrder/.

Leuschner, S., 2016: Es ist wieder da: Der EuGH bestätigt das Grundrecht auf Sicherheit. Retrieved from http://verfassungsblog.de/es-ist-wieder-da-der-eugh-bestaetigt-das-grundrecht-auf-sicherheit/.

Müller-Dietz, H., 1992: Aspekte und Konzepte der Strafrechtsbegrenzung. In: J. Bohnert, K. Geppert & R. Rengier (Hrsg.), *Festschrift für Rudolf Schmitt,* S. 95-116. Tübingen: Mohr Siebeck.

Niesen, P./Eberl, O., 2008: Demokratischer Positivismus: Habermas und Maus. In: S. Buckel, R. Christensen & A. Fischer-Lescano (Eds.), *Neue Theorien des Rechts* (2nd ed., S. 3-26). Stuttgart: Lucius & Lucius.

Nonhoff, M., 2006: *Politischer Diskurs und Hegemonie: Das Projekt „Soziale Marktwirtschaft". Sozialtheorie.* Bielefeld: transcript.

Offe, C., 2006: *Strukturprobleme des kapitalistischen Staates: Aufsätze zur Politischen Soziologie* (Veränd. Neuausg.). *Campus Bibliothek.* Frankfurt/Main, New York: Campus.

Ostermeier, L., 2017: Der Staat in der prognostischen Sicherheitsgesellschaft: Ein technografisches Forschungsprogramm. In: J. Puschke & T. Singelnstein (Hrsg.), *Der Staat in der Sicherheitsgesellschaft.* S. 101-121. Wiesbaden. Springer VS.

Palazzo, F., 2008: Feindstrafrecht, Strafrecht und Verfassung. In: U. Sieber, G. Dannecker, U. Kindhäuser, J. Vogel & T. Walter (Hrsg.), *Festschrift für Klaus Tiedemann. Strafrecht und Wirtschaftsstrafrecht – Dogmatik, Rechtsvergleich, Rechtstatsachen.* S. 15-28. Köln, München: Carl Heymanns Verlag.

Poulantzas, N., 2002: *Staatstheorie: Politischer Überbau, Ideologie, autoritärer Etatismus.* Hamburg: VSA-Verlag.

Puschke, J., 2015: Der Ausbau des Terrorismusstrafrechts und die Rechtsprechung des Bundesgerichtshofs. *Strafverteidiger,* (7), S. 457-464.

Puschke, J., 2017: *Legitimation, Grenzen und Dogmatik von Vorbereitungstatbeständen.* Tübingen: Mohr Siebeck.

Radbruch, G., 1924: Der Überzeugungsverbrecher. *Zeitschrift für die gesamte Strafrechtswissenschaft, 44,* S. 34-38.

Rienhoff, J., 2016: *Präventionsarbeit im sozialen Brennpunkt: Neue Methoden der Gewalt- und Kriminalprävention bei Jugendlichen am Beispiel der Stadt Dietzenbach. Kriminologische und sanktionenrechtliche Forschungen: Vol. 18.* Berlin: Duncker & Humblot.

Schulte, P. H., 2008: *Terrorismus- und Anti-Terrorismus-Gesetzgebung: Eine rechtssoziologische Analyse. Kriminologie und Kriminalsoziologie: Vol. 6.* Münster, München [u.a.]: Waxmann.

Sieber, U., 2009: Legitimation und Grenzen von Gefährdungsdelikten im Vorfeld terroristischer Gewalt. *Neue Zeitschrift für Strafrecht,* S. 353-364.

Singelnstein, T., 2014: Logik der Prävention – Eine kriminologische Perspektive auf das Strafrecht und andere Formen sozialer Kontrolle In: B. Brunhöber (Hrsg.). *Strafrecht im Präventionsstaat*. S. 41-57. Stuttgart: Franz Steiner Verlag.

Sinn, A., 2011: Vorverlagerung der Strafbarkeit – Begriff, Ursachen und Regelungstechniken. In A. Sinn, W. Gropp & F. Nagy (Hrsg.), *Grenzen der Vorverlagerung in einem Tatstrafrecht – Eine rechtsvergleichende Analyse am Beispiel des deutschen und ungarischen Strafrechts, Schriften des Zentrums für europäische und internationale Strafrechtsstudien*. S. 13-40. Osnabrück: Universitätsverlag Osnabrück.

Steinsiek, M., 2012: *Terrorabwehr durch Strafrecht?: Verfassungsrechtliche und strafrechtssystematische Grenzen der Vorfeldkriminalisierung. Hannoversches Forum der Rechtswissenschaften: Vol. 39*. Baden-Baden: Nomos.

Wissel, J., 2015: *Staatsprojekt EUropa: Grundzüge einer materialistischen Theorie der Europäischen Union*. Münster: Westfälisches Dampfboot.

Zabel, B., 2017: Das Paradox der Prävention – Über ein Versprechen des Rechts und seine Folgen. In: J. Puschke & T. Singelnstein (Hrsg.), *Der Staat in der Sicherheitsgesellschaft*. S. 55-76. Wiesbaden. Springer VS.

Zöller, M. A., 2009: *Terrorismusstrafrecht: Ein Handbuch. C.F. Müller Wissenschaft*. Heidelberg, Hamburg [u.a.]: Müller, Verl.-Gruppe Hüthig, Jehle, Rehm.

Verzeichnis der Autorinnen und Autoren

Hartmut Aden, Prof. Dr., Professor für Öffentliches Recht, Europarecht, Politik- und Verwaltungswissenschaft an der Hochschule für Wirtschaft und Recht Berlin, dort stv. Direktor des Forschungsinstituts für Öffentliche und Private Sicherheit (FÖPS Berlin), http://www.hwr-berlin.de/prof/hartmut-aden, http://www.foeps-berlin.org

Bernd Belina, Prof. Dr., Professor am Institut für Humangeographie an der Goethe-Universität Frankfurt a.M., http://www.humangeographie.de/belina

Beatrice Brunhöber, Prof. Dr., Professorin für Strafrecht, Strafprozessrecht, Rechtsphilosophie und Rechtsvergleichung unter besonderer Berücksichtigung interdisziplinärer Rechtsforschung an der Universität Bielefeld

Bernd Dollinger, Prof. Dr., Professor am Department Erziehungswissenschaft – Psychologie der Universität Siegen, https://www.bildung.uni-siegen.de/mitarbeiter/dollinger

Andreas Fisahn, Prof. Dr., Professor für öffentliches Recht und Rechtstheorie an der Universität Bielefeld, http://www.jura.uni-bielefeld.de/lehrstuehle/fisahn

Fabien Jobard, PD Dr., Forscher am Centre Marc Bloch, Berlin, https://cmb.hu-berlin.de/team/profil/fabien-jobard

Reinhard Kreissl, PD Dr., Leiter des Vienna Centre for Societal Security (VICES-SE), http://vicesse.eu

Sylvia Kühne, M.A. Internationale Kriminologie, Wissenschaftliche Mitarbeiterin am Institut für Soziale Arbeit und Sozialpolitik der Universität Duisburg-Essen, https://www.uni-due.de/biwi/wehrheim/kuehne.php

Dirk Lampe, M.A. Internationale Kriminologie, Doktorand an der Universität Bremen am Institut für Public Health und Pflegeforschung, http://www.public-health.uni-bremen.de/mitglieder/dirk-lampe

Lars Ostermeier, Dr., Geschäftsführer der Berlin Graduate School Muslim Cultures and Societies der Freien Universität Berlin, www.bgsmcs.de

Kadriye Pile, Referentin für Innenrevision und Antikorruptionsbeauftragte bei der Senatorin für Kinder und Bildung, Freie Hansestadt Bremen, https://www.bildung.bremen.de

Jens Puschke, Prof. Dr., Professor für Strafrecht, Strafprozessrecht, Kriminologie und Medizinstrafrecht an der Philipps-Universität Marburg, https://www.uni-marburg.de/fb01/lehrstuehle/strafrecht/puschke

Jannik Rienhoff, Dr., Wissenschaftlicher Mitarbeiter an der Philipps-Universität Marburg, https://www.uni-marburg.de/fb01/lehrstuehle/strafrecht/puschke/puschke_mitarbeiter/lebenslauf_pub_rienhoff

Christina Schlepper, Dr., Wissenschaftliche Mitarbeiterin am Institut für Soziale Arbeit und Sozialpolitik der Universität Duisburg-Essen, https://www.uni-due.de/biwi/wehrheim/schlepper.php

Henning Schmidt-Semisch, Prof. Dr., Professor an der Universität Bremen am Institut für Public Health und Pflegeforschung, http://www.public-health.uni-bremen.de/mitglieder/henning-schmidt-semisch

Tobias Singelnstein, Prof. Dr., Inhaber des Lehrstuhls für Kriminologie an der Juristischen Fakultät der Ruhr-Universität Bochum, http://kriminologie2.ruhr-uni-bochum.de/index.php

Benno Zabel, Prof. Dr., Professor für Strafrecht an der Rheinischen Friedrich-Wilhelms-Universität Bonn, https://www.jura.uni-bonn.de/lehrstuhl-prof-dr-zabel

Staat – Souveränität – Nation

Herausgegeben von Rüdiger Voigt und Samuel Salzborn

Bisher erschienen:

Erhard Treutner
**Globale Umwelt- und Sozial-
standards**
2018. XIV, 477 S., Br. EUR 69,99
ISBN 978-3-658-18174-1

Lorina Buhr, Stefanie Hammer,
Hagen Schölzel (Hrsg.)
**Staat, Internet und digitale
Gouvernementalität**
2018. VIII, 239 S., 7 Abb., Br. EUR 39,99
ISBN 978-3-658-18270-0

Matthias Lemke (Hrsg.)
Ausnahmezustand
Theoriegeschichte – Anwendungen –
Perspektiven
2017. XII, 344 S., 7 Abb., Br. EUR 49,99
ISBN 978-3-658-16587-1

Oliver Hidalgo, Christian Polke (Hrsg.)
Staat und Religion
Zentrale Positionen zu einer Schlüssel-
frage des politischen Denkens
2017. VIII, 459 S., Br. EUR 69,99
ISBN 978-3-658-17606-8

Oliver Marchart (Hrsg.)
Ordnungen des Politischen
Einsätze und Wirkungen der
Hegemonietheorie Ernesto Laclaus
2017. VI, 245 S., 3 Abb., Br. EUR 44,99
ISBN 978-3-658-17258-9

Rüdiger Voigt (Hrsg.)
Staatsgeheimnisse
Arkanpolitik im Wandel der Zeiten
2017. VI, 241 S., Br. EUR 39,99
ISBN 978-3-658-16234-4

Massimo Mori (Hrsg.)
**Vom Naturzustand zur kosmo-
politischen Gesellschaft**
2017. VI, 192 S., Br. EUR 29,99
ISBN 978-3-658-15149-2

Oliver Eberl, David Salomon (Hrsg.)
**Perspektiven sozialer Demokratie
in der Postdemokratie**
2017. X, 253 S., 2 Abb., Br. EUR 39,99
ISBN 978-3-658-02723-0

Bettina Koch (Ed.)
State Terror, State Violence
Global Perspectives
2016. VII, 170 S., 1 Abb., Br. EUR 37,44
ISBN 978-3-658-11180-9

Aristotelis Agridopoulos,
Ilias Papagiannopoulos (Hrsg.)
**Griechenland im
europäischen Kontext**
Krise und Krisendiskurse
2016. VII, 335 S., 7 Abb., Br. EUR 39,99
ISBN 978-3-658-07239-1

Paula Diehl, Felix Steilen (Hrsg.)
**Politische Repräsentation
und das Symbolische**
Historische, politische und
soziologische Perspektiven
2016. VI, 268 S., 64 Abb., Br. EUR 39,99
ISBN 978-3-658-11185-4

Stand: Oktober 2017 . Änderungen vorbehalten.
Erhältlich im Buchhandel oder beim Verlag.

Einfach bestellen:
SpringerDE-services@springer.com
tel +49 (0)6221 / 345–4301
springer-vs.de

,taat – Souveränität – Nation

Herausgegeben von Rüdiger Voigt und Samuel Salzborn

Bisher erschienen:

Hans-Jürgen Bieling,
Martin Große Hüttmann (Hrsg.)
Europäische Staatlichkeit
Zwischen Krise und Integration
2016. VIII, 279 S., Br. EUR 34,99
ISBN 978-3-658-03789-5

Rüdiger Voigt (Hrsg.)
Legalität ohne Legitimität?
Carl Schmitts Kategorie
der Legitimität
2015. VIII, 292 S., Br. EUR 39,99
ISBN 978-3-658-06926-1

Nabila Abbas, Annette Förster,
Emanuel Richter (Hrsg.)
Supranationalität und Demokratie
Die Europäische Union in Zeiten
der Krise
2015. XII, 296 S., 2 Illus., Br. EUR 24,99
ISBN 978-3-658-05334-5

Stefanie Hammer (Hrsg.)
Wie der Staat trauert
Zivilreligionspolitik in der
Bundesrepublik Deutschland
2015. XII, 246 S., 4 Illus., Br. EUR 39,99
ISBN 978-3-658-07710-5

Andreas Vasilache (Hrsg.)
**Gouvernementalität, Staat
und Weltgesellschaft**
Studien zum Regieren
im Anschluss an Foucault
2014. VIII, 258 S., 1 Illus., Br. EUR 29,99
ISBN 978-3-658-02576-2

Shida Kiani
**Wiedererfindung der Nation nach
dem Nationalsozialismus?**
Konfliktlinien und Positionen in der
westdeutschen Nachkriegspolitik
2013. XIV, 334 S., Br. EUR 52,99
ISBN 978-3-658-00324-1

Julia Schulze Wessel, Christian Volk,
Samuel Salzborn (Hrsg.)
Ambivalenzen der Ordnung
Der Staat im Denken Hannah Arendts
2013. VI 313 S., Br. EUR 29,99
ISBN 978-3-531-19828-6

Oliver Hidalgo (Hrsg.)
**Der lange Schatten des
Contrat social**
Demokratie und Volkssouveränität bei
Jean-Jacques Rousseau
2013. VI, 300 S., 1 Illus., Br. EUR 29,99
ISBN 978-3-531-18642-9

Rüdiger Voigt (Hrsg.)
Sicherheit versus Freiheit
Verteidigung der staatlichen
Ordnung um jeden Preis?
2012. XI, 228 S., 1 Illus., Br. EUR 29,99
ISBN 978-3-531-18643-6

Stand: Oktober 2017 . Änderungen vorbehalten.
Erhältlich im Buchhandel oder beim Verlag.

Einfach bestellen:
SpringerDE-services@springer.com
tel +49 (0)6221 / 345–4301
springer-vs.de

Springer VS

Printed by Books on Demand, Germany